अलक्षित गौरव : रेणु

अलक्षित गौरव : रेणु

सुरेन्द्र नारायण यादव

एम.ए., पी-एच.डी.

डी.एस. कॉलेज, कटिहार

राजकमल प्रकाशन

ISBN : 978-93-87462-19-9

मूल्य : ₹699

पहला संस्करण : 2018

प्रकाशक : राजकमल प्रकाशन प्रा. लि.
1-बी, नेताजी सुभाष मार्ग, दरियागंज
नयी दिल्ली-110 002

शाखाएँ : अशोक राजपथ, साइंस कॉलेज के सामने, पटना-800 006
पहली मंजिल, दरबारी बिल्डिंग, महात्मा गांधी मार्ग, इलाहाबाद-211 001
36 ए, शेक्सपियर सरणी, कोलकाता-700 017

वेबसाइट : www.rajkamalprakashan.com
ई-मेल : info@rajkamalprakashan.com

मुद्रक : बी.के. ऑफसेट
नवीन शाहदरा, दिल्ली-110 032

ALAKSHIT GAURAV : RENU
Criticism by Surendra Narayan Yadav

फुटंगी झा को
जिन्हें पंचलाइट लालटेन दिखता है।

प्रस्तावना

समीक्षाओं को पढ़ते हुए मुझे बार-बार कनुप्रिया की वे पंक्तियाँ याद आती हैं जिनमें कृष्ण अपनी प्रिया राधा से कहते हैं—''राधन! ये पतले मृणाल सी तुम्हारी गोरी अनावृत बाँहें पगडंडियाँ मात्र हैं जो मुझे तुम तक पहुँचा कर रीत जाती हैं।''

कृष्ण अनावृत बाँहों को माध्यम बनाकर राधा तक पहुँच जाते हैं। किन्तु अगर वे बाँहों तक पहुँच कर बाँहों के दायरे में ही सिमटकर रह जाते तो राधा तक नहीं पहुँच पाते। कृष्ण के आगे यह खतरा तो दरपेश था ही, क्योंकि राधा की बाँहों का तिलिस्म बड़ा जबर्दस्त था। किसी रचनाकार के शब्द और उपकरण वे माध्यम हैं जिनसे होकर रचनाकार तक पहुँचा जा सकता है। किन्तु अगर भावक (पाठक और समीक्षक) शब्दों और उपकरणों के तिलिस्म में खो जाय तो वह शब्दों तक ही पहुँच पाता है, रचनाकार तक नहीं। रेणु एक ऐसे लेखक का नाम है जिसमें शब्दों का (और अन्य उपकरणों का भी) तिलिस्म बड़ा जबर्दस्त है। अपने लेखकीय कौशल से उन्होंने अपने शब्दों और उपकरणों के तिलिस्म को इतना बढ़ा लिया है कि उसे भेद पाना असम्भव तो नहीं, पर कठिन अवश्य है। सामान्यतः भावक उस तिलिस्म को भेद ही नहीं पाता और वह रेणु के शब्द और अर्थ तक ही सीमित रह जाता है। सच यह है कि रेणु के लिए शब्दों का अर्थ विशेष मायने नहीं रखता और न वे खुद उस अर्थ में रहते हैं। रेणु अपने शब्दों के अर्थ में नहीं, निहितार्थ में विराजते हैं। अतः उन तक पहुँचने के लिए उनकी रचनाओं में आधानित सौन्दर्य के आकर्षण को भेद कर उसके पार जाना पड़ेगा। सामान्यतः भावक इसकी जहमत नहीं उठाता। यह काम बड़ा ही श्रमसाध्य है और यह अतिरिक्त अवधानता की माँग भी करता है। किसी भावक में, इतनी अवधानता न हो तो वह रेणु के शब्दों (कथनों) का वैसा ही अर्थ करेगा, जैसा 'तीसरी कसम' कहानी पर विचार करते हुए एक समीक्षक ने किया है कि 'हीराबाई' को सौदागर ने खरीद लिया है। इसलिए वह जा रही है। उस समीक्षक की नजर में हीराबाई का सिर्फ वह कथन है जो वह फारबिसगंज स्टेशन पर भेंट के दरम्यान हिरामन से कहती है—''महुआ घटवारिन को सौदागर ने खरीद जो लिया है गुरुजी।'' इस संवाद के आधार पर यह मान लेना कि हीराबाई को सौदागर ने

खरीद लिया है क्या समीचीन है भी? तब तो तुलसी ने भी कहा है कि 'कवित्त विवेक एक नहिं मोरे, सत्य कहहुँ लिखि कागद कोरे।' इसलिए मान लिया जाय कि सचमुच तुलसी को कविता का विवेक नहीं था, क्योंकि खुद से उन्होंने ऐसा कहा है समीक्षक के ऐसे साहित्य विवेक से समीक्षा की बड़ी हानि होती है। तब समीक्षक लेखक तक पहुँच ही नहीं पाता। क्योंकि लेखक वास्तविक अर्थ में वहाँ मौजूद ही नहीं होता। हीराबाई के उक्त कथन का अभिप्रेत उसके कथन के सामान्य अर्थ से किंचित् भिन्न है। यह भिन्नार्थ ज्यादा महत्त्वपूर्ण है, क्योंकि उसी का प्रतिपादन रचनाकार रेणु का अभिप्रेत है। वे सामान्य अर्थ में अक्सरहाँ नहीं बसते, अभिप्रेत अर्थ में बसते हैं। इसलिए उनका प्रतिनिधित्व अर्थ नहीं, अभिप्रेत अर्थ ही वास्तव में करता है। अस्तु, मैं यह मानने के लिए कुछ हद तक विवश हो गया हूँ कि रेणु एक दुरूह रचनाकार बन गये हैं और साबित हो रहे हैं, उनके लिए, जो अभिधेयता के अभ्यासी हैं वह रचनाकार सरल होता है जो अर्थ की दृष्टि से इकहरा होता है। यानी जिसका अभिप्रेत और सामान्य अर्थ एक ही होता है। दोनों में कोई पार्थक्य नहीं होता। यह पार्थक्य जितना बड़ा होता है, रचनाकार उतना ही दुर्बोध होता है। इस पार्थक्य को पार कर अभिप्रेत तक पहुँचना सामान्य भावक के वश की बात नहीं है। हिन्दी कथासाहित्य में रेणु उक्त पार्थक्य के शीर्ष पर खड़े हैं। ऐसा उनके 'पांडित्य' के कारण नहीं है, बल्कि नवीन शिल्पविधान, सूक्ष्म रचना कौशल और नूतन भाषाप्रयोग के कारण सम्भव हुआ है। नवीनता और मौलिकता के आधायक उक्त कारकों को समझे बिना उनके अभिप्रेत तक पहुँचना कठिन है। रेणु के विचार अत्यन्त महत्त्वपूर्ण हैं। क्योंकि वे समाजहित, राष्ट्रहित और विश्व मानवता के हित में बेहद फलदायी हैं। किन्तु जिन्हें प्रेमचन्द और नागार्जुन के भाषाशिल्प का अभ्यास है, उन्हें अपने अभ्यास के कारण रेणु को समझने में कठिनाई होना स्वाभाविक है। मानी हुई बात है कि रेणु का शिल्प और भाषा अपने सभी पूर्ववर्तियों से भिन्न है। उक्त किस्म के कुछ आदती लोगों ने यह फतवा जारी कर रखा है कि रेणु रोमांटिक रचनाकार हैं और उनका 'यथार्थवाद' रोमांटिक किस्म का है। जो पाठक और समीक्षक रेणु में प्रगतिवाद, जनवाद, यथार्थवाद आदि को 'प्रचार, नारों अथवा सिद्धान्तों' को अभिधेय रूप में देखने के इच्छुक हैं, रेणु उन्हें निराश करते हैं। जिन भावकों को 'अभिधेयता का अभ्यास है, रेणु उनके वश का रोग ही नहीं हैं।' सतह पर होने से ही कोई यथार्थवादी हो सकेगा अन्यथा नहीं, हिन्दी-समीक्षा की ऐसी मानसिकता को ही रेणु यथार्थवादी नहीं लगते और जब यथार्थवादी नहीं लगते तो रोमांटिक ही लगेंगे न! रेणु सतह पर के अर्थ के रचनाकार हैं ही नहीं। सतह पर अर्थ और महत्त्व खोजने से रेणु का वास्तविक मूल्यांकन और अर्थ-निर्धारण हो ही नहीं सकता। रेणु का यह पाठक मानता है और अनेक बार दुहरा चुका है कि 'रेणु निर्मम रूप से यथार्थवादी' हैं। किन्तु यथार्थवाद के प्रस्तुतीकरण के जिस शिल्प और

भाषाविधान को हिन्दी-समीक्षा ने मान्यता दे रक्खी है, रेणु का शिल्प और भाषा विधान उस स्वीकृत मानक से भिन्न प्रकार का है।

हर भावक अपने-अपने ढंग से भावन करता है। इस पुस्तक को लिखने का उद्‌देश्य उनके खंडन-मंडन और औचित्य-अनौचित्य की मीमांसा करना नहीं है। इसके पूर्व जो कुछ रेणु पर कहा गया, वह तो कहा ही जा चुका है। यह पुस्तक उन सबके अतिरिक्त है, उनके खंडन-मंडन में नहीं है। इसलिए बहुत जरूरी न होने पर किसी अन्य के कथन को उद्‌धृत करने से यथासम्भव बचने की कोशिश रहेगी। सतह पर की अर्थचर्वणा बहुत हो चुकी। जो अबतक प्रायः अलक्षित है, वही इस पुस्तक का मुख्य प्रतिपाद्य है। वह 'अलक्षित' ही इस भावक की नजर में रेणु के गौरव का वास्तविक आधार है। इसीलिए इस पुस्तक का शीर्षक 'अलक्षित गौरव : रेणु' रखा गया है। विद्वज्जनों से आशीर्वाद की कामना है। जिससे यह भावक अपने उद्‌देश्य में सफल हो सके और सिर्फ तभी वह अपने को कृतकार्य समझेगा।

स्तरीय और गम्भीर लेखन के लिए 'फुर्सत के क्षणों' की खास जरूरत होती है और साथ ही व्यापक अपोहवादी बौद्धिक अवकाश की भी। ये दोनों ही चीजें बिहार की उच्चशिक्षा से गायब हो चुकी हैं। फिर भी यह लिखी गयी—यह आश्चर्य ही है और इस कारण से मेरे लिए अपरिमित तोष का सबब भी है। अनेकविध बाध्यकारी महाविद्यालयी दायित्वों के निर्वहण के साथ इस तरह की पुस्तक के प्रणयन के लिए अतिरिक्त जीवट की जरूरत तो थी ही, प्रबल अभिप्रेरण की भी जरूरत थी। परम श्रद्धेय गुरुवर डॉ. पांडेय शशिभूषण 'शीतांशु' तथा डॉ. रामदेव प्रसाद की प्रेरणा, मार्गदर्शन, स्तरीयता के आग्रह तथा वैचारिक समर्थन ने ही असम्भव से लगनेवाले इस कार्य को सम्भव बनाया है। हमारे विभागीय सहकर्मी डॉ. कामेश्वर पंकज (तत्कालीन अध्यक्ष) तथा प्रो. सुरेन्द्र कुमार जायसवाल, अंग्रेजी के प्राध्यापक डॉ. जगदीशचन्द्र एवं डॉ. अरविन्द कुमार ठाकुर का सहयोग और समर्थन भी महत्त्वपूर्ण रहा है। विषयेतर अभिप्रेरकों में डॉ. नित्यानन्द झा, रसायनशास्त्र विभाग तथा डॉ. सत्यनारायण मंडल, राजनीति विज्ञान विभाग प्रमुख रहे हैं। किन्तु हमारे तत्कालीन प्रधानाचार्य डॉ. सुरेश प्रसाद यादव विज्ञान (रसायनशास्त्र) के शिक्षक होते हुए 'रेणु' के प्रति जो समझ और समर्थन का भाव रखते हैं वह चकित करनेवाला तो है ही, मेरे लिए अतिरिक्त रूप से उत्साहवर्धक भी रहा है। इस पुस्तक की स्तरीयता का प्रथम आश्वासन मुझे डॉ. विनय कुमार चौधरी, हिन्दी विभाग, भू.ना.मं.वि.वि., मधेपुरा से मिलता रहा। इस पुस्तक के गम्भीर पाठक तो वे रहे ही हैं, प्रथम पाठक होने का श्रेय भी उन्हीं को जाता है। लेखकीय विवेक पर विश्वास जहाँ उत्साहवर्धक होता है, वहीं वैचारिक और नैतिक समर्थन गुरुतर कार्य करनेवालों के लिए पाथेय और श्रमहर भी होता है। उपर्युक्त विद्वानों ने मुझे इनकी कमी नहीं होने दी। फिर भला मैं उनके प्रति कैसे न कृतज्ञ होऊँ?

सब कुछ के बाद भी धर्मपत्नी नीलम और पुत्रत्रय सौरभ, रौशन और रमण का नानाविध सहयोग और समर्थन न मिला होता तो पुस्तक का इस रूप में आना सम्भव नहीं हो पाता। इन सब के अलावा भी जिनका लेशमात्र सहयोग इस पुस्तक के प्रणयन और प्रकाशन में रहा है, सबके प्रति कृतज्ञता और सबको कोटिश: धन्यवाद!

—सुरेन्द्र नारायण यादव
हिन्दी विभाग
डी.एस. कॉलेज, कटिहार

8 अप्रैल, 2016
नीलम निकेतन, कटिहार

अनुक्रम

रचनाकार की महानता के कारक

कवियों के गणना-प्रसंग में एक पुराने पाठक ने संस्कृत कवि कालिदास को कनिष्ठा उँगली पर पाया। उस पाठक का अंगूठा दूसरे कवि को अनामिका पर रखने के लिए उठा तो उसे दूसरा कोई ऐसा कवि मिला ही नहीं। हिन्दी कवि निराला ने यह धृष्टता जरूर की कि अपने काव्यसंग्रह का नाम ही 'अनामिका' रख दिया। भाषा-कविता का पुराना पाठक संस्कृत के उपर्युक्त पाठक से थोड़ा उदार निकला और उसने तीन भाषाकवियों को श्रेणीबद्ध किया—'सूर सूर तुलसी ससि उडुगन केशवदास' और 'बाकी सब खद्योत सम'। अनामिका उँगली पर रखकर भी निराला अपने को भाषा काव्य-पाठक की श्रेणीबद्धता में स्थान नहीं पा सके। भरतवाक्य जैसे उक्त 'निष्कर्षात्मक कथन कवियों-लेखकों की महानता के तार्किक परीक्षण को आकस्मिक रूप से समाप्त कर देते हैं और पाठक उन कारणों को जानने से वंचित कर दिया जाता है जो 'किसी रचनाकार की महानता को सिद्ध करने का आधार हो सकते हैं। और तब' समीक्षा-जगत् में फतवाबाजी शुरू हो जाती है। यह अलग बात है कि फतवा कभी विवेच्य रचनाकार की महानता के पक्ष में होता है तो बहुत बार उसके विरोध में भी। बहुत बार ऐसा भी होता है कि फतवे वस्तुगत (Objective) कम विषयगत (Subjective) ज्यादा होते हैं। रचनाकार तटस्थ मूल्यांकन की प्रतीक्षा में समीक्षा के सलीब पर टँगा रह जाता है। अस्तु, उन कारकों का परीक्षण विशेष लाजिमी है जो रचना और रचनाकार की महत्ता के निर्धारक हो सकते हैं। समीक्षा के मंच पर ऐसे प्रश्न उठते ही रहते हैं। इसी की कड़ी के रूप में डॉ. काशीनाथ सिंह ने अपने अग्रज तथा हिन्दी-समीक्षा के शलाकापुरुष डॉ. नामवर सिंह से पूछा था—"आपकी दृष्टि में साहित्य की महानता का आधार क्या है?"[1] जवाब के रूप में डॉ. सिंह ने कहा कि साहित्य विचार से महान् होता है। यानी अगर विचार महान् है तो साहित्य भी महान् होगा और तुच्छ विचारों पर आधारित साहित्य घटिया ही माना जाएगा।[2] हिन्दी-साहित्य के पूरे परिदृश्य पर निगाह डालते हैं तो हम पाते हैं कि साहित्य में विचार का विनियोग कम से कम तीन प्रकार से होता है—

1. प्रचार, नारों अथवा सिद्धान्त-कथनों के रूप में। विचार के ऐसे विनियोग को डॉ. हजारीप्रसाद द्विवेदी ने 'घटिया' की श्रेणी में ही रखा है।

2. तिल-तंडुलवत्—जैसे तिल को अक्षत (चावल) के साथ मिला दिया जाता है। दोनों एक-दूसरे से मिले तो होते हैं, किन्तु दोनों की सत्ता एक दूसरे से पृथक् और अलग-अलग पहचान में आती है। जैसा हम प्रेमचन्द में पाते हैं। उनके लेखन में विचार की सत्ता अलग से ही पहचान में आती है। अक्सर वे मन में एक विचार ले आते हैं और बाद में उसके हिसाब से पात्र और घटनाओं का सृजन कर लेते हैं। विचारों के विनियोग की यह पद्धति भी कलात्मकता की दृष्टि से बहुत उच्चस्तरीय नहीं मानी जाती।

3. दाल में नमक या शर्बत में मिठास और सुगन्ध की तरह। इस पद्धति से विनियोग होने पर इसका आभास तो होता है कि विचार है। किन्तु उसकी सत्ता साहित्य में इस प्रकार घुली-मिली होती है कि उसे अलग से पहचान पाना असम्भव तो नहीं, पर कठिन अवश्य होता है। जिसने बिना नमक की दाल का स्वाद चखा हो, जिसे अलग से नमक का स्वाद मालूम हो, उसी तरह जल, चीनी और सुगन्धित द्रव्य का जिसे अलग-अलग स्वतंत्र परिचय हो, वही दाल में नमक की सत्ता और शर्बत में चीनी और सुगन्ध की उपस्थिति का बोध पा सकता है, अन्यथा नहीं। सामान्यत: लोग दाल और शर्बत की सत्ता को उनकी 'एकल सत्ता' के रूप में लेते हैं। उसी तरह सामान्य पाठक साहित्य को एकल सत्ता के रूप में ही जानता-पहचानता है। जबकि वह विचार और कला का संश्लेष होता है। यह संश्लेष जितना ही रचनात्मक होता है, उतना ही उच्च कोटि का माना जाता है। रचनात्मक संश्लेष की स्थिति में दोनों की अलग सत्ता का भान नहीं होता। दोनों तिल-तंडुलवत् नहीं होते, बल्कि दोनों एक दूसरे की सत्ता में घुले-मिले रहते हैं, एक दूसरे में अनुस्यूत रहते हैं। संश्लेष में अनुपात का महत्त्व भी निर्णायक प्रकृति का होता है। जब दाल में नमक की मात्रा अधिक होती है, तब भोक्ता को नमक की उपस्थिति का अलग से भान होने लगता है। इसके विपरीत अगर नमक कम हो तो नमक का अभाव, नमक की तुलना में दाल की अधिकता और परिणामत: दाल में स्वाद का अभाव समझ में आता है। यानी दाल और नमक में समानुपात होना चाहिए। विचार और कला में जब वैसा ही समानुपात उपलब्ध होता है तभी वह उच्च कोटि का साहित्य माना जाता है। पाठक का साहित्य से किसी रचना से साक्षात्कार होता है तो प्रथमत: उसके सामने रचना की कला ही आती है, आनी चाहिए। विचार तो गहन विमर्श से मिलने की चीज है। पाठक अगर प्रथम दृष्ट्या ही विचार को पहचान ले, कला उसे सम्मोहित न करे, तो स्पष्ट है कि विचार की प्रधानता है, कला गौण है। दोनों की सत्ता में समानुपात का अभाव है अथवा दोनों तिल-तंडुलवत् हैं। इसी बात को ध्यान में रखकर बहुत पूर्व में चौथे पाँचवें दशक में जैनेन्द्र कुमार ने एक निबन्ध लिखा था—'साहित्य की कसौटी'। उक्त निबन्ध में साहित्य की उच्चता की निर्धारक कसौटी की मीमांसा उन्होंने एक घटना के माध्यम से की है। कुछ युवतियाँ आभूषण

की दुकान में कुंडल (इयरिंग) खरीदने गयीं। बहुत से दिखाये गये। कुछ बहुत भारी पर सूरत से भद्दे, कुछ आकर्षक पर कीमत में हल्के। युवतियों ने एक जोड़े को पसन्द किया जो बहुत ही आकर्षक और समय के हिसाब से बिल्कुल नयी चीज (लेटेस्ट डिजाइन) था। उसकी कीमत सिर्फ पाँच रुपये थी। युवतियों को यह नागवार लगा कि वह कुंडल भी पहने तो सिर्फ पाँच रुपये का। उसने दुकानदार से आग्रह किया—कोई दूसरा जोड़ा ढूँढ़ें, जिसकी डिजाइन तो वही हो, किन्तु माल भारी हो। कुछ ढूँढ़बीन के बाद दुकानदार वैसा जोड़ा लाने में सफल हो गया, जिसकी डिजाइन पाँच रुपये वाले जोड़े जैसी ही आकर्षक थी किन्तु उसमें सोना ज्यादा लगा था। अधिक सोने के कारण इस दूसरे जोड़े की कीमत पैंतीस रुपये थी। युवतियों ने यह दूसरा जोड़ा खरीद लिया और हँसती खिलखिलाती चली गयीं।[3] जैनेन्द्र कुमार का निष्कर्ष यह है कि आभूषण में डिजाइन तो हो ही जो आकर्षक लगे, साथ ही उसमें सोने की मात्रा भी अच्छी हो, जिससे उस आभूषण का वस्तुगत मूल्य भी अधिक हो। जैनेन्द्र कुमार की यह कसौटी डॉ. नामवर सिंह की कसौटी से आगे की चीज है। विचार अगर अकेले ही साहित्य की उच्चता का निर्धारक होता तो कम्युनिस्ट पार्टी का घोषणा पत्र, नीति के दोहे और ईशावास्योपनिषद् जैसी रचनाएँ ही सर्वोतम साहित्य मानी जातीं। साहित्य सिद्धान्त-ग्रन्थ नहीं है, वह एक नितान्त कलावस्तु है। साहित्य में विचार को कलावस्तु का रूप धर कर आना चाहिए। विचार अगर सिद्धान्त-कथन के रूप में साहित्य में आता है तो यह ठीक वैसा ही होता है कि जैसे किसी रमणी के गले में सोने की ईंट लटका दी जाय। सोने की ईंट का वस्तुगत मूल्य चाहे जितना भी हो, ईंट के रूप में वह रमणी के सौन्दर्य का विधायक नहीं हो सकती। सौन्दर्यविधान करने के लिए उसे आभूषण के रूप में ढलना पड़ेगा, उसे अपने में कला (डिजाइन) का आधान करना पड़ेगा और कलावस्तु बनना पड़ेगा। इसके उलट अगर कला (डिजाइन) बहुत सुन्दर हो, किन्तु वह कला अगर पीतल पर की गयी हो तब भी उसका बहुत मूल्य नहीं होता। मूल्यवान् बनने के लिए पीतल नहीं, सोना चाहिए। यानी उच्च कोटि का साहित्य वह होता है जिसमें उच्च कोटि के विचार हों और वे विचार सिद्धान्त-कथन, प्रचार या नारे के रूप में न होकर कलावस्तु के रूप में आये हों; कला के साँचे में ढल कर आये हो, विचार और कला में समानुपात हो तथा विचारों का विनियोग रचनात्मक संश्लेष के साथ हुआ हो।

कला का प्राथमिक गुण आकर्षक होना है। कोई रचना अगर पाठक को आकृष्ट करती है, उसके चित्त को रमाती है और व्यामोहित करती है तो माना जाएगा कि कला अपने उद्देश्य में सफल हुई है। लेकिन वह कला उच्च कोटि की मानी जाएगी जो उच्चकोटि के रचनात्मक संश्लेश का उदाहरण पेश करेगी, जो वस्तु (कथ्य) के अनुरूप होगी और उसे अधिकतम सफलता के साथ प्रस्तुत कर सकेगी। जहाँ तक विचारों की उच्चता की बात है तो इसकी कोई चौहद्दी नहीं निर्धारित की

जा सकती। सामान्यत: वे विचार मूल्यवान् होते हैं जो व्यापक मानवीय हित में हों, जिनके पीछे कल्याण-कामना का भाव काम कर रहा हो, जो मनुष्य, चाहे व्यक्ति हो या समाज, के वैध हित से जुड़ा हो, जो प्रगति और समृद्धि की भावना से प्रेरित-परिचालित हों, जो सर्वसमावेशी और समतामूलक हों तथा जो मनुष्य के मानवीय गौरव का संस्थापक हो। किन्तु हर कुछ के बाद भी लेखक और रचनाकार तब तक महान् नहीं होता जब तक ऊँची कला सहज नहीं होती और विचार फैशन के रूप में आया हो। ऊँचे विचारों की उपस्थिति रचनाकार की महानता की तब तक गारंटी नहीं बनती जब तक लेखक और रचनाकार की व्यक्तिगत निष्ठा और संवेदना उससे जुड़ी हुई नहीं होती।

साहित्य की विधा विशेष के रूप में जब कथालोचन की बात आती है तब निम्न चार बातों को विचार के फोकस पर अनिवार्य रूप से लाया जाना चाहिए—

1. घटना
2. घटना से सम्बद्ध पात्रों की मनोरचना
3. घटना को सम्भव बनाने वाली ऐतिहासिक प्रेरक शक्तियों की भूमिका तथा
4. इतिहास पर घटनोत्तर प्रभाव।

कथालेखक इतिहास (घटना) का काल्पनिक निर्माण तो करता है, किन्तु कल्पना सिर्फ घटना के बाह्य रूपाकार को लेकर होती है, घटना की मूल संवेदना अगर काल्पनिक हो तो रचना न तो विश्वसनीय हो पाती है, न ही उसका कोई यथार्थवादी ऐतिहासिक मूल्य होता है। कथाकार इतिहास को अभिधेय रूप से इतिवृत्त के रूप में प्रस्तुत न कर उसकी प्रवृत्ति और संवेदना के रूप में ग्रहण और प्रस्तुत करता है। इतिहास की संवेदना से पात्रों की अपनी निजी मनोरचना प्रभावित अप्रभावित कुछ भी हो सकती है। फलत: घटना का स्वरूप और फलितार्थ—दोनों ही सम्बद्ध पात्रों की मनोरचना से प्रभावित होते हैं। घटना के रूप और गुण-धर्म पर ऐतिहासिक शक्तियों की प्रकट-अप्रकट प्रेरणा काम करती रहती है। कथाकार इतिहास को विश्वसनीयता के बोध के रूप में प्रस्तुत करता है और जब रची गयी कथा विश्वसनीयता का संचार करने में सफल हो जाती है तो इतिहास खुद-ब-खुद साकार हो जाता है, किन्तु इतिहासवृत्त के रूप में नहीं, कलावस्तु के रूप में। डॉ. पांडेय शशिभूषण 'शीतांशु' ने इसे सर्जनात्मक अभिलेखीकरण कहा है। उनकी मान्यता है—''महान् कृति सर्जनात्मक अभिलेखीकरण और कलाकरण का संश्लेष हुआ करती है। अभिलेखीकरण उसे काल, स्थल तथा पात्र-चेतना से जोड़ता है तथा कलाकरण उसमें लेखकीय सर्जनात्मक दृष्टि का अनुप्रवेश कर कथाफलक पर अर्थ-गह्वरों (Semantic Enclaves) का निर्माण करता हुआ उसे साभिप्रायता प्रदान करता है।''[4] कोई घटना अपने प्राकृत समय में ही घटित होकर समाप्त हो जाती है तो ऐसी घटनाओं का कोई ऐतिहासिक महत्त्व नहीं होता। इतिहास अपना प्रभाव

अपने प्राकृत समय से आगे भविष्य में जितनी दूर तक प्रसारित कर पाता है, उसका ऐतिहासिक महत्त्व उसी अनुपात में ज्यादा होता है। घटनोत्तर प्रभाव साहित्य की दीर्घजीविता से अनिवार्यतः सम्बद्ध होता है और रचनाकार की प्रासंगिकता का प्रश्न भी स्वभावतः उसी से जुड़ा होता है। निष्कर्षतः रचनाकार की महानता बहुत अंशों में उसके समग्रतावाद और यथार्थ ऐतिहासिक जीवन-सत्यों के सही सांदर्भिक संश्लेष को अधिकतम कलात्मकता के साथ तद्वत् चित्रित कर पाने पर निर्भर करती है। 'वैचारिक और कलात्मक'—दोनों प्रकार की श्रेष्ठता का समुच्चय ही रचनाकार की महानता भी है। ऊपर साहित्य की श्रेष्ठता के कुछ महत्त्वपूर्ण सूत्रों की चर्चा की गयी। छोटे-मोटे सूत्र तो और भी अनेक हैं। रेणु अगर महान् हैं तो उपर्युक्त सूत्रों के आलोक में उनकी महानता का परीक्षण होना चाहिए। इस पुस्तक को लिखने का उद्देश्य ही वही है।

सन्दर्भ सूची

1. घर का जोगी जोगड़ा, लेखक—डॉ. काशीनाथ सिंह
2. वही
3. हिन्दी गद्य संग्रह, बिहार विश्वविद्यालय प्रकाशन, मुजफ्फपुर, वर्ष 1954, पृ. 206-215
4. संक्रमण और रेणु की औपन्यासिक नारियाँ, डॉ. सुरेन्द्र नारायण यादव, मत-सम्मत (क) पृ. 5

रेणु के सरोकार

एक रचनाकार के रूप में रेणु की चिन्ता एक नये समाज का निर्माण है। इस तरह वे हिन्दी साहित्य में सोद्देश्यतावादी लेखन की परम्परा की एक कड़ी भी हैं। बल्कि यह कहना ज्यादा सही होगा कि रेणु सोद्देश्यतावादी लेखन के अप्रतिम उदाहरण हैं। क्योंकि उनका सोद्देश्यतावाद बेहद व्यापक और सर्वांगीण था। उसकी व्यापकता का आलम यह था कि उनका लेखन जिन चिन्ताओं, सरोकारों और उद्देश्यों से परिचालित और प्रेरित था, उनके हिसाब से सभी जरूरी बातों का समावेश उनके लेखन में था। रेणु के लेखन का उपजीव्य काल–भारत के नवनिर्माण का काल था। वह नवनिर्माण व्यक्ति, समाज, राष्ट्र तथा विश्व के रूप में चतुस्तरीय था ही, साथ ही सर्वांगीण भी था। पुराने, जड़, दकियानूस, अगतिशील और प्रगतिशून्य भारत की जगह एक नये भारत का निर्माण शुरू हो चुका था। नवनिर्माण की प्राथमिक शर्त एक नयी शुरुआत होती है। वह शुरुआत न केवल क्रियात्मक होती है, बल्कि वैचारिक भी होती है। इससे आगे की बात करें तो चारित्रिक भी। जिस 'विचार' ने भारत को जड़, दकियानूस और अगतिशील बनाया था, उसे छोड़ने–त्यागने की जरूरत थी और उसकी जगह नये उपयोगी विचारों के आधान की भी थी, जो भारत को जगाए, हर स्तर पर परिवर्तन की जरूरत का बोध कराए, जो नवनिर्माण के लिए विधायी वैचारिक प्रेरणा और नेतृत्व प्रदान कर सके। उन क्रिया–कर्मों को करे जिससे एक नये भारत का निर्माण सम्भव हो सके। साथ ही सम्पूर्ण नवनिर्माणी गतिविधियों में योग, संचालन और नेतृत्व के लिए वैसे चरित्रों की जरूरत भी थी जो परम्परागत चरित्रों से भिन्न प्रकार के हों। जोतखी काका, रामकिरपाल सिंह, हरगौरी, तहसीलदार विश्वनाथ प्रसाद के पिता, हिरामन आदि ऐसे पात्र हैं, जिनके कारण से भारत एक ठहरा हुआ देश बन गया था। प्रेमचन्द का 'गोदान' ठहरे हुए पात्रों की रचना है। क्योंकि उसके काल में भारतीय समाज में बदलाव की प्रक्रिया लगभग शुरू ही नहीं हुई थी। एकाध जगहों (जैसे होरी के दामाद रामसेवक के कथन) में उसका संकेत तो मिलता है, किन्तु बदलाव समाज की निर्णायक क्रिया नहीं बन पाया था। अगर वैसा होता तो होरी की जीवन–परिणति वैसी त्रासद क्यों होती ? किन्तु रेणु के पात्र–

बालदेव, कालीचरन, डॉक्टर प्रशान्त, मंगला देवी, ममता, ताजमनी, मलारी, जितेन्द्र, कहानियों में लहसनवाँ (तीसरी कसम) रामबिलास (उच्चाटन) आदि न तो ठहरे हुए पात्र हैं, न पुराने पात्र हैं। वरन् ये सभी भारत के नवनिर्माण से जुड़े नये पात्र हैं, जिनके बिना पर रेणु व्यक्ति, समाज, राष्ट्र तथा विश्व के नवनिर्माण का उपक्रम शुरू करते हैं। राष्ट्रीय स्तर पर राजा राममोहन राय, महात्मा गाँधी, पंडित नेहरू आदि हैं तो स्थानीय स्तर पर उपर्युक्त पात्र हैं। यद्यपि उनकी अपील राष्ट्रीयता की सीमा के परे वैश्विक भी है। इसकी चर्चा आगे यथास्थान की जाएगी। इन पात्रों के विचार नये हैं, कर्म-क्रिया और गतिविधियाँ नयी हैं। अस्तु, ये सभी सोच और चारित्र्य के मामले में पुराने चरित्रों के उलट और भिन्न भी हैं। होरी, गोबर, दातादीन, मातादीन आदि सदियों-सहस्राब्दियों से चले आ रहे भारतीय चरित्रों के मानक रूप हैं। हालाँकि रेणु के उपर्युक्त पात्रों के बारे में कतई यह नहीं कहा जा सकता कि वे परम्पराप्राप्त मानक चरित्र ही हैं। वे तो उन 'मानकों' से सर्वथा भिन्न और उलट हैं। नयी निर्मिति के समय की जरूरत भी नयी होती है। कभी नया विचार चाहिए होता है, कभी नया नेता और कभी नयी कार्ययोजना। पुरानी सोच, पुराने क्रिया-व्यापार और पुराने चरित्र से नया निर्माण सम्भव ही नहीं है। इसीलिए पंत जी ठीक ही कहते हैं—'द्रुत झरो जगत् के जीर्ण पत्र।' पुराने मानकों का झड़ना जरूरी होता है और उनके स्थान पर नये मानकों को स्थापित करना पड़ता है। उसी नये का आह्वान निराला करते हैं—

"नवगति, नव लय, ताल छन्द नव
नवल कंठ नव जलद मन्द्र रव
नव नभ के नव विहगवृन्द को
नव पर, नव स्वर दे।"

एक पुराना झरे और फिर वैसा ही एक दूसरा पुराना उसका स्थानापन्न हो जाय तो नवनिर्माण नहीं हो सकता। इसलिए पंत जी पुराने के झड़ने की बात करते हैं तो निराला उसका स्थानापन्न बनने के लिए नये विहगवृन्द (नये चरित्रों) का आह्वान करते हैं। निराला का यह नया विहग नये गीत गाता है, जिसका ताल, सुर, लय-सभी कुछ नया है। यानी नये निर्माण के लिए नया लेखक और रचनाकार भी होना चाहिए, जिसका बोध, संवेदना और अभिव्यंजना शिल्प-सब कुछ नया हो। सरस्वती वन्दना में निराला जिस नये का सैद्धान्तिक आह्वान करते हैं, रेणु उसे अपने लेखन में चरितार्थ और उदाहृत करते हैं। बल्कि समग्रतावादी रेणु पंत के जीर्ण पत्रों को भी झरते हुए दिखाते हैं। रेणु में पूर्वपक्ष और उत्तर पक्ष-दोनों ही महत्त्वपूर्ण रूप से मौजूद हैं। जबकि प्रेमचन्द में जीर्ण पत्रों की एकान्त उपस्थिति उन्हें पूर्वपक्ष का रचनाकार घोषित करती है। यथार्थवादी दोनों हैं, किन्तु दोनों का यथार्थ भिन्न है। प्रेमचन्द के जीर्ण पत्र स्थापित हैं और वे विस्थापन की जरूरत को रेखांकित भर करते हैं। रेणु

में वे विस्थापित हो रहे हैं। विस्थापन से रिक्त हुए स्थान को भरने के लिए तथा काम्य कर्म के सम्पादन और लेखकीय उद्देश्य के हितसाधन के लिए नयी सोच तथा नये चारित्र्य का स्थापन जरूरी था। लोग यह भूल जाते हैं कि प्रेमचन्द में जहाँ परम्पराप्राप्त का स्थापन है, वहीं रेणु में उसका विस्थापन है। साथ-साथ उनकी जगह नये का स्थापन है। प्रेमचन्द का साहित्य 'परम्पराप्राप्त' स्थापित सत्ता का यथार्थ है तो रेणु का यथार्थ नवस्थापन का यथार्थ है। दोनों ग्रामीण जन-जीवन के रचनाकार हैं—सही है। किन्तु सिर्फ इतनी भर ही समानता है। जबकि रेणु का ग्रामांचल वही नहीं है, जैसा चरित्र और स्वभाव में प्रेमचन्द का ग्रामांचल है। जो लोग ग्रामांचल का रचनाकार होने की समानता के आधार पर रेणु को प्रेमचन्द के खाँचे में रखते हैं वे रेणु के साथ न्याय नहीं कर रहे होते हैं। अवधानता की कमी दोनों के लेखन में उपलब्ध पार्थक्य को परखने नहीं देती होगी। रेणु के मूल और मौलिक पात्र वे हैं जो नवस्थापन के उनके उद्देश्य को चरितार्थ करते हैं। उनमें उपलब्ध पुराने पात्र पूर्व पक्ष हैं और पाठक को यह बोध कराने के उद्देश्य से गृहीत हैं कि वे यह समझें कि उनको विस्थापित करने की जरूरत है। रेणु का साहित्य पुराने और नये के संघर्ष का साहित्य है और साथ ही वह पुराने की पराजय तथा नये की विजय की मुनादी का भी साहित्य है। जिनकी प्रतिबद्धता प्रकट-अप्रकट तौर पर पुराने से किसी तरह से जुड़ी है, उनको रेणु की मुनादी सुनाई नहीं पड़ती, या वे उसे न सुनने का नाटक करते हैं। इस तरह रेणु को महत्त्वहीन और अनुलेख्य घोषित करने की कुटिलता भी प्रदर्शित करते हैं।

रेणु अपनी पहली ही कृति 'मैला आँचल' में इस ऐतिहासिक यथार्थ को चित्रित करते हैं कि भारतीय समाज बदल रहा है। आरम्भ हो चुकी बदलाव की उस प्रक्रिया को किसी भी तरह से रोका नहीं जा सकता और न उसकी गति को अतीत की ओर मोड़ा ही जा सकता है। हरगौरी और काली कुर्तीवाले सोचते हैं कि महाराणा प्रताप का राज लौटेगा तो वे सोचा करें। उन्हें इसकी आजादी है। किन्तु सोचने और निर्णय करने की यही आजादी बालदेव को क्यों नहीं होनी चाहिए? कांग्रेस ऑफिस का चौका-बर्तन करेगा या नेतागिरी करेगा—यह बालदेव का निर्णय होना चाहिए, हरगौरी का नहीं। हरगौरी के निर्णय के अनुसार जीने के लिए बालदेव को बाध्य नहीं किया जा सकता—यह 'मैला आँचल' के जमाने का सच है। रामबिलास की माँ दूध देगी या नहीं—यह उसका निर्णय हो सकता है, मिसिर महाजन के बेटे का नहीं। स्वतंत्रता मानवीय गरिमा का आधार है। मानवीय गरिमा की प्राप्ति तथा उसकी स्थापना के लिए मनुष्य का स्वाधीन होना आवश्यक है। रेणु का पहला सरोकार मनुष्यमात्र की मुक्ति है, ताकि उसकी गरिमा स्थापित हो सके। गुलाम गरिमापूर्ण नहीं हो सकता और भूखा व्यक्ति स्वतंत्र नहीं हो सकता। मलारी भूखी नहीं रही, इसलिए अपने निर्णय खुद लेती है, सामबत्ती घरघुमनी हो गयी है, पान कचरती

फिरती है, बिरजू का बाप उसकी माँ को बैलगाड़ी पर चढ़ाकर नाच दिखाने ले जाता है। कटिहार जूट मिल के कुल्ली लोग चार आने सेर खमरआलू हाथोंहाथ उठा लेते हैं। अब वे तहसीलदार का मुँह नहीं जोहते। बलचनमा की नियति आर्थिक परतंत्रता से भी निर्धारित है। निराला के भिक्षुक का गरिमाहीन गिड़गिड़ाना भी आर्थिक स्वावलम्बन से रहित होने के कारण है। इसलिए रेणु का प्रतिरोध मानव की स्वतंत्रता को लेकर है, जिसके भीतर आर्थिक स्वतंत्रता भी है। रेणु के पात्र आर्थिक रूप से उस स्तर से परतंत्र नहीं हैं, जिस स्तर से बलचनमा है। इसी कारण रेणु के पात्रों की जीत भी सम्भव हो पायी है। रेणु के मनुष्य की मुक्ति बहुआयामी है। वह केवल आर्थिक और सामाजिक ही नहीं है। व्यक्ति, समाज तथा राष्ट्र के प्रति सदाशयता एवं शुभाशंसा का भाव रखनेवाला रचनाकार होने के नाते रेणु का दायित्व बनता था कि वे उस बदलाव की प्रक्रिया को एक रचनात्मक दिशा प्रदान करने की कोशिश करते। उस बदलाव से एक नये मनुष्य, समाज और राष्ट्र का निर्माण होना था। गरिमापूर्ण मनुष्य, समतावादी मुक्त समाज तथा समृद्ध राष्ट्र की आधारशिला रखने की कोशिश 'मैला आँचल' से ही आरम्भ हो जाती है और 'परती : परिकथा' में अपनी पूर्णता पा लेती है। रेणु का दूसरा सरोकार सामाजिक और राष्ट्रीय है। उनका उत्थान होना चाहिए। नागरिकों की भलाई के लिए मलेरिया सेन्टर की स्थापना हो रही है। हर किसी का (जो अपने को सामाजिक और राष्ट्रभक्त मानता है) दायित्व है कि वह ऐसे किसी भी लाभकारी हितसाधक उपक्रम की स्थापना और संचालन में सहयोग करे, न कि उसमें विघ्न उत्पन्न करे या उसके संसाधनों को लूटे और बर्बाद करे। सार्वजनिक सम्पत्ति का निजी हित में उपयोग उचित नहीं हो सकता। राष्ट्र-निर्माण की नींव में नैतिकता, निष्ठा, विज्ञान, कल्पनाशीलता (क्या करने से तरक्की होगी) मानवतावादी दृष्टिकोण, गणतांत्रिकता (कुलगोत्र की जगह गुणों को सामाजिक स्तरीकरण का आधार मानना) व्यक्ति की आजादी और 'At your mercy' की स्थिति से मुक्ति आदि कुछ ऐसी आधारभूत बातें हैं—जिन्हें रेणु राष्ट्र के नवनिर्माण के आधार के रूप में स्वीकार करते हैं। नवस्थापन के रूप में उत्तरोत्तर उन्नति की सम्भावनावाले नवाचारों को मान्यता देने तथा उन्हें अपनाने की त्वरा को भी उतना ही लाजिमी पाते हैं। तांत्रिक (पंडित शिवेन्द्र मिश्र) का बेटा जितेन्द्र गणतांत्रिक हो गया है। ताजमनी जाति आधारित सामाजिक स्तरीकरण की सामन्ती व्यवस्था में निचले पायदान पर थी। सम्भ्रान्त, कुलीन स्त्रियोंवाले गुणों को अपनाकर उसने अपना स्तर काफी ऊँचा उठा लिया है और वह जितेन्द्र की भावी पत्नी का दर्जा पा सकी है। जबकि मलारी निम्नस्तरीय जीवनशैली से मुक्ति और उच्च स्तरीय जीवनशैली को अधिकृत करती दिखती है। अपनी जाति और परिवार की निम्नस्तरीय जीवनशैली वाले सदस्यों से उसकी टकराहट होती है, अपने छोटे भाई रमदेवा को गंदा रहने की वजह से बिछावन पर बैठने नहीं देती तो वह मलारी पर ही लाठी चला

देता है। लेकिन तरक्की करनी है तो निम्न वर्ग के सदस्यों को उच्च स्तरीय जीवनशैली की ओर अग्रसर होना ही होगा। तरक्की का यह अर्थ हो ही नहीं सकता कि उच्चस्तरीयता को निम्नस्तरीयता की ओर अग्रेसित किया जाय।

अपने मानवीय (व्यक्ति से जुड़े) सरोकारों के तहत रेणु की मान्यता है और वे इस बात के प्रबल पक्षधर हैं कि हर मनुष्य को अपने अनुसार जीने-खाने और रहने का अधिकार है, उसे अपने बारे में फैसले लेने का अधिकार है और उसकी वैध इच्छाओं पर किसी और का नियंत्रण नहीं होना चाहिए। व्यक्ति के वैध और प्राकृत हित में समाज को बाधक नहीं बनना चाहिए। मलारी की तरक्की में परानपुर का समाज बाधक बना हुआ है। वह बहुत आगे तक पढ़ना चाहती थी। किन्तु हाई स्कूल में नाम लिखाने के बाद से उसे बहुत से कुचालियों से जूझना पड़ा। शिक्षकों और सहपाठी मित्रों के व्यवहार के कारण उसे स्कूल छोड़ने को बाध्य होना पड़ा। इस तरह वह जितना पढ़ना चाहती थी, नहीं पढ़ सकी। कम शिक्षा उसके ऊँचे पद की प्राप्ति की कामना में, जिसका उसे नैसर्गिक अधिकार था, बाधक बन गयी। ज्यों-ज्यों वह जवान हो रही है त्यों-त्यों अपने को सुरक्षित रख पाने की समस्या गम्भीर होती जा रही है। यहाँ तक कि उसका बाप महीचन लोगों को हाँकते-हाँकते मदक्की और चिड़चिड़ा हो गया है। पिता उसकी शादी करवाने में असमर्थ है और दूसरी ओर हर कोई उसे भोग लेने की फिराक में है। यहाँ तक कि गाँव की ठाकुरबाड़ी का पुजारी सरबजीत चौबे भी एकान्त होने का नाम लेकर रामलला के दर्शन कर लेने का प्रलोभन देता है। मलारी की अपनी जाति-पंचायत उसके सरकारी दायित्व के निर्वहण के मार्ग में बाधा उत्पन्न करने की कोशिश करती है। जीवन-बीमा के काम से अररिया जाती है तो वह यात्रा अनेक लोकापवादों को जन्म दे देती है। दूसरी ओर 'लुत्तो एंड कम्पनी' जितेन्द्र के चरित्र हनन में उसका उपयोग करना चाहता है। किन्तु मलारी है कि अकेली, यहाँ तक कि परिवार के समर्थन के बगैर भी, उपर्युक्त निरर्थक बाधा-विघ्नों से उलझती नहीं, कहीं चुप रहकर, कहीं और तरह से, दाएँ-बाएँ बचती-बचाती आगे बढ़ती रहती है; जहाँ तक कि उसका वंश चलता है। फुलिया, रमपियरिया आदि भी जवान हो चुकी हैं। किन्तु उनकी शादी करवाने के लिए कोई भी उस तरह चिन्तित नहीं दिखता, जिस स्तर की चिन्ता ऐसे कामों के लिए चाहिए होती है। हिरामन की उम्र भी चालीस तक पहुँच गयी है। किन्तु उसकी भी शादी के लिए न तो भाभी चिन्तित है, न भाई और न अन्य सगे-सम्बन्धी या जाति-बिरादरी के लोग यानी समाज। व्यक्ति के वैध हित की पूर्ति होनी चाहिए और साथ ही साथ अगर समाज का कोई सदस्य प्रगति कर रहा है तो उसे समाज द्वारा सहयोग और समर्थन मिलना चाहिए, न कि उसके मार्ग में अवरोध पैदा किया जाना चाहिए। समाज को व्यक्ति की प्राकृत एषणा और वैध हित के मार्ग में बाधक नहीं बनना चाहिए। मलारी हो कि ताजमनी अथवा हिरामन, प्रायः सभी उदाहरणों

में समाज की बाधकता हमारा ध्यान खींचती है। मलारी का उदाहरण उनमें अन्यतम है। ऊपर से तुर्रा यह कि वही समाज मलारी पर टिप्पणी भी करता है ''लड़की बरबाद हो गयी, थी खूब चान्सवाली, लेकिन।''[1] रेणु यूँ अपने लेखन में कोई सैद्धान्तिक टिप्पणी नहीं करते, किन्तु अपनी लेखकीय प्रकृति के विपरीत उन्हें 'परती : परिकथा' में वैसी एक टिप्पणी करने को विवश होना पड़ा है और वे मुक्ति का सूत्र बतलाते हैं—''समाज को मानवीय और मनुष्य को सामाजिक बनाना ही मुक्ति का एकमात्र पथ है।''[2] समाज जब-जब मानवीय नहीं रहता तब-तब व्यक्ति के वैध और प्राकृत हित के मार्ग में बाधाएँ खड़ी होती हैं। इस मंत्र का दूसरा हिस्सा रेणु के सामाजिक सरोकारों से जुड़ा है। समाज के अन्दर ऐसे बहुत से व्यक्ति होते हैं जो अपने व्यक्तिगत हित को समाजहित से ऊपर ही नहीं मानते, बल्कि अपने हित-साधन में समाजहित की बलि चढ़ाने से भी नहीं चूकते। 'मैला आँचल' का कापरा कटहा थाना कांग्रेस कमिटि का सेक्रेटरी है और वह कालाबाजारी करता है। भारत की वस्तुओं की सीमापार नेपाल, पूर्वी पाकिस्तान आदि देशों को गैरकानूनी रूप से सप्लाई करता है। पुलिस और प्रशासन को अपने पक्ष में किये रखने के लिए दो टाँग की मुर्गी यानी औरत का उपयोग करता है। नेपाली लड़कियों का व्यापार भी करता है। 'पल्टू बाबू रोड' के अमलेन्दु राय आर्थिक लाभ के लिए पारिवारिक, सामाजिक और नैतिक मानमूल्यों को विसर्जित करते रहते हैं। बैरगाछी शहर में पल्टू बाबू के नाम से कोई रोड नहीं है। बल्कि यह रोड उस जीवन-पद्धति का प्रतीक है—जिस पर अमलेन्दु राय और उन जैसे अनेक लोग चल रहे हैं। इस प्रतीक रोड का निर्माण जिस व्यक्ति ने किया है उसका नाम है पल्टू बाबू। इस व्यक्ति की नजर में एक मात्र चिन्तनीय वह खुद है और बाकी सभी उसके उपभोग्य। ऐसा व्यक्ति हर चीज का उपयोग सिर्फ अपने फायदे को ध्यान में रखकर करता है। सरकार अनेक कल्याणकारी योजनाएँ चलाती है या संसाधन उपलब्ध कराती है किन्तु व्यक्ति उसका निजी हित में उपयोग करने लगता है। 'परती : परिकथा' में परानपुर के सार्वजनिक पुस्तकालय का रेडियो बिकू बाबू के घर बज रहा है[3] और छित्तन बाबू का पंचवर्षीय पुत्र दीपशिखा (महादेवी के सर्वप्रमुख काव्यसंग्रह) के पृष्ठों को काट-काट कर दीवार पर चिपकाता है।''[4] 'कलंक मुक्ति' में विश्व स्वास्थ्य संगठन की ओर से जनकल्याण हेतु जो दूध पाउडर, दवाएँ आदि भेजी गयी थीं संस्था की ऑनररी सेक्रेटरी श्रीमती ज्योत्स्ना आनन्द द्वारा कालाबाजारी कर दी जाती है। अपने सहयोगी बागे की सलाह उसे मुफीद लगती है कि ''जो व्यापार वह छिटपुट तौर पर कर रही थी—उसी को अब बड़े पैमाने पर पार्टनर रखकर, कम्पनी बनाकर करना होगा।''[5] जनता के पैसे से जिन अफसरों को सरकार वेतन देती है वे ही अफसर (डी. साहब, पी. साहब आदि) श्रीमती आनन्द की कम्पनी में ? शामिल होकर सरकार और विश्व संस्था की जनकल्याण की मंशा को पलीता लगाते हैं।' राजेन्द्र यादव को अगर लगता है कि

''रेणु क्रमशः विश्वासहीनता और आस्थाहीनता की तरफ बढ़ते हुए लेखक हैं''[6] तो यह ठीक ही है। किन्तु यह रेणु का अपना स्वभाव नहीं है, वरन् वह तत्कालीन सामाजिक राष्ट्रीय यथार्थ के अन्धकार का परिणाम है जिसकी सूचना 'मैला आँचल' में ममता अपने पत्र के द्वारा डॉ. प्रशान्त को देती है—''काले बाजार के अँधेरे में, एक नयी दुनिया की सृष्टि हो गयी है, जहाँ सूरज नहीं उगता, चाँद नहीं चमकता और न सितारे ही जगमगाते हैं।...इस दुनिया में माँ–बेटा, पिता–पुत्र, भाई–बहन और स्वामी–स्त्री जैसा कोई सम्बन्ध नहीं।''[7] देश के प्रधानमंत्री पद पर बैठा व्यक्ति बयान देता है कि केन्द्र से एक रुपया चलता है तो अंतिम व्यक्ति तक सिर्फ अठारह पैसे ही पहुँचते हैं। यह किसी आम--अवाम का बयान नहीं है, प्रधानमंत्री का बयान है। जिसका अर्थ है कि इस आँकड़े को सरकारी प्रामाणिकता प्राप्त है। शेष बयासी पैसे कहाँ चले जाते हैं? आज की चर्चा का सर्वप्रधान केन्द्रीय बिन्दु स्विस बैंक में जमा कालाधन 'क्या वही बयासी पैसे नहीं है? विश्वासहीन रेणु नहीं, विश्वसनीयताहीन डी. साहब, पी. साहब'[8] हैं, मँगरू मिनिस्टर[9] हैं, जिन पर विश्वसनीयता की मुहर लगी है। यानी जिन्हें सार्वजनिक धन और जनकल्याणकारी योजनाओं की रक्षा और कार्यान्वयन के लिए नियुक्त किया गया है और जो उस दायित्व पूर्ति के नाम से मोटी पगार पाते हैं। भारतेन्दु को इस बात का बड़ा दुःख था कि ''पै धन सब विदेस चलि जाहि इहै अति खारी।'' भारतीय धन विदेश ले जानेवाले भी विदेशी ही थे। आज देशी धन विदेशी विदेश नहीं ले जा रहा है, बल्कि देशी लोग देशी धन को विदेश ले जा रहे हैं। विदेशी विदेशी थे, इसलिए उनकी इस देश भारत पर निष्ठा क्योंकर होती 'किन्तु आज' देशियों की निष्ठा पर प्रश्नचिह्न सिद्ध और साबित है। रेणु जैसा सजग रचनाकार विश्वासहीन नहीं होगा तो और क्या होगा? क्योंकि उनके सामने भ्रष्टाचार की मुखालफत करनेवाला कोई बाबा रामदेव और अन्ना हजारे का प्रतिमान नहीं था। जे.पी. जरूर थे। उनके नेतृत्व में रेणु ने जन–संघर्ष में भाग भी लिया था। हर कुछ के बावजूद जे. पी. सफल नहीं हुए थे—ऐसा माना जाना चाहिए, भ्रष्टाचार का जारी रहना ही जे.पी. की असफलता का प्रमाण है। सत्ता परिवर्तन के राजनीतिक उद्देश्य में उन्हें सफलता अवश्य मिली थी। किन्तु रेणु के असामयिक अवसान ने उन्हें आस्था स्थापन में जे.पी. की सफलता पर लिखने का अवसर ही नहीं दिया। अस्तु, व्यक्ति में सामाजिकता होगी, तभी राष्ट्रीयता भी होगी। जिसमें समाजप्रेम होगा, उसी में राष्ट्रप्रेम होगा, उसी में उसके प्रति निष्ठा भी होगी और वैसा ही व्यक्ति समाजहित और राष्ट्रहित के संसाधनों को लूटेगा नहीं। समाज के नैतिक मानदंडों के सामने कोई खतरा पेश नहीं करेगा और न ही जन–कल्याण के राष्ट्रीय उपक्रम के मार्ग में कोई विघ्न उपस्थित करेगा।

इस पाठक की दृष्टि रेणु के रचना संसार में जितनी ही गहरी पैठती है उसका अचम्भा उसी अनुपात में बढ़ता जाता है। रेणु का पर्यवेक्षण बेहद व्यापक है।

बावजूद अपने विस्तार के वह उथला और सतही नहीं है। उनका खुर्दबीनी पर्यवेक्षण उनकी समझ को वैज्ञानिक भी बनाता है। जब वे अपने सरोकारों से गुजरते हैं, व्यक्ति और समाज से जुड़े यथासम्भव महत्त्व के हर छोटे-बड़े बिन्दुओं से टकराते हैं। श्रेय की समस्या भी उनमें से एक है। किसी भी उपक्रम की सफलता का श्रेय उसके वास्तविक अधिकारी को मिलना चाहिए न कि उसको जिसकी कोई भूमिका या योगदान श्रेय के स्थापन में नहीं है। समाज और राष्ट्र के हित में जो काम करे- महत्त्व उसी का है, न कि उन लोगों का जो हर गतिविधि को अपने विशेषाधिकार के रूप में ही स्वीकार करने को तैयार रहते हैं। भारतीय समाज और राजनीति की समस्या है। रेणु की वास्तविक यह भी एक चिन्ता लोगों के दिलों के बन्द दरवाजों को खोलने की है, ताकि समाजहित और राष्ट्रनिर्माण की चिन्ता को प्रधानता मिल सके। यह काम कर चाहे जो भी रहा हो। जो भी ऐसे कामों में आगे आये उसे सहयोग और समर्थन मिलना चाहिए, न कि उसके मार्ग में अवरोध खड़े करने चाहिए। 'मैला आँचल' में रेणु की इस चिन्ता का मूर्त रूप पात्र भगमान भगत है जो कहता है—"जे बा से दसके काम बा, सबके मिल के मतत करे के चाही।"[10] अस्पताल-मलेरिया सेन्टर जैसे उपयोगी उपक्रम की स्थापना होने जा रही है। बालदेव प्रयास कर रहा है तो इससे सभी को खुशी होनी चाहिए थी। और जिसे खुशी नहीं हो रही है कैसे माना जाय कि वह समाजप्रेमी और राष्ट्रप्रेमी है भी। हरगौरी की वास्तविक चिन्ता मलेरिया सेन्टर का बनना नहीं है। उसकी असली चिन्ता यह है कि अगर अस्पताल बन गया तो इसका श्रेय बालदेव को मिल जाएगा। झूठा, बेईमान आदि होने का आरोप लगाकर व अन्य अनेक प्रकार से उसका अपमान और फजीहत की जाती है, ताकि खीझ और ऊब कर वह इस उपक्रम से अलग हो जाय, जिससे उसे श्रेय न मिल सके। भारतीय समाज की ऐतिहासिक सच्चाई 'जातीय अहंकार' श्रेय की चिन्ता से जुड़ गया है। 'ग्वाला होकर लीडरी'[11] उसे स्वीकार्य नहीं है। इसलिए उसे दरवाजे पर से उठ जाने को कहता है। यही समस्या जोतखी काका की भी है, जो अपनी वैयक्तिक स्वार्थपूर्ति के गुप्त एजेंडे पर काम कर रहे हैं। लोग अन्धविश्वासी बने रहें, उनसे पुड़िया और जड़ी-बूटी लेते रहें, इसलिए आधुनिक चिकित्सा पद्धति के विरोध में दुष्प्रचार करते फिर रहे हैं—'और यह इसपिताल? अभी तो नहीं मालूम होगा। जब कुएँ में दवा डालकर गाँव में हैजा फैलाएगा तो सँभलना'[12] लोगों के बीच ख्याति है—अलबेत बरमगियानी है जोतखी काका[13] रामखेलावन सिंह यादव के बेटे सकलदीप की जन्मटिप्पणी काशी से बनकर आने के बाद पूछने के बहाने यह बताना नहीं भूलते कि आज तक हम जो गणना किये हैं उसको काशी के पंडितों ने भी कभी नहीं काटा।[14] 'कलंकमुक्ति' की श्रीमती ज्योत्स्ना आनन्द की समस्या भी वही है। वह रमला बनर्जी और उसके बाद बेला गुप्त को जरा भी श्रेय देने को तैयार नहीं है। जबकि उन्हीं दोनों के 'प्रयत्न' से वह

संस्था बनी और विकसित हुई है जिसकी ऑनररी सेक्रेटरी के पद को वह सुशोभित कर रही है। उसके कुत्सित कृत्य के कारण से वर्किंग वीमेन्स हॉस्टल में ताला लग गया और बेला गुप्त को जेल की हवा खानी पड़ी।

रेणु के रचना-संसार में अहंकार का जो दूसरा रूप मौजूद है वह स्थानीयता का है। अहंकार का यह रूप 'जुलूस' की सरस्वती देवी के रूप में मौजूद है। उसकी नजर में एक बाहरी लड़की—'पवित्रा चटर्जी का मीटिंग में जाना' गोड़ियर गाँव के लोगों के लिए शर्म की बात होनी चाहिए—"मेरे रहते इस गाँव में एक बंगालिन आकर लीडरी करेगी 'मीटिंग' में जाती है पूर्णियाँ हाथ में चमड़े का थैला लटकाकर। लोग क्या कहते होंगे? गोड़ियर गाँव में कोई बिहारी औरत पढ़ी-लिखी नहीं है क्या सो इस गाँव पर तो राज है गोढ़ी और गुड़ाम का। लाज आवे तो किसे?"[15] 'सरस्वती देवी गोड़ियर और नबीनगर किसी भी गाँव के भले के लिए कुछ नहीं करती। इसलिए रेणु स्थानीयता के अहंकार को भी खारिज करते हैं। जाति हो या स्थानीयता—रेणु की नजर में महत्त्व इनका नहीं, उस जज्बे का है जो समाजहित और राष्ट्रहित में पवित्र और निःस्वार्थ भाव से नियोजित है। यही कारण है कि तालेवर गोढ़ी छोटन बाबू एम.एल.ए. (स्थानीय नेता) को एक पैसा भी चन्दा नहीं देते और पवित्रा के आँचल को पाँच हजार रुपयों की गड्डी से भर देते हैं।"[16]

तीसरे प्रकार का अहंकार और श्रेय की समस्या राजनीतिक है। 'पुरानी कहानी-नया पाठ' शीर्षक कहानी में बाढ़ पीड़ितों की जनसेवा का श्रेय लेने की होड़ मची है। विभिन्न दलों के नेतागण इस बात से कम दुखी हैं कि बाढ़ के आने से लोग कष्ट में पड़ गये। बजाय इसके लिए दुखी होने के वे खुश हैं कि बाढ़ के आने से उन्हें जनसेवा का मौका मिला। 'आत्मसाक्षी' कहानी में कामरेडों की आपसी खींचतान का कारण भी प्रकट-अप्रकट तौर पर श्रेय की चाहत ही है। इसमें गनपत जैसे निष्ठावान् कार्यकर्ता की उपेक्षा होती है। अंग्रेजों की नाक में दम कर देनेवाले महेन्द्र गोप की कही चर्चा नहीं होती, जबकि इसी जुर्म में उसे अंग्रेजों ने फाँसी पर झुला दिया था। अनधिकारी को श्रेय मिलता रहे और उसके वास्तविक अधिकारी की उपेक्षा होती रहे तो फिर भला कोई व्यक्ति क्यों समाज और राष्ट्रहित में अपने को होम करेगा? कल्याणकामना के मार्ग में यह एक बड़ी दुश्चिन्ता है—इसे रेणु रेखांकित करते हैं। रेणु और परसाई—दोनों ही समाजप्रेम और राष्ट्रप्रेम के छद्म को उजागर करनेवाले रचनाकार हैं। 'भेड़ें और भेड़िये' उसी छद्म की कहानी है। श्रेय की छीनाझपटी में ही भारतीय गणतंत्र के भाग्य का सूरज निकल नहीं पा रहा है।"[17] भारतीय राजनीति में सभी पार्टियाँ इस मुद्दे पर एक दूसरे के विरोध में खड़ी हैं। क्योंकि हर पार्टी मानती है कि सूरज को निकालने का हक सिर्फ उसका है, किसी और का नहीं। जरूरी यह है कि सूरज निकले, निकाले चाहे जो भी। इससे कुछ फर्क नहीं पड़ता कि निकाल कौन सी पार्टी रही है। हाँ, इस बात से फर्क जरूर पड़ता है

कि सूरज निकल रहा है या नहीं। निष्ठा का नाटक करनेवालों को श्रेय नहीं मिलना चाहिए—यह रेणु भी कहते हैं और परसाई भी। 'परती : परिकथा' का स्वनामधन्य नेता कुबेर सिंह और राजा कामरूपनारायण सिंह ऐसे ही नेता हैं जो एक से बढ़ कर एक लुभावने नारे देते हैं। जबकि उनका वास्तविक चरित्र भेड़ियावाला है। रेणु की सहानुभूति सिर्फ इसी कारण से बालदेव, कालीचरन, डॉ. प्रशान्त, जितेन्द्र, रमला बनर्जी, बेला गुप्त, गनपत आदि के साथ है, न कि हरगौरी, कापरा, जोतखी काका, लुत्तो, गरूड़धुज झा या श्रीमती आनन्द के साथ। राष्ट्रीय राजनीति के स्तर पर सरदार पटेल, अम्बेदकर, लालबहादुर शास्त्री, जगजीवन राम, पी.वी. नरसिंहराव, चौधरी चरण सिंह, कर्पूरी ठाकुर आदि सरीखे नेताओं को वह श्रेय राजनीतिक लंगीबाज नहीं लेने दे रहे, जिसके वे हकदार हैं। श्रेय का हवाई करतब देशहित में नहीं है, यह रेणु अपनी रचनाओं में कह गये हैं। सफलता के श्रेय पर दावा करनेवालों को असफलता का दायित्व भी लेना होगा। यह कैसे हो सकता है कि जो बुरा हो रहा है वह तुम्हारा और तुम्हारे भाग्य का दोष और जो अच्छा हो रहा है उसका श्रेय सिर्फ हमारा? हर घोषित और विज्ञापित प्रयत्न के बावजूद भारत अगर तरक्की नहीं कर रहा है, संशोधित रूप में कहें तो जितनी और जिस तेज गति से तरक्की होनी चाहिए थी, नहीं हो रही है। तब श्रेय पर दावे का अधिकार नैतिक नहीं रह जाता। वास्तविक चिन्ताओं और सरोकारों की विश्वसनीयता का अभाव चिन्ता और सरोकार की बात को सिर्फ फैशन बना देता है। इसका उदाहरण तो कमोवेश भारत के सभी राजनीतिक दल हैं, किन्तु उनमें भी सबसे हैरतअंगेज उदाहरण भारत के साम्यवादी दलों का है। वामपंथ की सभी शाखाओं के प्रमुख सहित सभी बड़े नेता उन जातियों से आते हैं जो सदियों-सहस्त्राब्दियों से निम्न जाति और वर्गों को जातीय श्रेष्ठता के आधार पर लूटते और पीसते रहे हैं। वे ही आज वामपंथ के झंडाबरदार बने फिर रहे हैं। उनके कम्युनिस्ट बनने के बावजूद अगर निम्न वर्ग और नीची समझी जानेवाली जातियों की स्थिति में गुणात्मक और मात्रात्मक रूप से अपेक्षित सुधार नहीं हो पा रहा है तो निश्चय है कि उनकी चिन्ताएँ और सरोकार वास्तविक न होकर मात्र फैशन हैं। राष्ट्र की नींव की मजबूती नींव में प्रयुक्त ईंट की मजबूती पर निर्भर करती है। ठेकेदार लोग तो ऐसी ईंट का प्रयोग करते हैं कि जिसे मुट्ठी से मसलकर आँखों में झोंक देते हैं। राष्ट्र निर्माण के सन्दर्भ में रेणु स्पष्ट कहते हैं—"नयी इमारत की बुलन्द होनेवाली दीवारों की गँथाई देखिए—कच्ची ईंटों पर नजर रखिए।"[18] छल-छद्म और व्यक्तिगत लाभ की भावना से परिचालित व्यक्ति यानी ठेकेदारी की भावना से ग्रस्त व्यक्ति राष्ट्र के नवनिर्माण की मजबूत आधारशिला रख ही नहीं सकता। नींव में प्रयुक्त सभी आधारभूत तत्त्वों में राष्ट्र निर्माण के प्रति सत्यनिष्ठा एक ऐसा तत्त्व है जो ईंट की मजबूती का पर्याय है। नवनिर्माण की नींव में ऐसी ही ईंटों का प्रयोग होना चाहिए, जिसको हर प्रकार से ठोंक बजाकर देख दिया गया हो

और जिनकी मजबूती तथा गुणवत्ता पर किसी प्रकार का सन्देह शेष न रह गया हो। ठेके की भावना से काम करनेवाला "भेड़ों का शुभचिन्तक होने का स्वाँग करनेवाला वास्तव में भेड़िया ही है।"[19]

रेणु अपनी रचनाओं में स्वस्थ, समुन्नत, समृद्ध तथा सर्वसमावेशी समाज की स्थापना पर बल देते हैं और उसकी पूरी वकालत भी करते हैं। इस बात से इन्कार करना कि भारत दो स्पष्ट वर्गों में विभाजित है, वास्तविक यथार्थ से इन्कार करना होगा। इसलिए उनकी रचनाओं में दोनों ही वर्ग अपने-अपने वर्गीय गुणावगुण के साथ मौजूद हैं। अपने इच्छित समाज के निर्माण में, जैसा कि वे महसूस करते हैं, उनमें से किसी को भी न तो छोड़ा जा सकता है और न किसी की उपेक्षा ही की जा सकती है। इस ऐतिहासिक सच्चाई के बरअक्स वे हर वर्ग में मौजूद रचनात्मकता का उपयोग राष्ट्र निर्माण में करना चाहते हैं। अपनी रचनाओं में वे दोनों ही वर्गों की रचनात्मकता के उपयोग का दृष्टांत पेश करते हैं। रेणु की यह विचारधारा उन्हें किसी एक वर्ग-चाहे निम्न हो या उच्च का पक्षधर रचनाकार बनने से रोकती है। विलक्षणता के इस प्रारूप में रेणु आधुनिक हिन्दी साहित्य में सम्भवतः अन्यतम हैं। प्रेमचन्द, निराला, नागार्जुन, परसाई के साथ ताराशंकर बंद्योपाध्याय और सतीनाथ भादुड़ी तक से मिलान कर इस बात की तसदीक की जा सकती है। नागार्जुन की कविता 'प्रेत का बयान' हो या 'बलचनमा' उपन्यास, हर जगह नागार्जुन एकपक्षीय ऐसा लेखन रचनाकार को 'पक्षकार' बना देता है और तब उसमें एक पक्ष दूसरे के विरोध में तना खड़ा दिखायी पड़ता है। अस्तु, एक पक्ष का रचनाकार होने से स्वस्थ और सर्वसमावेशी समाज की स्थापना करना मुश्किल है। रेणु में भी एक पक्ष दूसरे पक्ष के विरोध में खड़ा मिलता तो है, पर ऐसा समाज वास्तविक ऐतिहासिक सच्चाई के रूप में है। किन्तु वे नागार्जुन और निराला की तरह किसी भी पक्ष के एकान्त समर्थन में नहीं हैं। बल्कि वे उन सूत्रों को ज्यादा महत्त्व देते हैं जिनसे समाज के एकीकरण और राष्ट्र निर्माण में सहायता मिलती हो। अलगाववादी विभाजक तत्त्वों को वे सिर्फ पूर्व पक्ष की तरह प्रस्तुत करते हैं—जिससे दोनों ही वर्गों को एक दूसरे वर्ग के अलगाववादी तत्त्वों से परिचित कराया जा सके और समन्वयकारी रचनात्मक बातों की तलाश और उनका उपयोग सुनिश्चित किया जा सके। राष्ट्र निर्माण की गतिविधियों के केन्द्र में ऐसा व्यक्ति हो जिस पर समाज का हर तबका न सिर्फ विश्वास करता हो, वरन् उससे जुड़ाव भी महसूस करता हो। संकेत रूप में यहाँ इतना कहना ही अलम् है कि 'परती : परिकथा' का जितेन्द्र ऐसा ही चरित्र उदाहृत करता है जिस पर ताजमनी, मलारी, लिलिया आदि स्त्रीवर्गीय पात्रों के साथ-साथ प्रेमकुमार 'दीवाना' भी भरोसा करता है जो अपनी दीवानगी में मगरूर रहता है। उसके साथ उच्च जातीय सुवंश, अनेक निम्नजातीय पात्र ही नहीं, अन्य भी यथायोग्य अपनी भूमिका पाते हैं और नवनिर्माण में यथायोग्य

सहयोग करते हैं। 'परती : परिकथा' में बड़े फलक पर जो भूमिका जितेन्द्र की है, 'मैला आँचल' में छोटे फलक पर वही भूमिका बालदेव की है।

एक समुन्नत राष्ट्र के निर्माण के लिए जो विधायी कर्म अपेक्षित थे उनका उन्होंने इशारों-इशारों में उल्लेख किया है। कुछेक मूलभूत उपयोगी टिप्स के तहत वे दो प्रकार के विधायी कर्म बताते हैं। पहला—जिन कर्मों को करने से उद्देश्य की सिद्धि होती है या जिनको करना आवश्यक होता है। दूसरी ओर वे कर्म भी विधायी कर्म के अन्दर ही मानते हैं जिनसे बचाव करना भी आवश्यक होता है अन्यथा नवनिर्माण के मार्ग में अड़चन खड़ी हो जाय। बाधकता का परिहार भी उतना ही आवश्यक होता है। अत: साधक कर्म और बाधकता का परिहार—इन दोनों को मिलाकर विधायी कर्म का पूरा स्वरूप बनता है। रेणु ने ऐसे दोनों ही प्रकार के कर्मों का समावेश अपनी रचनाओं और रचनात्मकता में किया है।

दूसरी ओर समाज और राष्ट्र में कुछ असामाजिक और राष्ट्रविद्वेषी लोग होते हैं जो प्रगति के मार्ग में बाधाएँ खड़ी करते रहते हैं। ऐसे कर्मों को विघातक कर्म कह सकते हैं। ऐसे कर्म भी दो प्रकार के होते हैं। पहला वह जो सीधे तौर पर उद्देश्य की सिद्धि के मार्ग में बाधा पहुँचाते हैं। दूसरे प्रकार का विघातक कर्म वह है जो जड़ता, यथास्थितिवाद, प्रयत्नहीनता, उत्साहहीनता तथा जोखिम (रिस्क) मोल लेने का साहस न जुटा पाने के रूप में है। उपर्युक्त चारों ही प्रकार के कर्मों का विस्तृत उल्लेख चाहे सीधे, चाहे संकेत में अथवा प्रकारान्तर से मिलता है। इस अर्थ में रेणु समग्रतावादी हैं कि प्रगति और नवनिर्माण के लिए क्या किया जाना चाहिए और किन बातों से बचना आवश्यक होता है—सबका समावेश उनकी रचनाओं में मिलता है। यह समग्रतावाद हिन्दी के शायद ही किसी दूसरे रचनाकार में मिले।

रेणु जिस सर्वसमावेशी समाज की स्थापना का स्वप्न देखा करते थे, उसे चरितार्थ करने के लिए समाज के अंग-अवयव के रूप में मौजूद विभिन्न समूहों को अपने में जरूरी और उपयोगी बदलाव अपरिहार्य थे। उनकी ओर इशारा करने को भी वे अपना लेखकीय दायित्व मानते थे। साहित्य न सिर्फ समाज का दर्पण ही है बल्कि उसके आगे-आगे चलनेवाली मशाल भी है। उन अपेक्षित बदलाव के पूर्व विभिन्न सामाजिक समूहों को यह बतलाना आवश्यक था कि वे जानें कि आज तुम्हारा चेहरा, तुम्हारी सोच और भावनाएँ, तुम्हारे अभिप्रेरक और तुम्हारी कार्यप्रणाली कैसी है? जो उसे होना है, उसके लिए यह आवश्यक था कि वह जाने कि आज वह कैसा है? अगर उक्त दोनों बातों में फर्क है तो उस अन्तर की जानकारी उसके परिवर्तन को 'वैज्ञानिक' बना देती है। रेणु की विशेषता यह है कि वे किसी आदर्शवाद की बात नहीं करते, न वैसा कोई पात्र ही गढ़ते हैं। एक स्वस्थ सर्वसमावेशी गणतांत्रिक समाज की स्थापना के लिए विभिन्न सामाजिक समूहों की सोच और व्यवहार में जो परिवर्तन लाजिमी हैं, उनकी वैज्ञानिक पड़ताल वे करते हैं। वे जो

चाहते हैं, उसकी सफलता के वैज्ञानिक आधार प्रस्तुत करते हैं। कैसे हो?—यह उनका यथार्थ है तथा क्या बनना है—यह राष्ट्रीय कामना है। दोनों में अन्तर है तो समाज को परिवर्तन की आवश्यकता का बोध होता है। साथ ही उससे यह भी पता चलता है कि अपने को परिवर्तित किये बिना एक उन्नत, समृद्ध और प्रगतिशील समाज की स्थापना का राष्ट्रीय लक्ष्य पूरा नहीं किया जा सकता।

रेणु के सरोकारों का अन्तिम चौथा स्तर वैश्विक है। शोषण और अन्याय केवल मेरीगंज या परानपुर की समस्या नहीं है। वह बलचनमा और होरी के गाँव के लिए भी उतना ही मौजूँ है। वह दक्षिण भारत (जब खेत जागे, अनटचेबुल आदि) से होता हुआ दक्षिण अफ्रीका और अमेरिका के नीग्रो इलाकों तक पसरा हुआ है। विश्व के जिस भी हिस्से में जुल्म और अत्याचार है, वहाँ-वहाँ प्रतिरोध की जरूरत है। बिना जनप्रतिरोध के अन्याय को मिटाया नहीं जा सकता। विश्व इतिहास में ऐसा कोई उदाहरण नहीं मिलता जहाँ बिना प्रतिरोध के अन्याय-अत्याचार मिट गया हो। भारतीय ग्रामों के दायरे में अगर बालदेव, कालीचरन, लुत्तो और जयमंगल ताँती जैसे पात्र प्रतिरोध को उदाहृत करते हैं तो भारतीय राष्ट्रीय फलक पर महात्मा गाँधी, दक्षिण अफ्रीका में उस प्रतिरोध को गाँधी के बाद नेल्सन मंडेला तो अमेरिका में मार्टिन लूथर किंग उदाहृत करते हैं। किन्तु नेता की स्थिति 'अकेला चना' जैसी है। उसके आह्वान के साथ अगर जन न हो तो प्रतिरोध को दबा दिया जा सकता है। अपने को जन से जोड़कर तीनों ही नेताओं ने प्रतिरोध को दबने न दिया और उसे एक सुखद सफल अंजाम तक पहुँचा दिया।

वैश्विक सरोकार के तहत रेणु यह मानते हैं कि शरीरबल का जमाना जा चुका है और बुद्धिबल का जमाना आ चुका है। बुद्धि के बल से ही अंग्रेजों ने पूरी दुनिया पर आधिपत्य जमा लिया। हिन्दू-मुसलमान सबके रहते हुए भारत पर भी शासन-सत्ता जमा लिया। शरीर बल के धनी भारत के क्षत्रिय मुसलमानों की आमद को नहीं रोक पाये और उसके पीछे जब अंग्रेज धमकने लगे तो हिन्दू-मुस्लिम दोनों अपने शरीरबल के जोर से अंग्रेजों के बुद्धि-बल को पराजित नहीं कर सके। गाँधी जी शरीरबल की सीमा को जान गये थे, इसलिए उन्होंने उसे अस्त्ररूप में स्वीकार नहीं किया। सत्य, अहिंसा और असहयोग को अपना अस्त्र बनाया। अपने बौद्धिक कौशल से गाँधी ने उक्त अस्त्रों का निर्माण किया जिनके आगे अंग्रेजों की बुद्धि नहीं चली, दक्षिण अफ्रीका में गोरों की नहीं चली और अमेरिका में नीग्रो गोरों को झुकाने में एक सीमा तक सफल हुए। बुद्धिबल का दूसरा रूप भारतीय परिदृश्य पर नेहरू के रूप में सामने आता है। वे पश्चिम के देशों में देख चुके थे कि विज्ञान (बुद्धिबल) ने किस प्रकार समृद्धि पैदा की थी। विज्ञान के द्वारा पिछड़ेपन, गरीबी और अभाव को दूर कर आर्थिक समृद्धि लायी जा सकती है। 'परती : परिकथा' का दन्ता राकस शरीरबल का प्रतीक है। वह परानपुर के गिर्द पाँच कुंड तो खोद

सकता है किन्तु डायन कोशी को वश में करना दन्ता के वश की बात नहीं। अगर वैसा सम्भव होता तो दन्ता को कुंड खोदने की जरूरत ही क्या रहती ? डायन कोशी को साधकर परानपुर और पूरे इलाके की प्यास बुझायी जा सकती थी। किन्तु नहीं। दन्ता इसमें सक्षम नहीं है। डायन कोशी को साधने के लिए जितेन्द्र के अवतरित होने तक इन्तजार है। जितेन्द्र बुद्धिबल का प्रतीक है। वह विज्ञान की सहायता से मिथकीय चेतनाग्रस्त लोगों द्वारा असम्भव मान लिये गये काम को सम्भव बना डालता है। परती की सिंचाई होने लगती है। वह परती जो कल तक बाँझ थी, विज्ञान के चमत्कार के कारण आसन्नप्रसवा हो गयी, उसका काया पलट हो गयी और कटिहार की जूट मिल में नौकरी कर उसके कुल्ली लोग चार आना सेर खमरआलू हाथोंहाथ उठा लेने लगे। परानपुर का आकाश केरोगेटेड टिन की छप्पर से चकाचौंध होने लगा। विज्ञान मनुष्य को अन्धविश्वास तथा मिथकीय चेतना से मुक्त कर लोगों में यथार्थ चेतना पैदा करता है। देव-दानवों की जगह अपने पर विश्वास करना सिखाता है और विश्वास पैदा भी करता है। पता नहीं देव-दानव कब आएँ न आएँ, तब तक संसाधन पैदा करने के लिए इन्तजार तो नहीं किया जा सकता। जब अपने करने से हो सकता है तब देर किस बात की और इन्तजार किसी और का क्यों ? जब जरूरत हो—शुरू हो जायँ, प्रगति होगी, संसाधन पैदा होंगे और समृद्धि आयेगी ही आयेगी। इलाज के रूप में वही विज्ञान बहुतों की सँवरती दुनिया को उजड़ने से बचा लेता है। मेरीगंज गाँव में ऐसा हो सकता है तो दुनिया के और हिस्सों में भी वह वैसा करेगा। मानवकल्याण के लिए विज्ञान एक वरदान है। तत्कालीन दकियानूस मानसिकता के विरुद्ध रेणु का यह पर्यवेक्षण और धारा के विपरीत उसका पक्ष लेना उनकी बड़ी लाभकारी दूरदर्शिता थी। सन् 1947 के समय की तुलना में आज विज्ञान की कल्याणकारिता शक्ति का महाविस्फोट देखा जा सकता है।

इतने महत्त्वपूर्ण सरोकारों के बावजूद अगर रेणु प्रथम पंक्ति के समीक्षकों को समीक्ष्य नहीं लगते तो या तो यह रेणु का दुर्भाग्य है या फिर समीक्षक के भावन की सीमा। आग्रह चाहे 'पूर्व' का हो या 'दुः' का, वह भी एक कारण हो सकता है। साथ ही निष्ठा और श्रेय देने न देने का मामला भी हो सकता है।

सन्दर्भ सूची

1. परती : परिकथा, रेणु, पृ. 134
2. वही, पृ. 311
3. वही, पृ. 21
4. वही, पृ. 21
5. कलंक मुक्ति, रेणु, पृ. 44
6. राष्ट्रभाषा परिषद् पत्रिका (रेणु विशेषांक)

7. मैला आँचल, रेणु, पृ. 160
8. कलंक मुक्ति, रेणु, पृ. 70
9. रेणु की कविता
10. मैला आँचल, रेणु, पृ. 17
11. वही, पृ. 19
12. वही, पृ. 28
13. वही, पृ. 257
14. वही, पृ. 32
15. जुलूस, रेणु, पृ. 80
16. वही, पृ. 155
17. ठिठुरता हुआ गणतंत्र, हरिशंकर परसाई
18. परती : परिकथा, रेणु, पृ. 19
19. भेड़ें और भेड़िया, हरिशंकर परसाई

जीतते हुए प्रतिरोध के रचनाकार

आचार्य नलिनविलोचन शर्मा ने फणीश्वर नाथ रेणु के प्रथम उपन्यास 'मैला आँचल' को प्रेमचन्द के 'गोदान' के बाद हिन्दी का दूसरा सबसे महत्त्वपूर्ण उपन्यास घोषित किया था। बावजूद इसके इन पंक्तियों के लेखक का मानना है कि किसी लेखक की कोई एक रचना, चाहे जितनी महत्त्वपूर्ण हो, पर अगर वह रचनाकार 'महत्त्वपूर्ण' है तो उसके साहित्यिक अवदान और महत्त्व को रेखांकित करने के लिए उसकी सभी रचनाओं को विचार के दायरे में लाना आवश्यक होता है। अलग-अलग रचना पर अलग-अलग विचार करने से बहुत बार व्यापक 'सच' की प्राप्ति नहीं हो पाती। फलत: रचनाकार का सही मूल्यांकन नहीं हो पाता। कुछ और व्यापक स्तर पर मूल्यांकन के लिए अपेक्षित है कि रचनाकार को उसकी समानधर्मा रचना-परम्परा के परिप्रेक्ष्य में रखकर देखा जाय। अस्तु, महत्त्वपूर्ण होते हुए भी रेणु का वास्तविक मूल्यांकन 'मैला आँचल' या 'परती : परिकथा' के अलग-अलग मूल्यांकन से नहीं हो सकता और न ही उन्हें उस परम्परा के परिप्रेक्ष्य में देखे बिना जिसकी शुरुआत हिन्दी कथासाहित्य में प्रेमचन्द से होती है। जिस परम्परा की बात यह भावक कर रहा है, उसका केन्द्रीय तत्त्व है 'जन'। प्रेमचन्द ही हिन्दी के वह पहले रचनाकार हैं, जिन्होंने 'जन' को अपने विचार के केन्द्र में रखा था। यही 'जन' निराला का भी विचारबिन्दु है, नागार्जुन का भी और रेणु का भी। रेणु के परवर्ती रचनाकारों में वह व्यंग्यकार हरिशंकर परसाई का भी है। किन्तु सभी पाँचों रचनाकारों में 'जन' सम्बन्धी विचार एकरूप और एकरस नहीं हैं। उन सभी को एक ग्राफ के रूप में देखा जा सकता है, क्योंकि उनमें जन सम्बन्धी विचार अलग-अलग कोणों और रूपों से होता हुआ क्रमश: विकसित होता गया है। उस विकास-परम्परा को समझे बिना या उसका परीक्षण किये बिना न तो रेणु का सही मूल्यांकन हो सकेगा और न ही उनके वैचारिक अवदान के महत्त्व का तात्त्विक निर्धारण ही। प्रेमचन्द का होरी वह आम आदमी है जो, अपनी बना दी गयी नियति को भोगता हुआ जीता है और अन्तत: मृत्यु के रूप में दु:खद परिणति को प्राप्त होता है। किन्तु वह अपनी बना दी गयी नियति के निर्माताओं के विरुद्ध उठ खड़ा नहीं होता। वैसा करना उस जमाने का यथार्थ ही नहीं

था। गोदान में प्रेमचन्द की मुख्य उपलब्धि तत्कालीन समाज की सामन्ती सोच और तद्जन्य व्यवहार-प्रणाली है। होरी (सामान्यजन) उसका अवश्यम्भावी शिकार है। तत्कालीन सामाजिक यथार्थ के रूप में उसके जीवन की त्रासद परिणति का विश्वसनीय चित्रण हमें हिन्दी साहित्य में पहली बार प्रेमचन्द में उपलब्ध होता है। एक सामन्ती समाज में सामन्त की मर्जी चलती है। उसके द्वारा सामान्यजन पर अत्याचार और उसका शोषण चलता रहता है। पर फिर भी पीड़ित पक्ष मुँह नहीं खोलता है। समाज की निर्णायक शक्ति सामन्त और सामन्ती सोचवालों के हाथों में होती है। 'शेष सामान्य सर्वहारा' उस वर्ग के आगे नतशिर बना रहता है। सामन्ती आदेश का निर्विकल्प अनुपालन सामान्यजन के लिए आत्यन्तिक रूप से बाध्यकारी होता है। वह वैसे आदेश की मीमांसा, मीनमेख, आलोचना-प्रत्यालोचना अथवा सुझावों और संशोधनों में से कुछ भी नहीं कर सकता। सम्पूर्ण और निर्विकल्प नतशिरता सामन्ती समाज की सोच और व्यवहार का प्रतिमान होती है। गोदान में प्रस्तुत समाज इसी कोटि का है। वैसा समाज होरी पर चाहे जितना अत्याचार करे, उसका चाहे जितना शोषण करे वह मुँह नहीं खोलता। उसके भीतर प्रतिरोध की भावना और विचार उठते ही नहीं। एक ही किस्म का अपराध सामन्ती समूह का पात्र मातादीन भी करता है और सर्वहारा वर्ग का गोबर भी। बल्कि गहराई से पड़ताल करने पर मातादीन का जुर्म ज्यादा संगीन था गोबर की तुलना में। बावजूद इसके मातादीन की आलोचना और भर्त्सना तक नहीं, जबकि गोबर के बाप होरी को सजा। होरी को उसके त्रासद अन्त की ओर धकेलने में उक्त सजा की निर्णायक भूमिका सही है। अपराध चाहे जैसा भी हो, सामन्ती समूह के सदस्य को सजा नहीं दी जा सकती--यह थोड़े-बहुत संशोधन के साथ वैश्विक सच ही है। न्याय का प्राकृतिक तकाजा इसके उलट है। इसलिए अगर ये आम आदमी को अपनी वैसी त्रासद स्थिति से उबरना है तो उसे प्रतिरोध में उठ खड़ा होना ही पड़ेगा। हिन्दी साहित्य में प्रतिरोध की जरूरत का मूर्तिमान नायक होरी है। प्रतिरोध की चर्चा हिन्दी साहित्य में उसकी जरूरत के रेखांकन से आरम्भ होती है। प्रेमचन्द उसी रेखांकन के रचनाकार हैं। किन्तु वह प्रतिरोध हिन्दी में सीधे जन्म नहीं ले लेता। बल्कि जरूरत के रेखांकन के बाद उसका बाजाप्ता 'आह्वान' होता है। इस आह्वान के रचनाकार हैं—निराला। उनकी कविता 'भिक्षुक 'उसी आह्वान की रचना है—''अभिमन्यु जैसे हो सकोगे तुम?'' किन्तु आह्वान होते ही प्रतिरोध शुरू हो जाय, यह सम्भव नहीं है। कम से कम हिन्दी में ऐसा हुआ नहीं है। इसलिए आह्वान के बावजूद भिक्षुक अभिमन्यु नहीं बना है। अभिमन्यु बना है बलचनमा। एक पात्र के रूप में प्रतिरोध का जन्म नागार्जुन के उपन्यास 'बलचनमा' के कथानायक के रूप में हुआ है। प्रतिरोध की जरूरत (प्रेमचन्द) आह्वान (निराला) और जन्म (नागार्जुन)। यहाँ तक सब कुछ व्यक्तिगत स्तर पर ही हुआ है। होरी, भिक्षुक और बलचनमा—अपने-अपने वर्ग के प्रतिनिधि हो सकते हैं। किन्तु हैं ये व्यक्ति ही, ये समूह नहीं हैं।

साहित्य समाज के आगे मशाल ले कर चलता है। इसका एक अर्थ यह है कि साहित्य को रचनेवाला साहित्यकार समाज का वैचारिक नेतृत्व करता है। वही प्राकृतिक न्याय के तकाजे और मानवीय संवेदना के आलोक में मानवीय व्यवहार को समझने और यथाजरूरत निर्देशित करने की कोशिश करता है। एक ही हाड़मांस और रक्तमज्जा से बने एक मनुष्य को मनमानी और अत्याचार करने की छूट और दूसरे मनुष्य द्वारा उसे सहते रहने और उसके विरोध में मुँह न खोलने की विवशता। यह मानवीय द्वैत साहित्यकार के भीतर संवेदनात्मक उद्वेलन पैदा करता है। संवेदनशीलता सरोकारी साहित्यकार की पहली शर्त है। इसलिए चेतना का प्रकाश पहले साहित्यकार के भीतर ही फूटता है। मानव समाज का दुहरापन संवेदनशील और तत्परिणाम स्वरूप चेतन साहित्यकार को समानता का पक्ष लेने को प्रेरित और बाध्य करता है। उसी प्रेरणा और बाध्यता का नाम नागार्जुन है। द्वैत जब उद्वेलन पैदा करता है तब नागार्जुन पैदा होते हैं। प्रेमचन्द के गोदान में सामन्ती समाज का चित्र है, यद्यपि उनकी सहानुभूति होरी के प्रति है, किन्तु होरी का प्रतिरोध उस जमाने का सच नहीं था। अत: प्रेमचन्द उसे प्रतिरोध में खड़ा नहीं दिखा सकते थे। किन्तु जब साहित्यकार के भीतर की चेतना कुछ आगे की सोचती है तब निराला और नागार्जुन पैदा होते हैं। ये क्रमश: प्रेमचन्द की अगली कड़ी हैं। किन्तु एक सच यह भी है कि कोई चेतना जन्म लेने के साथ ही निर्णायक नहीं हो जाती। निर्णायक बनने में कुछ-न-कुछ वक्त लगता है। यही कारण है प्रेमचन्द की संवेदना होरी के प्रति उसी तरह मुखर नहीं है जिस तरह से भिक्षुक के प्रति निराला की है। निराला की संवेदनात्मक मुखरता के बावजूद भिक्षुक अभिमन्यु नहीं बन जाता। वह संवेदना विकास के अगले पड़ाव पर अभिमन्यु पैदा करती है। नागार्जुन का बलचनमा ही वह अभिमन्यु है जिसके साथ उनकी संवेदना है। बल्कि यह कहना ज्यादा सच होगा कि नागार्जुन ने अपनी संवेदना को बलचनमा के रूप में मूर्तित किया है—एक उदाहरण के रूप में, जिसे देखकर होरी और भिक्षुक जैसे नतशिर लोग अपने भीतर प्रतिरोध को जन्म दे सकें। बिना प्रतिरोध के अत्याचार और 'शोषण' नहीं रुक सकता, कर्मफल का द्वैत नहीं मिट सकता, समतावादी न्याय की स्थापना नहीं हो सकती और न नतशिर समूह के भीतर आत्मगौरव और मानवीय गरिमा के भाव को रोपित ही किया सकता है। बलचनमा अभिमन्यु बना अवश्य है, यानी वह प्रतिरोध में खड़ा अवश्य हुआ है किन्तु वह विजयी नहीं हुआ है। उसकी जीत की कामना भी बेमानी है। क्योंकि निम्नवर्ग में प्रतिरोध जन्म ले और तुरत वह प्रतिरोध जीत भी हासिल कर ले, यह 'विकासवाद' का यथार्थ नहीं हो सकता। विकासवादी यथार्थ कदम-दर-कदम आगे बढ़ता है। इसलिए बलचनमा से प्रतिरोध की 'शुरुआत' होकर भी वह हार जाता है। हार के बावजूद अगर प्रतिरोध जारी रहता है, तब अगले विकासबिन्दु के रूप में जीत। यही जीत रेणु हैं, जीतते हुए प्रतिरोध का नाम रेणु है।

गोदान→भिक्षुक→बलचनमा→मैला आँचल। यही स्वाभाविक विकास-क्रम है। दूसरे शब्दों में सामन्ती समाज→रचनाकार में चेतना का उदय→

↓ ↓

प्रेमचन्द निराला

प्रतिरोध का जन्म किन्तु पराजय→प्रतिरोध जारी और निर्णायक जीत

↓ ↓

नागार्जुन रेणु

गोदान को पढ़ते हुए यह तो लगता है कि होरी (जनसामान्य) के साथ जो हो रहा है वह किसी भी तरह से स्वीकार्य नहीं हो सकता। इस बोध को और भी तीखा बना देता है यह हकीकत कि उसी गाँव में एक दूसरा व्यक्ति मातादीन उससे भी बड़ा अपराध कर दंड का भागी नहीं है और उसे कोई दंडित नहीं कर रहा। साथ ही उसी मातादीन का बाप दातादीन होरी को दंडित कर रहा है। यह स्थिति बदली जानी चाहिए। समान अपराध के लिए समान दंड मिलना चाहिए। इस समानतावादी विचार की समाज में स्थापना होनी चाहिए और समाज के हर सदस्य के मन में ऐसे विचार के प्रति सम्मान भाव पैदा होना चाहिए। एक तरह के अपराध के लिए दो तरह के न्याय की स्थिति खत्म कैसे होगी ? प्रेमचन्द अधिक से अधिक यह प्रश्न ही हमारे सामने उछाल सके। गोदान के प्रकाशन के कुछ ही दिन बाद उनकी मृत्यु हो गयी और वे इसकी कोई कार्ययोजना प्रस्तुत नहीं कर सके। निराला हिन्दी में पहले ऐसे रचनाकार हुए जिन्होंने एतत्सम्बन्धी कार्ययोजना (सीमित अर्थ में) प्रस्तुत की कि जबतक अस्वीकार्य स्थिति का विरोध नहीं किया जाएगा तब तक शोषण-अत्याचार और न्याय का दुहरापन नहीं रुक सकेगा। स्थिति में बदलाव लाने तथा जनसामान्य की भलाई के लिए प्रतिरोध की 'शक्ति' को उन्होंने आवश्यक माना। जबतक शोषित-पीड़ित और दुहरेपन के शिकार लोग प्रतिरोध में उठ खड़े नहीं होंगे, तब तक स्थिति में बदलाव नहीं आयेगा। निराला का दृढ़ मत था कि बदलाव की 'शुरुआत' प्रतिरोध से ही होगी। प्रतिरोध निराला की कार्ययोजना का प्रस्थानबिन्दु है। तभी वे भिक्षुक का आह्वान करते हैं—अभिमन्यु बनने के लिए। और बातें बाद में होंगी, अभिमन्यु बनने के बाद। अभिमन्यु प्रतीक है प्रतिरोध का। अकेला और निहत्था। सात-सात 'शस्त्रसज्जित महारथियों से भिड़ जाता है। वह न तो हथियार डालता है ओर न ही समर्पण करता है।' 'न दैन्यं न पराजयं'। जैसे अभिमन्यु अकेला, वैसे ही होरी भी पंचायतरूपी चक्रव्यूह में पंचरूपी महारथियों से घिरा हुआ। होरी समर्पण कर देता है। अभिमन्यु नहीं करता। परिणाम चाहे जो हो, समर्पण कर देने से बदलाव की सम्भावना आकस्मिक रूप से समाप्त हो जाती है। इसलिए निराला का मानना है कि समर्पण मत करो; प्रतिरोध में खड़े रहो। पहले दूसरे उदाहरण में हार भी जाओ तो कोई बात नहीं। निराला को पता है कि सात महारथियों से घिरकर अभिमन्यु की

हार हुई थी। बदलाव के शुरुआती दौर में महत्त्व हार-जीत का नहीं होता, महत्त्व प्रतिरोध में उठ खड़े होने की पहल का होता है। निराला जानते हैं कि अभिमन्यु जीतते हुए प्रतिरोध का प्रतीक नहीं है। वह हारते हुए प्रतिरोध का प्रतीक है। बावजूद इसके निराला उसी अभिमन्यु का प्रतिमान भिक्षुक (शोषित-पीड़ित जनसमुदाय) के सामने रखते हैं। इसका कारण भी सिर्फ एक है कि अभिमन्यु समर्पण नहीं करता। उसकी महत्ता समर्पण न करने में है। प्रकृत विकासवाद भी यही है। यह कैसे सम्भव है कि समाज में प्रतिरोध शुरू हो और पहले ही उदाहरण में उसकी जीत भी हो जाय कम से कम हिन्दी साहित्य में ऐसा नहीं हुआ है। दु:खद तो यह है कि निराला का भिक्षुक भी होरी जैसा ही है, समर्पण कर देनेवाला। तभी तो वह उनके ही आगे हाथ फैलाता है जिन्होंने उसकी वैसी नियति बना दी है। नियति निर्माता ही उसका भाग्यविधाता है। तभी तो भाग्यविधाता मानकर भिक्षुक उसके आगे हाथ फैलाता है। अगर माँगने से मिल जाता तब भी गनीमत थी, तब अभिमन्यु बनने की जरूरत ही क्या रह जाती? होरी के बच्चे क्या खाएँगे इस सवाल ने किसी पंच को विचलित नहीं किया, किसी को चिन्तित करने में यह प्रश्न कृतकार्य नहीं हुआ। उस स्थिति में अभिमन्यु बनने के आह्वान के सिवा निराला के पास विकल्प ही क्या था? यहाँ यह बात भी ध्यान में रखने की है कि निराला भिक्षुक को खुद से अभिमन्यु बनने को कह रहे हैं, नेता (प्रतिनिधि अथवा पैरोकार) के माध्यम से प्रतिरोध नहीं पैदा करना चाहते। प्रेमचन्द के 'रंगभूमि' उपन्यास में उपलब्ध प्रतिरोध नेता सूरदास के द्वारा संगठित संचालित प्रतिरोध का नमूना है। निर्णायक बदलाव खुद के द्वारा प्रतिरोध करने से होगा, न कि नेता के द्वारा संचालित प्रतिरोध से। यह फर्क महत्त्वपूर्ण है। इसलिए निराला भिक्षुक का पक्ष लेते अवश्य हैं, पक्ष रखते नहीं है, प्रतिनिधित्व नहीं करते, उसका पक्षकार वकील नहीं बनते। उसे खुद से अपना पक्ष रखने को कहते हैं, खुद से अभिमन्यु बनने को कहते हैं। भिक्षुक के लिए जबर्दस्त समर्थन और हमदर्दी है निराला में तभी वे कहते हैं—

मेरे हृदय में है अमृत, मै सींच दूँगा
तुम्हारे दु:ख मैं अपने हृदय में खींच लूँगा।

इस अमृत, हमदर्द समर्थन और सान्त्वना के बावजूद भिक्षुक अभिमन्यु नहीं बनता। यह युगसत्य था। भिक्षुक के अभिमन्यु बनने का समय आया ही नहीं था। आया होता तो वह बनता तब होरी भी होरी क्यों रहता? होरी का होरी रहना और भिक्षुक का अभिमन्यु न बनना। एक ही युगसत्य है। इसलिए आह्वान के बावजूद भिक्षुक अभिमन्यु नहीं बनता। उसके भीतर प्रतिरोध जन्म नहीं लेता। प्रतिरोध जन्म लेता है नागार्जुन के बलचनमा में। हिन्दी साहित्य में प्रतिरोध की शुरुआत नागार्जुन से होती है। उनका कथानायक बलचनमा पहला ऐसा उदाहरण है जो प्रतिरोध में उठ खड़ा हुआ है। वह अपना पक्षकार खुद है, वह खुद से उठ खड़ा हुआ है; उसकी ओर

से दूसरा कोई नेतागिरी नहीं कर रहा; प्रतिरोध को संचालित नहीं करा रहा। बलचनमा उपन्यास 51–52 ई. में प्रकाशित हुआ है। किन्तु उसके लेखक ने उसकी कथावस्तु का काल सन् 36 लिखा है। होरी और भिक्षुक का काल भी कमोवेश वही है। होरी और भिक्षुक अभिमन्यु नहीं बनता और बलचनमा बन जाता है। अवश्य ही बलचनमा का अभिमन्यु बनना युगसत्य नहीं हो सकता। अगर बलचनमा 'युगसत्य' है तो प्रेमचन्द और निराला अमान्य ठहर जाएँगे। प्रेमचन्द और निराला की अमान्यता हिन्दी–समीक्षा को स्वीकार नहीं है, इस लेखक को भी नहीं है। बलचनमा का व्यक्तित्व उसके रचनाकार द्वारा दिया गया व्यक्तित्व है। वह सन् 36 का युगसत्य नहीं है। यही कारण है कि बलचनमा अभिमन्यु बनता अवश्य है, किन्तु उसका रचनाकार उसे जीतता हुआ नहीं दिखाता, वह जमींदार के लठैतों द्वारा जाल में फँसाकर बाँध लिया गया है। इस तरह हार उसकी भी हुई है। किन्तु बलचनमा के रूप में नागार्जुन ने प्रतिरोध के प्रतिमान के रूप में उसे समाज और साहित्य के समक्ष, शोषित–पीड़ितों के समक्ष उपस्थापित किया। जिसे देखकर प्रभावित समूह अपनी प्रतिरोधकता को संगठित कर सके, ऑब्जेक्ट की ओर अभिमुख कर सके और उस पर केन्द्रित कर सके। रेणु का प्रतिरोध बदलाव लाने में सफल हो जाता है। रेणु के प्रतिरोधक पात्र बालदेव, कालीचरन आदि हारते नहीं, जीतते चले जाते हैं। इस तरह रेणु जीतते हुए प्रतिरोध के रचनाकार हैं। उनका पहला उपन्यास 'मैला आँचल' प्रतिरोध की जीत की पहली रचना है! और साथ ही यह भी कि 'मैला आँचल' में उपलब्ध प्रतिरोध और उसकी जीत—दोनों ही अपने कथाकाल—सन् 1947 ई. के यथार्थ हैं; ऐतिहासिक युगसत्य हैं; रचनाकार रेणु द्वारा निर्मित अथवा प्रदत युगसत्य नहीं हैं। रेणु के साहित्य का आरम्भ ही प्रतिरोध से होता है और वे हिन्दी में पहले ऐसे महत्त्वपूर्ण लेखक हैं जिनमें आकर प्रतिरोध विजेता के रूप में उपलब्ध होता है। स्थापित नियति निर्धारक शक्तियों की अवश्यम्भावी हार होती है। गोदान के होरी से लेकर भिक्षुक, बलचनमा से होता हुआ 'मैला आँचल' का बालदेव, कालीचरन आदि सभी जिसके प्रतिरोध में खड़े थे, वे सभी समाज की स्थापित नियति निर्माता शक्तियाँ थीं और उक्त सभी प्रतिरोधक पात्र निर्मित नियति के शिकार और भोक्ता थे। भारतीय समाज में गाँधी जी ने प्रतिरोध को जन से जोड़ने की शुरुआत की थी। गाँधी द्वारा ईजाद किया हुआ प्रतिरोध यद्यपि राजनीतिक था और अंग्रेजों के विरुद्ध था। प्रतिरोध रेणु का प्रस्थानबिन्दु है अवश्य, किन्तु वह अंग्रेजों के विरुद्ध न होकर सामाजिक रूप से गुलाम बनाये रखनेवाली शक्तियों के विरुद्ध था। बालदेव क्या करेगा, नहीं करेगा—यह तय करने का अधिकार बालदेव को होना चाहिए। अगरचे वह सचमुच स्वतंत्र है तो। किन्तु नहीं—"ग्वाला होकर लीडरी?"[1] उसे अपनी मर्जी का पेशा करने की आजादी नहीं है और न पेशा बदलने की ही—"आप तो लीडर ही हो गये तो आजकल कांग्रेस ऑफिस का चौका–बर्तन कौन करता है?"[2]

"अरे भाई, सभी काशी चले जाओगे? पत्तल चाटने के लिए भी तो कुछ लोग रह जाओ।...अब अन्धों में काना बन कर यहाँ लीडरी छाँटने आया है। स्वयंसेवक न घोड़ा का दुम।"[3] बालदेव प्रतिरोध तो करता है, किन्तु गाँधीवादी तरीके से—"बाबू साहेब गरीब आदमी भी भला लीडर होता है। हम तो आपलोगों के सेवक हैं।" बाबू साहेब मुँह खराब क्यों करते हैं? आप विद्यमान हैं और हम जाहिल। हमसे जो कसूर हुआ है कहिए।"[4] हरगौरी का फरमान है—"उठ जाओ दरवाजे पर से।"[5] बालदेव चुपचाप बैठा रहा—"मारिए, यदि मारने से ही आपका गुस्सा ठंडा हो तो मारिए।"[6] बालदेव को अपमानित करने की बात जब गुअरटोली (यादव टोले में) पहुँचती है तो वे सभी हँसेरी लेकर दौड़ पड़ते हैं। हरगौरी की माँ उसे अन्दर आँगन में खींच ले जाती है और इधर बालदेव जी हँसेरी लानेवाले नौजवानों को समझा-बुझाकर शान्त करते हैं। एक अप्रिय स्थिति टल जाती है। लेकिन इस घटना ने हरगौरी को मेरीगंज के समाज में नेपथ्य में डाल दिया और नेपथ्य में रहना जिनकी नियति थी, वे लाइमलाइट में आ गये। बलचनमा तक का प्रतिरोध व्यक्तिगत स्तर पर है। जनसामान्य द्वारा प्रतिरोध की सामूहिकता भारतीय राजनीति में गाँधी जी की देन है। तो भोक्ताजन का सामूहिक प्रतिरोध साहित्य में रेणु की देन है। उपर्युक्त प्रतिरोध की विजय ने मेरीगंज के जीवन को बदल कर रख दिया। यही वह आधारभूत कारण है जिससे लोकोपयोगी उपक्रम 'मैलेरिया सेन्टर' का निर्माण सम्भव हो सका। सेक्टर खुलने की खुशी में महन्थ साहब भोज देना चाहते हैं। भोज में अड़ंगे पैदा होते हैं। उनके निवारण के लिए पंचायत बुलायी जाती है। मठ की दासिन लछ्मी गाँव के मुखिया लोगों को खुले तौर पर दोषी ठहराती है—"परमारथ में जो विघिन डालते हैं वे मानुस नहीं।"[7] ऐसी निर्मम आलोचना करने के लिए जिस आत्मबल की जरूरत दरपेश होती है, लछ्मी के भीतर उसके उत्पन्न होने में उक्त प्रतिरोध की चेतन-अचेतन भूमिका अवश्य रही होगी। अड़ंगेबाजों को अड़ंगेबाजी से विरत हो जाना पड़ा; सभी को एक पंगत में खाने के लिए विवश होना पड़ा। मैलेरिया सेन्टर बना और उसने बहुतों की जान बचायी। इलाके की स्वास्थ्य दशा बदल गयी; महामारियों से रक्षा सम्भव हो सकी। गनेस की नानी की दुनिया उजड़ने से बच गयी, तहसीलदार विश्वनाथ प्रसाद की दुनिया उजड़ने से बच गयी। ले देकर एक ही बेटी कमली और वह भी हिस्टीरियाग्रस्त, कोई युवक उससे विवाह को तैयार नहीं। इतनी बड़ी सम्पत्ति का क्या होगा? मैलेरिया सेन्टर ने कमली को स्वास्थ्यलाभ ही नहीं कराया, उसके परवर्ती जीवन की हर उपलब्धि का उत्स मैलेरिया सेन्टर से, सीधे हो कि प्रकारान्तर से, जुड़ा है। नवजात प्रतिरोध ने रामदास को महन्थ बना दिया। अन्यथा लरसिंघ दास जो बाहरी था, महन्थ सेवादास का शिष्य भी नहीं था, बाजी मार ले जाता। प्रतिरोध ने ही फुलिया के यौन शोषण को रोका। "रबिया, सोनमा, तेतरा और नकछेदिया ने हमको पकड़ लिया और हल्ला करने लगे।"[8] मेरीगंज के

इतिहास में यह पहली घटना है कि ऊपर वर्णित अदना लोगों ने सहदेव मिसिर को रंगे हाथों पकड़ने, रातभर खूँटे से बाँधकर रखने तथा बाजाप्ता उस पर पंचायत करने की हिमाकत की है। गोदान का ब्राह्मण युवक मातादीन भी सिलिया चमारिन का रस लूटता है। सिलिया के परिजन और जाति भाई मातादीन को पकड़ कर उसके मुँह में गाय की हड्डी का टुकड़ा ठूँस देते हैं, किन्तु वे मातादीन को बाँधने या उस पर पंचायत करने की जुर्रत कहाँ कर सके? सम्भावित प्रति आक्रमण से बचने के लिए सभी चमार हड्डी ठूँस कर तुरन्त रफूचक्कर हो जाते हैं। इस तरह दोनों ही घटनाओं के अन्तर से रेणु के जनसामान्य के प्रतिरोध की निर्णायक विजय के महत्त्व को समझा जा सकता है। सहदेव मिसिर पर पंचायत में कालीचरन कुछ बोलना चाहता है—"सिंघजी जरा हमको भी कुछ पूछने दीजिए।"[9] 'जोतखीजी एतराज करते हैं—"कालीचरन को हमलोग पंच नहीं मानते।"[10] कालीचरन को पंच मानने के पक्ष में सैकड़ों हाथ उठ गये—"गुमसुम बैठे हुए सैकड़ों मूक जानवरों के सिर में मानों अरना भैंसा के सींग जम गये।"[11] जो हरगौरी कल तक कुछ नहीं था तब तो बालदेव को दरवाजे पर से उठ जाने को कहता है। आज हरगौरी तहसीलदार नियुक्त हो चुका है। फिर भी गाँव के कमकरों ने हड़ताल कर दी है, नाई, धोबी, मोची—सब बन्द। अब वह पूर्व के तहसीलदार विश्वनाथ प्रसाद के आगे गिड़गिड़ाता फिर रहा है—"काका! इस बार इज्जत बचा लीजिए। क्या आप यही चाहते हैं कि नाई, धोबी और चमार के सामने हम हाथ जोड़कर गिड़गिड़ावें ?[12] रामकिरपाल काका की मरी गाय को उठाने से चमारों ने इन्कार कर दिया है। राजपूत टोले के लोगों की दाढ़ी कितनी बढ़ी हुई है। नाइयों ने काम करना बन्द कर दिया है। हरगौरी विश्वनाथ प्रसाद पर अभियोग भी लाता है—"जीवेसरा चमार को लीडर आपने ही बनाया है...।"[13] समस्या के निदान के लिए तहसीलदार विश्वनाथ प्रसाद के दरवाजे पर पंचायत बैठी है। उसमें दोनों तहसीलदार के अगल-बगल में बालदेव जी और कालीचरन जी बैटे हैं—"बाभन राजपूत के साथ में बैठा है यादव—एक ही ऊँचे सफरे पर। अरे! जीवेसर मोची भी उसी कम्बल पर बैठा है? बस, अब रास्ते पर आ रहा है। देखो आज तहसीलदार हरगौरी किस तरह हँस-हँसकर कालीचरन से बात कर रहा है मानों एक प्याली का दोस्त है।"[14] नाई, धोबी टोलों से भी एक-एक व्यक्ति को ऊँचे सफरे पर बैठने के लिए चुना जाता है। सहदेव मिसिर वाली पंचायत में कालीचरन को पंच मानने तक में आपत्ति थी, आज नाई, धोबी, मोची—सभी पंच हैं। पूर्व का 'कुकरू का बेटा कलिया' आज का कालीचरन जी है। प्रतिरोध त्रासद नियति को चुनौती की प्राथमिक और अनिवार्य शर्त है। वह नियति सिर्फ आर्थिक ही नहीं होती, अन्य अनेक प्रकार की हो सकती है। 'मैला आँचल' में उपलब्ध प्रतिरोध का पहला उदाहरण आर्थिक कारण—प्रसूत नहीं है। वह स्वतंत्रता, आत्मनिर्णय, सम्मान और आत्मगौरव से जुड़ा हुआ है। साथ ही लोकतांत्रिक मूल्यों

से भी जुड़ा हुआ है। 'मैं क्या करूँगा—यह मैं तय करूँगा, कोई दूसरा इसे तय नहीं कर सकता है।' जबकि हरगौरी तय करना चाहता था कि बालदेव क्या करे, क्या न करे? हँसेरी बालदेव की सम्मानरक्षा के लिए तो थी ही वह बालदेव पर हरगौरी द्वारा अपनी मर्जी थोपने के विरोध में भी थी। हरगौरी के इस अधिकार के विरोध में भी है जिसमें वह सोचता है कि बालदेव के साथ जैसा चाहे वैसा व्यवहार कर सकता है। उसकी मंशा को झटक देने की अभिव्यक्ति है वह हँसेरी। वह हँसेरी उक्त मंशा के शिकार समूह को उसी दिन से आजाद कर देती है। हरगौरी की मंशा को ढोने से मुक्त कर देती है। यह मुक्ति न तो भिक्षुक को मिली थी और न बलचनमा को। रेणु की महत्ता जनसामान्य द्वारा उस मुक्ति को हासिल कर लेने में है, जिससे वह अब तक महरूम था, यह मुक्ति आज की इस पंचायत में सिद्धि और पूर्णता—दोनों पा लेती है। यही मुक्ति 'उच्चाटन' कहानी के नायक रामबिलास ने प्राप्त कर ली है। मिसर के बेटे को दूध नहीं मिलता है तो वह बोलता है—"जमाना ही उलट गया है। नहीं तो इसी टोले से भैंस के बदले औरत को दूह कर ले गये हैं हमारे सिपाही बरकंदाज।"[15] यही मुक्ति 'लालपान की बेगम' कहानी ('ठुमरी' में संकलित) के नायक बिरजू के बाप ने प्राप्त कर ली है। 'मैला आँचल' में उपलब्ध प्रतिरोध का अगला विकास 'परती : परिकथा' के लुत्तो के रूप में उपलब्ध होता है। अब वह सर्वतंत्र स्वतंत्र है—'परम स्वतंत्र न सिर पर काहू।' अपनी मर्जी से उठता-बैठता और हर कुछ करता है। उसकी हिम्मत और हिमाकत का आलम यह है कि जिसने उसके बाप को दागा था, उसी के बेटे को वह 'शहर से हरकाया हुआ कुत्ता'[16] कहता है। उसने गाँव में बंदिश की है—"नौकरी करने में हर्ज नहीं। करो नौकरी लेकिन शान से करो। रविवार को काम पर मत जाओ। गाली दे तो पहले चेता दो। दूसरी बार गाली दे तो कहो कि गाली का जवाब गाली से देंगे।"[17] प्रतिरोध का यह कमरकस औद्धत्य जमाने का विकास भी है और सामाजिक बदलाव का प्रमाण भी। परानपुर का समाज इस मुहावरे से भी मुक्त हो जाता है कि—"मुखियागिरी करेंगे बबुआन टोली वाले ही।"[18] लुत्तो नीची जाति के मुसलमान रोशन बिस्वाँ को मुखिया बनवाकर दिखा देता है गरूड़धुज झा को, जिसका वह मुहावरा था। संगठन एक शक्ति है—"'संघेशक्ति कलौ युगे।' संगठित होने से बड़ी से बड़ी शक्ति को भी हिलाया जा सकता है। 'जुलूस' में तालेवर गोढ़ी ने बेहुला नाच पाटी शुरू की।" नाच पाटी के कारण ही गोढ़ी-गुआर, कमार-कहार, कुर्मी-धानुक, केवट-कैवर्त आदि पिछड़ी जातियों का एक ठोस संगठन हो गया। इलाके में एक से एक अगिया बैताल बाभन और पनियाँ-दरार साँप राजपूत। सभी इस संगठन के सामने-फुस्स।"[19]—मर्द तो मर्द, औरतों के तेवर भी कम गरम नहीं; सोलकन्ह फेकनी की माय कहती है—"आब ऊ जमाना नहीं कि बाभन छतरी मनमानी करे और सोलकन्ह लोग-आकि देखो, छोड़ के बात कहे। इनकिलाफ तो इनकिलाफ।"[20]

इस तरह रेणु में प्रतिरोध के अनेक स्वर, अनेक रूप और अनेक रंग हैं। अनेक अर्थछवियों और भंगिमाओं में उपलब्ध होकर भी जो केन्द्रीकृत परिणाम देता है वह है पीड़ित, शिकार और भोक्ता की विजय और मुक्ति। एक अमेरिकी साहित्य समीक्षक ने लिखा है कि—"एक गुलाम देश का लेखक जो कुछ भी लिखता है वह गुलामी के विरोध और आजादी के पक्ष में ही लिखता है।" भारतीय समाज राजनीतिक गुलामी से तो मुक्त हुआ ही, किन्तु वह अकेले रेणु का विषय नहीं है। इसलिए वह बहुत मौलिक भी नहीं है। किन्तु वास्तविक आजादी मनुष्य तब महसूस करता है जब वह सिर्फ अपनी इच्छा के अधीन होता है, किसी अन्य की आज्ञा का पालन करने के लिए अपने को बाध्य नहीं पाता। रेणु के कथानायकों ने अपने प्रतिरोध के बल पर उस आजादी को हासिल कर लिया है—यह रेणु की असली महत्ता है। अपनी इच्छा के अधीन और दूसरे की इच्छा से मुक्त होना—मुक्ति का एक रूप है। मुक्ति भी रेणु में अनेक हैं। उनकी चर्चा आगे यथास्थान की जाएगी। हिन्दी साहित्य में रेणु मनुष्य की मुक्ति की गाथा लिखनेवाले पहले रचनाकार हैं। इस रूप में उनका ऐतिहासिक महत्त्व है।

सन्दर्भ सूची

1. मैला आँचल, पृ. 1
2. वही, पृ. 18
3. वही
4. वही
5. वही
6. वही
7. वही, पृ. 29
8. वही, पृ. 115
9. वही
10. वही
11. वही
12. वही, पृ. 179
13. वही, पृ. 179
14. वही, पृ. 186
15. अगिनखोर, पृ. 92
16. परती : परिकथा, पृ. 68
17. वही, पृ. 110
18. वही, पृ. 133
19. जुलूस, पृ. 140
20. परती : परिकथा, पृ. 45

मनुष्य की मुक्ति के रचनाकार

फ्रांस की राज्य क्रान्ति के समय तीन शब्द आमजन के समक्ष उभर कर आये थे—1. स्वतंत्रता, 2. समानता एवं 3. बन्धुत्व। रूसो ने अपने साहित्य के माध्यम से यह विचार व्यक्त किया था कि मनुष्य जन्म से ही स्वतंत्र है, किन्तु धीरे-धीरे वह कई प्रकार के बन्धनों में बँधता चला जाता है। मनुष्य की स्वतंत्रता के पक्षधर सिद्धान्तकारों द्वारा राजनीति में अराजकतावादी दर्शन का सूत्रपात किया गया, जिसमें कहा गया कि आदर्श राज्य वह है जो अपने नागरिकों पर न्यूनतम शासन करता है। इस विचार दर्शन के अस्तित्व में आने के बावजूद वैज्ञानिक आविष्कारों ने औद्योगिक कान्ति ला दी जिसने पूँजीवाद को जन्म ही नहीं दिया, उसे फलने-फूलने का भरपूर अवसर प्रदान किया। पूँजीवाद ने साम्राज्यवाद को पैदा किया। फ्रांसीसी क्रान्ति का वैचारिक उत्पाद 'स्वतंत्रता' छीनी जाने लगी और विश्व का बहुत बड़ा भाग परतंत्र बना दिया गया, जिसमें अपना भारत भी था। साम्राज्यवाद ने अराजकतावादी दर्शन को उलट दिया और राज्य का हस्तक्षेप जीवन के प्राय सभी पहलुओं पर इस कदर हावी हो गया कि वह पूरी तरह से 'परतंत्र' बन गया। भारतीय समाज का सच कुछ दूसरा भी था। भारतीय समाज का जनसामान्य सिर्फ राजनीतिक रूप से ही गुलाम नहीं था, बल्कि वह सामाजिक रूप से भी गुलाम बना दिया गया था। कर्म आधारित स्तरीकरण जैसे-जैसे जन्म आधारित बनता गया वैसे-वैसे समाज में वर्णाश्रम की अवधारणा बद्धमूल होती चली गयी। समाज में श्रेष्ठता-अश्रेष्ठता का श्रेणीक्रम बनता चला गया। कर्म की जगह जब जन्म और जाति से श्रेष्ठता-अश्रेष्ठता का निर्धारण होने लगता है तब मनुष्य एक दूसरे प्रकार की गुलामी का शिकार हो जाता है। भारत राजनीतिक रूप से गुलाम हो गया था। किन्तु भारतीय जन का बहुत बड़ा समूह राजनीतिक गुलामी के साथ साथ इस दूसरे प्रकार से भी गुलाम बना दिया गया था। पंडित बालगंगाधर तिलक का यह नारा कि 'स्वतंत्रता हमारा जन्मसिद्ध अधिकार है', गुलामी के हर प्रकार के विरोध का स्वर नहीं बन सका था। वह अंग्रेजों द्वारा थोपी गयी इकहरी राजनीतिक गुलामी के विरोध का स्वर बन कर रह गया। हरगौरी जैसे लोगों के लिए 'अधिकार' का मतलब सिर्फ कुलीनों-जातीय श्रेष्ठता के ऊपरी

क्रम के लोगों के अधिकार से था। राजनीतिक आजादी की लड़ाई जब तक सिर्फ कुलीनों द्वारा लड़ी जाती रही, तब तक वह अंग्रेजी शासन की सेहत पर कुछ खास असर नहीं पैदा कर सकी। अंग्रेजों के विरुद्ध लड़ाई को असरकारी बनाने के लिए गाँधी जी को कुछ मौलिक प्रयोग करने पड़े थे। एक समय था जब गाय चरानेवाले कृष्ण ने भारत के इतिहास को अपनी उँगली के इशारे पर नचाया था। समय के फेर से उस कृष्ण के वंशज गाय-भैंस चराने की भूमिका में सीमित हो गये थे। गाँधी जी ने अपने मौलिक प्रयोग के तहत सीमित भूमिकावाले जनसामान्य को टेरा था। उनकी टेर सुनकर बालदेव गाय-भैंस चराने की परम्परागत भूमिका को छोड़कर सुराजी बन गया था, सबसे निचले स्तर का भोलेन्टियर। इसी क्रम में वह अपना गाँव-चन्ननपट्टी छोड़कर मेरीगंज आ गया है। डिस्ट्रिक्ट बोर्ड के लोगों ने उससे आग्रह किया है मैलेरिया सेन्टर बनवाने में सहयोग के लिए।[1] वहाँ तहसीलदार विश्वनाथ प्रसाद एवं रामकिरपाल सिंह जैसे लोग भी मौजूद थे। उन सबकी मौजूदगी में बालदेव को मैलेरिया सेन्टर बनाने में सहयोग के लिए प्रभारित किया गया था। न तो वह अपनी पहल पर अगुआ बना था और न उसने इस भूमिका की माँग की थी। देश की सेवा करने के उसके जिस जज्बे का साक्षात्कार डिस्ट्रिक्ट बोर्ड के लोगों को पूर्व में हो चुका था, उसी के आधार पर उन्होंने बालदेव को यह दायित्व सौंपा था। हरगौरी को बालदेव की गाय-भैंस चराने की और कांग्रेस ऑफिस का चौका-बर्तन करने की निम्नस्तरीय भूमिका से इतर कोई दूसरी भूमिका, जो प्रकृति में स्तरीय हो और जिसमें किसी श्रेय के मिलने की सम्भावना हो, स्वीकार नहीं है—'ग्वाला होकर लीडरी' यह भारतीय समाज की दूसरी परतंत्रता है जो राजनीतिक 'परतंत्रता' से भिन्न किस्म की है। एक रचनाकार के रूप में रेणु की नजर में समाजहित सर्वोपरि है, उसे सिद्ध चाहे जो करे—कुलीन अथवा अकुलीन। लोकोपयोगी उपक्रमों को स्थापित कराने की निष्ठा को बल प्रदान करने के लिए तथा हरगौरी जैसे लोगों के अस्वीकार्य व्यवहार से दुःखी होकर लोग हतोत्साह और वैसे कामों से विरत न हो जायँ, इसलिए रेणु ने हरगौरी के विरुद्ध एक 'हँसेरी' का आयोजन करा दिया। यह हँसेरी न सिर्फ समय की माँग थी, बल्कि उस समय का सच भी थी। लोकोपयोगी उपक्रम की स्थापना के मार्ग में पैदा किये जानेवाले विघ्नों को दूर करने के लिए जितनी आवश्यक थी, उसका उतना ही महत्त्व भारतीय समाज की दूसरी परतंत्रता को दूर करने के लिहाज से भी था। मनुष्य की मुक्ति की रेखांकित करने योग्य शुरुआत रेणु के 'मैला आँचल' की उक्त घटना से होती है।

अगर सिर्फ 'नेता' से ही किसी कार्य की सिद्धि सम्भव होती, तो उसके पीछे उसके समर्थकों की भीड़ की जरूरत ही न होती और अगर सिर्फ भीड़ से काम चल जाता तो नेता की जरूरत नहीं होती। सच यह है कि नेता से समूह को नेतृत्व मिलता है और समूह से नेता को बल। सिर्फ गाँधी होते, उनके पीछे जनता नहीं होती तो

गाँधी सफल नहीं होते, देश आजाद नहीं हो पाता और जनता तो पहले भी थी, फिर भी देश आजाद नहीं हो पाया था। देश और जनता को गाँधी का इन्तजार था। जब दोनों एक दूसरे से मिल गये, जनता को गाँधी का नेतृत्व और गाँधी को जनता के समर्थन का बल मिल गया तो अबतक का 'अघट' घट गया, अब तक का असम्भव सम्भव हो गया, देश आजाद हो गया। रेणु समूह और सामूहिकता के बल को पहचानते थे। वे समझ रहे थे कि अस्पताल बनवाना है तो बालदेव को ताकत देनी होगी। वह ताकत जो समूह से आयेगी, व्यक्ति से नहीं। इस सामूहिकता का निर्माण नागार्जुन नहीं कर सके थे। उनका बलचनमा अपनी लड़ाई खुद लड़ता है, भीतर-भीतर और लोग भी उससे सहानुभूति रखते थे, किन्तु सतह पर खुलकर कोई भी उसके साथ नहीं था। उसका दोस्त चुन्नी भी नहीं। चुन्नी उसकी मदद कर अवश्य रहा था; किन्तु बिल्कुल गुप्त तरीके से, पर्दे के भीतर रह कर। यही कारण है कि बलचनमा की लड़ाई सिर्फ उसकी लड़ाई बन कर रह जाती है और वह जमींदार के लठैतों द्वारा बाँध लिया जाता है। रेणु ने मनुष्य की मुक्ति के युद्ध को सामूहिक बना दिया। अपमान बालदेव का किया गया और हँसेरी पूरे 'गुअरटोली' के लोग लेकर आते हैं। इस हँसेरी का प्रभाव इतना जबर्दस्त था कि हरगौरी की माँ उसे आँगन में बुला ले जाती है। वह आँगन आँगन नहीं है, नेपथ्य है। विश्व के अन्य अन्य हिस्सों में भी अपने-अपने देश-काल का हरगौरी हुआ करता है। फ्रांस के लुई शासक, रूस के जार, चीन के सामन्त आदि। किन्तु विश्व के जिस भी देश और काल का हरगौरी नेपथ्य में गया है, उस-उस देश और काल का मनुष्य (जनसामान्य) मुक्त हुआ है। हरगौरी के विरुद्ध हँसेरी मात्र एक स्थानीय घटना नहीं है, बल्कि मनुष्य की मुक्ति का वैश्विक सिद्धान्त-सूत्र है। बालदेव की आजादी (वह क्या करेगा और क्या न करेगा) पर हरगौरी ने संकट खड़ा किया था। हँसेरी ने उस संकट के मूल कारण (हरगौरी) को ही नेपथ्य में डाल दिया। बालदेव की आजादी पर हरगौरी फिर कोई संकट खड़ा नहीं कर सका; मेरीगंज में उसकी लीडरी चल निकली। इसके उलट हरगौरी जो नेपथ्य में गया तो फिर पूरे मैला आँचल में कहीं भी हावी और प्रभावी नहीं हो सका। बालदेव सदा के लिए आजाद हो गम। अब उसे किसी काम के लिए हरगौरी की अनुमति अथवा स्वीकृति की जरूरत नहीं रही। लोकहित के प्रति उसकी निष्ठा असंदिग्ध है। निष्ठा एवं चरित्र की प्रामाणिकता ने उसे लछमी की नजरों में अपरिहार्य बना दिया। इसलिए महन्थ सेवादास को वह कहती है—"यदि बालदेव जी को छोड़कर और किसी को प्रबन्ध करने का भार दिया तो समझ लीजिए कि भंडारा चौपट हुआ। मैं इस गाँव के एक-एक आदमी को पहचानती हूँ।"[2] ऊँच-नीच, सभी जाति के लोगों को एक पंगत में बैठकर भोज खाना पड़ा, जिसका इन्तजामकार बालदेव था। सीधी कार्रवाई में असफल होने के बाद रामकिरपाल सिंह अब छल छद्म पर उतर आया है। भोज की सफलता और इन्तजाम के बाबत जो

पंचायत होती है उसमें रामकिरपाल सिंह यह कह कर कि आपस में झगड़े-झंझट तो हुआ ही करते हैं, पर इससे आपस का सम्बन्ध थोड़े ही खत्म हो जाता है। इसलिए आओ तहसीलदार, हमलोग गले मिलकर गिला-शिकवा दूर कर लें। अपमान यादव जाति के बालदेव का हुआ था और अपमान के विरोध में हँसेरी लेकर कालीचरन आया था। अत: विवाद यादवों से था तो गले भी यादवों के मुखिया रामखेलावन सिंह यादव से मिलना था, न कि कायस्थ तहसीलदार विश्वनाथ प्रसाद से। रामकिरपाल सिंह यह सोचकर खुश थे कि बड़ी सफाई से उसने यादवों को किनारे कर दिया। किन्तु कूटनीति विशारद कृष्णा-कुल में जन्में रामखेलावन जी दूध का कारोबार भले करते हों, किन्तु रामकिरपाल की इस चालाकी को समझने में उससे जरा भी भूल नहीं हुई। वह अघोषित रूप से भोज से अलग होकर घर बैठ जाता है। उसकी अनुपस्थिति कुछ तो मायने रखती ही थी। अत: रामकिरपाल सिंह को अन्दर-अन्दर भेद खुलने से लेकर तोहमत लगने की चिन्ता सताने लगी। परिणामत: खुद से रामखेलावन को मनाने गये, वहाँ बच्चों जैसे भौंडे मजाक किये और घर से खींच लाये। महत्त्वहीन समझे जानेवाले लोगों की उपेक्षा भी अब उतनी आसान नहीं रही। मार्टिन लूथर किंग (जूनियर) ने ठीक ही फरमाया है कि "अत्याचारी कभी स्वेच्छा से स्वतंत्रता नहीं देता है। उत्पीड़ितों द्वारा इसकी माँग की जानी चाहिए।" 'मैला आँचल' में स्वतंत्रता की माँग और उसकी प्राप्ति के लिए संघर्ष की बानगी अनेक अवसर पर देखने को मिलती है। एक सामन्ती समाज में सामन्त निम्नवर्ग के लोगों की हर चीज का उपयोग अपनी मर्जी से करने को अपना अधिकार मानता है। साथ ही उस अधिकार को किसी प्रकार की चुनौती को वह बगावत मानता है। लेकिन अब मेरीगंज के निम्नजातीय युवकों में यह चेतना जाग गयी है कि सहदेव मिसर द्वारा फुलिया की इज्जत लूटी जा रही है। अब वे इसे सहन करने को तैयार नहीं हैं। फलत: एक रात वे सहदेव मिसर को फुलिया के घर से पकड़ लेते हैं और रात भर खूँटे से बाँधकर रखते हैं। सुबह जब पंचायत बैठती है तो सवर्णों की मानसिकता फिर पुराने सम पर आ जाती है कि सिर्फ बबुआन लोग ही पंच माने जाएँगे। कालीचरन जब कुछ बोलने की अनुमति चाहता है तो जोतखी जी सीधे इस बात पर उतर आते हैं कि "कालीचरन को हमलोग पंच नहीं मानते।"[3] कालीचरन लोकतांत्रिक आधार पर पंच माननेवालों का हाथ उठाने के लिए आह्वान करता है। सहदेव मिसर को निर्दोष साबित करने के षड्यंत्र की मानसिकता वाले, जो संख्या में नगण्य थे, उन्हें छोड़कर शेष सभी ने कालीचरन को पंच मानने के पक्ष में हाथ उठाया। यहाँ तक कि जोतखी जी के बेटे रामनारायण ने भी। यह घटना एक सबक की तरह थी कि जोतखी जी जैसे लोगों की मर्जी किसी को पंच मानने न मानने का अब निर्णायक आधार नहीं हो सकती। इस पराजय की बौखलाहट में जोतखी जी मर्यादा भूल गये और कालीचरन के पितृत्व का प्रश्न उठा दिया। पूरी तरह सहज रहते हुए और पूरी

शालीनता के साथ कालीचरन ने सिर्फ इतना कहा कि "हमको अपने बाप के बारे में मालूम है।"[4] लेकिन सार्वजनिक रूप से कालीचरन के पितृत्व का प्रश्न उठाना सर्वथा अनैतिक और अग्राह्य था। इसने उसके शागिर्दों को शालीन और सहज नहीं रहने दिया। फिर तो वह हुआ जिसकी कल्पना जोतखी जी को नहीं रही होगी। उनमें एक पूछ बैठा—"जोतखी जी अपनी स्त्री से पूछें कि उनके पेट में किसका बच्चा है?"[5] एकदम से जैसे को तैसा। कोई मुरव्वत नहीं, कोई रियायत नहीं। 'स्वतंत्रता दी नहीं जाती है उसे हासिल किया जाता है'—सुभाषचन्द्र बोस का यही कहना है और मेरीगंज के जनसामान्य द्वारा लगातार 'स्वतंत्रता हासिल करते चले जाने का सिलसिला है।' फुलिया को सहदेव मिसर, के चंगुल से मुक्त करा दिया जाता है। खलासी से चुमौना हो जाता है और वह अपनी नयी ससुराल पूर्णियाँ चली जाती है। ऐसी ही एक दूसरी घटना में मसोमात के साथ शिवशक्कर सिंह को पकड़ कर बेपानी कर दिया जाता है और जुर्माना भी लगाया जाता है। एक स्वतंत्र व्यक्ति किसी बलवान् की इच्छा का क्रीड़ा-कंदुक नहीं बन सकता। प्रश्न न तो होरी पूछ सका था और न बलचनमा ही। किन्तु रेणु के पात्र इतने स्वतंत्र हैं कि प्रश्न पूछ सकते हैं और एक स्वतंत्र व्यक्ति जितना निर्भीक हो सकता है उतने निर्भीक रेणु के पात्र हैं। भय न तो बालदेव में है, न कालीचरन में और न ही उसके किसी शागिर्द में। इस कोटि का खुलापन और निर्भयता बलचनमा तक में नहीं है।

मेरीगंज में तीन-तीन सेन्टर खुल गये हैं—1. मलेरिया सेन्टर 2. लाठी भाला टिरेनी सेन्टर और 3. चरखा सेन्टर। और सब तो ठीक है, पर इस लाठी भाला टिरेनी सेन्टर ने सवर्ण युवकों को एक कालविरुद्ध सपना दिखाना शुरू कर दिया है। फलतः हरगौरी एक दुराशा पाल बैठा है कि पुराना जमाना लौटकर आयेगा और 'महाराणा प्रताप और शिवाजी का राज कायम' होगा। तहसीलदार विश्वनाथ प्रसाद भीतर से तेज और एक ही शातिर है। वह जमाने की नजाकत को पहचान रहा है। इसलिए उसे लगता है कि तहसीलदारी में अब फायदा कम और झंझट ज्यादा है। अवसर मिलते ही वह तहसीलदारी से त्यागपत्र दे देते हैं। महाराणा प्रताप का राज कायम करने के जोश में विश्वनाथ प्रसाद द्वारा त्यागी गयी तहसीलदारी को हरगौरी झट से स्वीकार कर लेता है। यह उसके नेपथ्य से बाहर निकलने की एक अतिरिक्त कोशिश साबित हुई जो उसे उसके दुःखद अन्त की ओर ले गयी। कालीचरन की सामूहिकता निरन्तर शक्तिशाली और प्रभावी होती गयी। बाबुओं की ऐंठ और अकड़ उस वक्त जरा भी काम न आयी जब मेरीगंज के कमकरों ने हड़ताल कर दी, जो पूरी तरह संगठित और सफल रही। इस हड़ताल ने हरगौरी को झुका दिया। विश्वनाथ प्रसाद के आगे वह जो गिड़गिड़ाता है, उससे उसकी बेबसी समझी जा सकती है—"काका, इस बार इज्जत बचा लीजिए! क्या आप यही चाहते हैं कि नाई, धोबी और चमार के सामने हम हाथ जोड़कर गिड़गिड़ावें? कल से रामकिरपाल

काका के गुहाल में गाय मरी पड़ी है। चमार लोगों ने उठाने से इनकार कर दिया है।...राजपूत टोले के लोगों को देखिए, दाढ़ी कितनी बड़ी-बड़ी हो गयी है। नाइयों ने काम करना बन्द कर दिया है।''[6] वह उन पर एक अभियोग भी आयत्त करता है—''जीवेसरा चमार को लीडर आपने ही बनाया है?''[7] घाघ विश्वनाथ प्रसाद हरगौरी को दबाव में लाकर फिर उसपर एक उपकार भी लाद देता है—''साँप भी मरे और लाठी भी न टूटे।'' अत: वह एक पंचायत बुलाता है। जिस हरगौरी को ग्वाले का दरवाजे पर बैठना गवारा नहीं था (बालदेव को कहा था—उठ जाओ दरवाजे पर से)''[8] वही हरगौरी अब उस सफरे पर बैठा है जिस पर पायी धोबी, मोची आदि सभी बैठे हुए हैं। उक्त हड़ताल की सफलता का सन्देश और निहितार्थ स्पष्ट है कि हम कमकर अब अपनी मर्जी से काम करेंगे; किसी के आँख दिखाने से अब हम डरनेवाले नहीं हैं। रेणु के पात्रों ने नेताजी सुभाषचन्द्र बोस के इस विचार को बार-बार साबित किया है कि 'स्वतंत्रता दी नहीं जाती है, उसे हासिल किया जाता है।' रामकिरपाल सिंह के गुहाल में गाय मरी पड़ी है, उनकी बला से। चमारों की इच्छा होगी उठाएगा, नहीं इच्छा होगी, नहीं उठाएगा। राजपूत टोले के लोगों की दाढ़ी बढ़ी हुई है, उनकी बला से। नाइयों की मर्जी नहीं होगी, हजामत नहीं बनायेंगे। यानी अब उन्हें किसी काम के लिए बाध्य नहीं किया जा सकता। अब उन कामों के लिए उनकी मर्जी का मोहताज रहना पड़ेगा। उनको राजी करके काम करवाया जा सकता है; धमका कर नहीं। वास्तविक मुक्ति का अर्थ ही है कि व्यक्ति पर सिर्फ उसकी अपनी मर्जी चलेगी। अपने से भिन्न किसी और की मर्जी के पालन के लिए बाध्य न होना ही वास्तविक स्वतंत्रता है। सामन्ती समाज ठीक इसके उलट होता है। लुत्तो जाति का खवास है। जब भी कोई उसे खवास कहता है, उसे 'मरमचोट' लगती है। भिम्मल मामा 'खवास' शब्द की व्याख्या करते हैं—'खाओ और वास करो'।[9] यानी मालिक का दिया खाओ और उनके डिस्पोजल में रहो, जब जो आदेश हो उसका पालन करो। स्पष्ट है कि खवास उस श्रेणी का मजदूर नहीं होता कि काम के लिए बुलाया गया, शाम को मजदूरी ले अपने घर चला गया। जिस दिन मर्जी होगी काम पर आएँगे मन नहीं होगा नहीं आएँगे। खवास मालिक का बँधुआ मजदूर होता है, जिसकी अपनी मर्जी का कोई अर्थ नहीं होता। मालिक की हर पुकार पर हाजिर होना उसकी बाध्यता है। लुत्तो का बाप लरेना अपने मालिक पंडित शिवेन्द्र मिश्र का वैसा ही 'खाओ और वास करो' वाला खवास था।[10] लरेना ने स्वतंत्र होने की कोशिश की थी, पंडित मिश्र के दुश्मन से मिलकर। उसका भेद खुल गया और उसे उसके उस कृत्य के लिए जो दंड पंडित मिश्र ने दिया वह प्राणान्तकारी सिद्ध हुआ। उस लरेना खवास का बेटा लुत्तो अब 'सर्व तंत्र स्वतंत्र' है। अब वह हर बाध्यकारी नियति से मुक्त है। जो पहले दूसरे के अन्न पर पलता था अब दूसरे उसके घर चाय की केतली चढ़ने की टोह लेते रहते हैं। चाय भी ऐसी वैसी नहीं—'मेरे

गिलास में आधा पाव दूध डलवाकर चाह मँगाओ लुत्तो बाबू।...आधा पाव से एक बूँद भी कम हुआ दूध कि तुरत मैंड चकराने लगता है।'[11] मुफ्त के माल पर हाथ साफ करने का कैसा नायाब तर्क है। केवल गरूड़धुज झा ही नहीं, बाजाप्ता चौकड़ी जमती है, जिसमें वे सभी लोग जुटते हैं जो जितेन्द्र के विरोधी हैं। बलभद्दर झा उनमें प्रमुख है। गरूड़धुज झा का जितेन्द्र या उसके पिता ने कुछ बिगाड़ा तो नहीं, पर जितेन्द्र उसे घास नहीं डालता है। इधर लुत्तो जितेन्द्र का विरोधी है और उसकी भैंस लगती है, इसलिए लुत्तो के अहं को सहला-भड़का कर उसकी सच्ची-झूठी प्रशंसा कर उसका तर माल चाभता रहता है। ऐसे चाटुकारों की शह और समर्थन से लत्तो को बल मिलता है और वह अतिरिक्त रूप से उत्साहित हो जाता है। उसी अतिरेकी उत्साह में वह जितेन्द्र को दागने की बात करता है—'बोली से हो चाहे गोली से'। इसी क्रम में वह जितेन्द्र को 'शहर से हरकाया हुआ कुत्ता'[12] कहता है। जिस तरह पंडित शिवेन्द्र मिश्र ने उसके पिता को दागा है, उसी का बदला वह उसके बेटे जितेन्द्र मिश्र को दाग कर लेना चाहता है। लुत्तो का हर कर्म, हर सोच और हर उपाय एकमात्र उस उद्देश्य को पूरा करने के ध्येय से परिचालित है। शक्ति-संचय के लिए ही वह लोगों को चाय पिलाता है। जितेन्द्र के विरोधियों को गोलबन्द करता है। इस गोलबन्दी के केन्द्र में वह खुद होता है। शक्तिसंचय के लिए ही वह कांग्रेस से जुड़ा है और थाना कांग्रेस कमिटि का सेक्रेटरी हो गया है। बदले जमाने में धन शक्ति का एकमात्र कारण नहीं रह गया था। उसके पास इतना धन था भी नहीं कि जिसके बल पर वह जितेन्द्र को पराजित कर पाता। इतना अवश्य है कि अब 'खा और वास कर' वाली स्थिति से मुक्त हो गया है। अब जीवन-यापन के उसके अपने खुद के आर्थिक स्रोत हैं, अपने खर्चे के लिए अब वह किसी मालिक का मोहताज नहीं। लेकिन वह जान गया है कि बदले जमाने में शक्ति का धन से बड़ा स्रोत राजनीति है। इसलिए अपने सीमित आर्थिक संसाधन के बावजूद राजनीतिक पद प्राप्ति के माध्यम से शक्ति अर्जित करता है और जितेन्द्र को चुनौती देने का कोई भी अवसर हाथ से जाने नहीं देता। लुत्तो के आचरण का औचित्य-अनौचित्य यहाँ विचार का विषय नहीं है। किन्तु इतना तय है कि लुत्तो अब हर प्रकार से, हर कोण और आचरण से सर्वतंत्र स्वतंत्र है। जैसा कि ऊपर कहा जा चुका है कि 'रेणु' मुक्ति के संघर्ष को एक अकेले व्यक्ति का काम नहीं मानते। प्रथम दृष्टया बालदेव अकेला था। अपमानित किये जाने की घटना ने उसके अपमान को जातीय गौरव से गूँथ दिया, जिस कारण कालीचरन हँसेरी लेकर दौड़ पड़ा। कालान्तर में कालीचरन के पीछे उसके समर्थकों की एक टोली बन गयी, जिसके समर्थन से वह सहदेव मिसर वाली पंचायत में पंच बनने और पंचायत को एक रचनात्मक मुकाम तक ले जाने में सफल हुआ। उसी अर्जित शक्ति का प्रयोग कर उसने नागा साधु को दौड़ाया और लरसिंघदास की जगह रामदास को महन्थ मनोनीत करवाने में सफल हुआ।

अब तो आलम यह है कि मेरीगंज की हर प्रमुख घटना में उसकी उपस्थिति, सहभागिता और निर्णायक भूमिका है। कमकरों की हड़ताल और हरगौरी को झुकाने में भी उसकी संगठनात्मक क्षमता ही सफलीभूत हुई थी। लुत्तो ने भी अपने समर्थकों की फौज बना ली है। अपने लोगों को समझा दिया है—'मालिक लोग गाली दे तो पहले समझा दो, फिर गाली का जवाब गाली से दो। इसके चलते जो कुछ हो'। अपने संगठन के बल पर ही उसने बबुआनों के मुखियागिरी के सपने को तोड़ दिया और अपने समर्थक रौशन बिस्वाँ को मुखिया बनवाकर दिखा दिया। बावजूद इसके सच्चाई यह है कि लुत्तो की आजादी कालीचरन की आजादी से ज्यादा उग्र है। उसकी आजादी उतनी रचनात्मक नहीं है जितनी कालीचरन की। रचनात्मकता की तुलनात्मक कमी ने लुत्तो की आजादी को कटुता और चुभन से भर डाला है।

डॉ. अम्बेदकर कहा करते थे—आर्थिक आजादी के बिना राजनीतिक आजादी का कोई मतलब नहीं है। एक भूखा और जरूरतमन्द आदमी कदम-कदम पर अपनी आजादी को गिरवी रखने को बाध्य होता है, वह हर जगह अपनी इज्जत और गरिमा से समझौता करने को विवश होता है। अनाज के आपूर्तिकर्ता देशों की शर्तों से अपने देश की रक्षा करने के लिए हमारे पूर्व प्रधानमंत्री लालबहादुर शास्त्री ने सप्ताह में एक दिन उपवास रखने का आह्वान किया था और अनाज का उत्पादन बढ़ाने के लिए 'जय जवान-जय किसान' का नारा दिया था। अन्य देशों के अनाज पर भारत की निर्भरता घटती गयी, जैसे-जैसे अनाज का उत्पादन बढ़ता गया, वैसे-वैसे हमारा देश भी आत्मनिर्भर होता चला गया। रेणु के पात्रों की मुक्ति के पीछे आर्थिक मुक्ति की भूमिका साफ झलकती है। अर्थ-निर्भर मँहगूदास अपनी जवान विधवा बेटी फुलिया का सौदा करने को बाध्य हुआ था। इज्जत के सौदे से प्राप्त आमदनी को बलाय आमदनी कहकर उससे तौबा करने का आह्वान किया जाता है। लेकिन जिसके पास अपने आर्थिक संसाधन हैं, वे अपेक्षाकृत अधिक स्वतंत्र तथा इज्जत का सौदा करने से मुक्त और अपने मानवीय गौरव की रक्षा में सफल रहे हैं। कालीचरन के आर्थिक स्रोत का खुलासा तो नहीं है लेकिन पूरे उपन्यास में उसकी आर्थिक परतंत्रता का भी कोई संकेत नहीं है। आर्थिक आत्मनिर्भरता उसकी स्वतंत्रता को सम्भव बनाती है। लेकिन लुत्तो के आर्थिक स्रोत का अपेक्षाकृत अधिक खुलासा है 'परती : परिकथा' में और वह भी इसी कारण से स्वतंत्र है। इसके विपरीत सुमरित दास तहसीलदार विश्वनाथ प्रसाद की 'कृपापूर्ण रोटी' पर निर्भर है। ऊपर-ऊपर से तो वह स्वतंत्र ही दिखता है किन्तु वह अन्दर से स्वतंत्र नहीं है। अस्तु, उसे वही कहना पड़ता है जो तहसीलदार विश्वनाथ प्रसाद उससे कहलवाना चाहते हैं। गो कि सुमरितदास तहसीलदार का 'रोटिया गवाह' है। मामला चाहे जो भी हो, गवाही के रूप में बयान वह तहसीलदार के पक्ष के समर्थन में ही देगा। आर्थिक आजादी का दिलकश उदाहरण उनकी कहानियों में भी मिलता है। सर्वे में

कुछ जमीन मिली है सो सम्पन्नता का एक नया अध्याय बिरजू के बाप के जीवन में शुरू हुआ है। इस नयी सम्पन्नता ने बिरजू की माँ के मन में भी एक कामना जगा दी है—बैलगाड़ी पर बैठकर नाच देखने जाने की। बैल तो हैं पर अपनी गाड़ी अभी नहीं हो पायी है। इस सम्पन्नता को हासिल करने में बिरजू की माँ की बड़ी भूमिका है। फलत: उसका बाप अपनी पत्नी की इच्छा पूरी करने की हर शूँ कोशिश करता है। अब वह सर्वतंत्र स्वतंत्र है। उसके मार्ग में अब कोई वैसी बाधा नहीं बची है जिसके आधार पर उसे परतंत्र कहा जा सके। 'लालपान की बेगम' कहानी से ज्यादा उत्कट स्वतंत्रता हमें उनकी दूसरी कहानी 'उच्चाटन' में देखने को मिलती है। रामबिलास दो वर्षों के पटना प्रवास के बाद गाँव लौटा है। उसका पुराना महाजन मिसर अपनी कर्ज अदायगी के तकाजे के लिए अलसुबह उसके द्वार पर हाजिर है और उसे बिलसिया शब्द से पुकारता है। रामबिलास का नुकीला जवाब सुनकर वह सन्न ही नहीं रह जाता, बल्कि कटकर रह जाता है। पुराना जमाना होता तो मिसर दिखा देता वैसे जवाब का फलाफल। एक रात मिसर का बेटा दूध लेने आता है, किन्तु उसकी माँ दूध नहीं देती। उस पर मिसर के बेटे का स्वगत कि जमाना ही उलट गया है। नहीं तो इसी टोले से भैंस के बदले औरत का दूध दूहकर ले गये हैं हमारे सिपाही बरकंदाज,[13] उसकी आज की बेचारगी को ही प्रकट नहीं कर रहा बल्कि आनेवाले भविष्य की भीषणता का भी आभास दे रहा है—'आज ऐसा तो कल कैसा'? 'जुलूस' उपन्यास के तालेवर गोढ़ी ने भी एक संगठन बनाया था—'बिहुला नाच पाटी' का। उस नाच पाटी के नाम पर संगठित समूह के आगे 'इलाके में एक से एक अगिया बैताल-बाभन और पनियाँ-दरार साँप-राजपूत। सभी इस संगठन के सामने फुस्स।''[14] उस संगठन ने क्रमिक रूप से तालेवर गोढ़ी को मजबूत तो बनाया ही, आर्थिक रूप से भी वह समृद्ध होता गया। अत: कल तक ऊँची जाति के जो लोग उसको कोई महत्त्व नहीं देते थे, अब उसकी कृपा के आकांक्षी हो चुके हैं और उसकी ड्योढ़ी पर हाजिरी बजाते हैं।

मुक्ति सिर्फ पुरुषों ने पायी हो—ऐसा नहीं है, मुक्ति के संघर्ष में अपने ढंग से औरतों की भी भागीदारी है। फेकनी की माय तो साफ बात बोलती है—''आब ऊ जमाना नहीं कि बाभन छतरी मनमानी करे और सोलकन्ह लोग-आकि देखो छोड़ के बात कहे। इनकिलाफ तो इनकिलाफ।''[15] इतना सेन्स और इतनी चेतना! अपनी मुक्ति की इतनी बेबाक अभिव्यक्ति। न कहीं कोई भय या उसकी आशंका, न अभिव्यक्ति में कोई सकोच या अपनी भावना के प्रकटीकरण में भाषिक दुराव-छिपाव का साहित्यिक कौशल! एकदम से ठेठ, निखालिस अभिव्यक्ति कि उसके कथन का कोई दूसरा अर्थ भी नहीं निकाला जा सके, अर्थान्तर कर बात को बहलाया जा सके। इसकी कुछ भी गुंजाइश शेष नहीं रहने देती है। आर्थिक निश्चिन्तता का मानवीय स्वतंत्रता की दृष्टि से बड़ा महत्त्व और भूमिका होती है। सामबत्ती अपने

पट्टीदारों से मोर्चा लेती है, जो उसके हिस्से को दबा लेना चाहते थे। सर्वे में उसे जमीन क्या मिली है अब वह इस कदर निश्चिन्त और बेपरवाह हो गयी कि 'घर घुमनी' हो गयी है। दिनभर पान कचरती फिरती है। छोटे लोगों का पान खाना बड़े लोगों को यूँ ही नहीं सुहाता है। 'ठेस' कहानी में ग्रामीण कलाकार सिरचन को मानू दीदी छिपाकर पान जर्दा देती है। मानू की चाची सिरचन को पान खाते देख आग-बबूला हो जाती है।[16] लेकिन यहाँ तो सामबत्ती की फरमाइश ही पान पत्ता, से शुरू होती है। नखलौआ जर्दा वह अपने पास रखती है।[17] कोई खिलाए तो उसका रसीला गप सुने। विभेदकारी शास्त्रवचनों के अनुसार शूद्रों को पढ़ने-लिखने का अधिकार नहीं था। ऐसे उदाहरण मिलते हैं जिनमें शूद्रों को धमकाया जाता था कि वे अपने बच्चो को स्कूल नहीं भेज सकते हैं। किन्तु महीचन चमार 'इस विवशता से मुक्त है और उसकी बेटी मलारी स्कूल जाती है। पढ़ लिख लेती है, अपने अतीत (मजदूरी और प्रसव कराने के पेश) से मुक्त हो जाती है। अब वह मास्टरनी है और सभी सवर्ण शिक्षिकाओं के साथ कुर्सी पर बैठती है। मलारी का उदाहरण कई तरह से मायनेदार है। एक बद्ध मनुष्य का, जो आर्थिक संसाधन से वंचित हो, कोई भविष्य नहीं होता और न उसके पास कोई सपना होता है। मलारी वह पहली शूद्र औरत है जिसकी आँखों में सपना है और जिसके मन में भविष्य की चिन्ता है। अब मलारी वह नहीं करती है जो उसकी माँ करती थी (मजदूरी और प्रसव कराने का परम्परागत जातीय धन्धा) ये भले ही उसका सपना बहुत बड़ा नहीं है, किन्तु परम्परागत पेशे से विपथन तो है ही। फिर जिस नये पेशे से जुड़ी है उसमें प्राप्त 'रैंक' में अटकी रहनेवाली भी नहीं है। उसे प्रोन्नति की चिन्ता है। प्रोन्नति की शर्तों को पूरा करने के लिए ही वह ट्रेनिंग लेने मुजफ्फरपुर जाती है। भविष्य को सुरक्षित बनाने के लिए जीवनबीमा करवाती है। सहपाठी मित्रों और कुछ शिक्षकों की कुदृष्टि का शिकार होकर बहुत आगे तक पढ़ नहीं पाती, यह एक अलग प्रश्न है। किन्तु शूद्रों के पढ़ने के निषेध से मुक्त हो जाती है और मुक्ति की एक नयी इबारत लिख डालती है। परम्परानीत जीवन से ताजमनी भी अलग हो गयी है। नट्टिन कुल में पैदा ताजमनी नट्टिन का पेशा नहीं करती। एक कुलीन स्त्री के जीवनादर्शों को उसने अपने जीवन और चरित्र में उतार लिया है। अपने इस नये अवतार के कारण वह नट्टिनों के बीच अलग-अलग पड़ गयी है। उस पर दुहरा दबाव है। उन दबावों को वह पूरी दृढ़ता से झेलती है। नट्टिनें व्यंग्य करती हैं और मनचले फब्तियाँ कसते हैं। सबसे अलग-सबसे बेपरवाह अपनी नैया अलग खेती है।

विदेशी दासता से मुक्ति मुक्ति का एक दूसरा प्रकार है। यह एक प्रकट बन्धन है जो साफ-साफ दिखायी पड़ता है और जिससे एकदम साफ-साफ मुक्ति भी मिल जा सकती है। भारत ने उसे हासिल भी कर लिया। किन्तु बन्धन का वह स्वरूप अत्यन्त त्रासकारी है जो अपने ही समाज के भीतर से है; जिसके रूप अनन्त

हैं, जो हर उदाहरण में प्रकट ही हो—ऐसा नहीं है। बहुत से प्रकारों में वह अप्रकट रूप में मौजूद रहता है। विदेशी दासता अगर बेड़ी है या हथकड़ी है तो उसे एकबार में काटा जा सकता है। किन्तु अपने ही समाज के भीतर जब एक मनुष्य परतंत्र होता है तो उसकी परतंत्रता हथकड़ी और बेड़ीवाली नहीं होती, बल्कि वह एक जाल जैसी होती है। जिससे मुक्त होना इतना आसान नहीं होता, जितना विदेशी दासता से मुक्त होना। 'मैला आँचल' में भारत को विदेशी दासता से तो मुक्ति मिल ही जाती है। इस मुक्ति में एक लेखक के रूप में रेणु की महता वैसी नहीं है, जैसी महत्ता इस जालनुमा आन्तरिक परतंत्रता से मुक्ति के प्रसंग में है। मुक्ति को चरितार्थ, अभिव्यक्त और प्रदर्शित करनेवाली जितनी बातें हो सकती हैं, प्रायः उन सबका किसी न किसी रूप में रेणु ने उल्लेख किया है। जैसे असहमति, विरोध, आलोचना, विपथन आदि। 'असहमति' एक मुक्त मनुष्य की बहुत बड़ी पहचान है। बद्ध मनुष्य हाँ में हाँ मिलाता है और ना में ना। हाँ को ना करने की जुर्रत वह नहीं कर सकता। एक मुक्त मनुष्य दूसरे से असहमत हो सकता है और अपनी असहमति को व्यक्त करने का उसमें साहस भी होता है। 'ग्वाला होकर लीडरी'[18] हरगौरी के इस मत से बालदेव और कालीचरन सहमत नहीं हैं। इन लोगों ने असहमति सिर्फ जतायी ही नहीं, लीडरी कर के अपनी असहमति को पूरे तौर पर प्रदर्शित भी किया। कालीचरन ने अपने को पंच न मानने का न सिर्फ विरोध किया, बल्कि उसके विरोध में इतना जबर्दस्त नैतिक बल था कि जिसे पंच तक मानना गवारा नहीं था, उसके ही फैसले को शिरसाँ स्वीकार करना पड़ा। विरोध का उत्कट प्रदर्शन हम लुत्तो के प्रसंग में देखते हैं। परतंत्र मनुष्य विरोध नहीं कर सकता है। अगर कोई विरोध करता है तो मानना पड़ेगा कि वह एक मुक्त और स्वतंत्र मनुष्य है। इस दृष्टि से कोई सन्देह नहीं रह जाता कि रेणु के अनेक पात्र मुक्ति को उदाहृत करते हैं। यह मुक्ति-प्रसंग तबतक पूरा नहीं हो सकता जबतक आलोचना की बात न कर ली जाय। आलोचना एक लोकतांत्रिक आचरण है, जो सामन्तवाद के ठीक उलट है। 'मैला आँचल' में लछमी दासिन गाँव के मुखिया लोगों की निर्मम आलोचना करती है। लेकिन आलोचना का जो रूप रेणु की 'परती : परिकथा' में उपलब्ध है वह तो अद्‌भुत है। सभा बुलाकर और माइक लगाकर सार्वजनिक रूप से भाषण दे-देकर आलोचना की गयी है। आलोचना तल्ख तो थी ही-कुछ हद तक अस्वीकार्य भी थी। लेकिन 'नव अनुरागिनि राधा किछु नहिं मानय बाधा।' 'नदी का बाँध टूटता है तो प्रवाह अतिरिक्त रूप से प्रखर हो जाता है। गति पर नियंत्रण नहीं रहता; तब नदी अपने किनारों की मर्यादा में भी नहीं रहती—दाएं-बाएँ हो ही जाती है। नयी-नयी आजादी मिली है आलोचना की, सो भाव में आवेश कुछ ज्यादा ही आ गया है। अब भिम्मल मामा नाराज हैं कि यह सभा नहीं है। यहाँ गाली दी जा रही है। यह प्रजातंत्र नहीं है, भीड़तंत्र है, मोबोक्रेसी है। भिम्मल मामा के तर्क में कुछ वजन

तो जरूर है, किन्तु जो अभियोग भाषणकर्ता जयमंगल ताँती पर लाया गया है, उसे नजरअन्दाज किया जा सकता है। क्योंकि सभा के शिष्टाचार का अभी इस नये आलोचकवर्ग को बहुत अभ्यास नहीं है। अभी तो नयी-नयी आजादी ही मिली है और युगों-युगों का संचित आक्रोश है। प्रजातंत्र में जीने की तमीज और तहजीब आते-आते ही आयेगी, एकाएक नहीं आ जायेगी। जयमंगल ताँती के भाषण का जो नमूना रेणु ने पेश किया है, उसमें गजब का साहित्यिक रस है। उपमा, उपेक्षा, रूपक, अन्योक्ति आदि का जो ठाठ वहाँ उपस्थित है, उसने भाषण का समाँ बाँध दिया है और श्रोताओं को मानों बाँधकर रख दिया है। ताँती का भाषण नैतिक मर्यादा के उल्लंघन का मामला हो सकता है, किन्तु जो ज्यादा महत्त्व की बात है वह यह कि अब उसकी मुक्ति और स्वतंत्रता सिद्ध हो जा रही है, क्योंकि वह आलोचना कर पा रहा है बिना किसी भय और बाधा के। भिम्मल मामा चाहें तो रहें, चाहे जा सकते हैं।

विपथन असहमति और विरोध का एक दूसरा प्रकार है। इसमें सीधी लड़ाई से बचते हुए परम्परागत मान-मूल्य और व्यवहार प्रतिमानों से असहमति रखते हुए व्यक्ति एक नयी लाइन ले लेता है। जैसा कि हम मलारी और ताजमनी के उदाहरणों में देखते हैं। इसके अलावा भी कई उदाहरण हैं। 'शहरीकरण और औद्योगीकरण' तथा शिक्षा ने विपथन को सम्भव बनाया। शिक्षा के बिना मलारी परम्परा से हटकर नयी लाइन नहीं ले सकती थी। स्वतंत्रता की जो चेतना रामबिलास में उपलब्ध है, वह शहरीकरण का परिणाम है। गाँव से भागकर वह शहर (पटना) नहीं गया होता तो मानवीय स्वतंत्रता से उसका परिचय ही नहीं हुआ होता। मानवीय स्वतंत्रता से सम्पर्क ने उसके भीतर भी स्वतंत्रता की चेतना पैदा कर दी, जिसका प्रदर्शन उसने गाँव लौटने पर किया। औद्योगीकरण ने भी विपथन को सम्भव बनाया। तहसीलदार विश्वनाथ प्रसाद ने नया ट्रैक्टर खरीद लिया है। बीस हलवाहों का काम अब एक ही ड्राइवर कर लेता है। इस कारण उन्नीस हलवाहे बेरोजगार हो गये। किन्तु कटिहार जूट मिल का भौंपा बजता है तो उन बेरोजगार हो चुके हलवाहों को वह एक आह्वान लगता है—"चलो चलो, दो रुपया रोज मजदूरी मिलती है। गाँव में अब क्या रखा है !" कटिहार के जूट मिल ने बेरोजगार हो चुके हलवाहों की तहसीलदार पर से निर्भरता को पूरी तरह से खत्म कर दिया। अब वैसे ही कुल्ली लोग रौतहट हाट में "चार आने सेर खमरआलू हाथोंहाथ उठा लेते हैं।"[19] इस तरह हम पाते हैं कि रेणु मनुष्य की मुक्ति के रचनाकार हैं और उनकी रचनाएँ मानवीय मुक्ति की महागाथाएँ हैं, जिनमें वह कई-कई रूपों, कई-कई सूरतों और कई-कई स्तरों पर परिलक्षित होती है। किसी वस्तु, भाव, विचार या आचरण के कई-कई रूप और सूरतें प्रस्तुत कर रेणु पाठकों के तत्सम्बन्धी बोध तथा निर्णय के विवेक को जाग्रत और विस्तारित करते हैं। विरोधीयुग्म को उपस्थापित कर तत्सम्बन्धी विवेक को तात्त्विक भी बनाते

हैं और अपने पाठकों को प्रशिक्षित भी करते हैं। कालीचरन मानव मुक्ति का अगर रचनात्मक पक्ष या रूप है तो लुत्तो उसका उग्रतम रूप। कालीचरन किसी भी स्तर पर अपनी मुक्ति का बेजा उपयोग नहीं करता। वह हमेशा अपने अधिकार और मर्यादा के दायरे में रहता है। वह अपनी मुक्ति का प्रदर्शन या उपयोग रचनात्मक रूप में करता है, विध्वंसक के रूप में नहीं। किन्तु लुत्तो ऐसा कोई अवसर नहीं चूकता, जहाँ वह जोश के साथ अपनी मुक्ति का प्रदर्शन अतिरिक्त नहीं करता। इस प्रदर्शन के चक्कर में वह अधिकार और मर्यादा की सीमा को भूल जाता है। इस कारण उसकी मुक्ति का प्रदर्शन समाज पर उसी स्तर का रचनात्मक प्रभाव नहीं डाल पाता, जैसा कालीचरन की मुक्ति डाल पाती है। निहित स्वार्थवाले लोग आहत तो दोनों की मुक्ति के प्रदर्शन से होते हैं। किन्तु फर्क यह है कि कालीचरन की मुक्ति न्याय और औचित्य के स्थापन की स्वत:स्फूर्त भावना से प्रेरित होने के कारण इतनी असरकारी है कि विरोधी अक्सर निरुत्तर हो जाता है। जबकि लुत्तो की मुक्ति बहुत बार औचित्य की सीमा का अतिक्रमण कर जाती है और इसी कारण समाज पर रचनात्मक प्रभाव डालने में कुछ दूर तक विफल रहती है। लोगों के मन में यह बात घर कर जाती है कि वह सिर्फ विरोध करने के लिए विरोध करता है। विरोध वह सिर्फ अपनी मुक्ति के प्रदर्शन के लिए करता है, न कि समाजहित के लिए। कालीचरन अपनी मुक्ति के प्रदर्शन से प्राप्त बल से उस हरगौरी को एक ही सफरे पर बैठने को बाध्य कर देता है जो ग्वालों तक को लीडरी करने का अधिकार देने को राजी नहीं था। आज उस सफरे पर बैठने के लिए उसे झुकना पड़ा है जिस पर नाई, धोबी, मोची आदि सभी टोलों के लोग बैठे हैं। लुत्तो किसी सफरे पर बैठने के लिए किसी को बाध्य नहीं करता यानी वह किसी रचनात्मक मंच की सृष्टि या निर्माण नहीं करता, जहाँ विरोधी गुट एक साथ बैठ सकें। बल्कि विरोधी गुट द्वारा भोज, रग्घू रामायनी की गीतकथा, श्यामा संकीर्तन आदि कई मंच ऑफर किये गये, किन्तु किसी भी मंच का उसने रचनात्मक उपयोग नहीं किया। बल्कि हर मंच से अपने को काटकर अलग रखा। लुत्तो को हर मंच से जुड़ने की जरूरत थी। इससे उसका कद और बढ़ता। किन्तु मंच का हिस्सा न बनने तथा अपनी मुक्ति का रचनात्मक उपयोग नहीं करने की वजह से उसकी भद्‌द हो जाती है, जबकि कालीचरन शहीद का दर्जा पा लेता है। हरगौरी एक ही सफरे पर बैठा तो है, किन्तु उसका यह बैठना उसके हृदय और आत्मा की मुक्ति को उदाहृत नहीं करता। क्योंकि उसकी वह अच्छाई स्वत:स्फूर्त न होकर परिस्थितियों के दबाववश है। अगर राजपूत टोले के लोगों की दाढी बनाने और रामकिरपाल काका के गुहाल से मरी गाय को उठाने के लिए चमार लोग राजी रहते तो वह कतई एक सफरे पर बैठने को राजी नहीं होता। तहसीलदार विश्वनाथ प्रसाद के चरित्र और आचरण में जो उदारता और खुलापन दिखता है, वह भी उनकी आत्मा और हृदय की मुक्ति को उदाहृत नहीं

करता। वह उनकी रणनीति का हिस्सा है, जिससे वे कई तरह के झंझटों से बचे रहते हैं और अनेक तरह से लाभ में रहते हैं। अपनी इच्छा के अधीन रहकर आचरण करना मुक्ति का सबसे बड़ा लक्षण हो सकता है। किन्तु इसी आधार पर कापरा का कटहा थाना कांग्रेस का सिकरेटरी हो जाना'[20] उसे मुक्त सिद्ध नहीं कर सकता। वह मुक्तात्मा नहीं कहला सकता। क्योंकि राजनीति में उसका प्रवेश स्वार्थ से प्रेरित है, न कि समाजहित या समाजसेवा के भाव से।

नारियों में ताजमनी और मलारी ने भी अपनी-अपनी मुक्तियों को प्रदर्शित किया। किन्तु इन दोनों की मुक्ति भी सौम्य मुक्ति है उग्रमुक्ति नहीं। एक स्वतंत्र मुक्त मनुष्य को जो करना चाहिए यानी अपनी मर्जी से अपनी तरह से जीने-खाने रहने की स्वतंत्रता उसका बेहिचक उपयोग करती है। अपने उद्देश्य के लिए ये दोनों किसी बन्धन और दबाव को नहीं मानतीं, बल्कि हर बन्धन और दबाव से बचते हुए, दाएँ-बाएँ निकलते हुए आगे बढ़ती हैं। न तो ये रुकती हैं और न ही समर्पण करती हैं। जो उनका काम्य है उसे प्राप्त करके रहती हैं। लुत्तो जहाँ बेवजह उलझता रहता है, वहाँ ये दोनों उलझने से बचती हुई आगे बढ़ती हैं। रमजूदास की स्त्री, फेकनी की माय, रतनी आदि स्त्रियों में जो मुक्ति उपलब्ध है वह प्रकृति में काफी उग्र है। वे अपनी बोली से मुक्ति का प्रदर्शन करती है। जबकि ताजमनी और मलारी बोलकर कहीं भी अपनी मुक्ति का प्रदर्शन नहीं करतीं। फिर भी वह ज्यादा रचनात्मक और प्रगतिशील है। जिस तरह पुरुषों में उग्र और अनौचित्यपूर्ण मुक्ति का उदाहरण लुत्तो है, उसी तरह की मुक्ति का उदाहरण नारियों में 'नैना जोगिन' कहानी की नायिका रतनी और उसकी माँ है। वैचारिक मुक्ति भी मुक्ति का एक दूसरा रूप है। जितेन्द्र और सुवंश जातीय श्रेष्ठता के दम्भ से मुक्त न होते तो ताजमनी और मलारी की मुक्ति अपने मुकाम तक नहीं पहुँचती। सद्‌गुण की स्थिति वास्तव में तब बनती है कि जहाँ स्वतंत्रता के प्रदर्शन का औचित्य हो, वहीं स्वतंत्रता और जहाँ बन्धन ही औचित्यपूर्ण हो वहाँ बन्धन का निर्वहन-मुक्ति का एक रूप यह भी है। जितेन्द्र और सुवंश ने क्रमशः ताजमनी और मलारी के, प्रेम-बन्धन का सम्मान कर अपनी आत्मा और हृदय की मुक्ति का परिचय दिया। जाति-धर्म अथवा कुल की श्रेष्ठता-अश्रेष्ठता के आधार पर अपने प्रेम को उसकी परिणति तक न पहुँचने देते, विवाह के लिए ताजमनी और मलारी को स्वीकार नहीं करते तो प्रेम से ऐसी मुक्ति नैतिकता और औचित्य के किसी कोण से मान्य नहीं होती। ऊपर-ऊपर से देखने में तो भिम्मल मामा वैचारिक रूप से बहुत उदार लगते हैं, किन्तु ताजमनी के हवेली प्रवेश की स्वीकृति सूचक सूचना मिलते ही खड़ाऊँ खटखटाते हवेली से बाहर हो जाते हैं।''[21] स्पष्ट है कि वैचारिक धरातल पर जितेन्द्र जातीय श्रेष्ठता के दम्भ से जितना मुक्त है भिम्मल मामा भीतर से उतने मुक्त नहीं हो पाये हैं। दोनों के आचरणों की तुलना से यही तो निष्कर्ष निकलता है।

विश्व साहित्य में मनुष्य की मुक्ति का ऐसा वैविध्यपूर्ण आख्यान मिलना मुश्किल है। तुर्रा यह कि हिन्दी कथा-समीक्षकों ने रेणु पर यह आरोप आयत्त किया कि उन्होंने नागार्जुन के बलचनमा जैसा जाग्रत कोई पात्र नहीं रचा। मैं अनुमान कर सकता हूँ, ऊपर के विवेचन से वैसे आरोपियों को अपने आरोप का उत्तर मिल गया होगा। सही है कि नागार्जुन के बलचनमा में मुक्ति की चेतना प्रखर है। किन्तु यह भी उतना ही सच है कि रेणु की मुक्ति-चेतना अधिक विकसित है और इसलिए नागार्जुन से आगे की चीज है। बलचनमा सिद्धि तक पहुँचता ही नहीं है और न वह अपने को सामूहिकता में तब्दील कर सका है। जबकि रेणु के पात्रों का आरम्भ ही सिद्धि से होता है और सामूहिकता उसे न सिर्फ बल प्रदान करती है, बल्कि उनकी जीत को संदेहरहित और अवश्यम्भावी भी बना देती है। उपर्युक्त आरोपी जनवादियों और प्रगतिशीलों की दृष्टि प्रेमचन्द से शुरू होकर नागार्जुन पर जाकर अटक जाती है। सच यह है कि रेणु मनुष्य की मुक्ति और स्वतंत्रता की चेतना के मामले में उनसे बहुत आगे हैं और उनके आगे का विकास हैं। साहित्यिक सत्ता का उक्त जनवादी प्रतिष्ठान 'पूरब में उगे मनुष्य की मुक्ति के इस सूरज' की तेजी का आकलन नहीं कर पा रहा है।

अगरचे कोई समाज 'मुक्त' प्रकृति का होता है तो उसके सभी सदस्य एक-दूसरे के साथ समानता के धरातल पर व्यवहार करते हैं। किन्तु 'बद्ध' समाज में ऐसा नहीं होता। किसी पूर्णमुक्त और आदर्श व्यवहार (Deal) का पूर्णांक अगर 100 अंक निर्धारित हो तो वहाँ दोनों पक्षों के मध्य अंक विभाजन 50-50 का होगा। क्योंकि मुक्त समाज में 'व्यवहार' के दोनों पक्ष मुक्त होते हैं। किन्तु बद्ध समाज वह होता है जहाँ व्यवहार का एक ही पक्ष मुक्त होता है और दूसरा बद्ध होता है। तर्कशास्त्र गुणवाचकता और 'वस्तुवाचकता' के सन्दर्भ में स्थापना देता है कि जहाँ गुणवाचकता बढ़ जाती है वहाँ वस्तुवाचकता घट जाती है। इसी तरह जब वस्तुवाचकता बढ़ती है तब गुणवाचकता घटने लगती है। बद्ध समाज में उसी तर्कशास्त्रीय स्थापना के अनुरूप जब व्यवहार (Deal) का अंक-विभाजन दोनों पक्षों के बीच आदर्शरूप (50-50) में नहीं रहता, वह एक के पक्ष में अधिक दूसरे पक्ष के पक्ष में कम रहता है। ऐसे बद्ध समाज में एक पक्ष अतिरिक्त रूप से मुक्त होता है। उसकी मुक्ति जिस अनुपात में आत्यन्तिक मुक्ति की दिशा में जितना ही आगे बढ़ी होती है, दूसरे पक्ष की मुक्ति उसी अनुपात में घट जाती है। दोनों पक्षों के बीच व्यवहार के अंकों का विभाजन एक के पक्ष में अधिक और दूसरे के पक्ष में कम होता है तो दोनों के बीच अंक विभाजन का अन्तर जितना अधिक होता है. समाज उसी अनुपात में बद्ध होता है। एक पूर्ण बद्ध समाज वह होता है जहाँ एक पक्ष आदेशकर्ता होता है, वहीं दूसरा पक्ष सिर्फ और सिर्फ आदेश का पालनकर्ता। ऐसा पालनकर्ता जिसकी इच्छा-अनिच्छा की व्यवहार (Deal) में

कोई भूमिका या हस्तक्षेप नहीं होता। निरालोच्यरूप से आदेशपालन इस दूसरे पक्ष की निर्विकल्प नियति बन गया होता है। जबकि समानता पर आधारित मुक्त समाज में व्यवहार के दोनों पक्षों के बीच आदेशकर्ता और आदेशपाल वाला बाध्यकारी सम्बन्ध नहीं होता, बल्कि उसकी जगह दोनों के बीच 'संवाद' (Dialogue) होता है। संवाद के अन्तर्गत एक पक्ष दूसरे के समक्ष अपना प्रस्ताव रखता है। दूसरे पक्ष के लिए पहले पक्ष के प्रस्ताव को मानने की बाध्यता बिल्कुल नहीं रहती। मानने के मामले में वह पूर्णतः स्वतंत्र होता है। प्रस्तावक (प्रथम पक्ष) की इच्छा-अनिच्छा के अधीन नहीं, अपनी इच्छा और निच्छा के अधीन होता है। यह भी आवश्यक नहीं कि वह प्रस्तावक के प्रस्ताव को हू-ब-हू (In to-to) मान ले। वह प्रस्ताव की जाँच-परख भी करता है। इस जाँच-परख में आलोचना-प्रत्यालोचना और समीक्षा की खुली छूट होती है, संशोधनों के माध्यम से एक-दूसरे के प्रस्ताव को अनुकूल बनाने की कोशिश होती है, जिसे हम सहमति का बिन्दु कह सकते हैं। सहमति बनाने के क्रम में मोल-भाव, जिसे अंग्रेजी में Bargaining कहते हैं, भी होता है। मोल-भाव की क्षमता बद्ध मनुष्य में होती ही नहीं है। मोल-भाव की क्षमता मुक्त मनुष्य की पहचान है। किसी इतर इच्छा (प्रस्तावक या आदेशकर्ता की इच्छा) से बँधा मनुष्य मोल-भाव कर ही कैसे सकता है? यह वही कर सकता है जो दूसरे की इच्छा से बाध्यकारी रूप से बँधा नहीं है और सिर्फ अपनी ही इच्छा के अधीन है। मोल-भाव कर वही सकता है जो बद्ध नहीं है, जो मुक्त है और उसी के मोल-भाव की कुछ कीमत भी है। समीक्षा, संशोधन और मोल-भाव आदि के बाद दोनों ही पक्ष जब किसी मान्य बिन्दु पर पहुँचते हैं, तब उस बिन्दु को 'संविदा' कहते हैं। संविदा दोनों पक्षों के लिए न सिर्फ मान्य होती है, बल्कि बाध्यकारी भी होती है। संविदा कतई एकपक्षीय नहीं होती और न वह एकतरफा तौर पर किसी पक्ष पर बाध्यकारी ही होती है। इस तरह 'संविदा' (Contract) न सिर्फ एक द्विपक्षीय अवधारणा है, बल्कि निश्चित तौर पर वह मुक्त मनुष्यों के बीच घटित होने वाली अवधारणा भी है। आदेश प्रस्ताव और संवाद से भिन्न चीज है। इसलिए उससे किसी संविदा का निर्माण नहीं होता। स्पष्ट है कि अगर 'संवाद' और 'संविदा' लोकतांत्रिक-गणतांत्रिक (जिसकी मूल प्रकृति ही मुक्त होती है) समाज की पहचान है तो 'आदेश' सामन्ती (बद्ध) समाज की पहचान। सामन्ती समाज में निर्णय और आदेश बाध्यकारी रूप से दूसरे पक्ष पर थोपा जाता है। उस निर्णय और आदेश में दूसरे पक्ष की सहमति शामिल नहीं होती। उसकी जरूरत ही नहीं समझी जाती। सहमति उसकी आवश्यक मानी जाती है जिसमें असहमत होने, संशोधन करने तथा मोल-भाव करने की क्षमता होती है। जब असहमति, संशोधन तथा मोल-भाव की क्षमता ही नहीं, तब सहमति-असहमति का क्या मतलब और मूल्य ही क्या? सूत्र रूप में संवाद→मोल-भाव

एवं संशोधन→सहमति→संविदा। मुक्त समाज में 'व्यवहार', दूसरे शब्दों में द्विपक्षीय सम्बन्धों की प्रक्रिया 'संवाद' से शुरू होकर अपने अन्तर्वर्ती चरणों से गुजरती हुई 'संविदा' पर आकर अपनी पूर्णता को प्राप्त करती है। रेणु मनुष्य की मुक्ति के रचनाकार हैं और गणतांत्रिक समाज की स्थापना की आकांक्षा रखनेवाले रचनाकार भी हैं। यही कारण है कि उनकी रचनाओं में सामन्तवाद 'पूर्व पक्ष' के रूप में गृहीत है। सामन्तवादी समाज रूपी पूर्वपक्ष से चल कर गणतांत्रिक समाज की स्थापना रूपी उत्तर पक्ष तक पहुँचना रेणु का लेखकीय अभिप्रेत है। 'मैला आँचल' न सिर्फ उनकी पहली रचना है, बल्कि महत्त्वपूर्ण रूप से वह समाज के रूपान्तरणहेतु प्रस्थानबिन्दु की भी पहली रचना है। पूर्वपक्ष के रूप में उसमें सामन्तवाद, जिसके समाज का स्वरूप पूर्णत बद्ध किस्म का होता है, अपनी पूरी रौ में उपस्थापित है। बद्ध समाज का मुक्त समाज में रूपान्तरण, सामन्तवादी समाज से चलकर गणतांत्रिक समाज की स्थापना के गन्तव्य तक की यात्रा ही रेणु की मूल रचनात्मक यात्रा है। हरगौरी सामन्त है। अतः वह आदेशकर्ता है—'उठ जाओ दरवाजे पर से' और 'निर्णयकर्ता' भी वही है—'ग्वाला होकर लीडरी'। बालदेव और कालीचरन उसके आदेश और निर्णय से बँधे नहीं रहते, मुक्त होते चले जाते हैं। उसके निर्णय से पूर्णतः असहमत रहते हुए वही करते चले जाते हैं जो हरगौरी नहीं चाहता था। उसके आदेश और निर्णय की मूल ध्वनि है कि ग्वालों को लीडरी नहीं करनी है। वह चाहता है कि बालदेव कांग्रेस ऑफिस का चौका-बरतन करता रहे। किन्तु मुक्त समाज, दूसरे शब्दों में गणतांत्रिक समाज की स्थापना की आकांक्षा रखनेवाले रेणु की वैचारिक प्रतिकृति-बालदेव और कालीचरन अपनी मुक्ति का खुला प्रदर्शन करते हुए हरगौरी के निर्णय-निर्देश को पूरी तरह झटक देते हैं। अब हरगौरी का आदेश नहीं चलता। चलता होता तो किरपाल काका के गुहाल में मरी गाय पड़ी नहीं रहती। कब की उठ चुकी होती। राजपूत टोले के लोगों की दाढ़ी (हजामत) बढ़ी हुई नहीं रहती। स्पष्ट है—हरगौरी की आदेशकर्ता वाली भूमिका और हैसियत मान्य नहीं रह गयी है। इसके उलट नाई, धोबी, मोची आदि भी आदेश से बँधे नहीं रह गये हैं। अब उनकी मोल-भाव करने की क्षमता बढ़ रही है। हरगौरी अब संवाद (Dialogue) के लिए बाध्य हुआ है। उसी तरह 'वार्ता' के मंच तक आने को बाध्य हुआ है। सीधे न सही, पूर्व तहसीलदार विश्वनाथ प्रसाद के माध्यम से ही सही। विश्वनाथ प्रसाद के माध्यम से ही 'व्यवहार' के इतर पक्ष से वार्ता (Negotiation) होती है। सभी समान धरातल पर अवस्थित होकर वार्ता कर रहे हैं। धरातल की समानता प्रतीकित है—'एक ही ऊँचे सफरे' से जिस पर सभी, न सिर्फ हरगौरी या विश्वनाथ प्रसाद, बल्कि इतर पक्ष के बालदेव, कालीचरन, नाई, धोबी, मोची—सभी। बल्कि जो छूट गये थे विश्वनाथ प्रसाद आग्रहपूर्वक उन सभी को उस ऊँचे सफरे पर बैठने के लिए आमंत्रित करते हैं। 'ग्वाले' का दरवाजे

पर बैठना जिस हरगौरी को स्वीकार्य नहीं था, वही हरगौरी आज की इस पंचायत में उसी ग्वाले की बगल में, बालदेव और कालीचरन के बीच में बैठा है। रेणु के शब्द हैं—'ऐसे हँस-हँस के बातें कर रहा है मानो एक प्याले का दोस्त हो।' एक प्याले का दोस्त—यह मुहावरा समानता का वाची मात्र नहीं है, बल्कि वह किसी भी प्रकार के 'आरक्षण' और 'विशेषाधिकार' की शून्य उपस्थिति और सर्वांश अनुपस्थिति का भी व्यंजक है। इस तरह हरगौरी को बद्ध समाज (सामन्तवादी समाज) के आदेशकर्ता के ऊँचे सिंहासन से 'संवाद' और 'संविदा' के धरातल तक नीचे उतरना पड़ा है। तो दूसरी तरफ मेरीगंज का निम्नवर्ग 'आदेशपालक' के निम्न धरातल से संवाद के अपर पक्ष की ऊँचाई तक पहुँच गया है। यह निम्न की उपेक्षणीय जीत नहीं है। यह सर्वथा अनुपेक्षणीय है और यह हरगौरी के रूप में सामन्तवाद की अवश्यम्भावी हार भी है। प्रतिरोध जब विजयी होता है तब जाकर मनुष्य (आमजन) मुक्त होता है। बद्ध मनुष्य-निम्न वर्ग-का मुक्त मनुष्य के रूप में पुनर्जन्म होता है। गणतंत्र की स्थापना बद्ध मनुष्य की द्विजत्व की प्राप्ति है। मैलेरिया सेन्टर के स्थापित हो जाने की खुशी में महन्थ सेवादास द्वारा दिये जा रहे भंडारा सम्बन्धी पंचायत में लछमी दासिन द्वारा मुखिया लोगों की आलोचना, गाँव की दुर्दशा के कारणों की समीक्षा तथा मुखिया लोगों के आचरणों में संशोधन के प्रस्ताव का ही परिणाम है कि सभी जाति के लोग एक पंगत में बैठकर खाने को राजी हुए। तब जाकर भंडारा सफल हुआ। बालदेव को भंडारा का प्रमुख कारपरदाज बनाने की लछमी की अघोषित शर्त भी मान्य हो गयी। कालीचरन को बाद देकर अब मेरीगंज की कोई गतिविधि नहीं है। यह उसके महत्त्व को स्वीकार कर लिये जाने को भी प्रमाणित कर रहा है और उसकी लीडरी को भी। रमजूदास की स्त्री में भी आलोचना का वही स्वर है जिसमें वह सिंघ जी की बोलती बन्द करवा देती है। पूर्व तहसीलदार विश्वनाथ प्रसाद भी यह समझ और मान चुका है कि मेरीगंज के वंचित समूह को 'आदेश' के बल पर अब हाँका नहीं जा सकता, उसके आक्रोश की आवाज को दबाया और चुप नहीं रखा जा सकता। इसी आकलन के अनुरूप उन्होंने मेरीगंज के हर परिवार को पाँच-पाँच बीघा जमीन वापस करने की घोषणा की है। यह निम्नवर्ग के क्रमशः शक्तिशाली होते जाने का प्रमाण है।

'परती : परिकथा' में जयवन्ती का फिलिमकट ब्लाउज पहनना भी ग्रामीण क्षेत्रों में फिल्म और फैशन के पहुँचने का मामला भर नहीं है। उसका ऐसा करना 'सामन्ती ड्रेस कोड' के निर्णय से उसकी 'असहमति को भी दर्शाता है। पाठकों को विश्वास न हो तो कृश्नचन्दर के उपन्यास 'जब खेत जागे' और नागार्जुन के प्रसिद्ध उपन्यास 'बलचनमा' के 'ड्रेस कोड' को देख ले। इस तरह यह ड्रेस के सम्बन्ध में जयवन्ती के निर्णय लेने के अपने अधिकार की उद्घोषणा भी करता है! स्थूलता की चाभी अर्थ—गह्वर के सूक्ष्म तालों को खोलने में असमर्थ है—रेणु के पाठकों

को हमेशा ही यह स्मरण रखना चाहिए। ताजमनी भी जितेन्द्र द्वारा संग-सुख की माँग को सहसा स्वीकार नहीं कर लेती, वरन् काली माँ से अनुमति मिलने पर ही वैसा करने की शर्त लगा देती है। सामन्त ऐसे मामलों में इन्तजार नहीं करता। गणतांत्रिक जितेन्द्र न सिर्फ इन्तजार करता है, बल्कि उसकी शर्त का सम्मान भी करता है, कतई जोर-जबरदस्ती अथवा दुराग्रह नहीं करता। जितेन्द्र के निर्णय से असहमति जताने के लिए लुत्तो अक्सर औचित्य की सीमा लाँघ जाता है। लुत्तो को अनौचित्य स्वीकार्य है किन्तु यह कतई स्वीकार्य नहीं कि वह कहीं से भी जितेन्द्र के निर्णय के साथ सहमत दिखे। जितेन्द्र से असहमति ही लुत्तो की अस्मिता है, यह उसकी निर्णायक एवं निर्विकल्प पहचान है। लुत्तो गलत हो सकता है पर है वह सोलहो आने मुक्त मनुष्य। क्योंकि अपने से इतर किसी अन्य की इच्छा से वह कतई बद्ध और सम्बद्ध नहीं है। औरतों में भी फेकनी की माय अपनी और अपने समूह की मुक्ति की घोषणा सार्वजनिक तौर पर करती है—आब ऊ जमान नहीं कि बाभन-छतरी मनमानी करे और सोलकन्ह लोग-आकि देखो छोड़ के बात कहे। इनकिलाफ तो इनकिलाफ।" मुक्ति की यह आवाज सिर्फ मेरीगंज और परानपुर की ही नहीं है, पूरे भारत की है। भारत ही क्यों, कमोवेश पूरी दुनिया की है, जहाँ-जहाँ निम्न वर्ग की उपस्थिति है। हू-ब-हू इसी रूप में न सही, बदले हुए स्वरूप में ही सही, अपनी-अपनी स्थानीयता के अनुरूप, किन्तु है यह पूरी दुनिया की आवाज। रेणु में मनुष्य की मुक्ति जिस भास्वर रूप में उपलब्ध है, वह हिन्दी साहित्य में तो अन्यतम है ही, विश्व साहित्य की भी एक महत्त्वपूर्ण उपलब्धि है।

सन्दर्भ सूची

1. मैला आँचल, फणीश्वरनाथ रेणु, पृ. 10
2. वही, पृ. 27
3. वही, पृ. 115
4. वही, पृ. 117
5. वही
6. वही, पृ. 179
7. वही
8. वही, पृ. 18
9. परती : परिकथा, फणीश्वरनाथ रेणु, पृ. 31
10. वही, पृ. 32
11. वही, पृ. 33
12. वही, पृ. 68
13. आदिम रात्रि की महक, फणीश्वरनाथ रेणु, पृ. 92
14. जुलूस, फणीश्वरनाथ रेणु, पृ. 140

15. परती : परिकथा, रेणु, पृ. 45
16. ठुमरी, रेणु, पृ. 51
17. परती : परिकथा, रेणु, पृ. 97
18. मैला आँचल, फणीश्वनाथ रेणु, पृ. 19
19. वही, पृ. 16
20. वही, पृ. 309
21. परती : परिकथा, फणीश्वरनाथ रेणु, पृ. 216

करणीय का पक्ष-विपक्ष और रेणु

जैसा कि हमने पूर्व के अध्यायों में देखा है, रेणु की अपील आंचलिक ही नहीं, सार्वदेशिक और वैश्विक भी है। विश्व के किसी भी हिस्से में समाज अगर द्विवर्गाश्रित रूप से विभाजित पाया जाता है तो वैसे समाज में प्रगति का अर्थ मुख्यतः निम्नवर्ग, जो शोषित, पीड़ित और वंचित है, के लिए न्यायोचित; शोषण और वंचना से मुक्त, समृद्ध और गरिमापूर्ण जीवन उपलब्ध कराना होता है। समाजवादी सरोकारों से जुड़े लेखकों, चिन्तकों तथा बुद्धिजीवियों की मुख्य चिन्ता भी निम्नवर्ग ही होता है, क्योंकि जो वंचित होता है, वही निम्नवर्ग होता है। एक लोकतंत्रवादी गणतांत्रिक समाज में अधिकारों की समानता घोषित अथवा अघोषित रूप में सर्वप्रधान आचरणीय मूल्य होती है। गणतांत्रिक समाजों में अवसर के द्वार समान रूप से सबके लिए खुले रहते हैं। वह किसी व्यक्ति जाति अथवा समूह का विशेषाधिकार नहीं रहता। जिस भी व्यक्ति में, चाहे वह किसी भी कुल, जाति अथवा धर्म से सम्बद्ध हो, अवसर के लिए अपेक्षित गुण, चरित्र और योग्यता होगी, उसे उस अवसर तथा उसके लाभों को प्राप्त करने से रोका या वंचित नहीं किया जा सकेगा। वंचित वर्ग के उन्नयन में तब आसानी होती है जब समान काल में उसमें जागृति और चेतना का आधान होता है। जो समूह जगा नहीं और जिसमें अपने अधिकारों के प्रति चेतना ने जन्म नहीं लिया है, उसकी प्रगति में दिक्कतें आती हैं। जो समूह चैतन्य और जाग्रत होने लगता है उसकी तरक्की अवश्यम्भावी हो जाती है।

रेणु एक समग्रतावादी लेखक हैं। इस अर्थ में हिन्दी कथा-लेखन में उनका कोई सानी नहीं है। समग्रता के लिहाज से ही उनके लेखन में हमेशा द्वैत युग्मों की उपस्थिति पायी जाती है। जबतक पक्ष और प्रतिपक्ष दोनों को एक दूसरे के परिप्रेक्ष्य में रखकर नहीं देखा जाता, जब तक पाठक दोनों ही से रू-ब-रू नहीं होता, तब तक किसी भी एक का वैज्ञानिक और तार्किक अवबोध हो ही नहीं सकता। रेणु हमेशा अपने निष्कर्षों और आशयों को तार्किक अवबोध के रूप में प्रस्तुत करने के हामी रहे हैं। निम्नवर्ग को अपनी प्रगति के लिए क्या करना चाहिए, इसकी सही और सम्पूर्ण तार्किक समझ के लिए उसे क्या नहीं करना चाहिए—यह भी उसे जानना चाहिए। वह केवल अपने

पक्ष को ही नहीं जाने, बल्कि अपने प्रतिपक्ष को भी जाने। प्रगति के उपायों को जाने तो उसके मार्ग में बनी और खड़ी बाधाओं को भी जाने–समझे। वैज्ञानिक, तार्किक और 'सम्पूर्णतायुक्त' समझ के मामले में भी रेणु अप्रतिम हैं और उनकी महत्ता असंदिग्ध है। उनके उपन्यासों में उनका समग्रतावाद पसरा हुआ है। किन्तु कई बार उनकी कहानियाँ कुछ बातों को अधिक प्रखरता और केन्द्रीयकृत (Pin Pointed) रूप में प्रस्तुत करती हैं। अत: वे कहानियाँ उनके आशयों, प्राथमिकताओं और निर्देशों को समझने में सहायक हैं। उनकी चर्चा के बगैर रेणु की चर्वणा पूरी नहीं हो सकती। प्रगति की चाहत को पूरा करने के लिए करणीय–अकरणीय की पूरी रेंज उन्होंने प्रस्तुत की है। उनकी कुछ कहानियाँ जैसे 'लालपान की बेगम', 'उच्चाटन', 'पंचलाइट' आदि करणीय का प्रतिपादन करनेवाली कहानियाँ हैं तो 'तीसरी कसम', 'रसप्रिया' आदि अकरणीय की कथा बयान करने वाली कहानियाँ हैं। दोनों प्रकार की कहानियों तथा एतद्सम्बन्धी औपन्यासिक प्रसंगों के परीक्षण से ही बातें पूरी भास्वरता के साथ उद्घाटित हो सकेंगी। इस दृष्टि से सर्वप्रथम उनकी 'तीसरी कसम' कहानी परीक्षणीय है। उस पर बहुत व्यापक और गहराई से विचार करते हुए इस भावक ने बहुत पूर्व में 'तीसरी कसम' निम्न वर्ग के वर्ग–चरित्र की कहानी' शीर्षक से एक आलेख लिखा था। प्रयत्नलाघव की दृष्टि से उस आलेख में किसी प्रकार की काट–छाँट किये बिना ही अविकल रूप में उसे यहाँ प्रस्तुत किया जा रहा है—

'रेणु' की बहुचर्चित कहानी 'तीसरी कसम' समीक्षा–जगत् में एक मार्मिक प्रेमकहानी के रूप में ही समादृत है। इसमें कोई शक नहीं कि उक्त कहानी में हिरामन और हीराबाई का प्रेम सचमुच बहुत दिलकश रूप में प्रस्तुत किया गया है। दोनों के बीच स्थापित रागात्मक सम्बन्ध का विकास बेहद सहज–स्वाभाविक रूप में हुआ है और 'रेणु' ने उस विकास को अत्यन्त कलात्मक रूप में चित्रित भी किया है। इस कहानी में उन्हें मिली अपूर्व सफलता के आधार पर कह कहा जा सकता है कि यह कहानी उनके कलात्मक चित्रण की कसौटी बन गयी है और महत्तम ऊँचाई भी। बावजूद इसके 'तीसरी कसम' सिर्फ एक प्रेम–कहानी है? या और भी कुछ है? 'रेणु' जैसे सामाजिकता के प्रति पूर्णत: प्रतिबद्ध रचनाकार के लिए क्या यह सम्भव था कि वह एक निरूद्देश्य प्रेमकहानी लिखे? इस तथाकथित प्रेमकहानी के दोनों प्रेमपात्र असमान आर्थिक, सामाजिक और सांस्कृतिक पृष्ठभूमि से आते हैं। उनके बीच प्रेम का पनपना ही कुछ समीक्षकों की दृष्टि में एक अजूबा है। ऐसा प्रेम स्वच्छन्दतावादी साहित्य में ही पाया जा सकता है। जहाँ वह एक नितान्त नैसर्गिक भावनात्मक वस्तु है जो किसी के प्रति भी हो जा सकता है। क्योंकि स्वच्छन्दतावादियों की दृष्टि में प्रेम बुद्धि और तर्क से परे होता है। भावना के इस उच्छल प्रवाह के सम्बन्ध में कोई पूर्व धारणा नहीं बनायी जा सकती कि वह किस ओर मुड़ेगा। उन समीक्षकों के अनुसार इस कहानी में प्रेम का कुछ वैसा ही रूप आया है। अत: क्या

यह मान लिया जाय कि 'तीसरी कसम' एक रोमांटिक प्रेमकहानी है? कुछ आलोचकों ने 'रेणु' के यथार्थवाद पर कटाक्ष करते हुए यह आरोप भी लगाया है कि वे एक रोमांटिक यथार्थवादी हैं। वैसे आलोचकों की दृष्टि में यह रोमांटिक प्रेमकहानी भी रही होगी। तब स्वभावत: यह प्रश्न भी उठता है कि इसकी परिणति या इसका अन्त वैसा रोमांटिक क्यों नहीं है? वे दोनों मिलकर एक क्यों नहीं हुए 'हीराबाई क्यों हिरामन को छोड़कर चली गयी[1] और क्यों हिरामन ने उसे रोकने का कोई प्रयास नहीं किया?' स्वच्छन्दतावादी प्रेम का सबसे बड़ा बाधक समाज है जो हिरामन के लिए था भी। लेकिन जाति-धर्म और समाज के बन्धन को तोड़कर प्रेम करना और अपनी प्रेमिका को अपनाने का तर्क-निरपेक्ष औद्धत्य ही तो स्वच्छन्दतावाद है। फिर क्यों एकबार भी हिरामन ने हीराबाई को रोकने का प्रयास नहीं किया? हिरामन का अनुत्साह क्या यह सिद्ध नहीं करता कि यह एक रोमांटिक प्रेमकहानी नहीं है? इसके उलट हीराबाई जैसी पेशेवर नर्तकी के लिए सामाजिक प्रतिबन्ध कोई मायने नहीं रखता था। इसलिए उसके हिरामन की हो जाने में वैसी कोई बाधा भी नहीं थी। फिर क्यों उसने एक बार भी नहीं कहा 'हिरामन, मैं तुम्हारी हूँ। तुम मुझे रोक लो।' स्पष्ट है कि हीराबाई की ओर से भी रोमांटिक किस्म की कोई पहल नहीं की गयी।[2]

'तीसरी कसम' के इस पाठक की दृष्टि में सच भी यही है कि यह रोमांटिक अथवा सामान्य किस्म की प्रेमकहानी भर नहीं है। 'रेणु' जैसे प्रतिबद्ध लेखक के लिए यह सम्भव भी नहीं था कि वे साधारण अर्थोंवाली प्रेमकहानी लिखते। अस्तु, इस कहानी को समझने कि लिए इसके लेखन के पीछे कार्यरत उद्देश्य की दूसरी-दूसरी दिशाओं की भी तलाश करनी पड़ेगी। यह हिन्दी कथा-जगत् की एक महान् उपलब्धि है। अगर यह एक सामान्य अथवा रोमांटिक प्रेमकहानी भर ठहर जाय तो यह अपनी सारी महत्ता खो बैठेगी।

इस तथाकथित प्रेमकहानी के अर्थ की दूसरी दिशा की तलाश करते हुए डी. एस. कॉलेज, कटिहार के विद्वान् प्राध्यापक डॉ. भरत प्रसाद शर्मा ने इस पर बोलते हुए इसे एक प्रतीकात्मक कहानी बताया है। उनके अनुसार हीराबाई महज एक औरत नहीं है बल्कि वह हमारी आजादी की देवी भी है। आजादी की प्राप्ति के पूर्व जनसामान्य की भलाई हमारे देश के जमींदारों, सामन्तों और पूँजीपतियों के चंगुल में फँसकर रह गयी थी। आजादी मिलने के साथ ही इस सम्भावना के द्वार खुले कि हमारी आजादी उनके चंगुल से निकलकर जनसाधारण के पास तक आये। 'हिरामन उसी जनसाधारण का प्रतीक है और हीराबाई जो आजादी की देवी है, जमींदार कुमार श्यामानन्द सिंह (चम्पानगर स्टेट) के मेले से चलकर उसके पास तक आयी है।'[3] चूँकि उसे जनसाधारण तक आना है इसलिए वह किसी अभिजात सवारी पर चढ़कर नहीं आती। वह आती है बैलगाड़ी पर। लेकिन हमारे देश का प्रशासकीय ढाँचा ऐसा असंगत है कि हमारे देश का जनसाधारण आजादी के लाभ का उपभोग नहीं कर पाता। हिरामन

हीराबाई को प्राप्त करने से महरूम हो जाता है। व्यवस्थातंत्र की विभेदकारी नीति के चलते हमारी आजादी जो जनसामान्य तक आयी थी, फिर से जमींदारों के चंगुल में चली गयी।[4] जमींदारों, सामन्तों और पूँजीपतियों ने आजादी को जी भरकर लूटा और उसका उपयोग सिर्फ अपने हितसाधन में किया। जनसामान्य से चलकर आजादी फिर से उनके चंगुल में चली गयी। इसलिए इस बार वह बैलगाड़ी पर विदा नहीं होती। वह जाती है ट्रेन पर चढ़कर जो बैलगाड़ी की तुलना में एक अभिजात सवारी है।[5]

इन पंक्तियों के लेखक को 'तीसरी कसम' को पढ़ते हुए अर्थ की एक भिन्न तीसरी दिशा का सन्धान मिला है। उसे लगता है कि यह सर्वांशतः एक यथार्थवादी कहानी है और साथ ही निम्नवर्ग के वर्ग-चरित्र की भी कहानी है। चूँकि हिरामन निम्नवर्ग का पात्र है और जैसा निम्नवर्ग का वर्ग-चरित्र होता है, सम्पूर्ण कहानी में वह वैसा ही व्यवहार करता पाया जाता है। आजादी, जो अपने आप में एक बहुत ही उच्चतर जीवन-मूल्य है, निम्नवर्ग का हिरामन उसकी कीमत कैसे समझ सकता है? खासकर तब जबकि आजादी ने निम्नवर्ग के जीवन में कोई परिवर्तन उपस्थित नहीं किया। पिछले बीस सालों से गाड़ीवानी कर रहा है हिरामन।[6] स्पष्ट है कि आजादी मिलने के पूर्व वह जो काम कर रहा था, वही आजादी मिलने के बाद भी कर रहा है। आज भी उसकी आजीविका का साधन वही है और उसकी जीवन-स्थितियाँ भी वैसी की वैसी ही हैं। आजादी ने उसके जीवन में कोई परिवर्तन उपस्थित ही नहीं किया है। फलतः एक मूल्य के रूप में वह आजादी की कीमत से परिचित नहीं हो सका। अस्तु, जिस आजादी की देवी का उसे स्वागत करना चाहिए था, हिरामन वैसा कुछ भी नहीं कर पाता। जो आजादी उसकी अपनी हो सकती थी, उसे उसने भाड़ा कमाने का एक सामान बनाकर छोड़ दिया। दूसरे शब्दों में, हिरामन को आजादी तभी स्वीकार्य है जब वह उसकी मजदूरी-आजीविका का साधन बने। यही कारण है कि वह हीराबाई को ढोकर लाने के पैसे लेता है।[7] एक मूल्य के रूप में आजादी निम्नवर्ग के लिए कोई मायने नहीं रखती। उसने उसका स्वाद कभी चखा ही नहीं था। इसलिए वह हिरामन के लिए कौतूहल, उत्सुकता और जिज्ञासा की वस्तु बनी हुई है।[8] पूर्व-परिचय के अभाव में यह आजादी उसके मानस-जगत् में तद्जन्य अनेक प्रकार के भाव-तरंगों को जन्म दे रही है। वह किसी पर यह राज प्रकट तक होने नहीं देता कि उसके पास आजादी है। तभी वह सबकी नजरों से उसने बचाए रखना चाहता है।[9] सिर्फ इसलिए नहीं कि वह हीराबाई की सुरक्षा के लिए चिन्तित है। वरन् इसलिए भी कि हीराबाई को गाड़ी पर बैठाने से खुद उस पर कोई विपत्ति न आ जाए। भारतीय समाज की तत्कालीन सच्चाई भी यही थी कि जब-जब निम्नवर्ग ने 'आजादी' का प्रदर्शन किया तब-तब उसके सिर तोड़े गये। इस बात के प्रमाण न सिर्फ 'रेणु' के अन्य कथा-प्रसंगों में मिलते हैं, बल्कि हिन्दी के दूसरे-दूसरे रचनाकारों में भी उपलब्ध हैं। जनवादी लेखक नागार्जुन के प्रसिद्ध उपन्यास 'बलचनमा'

का कथा-नायक वैसी ही आजादी का प्रदर्शन कर संकट में जा फँसा।[10] 'मैला आँचल' का बालदेव आजादी के कारण ही गाय-भैंस पालने के परम्परागत पुश्तैनी पेशे को छोड़कर राजनीति करने लगा। पर मेरीगंज का राजपूत हरगौरी जो सामन्तवर्ग का प्रतीक है, उसके इस अधिकार को मान्यता नहीं देता—'ग्वाला होकर लीडरी'?[11]

इन पंक्तियों के लेखक को लगता है कि हिरामन निम्नवर्ग का प्रतीक-पात्र है। बालदेव, कालीचरन, लुत्तो, जयमंगल ताँती, बालगोबिन मोची, बलचनमा आदि भी निम्नवर्ग से ही आते हैं। किन्तु ये सभी उस कोटि के पात्र नहीं हैं जिस कोटि का हिरामन है। वे सभी निम्नवर्ग में जगती हुई चेतना को उदाहृत करते हैं। उन्हें छोड़कर शेष निम्नवर्ग वैसा का वैसा ही बना रहा। एक सीमित अर्श में वे सभी निम्नवर्ग में अपवाद थे। जबकि निम्नवर्ग के शेष उस मुख्य अंश का प्रतिनिधित्व हिरामन कर रहा था, जिसमें आजादी की चेतना का प्रसार हुआ ही नहीं था। इस कारण जैसा वह आजादी के पूर्व था वैसा ही बाद में भी बना रहा। तभी हिरामन आज भी गाड़ीवानी ही कर रहा है।[12]

हीराबाई आजादी का प्रतीक न भी हो तो भी कुछ खास फर्क नहीं पड़ता। यूँ वह हमारी नजर में न सिर्फ आजादी का प्रतीक हैं बल्कि वह जीवन के सम्पूर्ण उच्चतर आयामों और 'अवसर' का प्रतीक है। आजादी के पूर्व उन जीवन-आयामों और 'अवसर' के द्वार जन-सामान्य के लिए बन्द थे। कला, साहित्य-संगीत, नृत्य आदि में उनकी कोई भागीदारी नहीं थी। न रचनाकार-कलाकार के रूप में और न ही उनके भोक्ता के रूप में। आजादी मिलने के साथ ही जीवन के सभी उच्चतर आयामों और आजीविका के उच्चतर साधनों के द्वार जनसामान्य के लिए खुल गये थे। अपने मानसिक, बौद्धिक स्तर का उन्नयन कर कोई, भी उन स्थितियों में दाखिल हो सकता था और उनका भोक्ता भी बन सकता था। किन्तु एक हिरामन है जिसे उन चीजों से कुछ भी लेना-देन नहीं। उसके लिए दुनिया में एकमात्र चिन्तनीय वस्तु पेट है जो एक वास्तविकता है। निम्नवर्ग में कमाई को खर्च करने का सबसे बड़ा क्षेत्र 'भोजन' है, इससे बचने पर या काट-कपच कर लज्जा-निवारण के लिए वस्त्र और शीत-घाम से सुरक्षा के लिए एक छप्पर। जबकि उच्चवर्ग की स्थिति ठीक इसके विपरीत होती है। वहाँ खर्च का सबसे बड़ा और महत्त्वपूर्ण क्षेत्र भोजन नहीं होता। वरन् उनकी अपनी जीवन-स्थितियों के निर्वहन के लिए ढेर सारे पैसे खर्च होते हैं। वहाँ खर्च का प्रमुख क्षेत्र अहंकार-तुष्टि, उच्च सामाजिक प्रस्थिति, सम्पन्नता का प्रदर्शन तथा सांस्कृतिक चेतना की तुष्टि हुआ करती है। जहाँ हिरामन विशुद्ध श्रमजीवी है वहीं हीराबाई विशुद्ध कलाकार है। उसे निम्नवर्ग का सदस्य भी नहीं माना जा सकता। इसलिए उसके पास खर्च के अनेक भोजनेतर पहलू भी हैं। यथा सुन्दर वस्त्र, बनाव-शृंगार के तरह-तरह के साधन, गहने-जेवर, तोशक-तकिया आदि।[13] वह इतना ही इत्र (सेन्ट) का प्रयोग करती है कि जरा-सा कंधा छू देने भर से हिरामन की गंजी महमह करने लगती है।[14] हिरामन

नौटंकी जैसी अपेक्षाकृत उच्चतर कलाओं का भोक्ता भी नहीं है। जबकि हीराबाई न सिर्फ भोक्ता है, बल्कि कलाकार है और खुद नौटंकी करती भी है। इस तरह हिरामन और हीराबाई के बीच वर्ग-भेद की चौड़ी खाई है। जहाँ तक निम्नवर्ग की मानसिकता और नैतिकता के मानदंड का सवाल है तो वह जीवन के उच्चतर आयामों यथा कला, संगीत, नृत्य आदि को बहुत दूर तक नैतिक नहीं मानता। इसलिए भी हिरामन ने कभी नौटंकी नहीं देखी। नौटंकी देखने में कुछ पैसे भी खर्च होते। मनोरंजन पर खर्च निम्नवर्ग के खर्च का कोई मद नहीं हो सकता, साथ ही उसे जीवनभर भाभी की 'बोली-ठोली' सुनने का भी भय है।[15] इस बार चूँकि मुफ्त का 'पास' मिला है और हीराबाई ने बार-बार नौटंकी देखने का आग्रह किया है, इसलिए हिदायत देना नहीं भूलता कि गाँव में नौटंकी देखने की कोई चर्चा न करे।[16] स्पष्ट है कि निम्नवर्ग का हिरामन अपनी पहल पर जीवन की उच्चतर स्थितियों में दाखिल होने का कोई प्रयत्न नहीं करता। वरन् वह किसी के आग्रह पर वैसा करता है। वह भी तब जबकि ऐसा करने में उसकी कमाई का छोटा सा भी अंश खर्च न होता हो।[17]

निम्नवर्ग का वर्ग-चरित्र यह भी है कि वह अपने वैध हित की कीमत पर भी सामाजिक नियंत्रण के अभिकरणों—यथा रीति-रिवाज, प्रथा, परम्पराओं, जाति-पंचायत आदि के आगे सर्वांशतः नतशिर होता है। रीति-रिवाजों की मान्यता समाज के प्रायः हर वर्ग में होती है, किन्तु निम्नवर्ग में वह अनुलंघ्य होती है।[18] जबकि उच्चवर्ग में सामान्य और सुविधानुसारी। उच्चवर्ग उसे वहीं तक मान्यता देता है जहाँ तक वह उसके वैध हित में बाधक नहीं बनती। दूसरे शब्दों में, उच्चवर्ग रीति-रिवाजों के आगे अपने उचित हित की बलि नहीं चढ़ाता, जबकि यह निम्नवर्ग का वर्ग-चरित्र है। रीति-रिवाज निम्न वर्ग के अस्तित्व से इस तरह जुड़े होते हैं मानो वे उसके अस्तित्व के पर्याय हों। वैध हित में जाति-पंचायत की बाधकता को गाँधी जी की विदेश-यात्रा के इतिहास-प्रसिद्ध प्रसंग में देखा जा चुका है। परम्परागत समाज में कूपमंडूकता उसकी नियति होती है। सो गाँधी जी को विदेश-यात्रा की अनुमति नहीं देनी थी सो नहीं ही दी। किन्तु उन्होंने जाति-पंचायत के निर्णय को नहीं माना और उसके विरुद्ध कठोर निर्णायक कदम उठाते हुए विदेश गये। अगर गाँधी जी जाति-पंचायत के निर्णय के आगे नतशिर हो जाते तो अपना प्राप्तव्य प्राप्त नहीं कर पाते। जबकि हिरामन समाज-नियंत्रण के परम्परागत अभिकरणों के आगे पूरी तरह न्योछावर है। इसलिए वह अपने जीवन के सम्बन्ध में अहम् फैसले लेने में स्वतंत्र नहीं है। उसके जीवन-प्रसंगों का निर्णयकर्ता कोई और है।[19] उसके विवाह के सम्बन्ध में निर्णय लेनेवाला उससे भिन्न कोई दूसरा अभिकरण है। यही कारण है कि वह अपनी शादी जैसे व्यक्तिगत मामलों तक के लिए स्वतंत्र नहीं है। गजब तो यह है कि इसके विरुद्ध वह कोई आवाज तक नहीं उठाता।[20] उसे जैसे यह भी नहीं पता कि वह क्यों जी रहा है और किसके लिए जी रहा है? निर्णय चाहे

जो भी करे, किन्तु प्रकृति चुप नहीं रहती। इसलिए अपनी बैलगाड़ी पर हीराबाई को बैठाकर लाते हुए एक प्राकृतिक कामना उसके अन्दर भी सिर उठाती है। वह सपना देखता है मानो वह अपनी दुल्हन को गाड़ी पर बैठाकर अपने घर ले जा रहा है।[21] काश! ऐसा होता! लेकिन हिरामन विवश है उस अभिकरण के आगे। विवाह हिरामन का होना है किन्तु इसका फैसला उसकी भाभी करेगी।[22] यह भाभी प्रतीक है उन सभी अभिकरणों का जिनके आगे हिरामन का निम्नवर्ग नतशिर बना रहता है। 'रेणु' के लेखन में जो इतनी सहजता दिखायी पड़ती है, वास्तव में उतनी सहज और स्वतःस्फूर्त नहीं है। वास्तविकता यह है कि जो भी प्रसंग प्रथमदृष्टया स्वतःस्फूर्त दीख पड़ते हैं, गहराई से विचार करने पर उनके भीतर एक गहरी सुविचारित योजना दीख पड़ती है। अकारण नहीं कि हिरामन के विवाह का निर्णयकर्ता उसकी भाभी को बना दिया गया है। भाभी किसी का प्राकृतिक अभिभावक नहीं हो सकती। अभिभावकत्व का जो प्राकृतिक विधान है, उसके अनुसार सर्वप्रथम माता-पिता ही अभिभावक हो सकते हैं। उनके अभाव में भाई अथवा अन्य स्वजन जो उसके पितृ-मातृ कुल से हो। अस्तु, उसका बड़ा भाई उसका अभिभावक हो सकता था। किन्तु वह अभिभावक नहीं है। अभिभावक है उसकी भाभी जो अन्य कुल से ब्याह कर आयी है। हमारी दृष्टि में भाभी हिरामन के लिए निम्नवर्ग में प्रचलित सम्पूर्ण रीति-रिवाजों और सामाजिक नियंत्रण के तमाम प्रकारों का पूँजीभूत विग्रह है। सवाल उठता है कि उसे भाभी जैसे सम्बन्ध के रूप में क्यों उपस्थित किया गया है? उसके कई कारण हैं। प्राकृतिक अभिभावक के लिए पाल्यहित सर्वोपरि होना चाहिए। इसके विपरीत भाभी हिरामन के पाल्यहित के प्रति कतई गम्भीर और चिन्तित नहीं है।[23] क्योंकि वह हिरामन का प्राकृतिक अभिभावक नहीं है। प्राकृतिक अभिभावक के साथ हमारा सम्बन्ध अनिवार्य होता है आकस्मिक नहीं। जबकि भाभी के साथ किसी का भी सम्बन्ध आकस्मिक होता है, अनिवार्य नहीं। ठीक उसी तरह, रीति-रिवाज आदि का हमारे साथ सम्बन्ध आकस्मिक किस्म का होता है, उसके साथ हमारा कोई अनिवार्य सम्बन्ध नहीं होता। किन्तु निम्नवर्ग के अस्तित्व से उसके रीति-रिवाज, प्रथा और परम्पराएँ, जाति-पंचायत आदि इस प्रकार जुड़े होते हैं मानो वे उसके अनिवार्य हिस्से हों। इसी अनिवार्यता के कारण उन अभिकरणों को 'स्वजन' के रूप में उपस्थित किया गया है जो प्राकृतिक अभिभावकत्व से भिन्न प्रकार का है। प्राकृतिक अभिभावकत्व से भिन्न किन्तु स्वजन जैसा अनिवार्य होने के कारण उक्त अभिकरणों को 'भाभी' जैसे आकस्मिक स्वजन का रूप दिया गया है। इसलिए भाभी ने वैसी प्रतिज्ञा कर रखी है कि हिरामन की शादी किसी कुँआरी लड़की से ही कराएगी। बाल-विवाह के उस जमाने में उस जैसे चालीस वर्षीय दुल्हे को कौन बाप अपनी दस-बारह साल की बेटी देता?[24] अस्तु, अपने वर्ग के वर्ग-चरित्र का शिकार हिरामन अपने उचित हित से वंचित कर दिया गया

है। इस वंचना को स्वीकार करने के लिए वह इस प्रकार विवश है मानों उसके जीवन का उद्देश्य ही सामाजिक नियंत्रण के अभिकरणों का आज्ञापालन भर हो। हिरामन जीवित है अपने लिए नहीं, बल्कि भाभी के लिए। वह जो कुछ भी कमाता है भाभी को लाकर देता है। पूरी कहानी में उक्त निर्णयकर्ता अभिकरण, जिसे भाभी के रूप में रेणु ने प्रतीकित किया है, के विरुद्ध जाने अथवा उसकी आलोचना करने का कोई अकेला स्वर कहीं सुनाई नहीं पड़ता। जिस आदमी में आलोचना की हिम्मत न हो, वह भला आदेश का उल्लंघन क्या करेगा ? जिस तरह हिरामन विवश और समर्पित है उसी तरह उसका भाई भी है।[25] फलतः वह भी अपने भाई हिरामन के लिए अपनी पत्नी के विरुद्ध जाकर कुछ नहीं कर पाता। जबकि हीराबाई के रूप में हिरामन को एक स्त्री तो मिल ही गयी थी जिसे वह अपना सकता था। पूरी कहानी में भाभी की उक्त प्रतिज्ञा के विरोध का कोई उदाहरण उपलब्ध नहीं है। इस तरह हिरामन के माध्यम से निम्न वर्ग को रेणु का सन्देश स्पष्ट है कि रीति-रिवाज, परम्परा, जाति पंचायत आदि जो भी अभिकरण व्यक्ति के वैध हित के विरोध में हो उसे निर्दयतापूर्वक झटक देना चाहिए।

अगरचे हीराबाई आजादी के लाभों का प्रतीक हो अथवा जीवन के सम्पूर्ण उच्चतर आयामों और 'अवसरों' का-तब भी हिरामन का वर्ग-चरित्र ही उजागर होता है। निम्नवर्ग में अधिकार-चेतना का सर्वथा अभाव होता है। जागृति के अभाव में उसे यह तक पता नहीं होता कि अमुक वस्तु पर उसका अधिकार है। और जबतक किसी समूह में ऐसी चेतना आ नहीं जाती तबतक उसका उत्थान असम्भव है। अपने उत्थान और उचित प्राप्तव्य को प्राप्त करने के लिए किसी वंचित वर्ग में तीन बातों का होना नितान्त आवश्यक है। वे तीन बातें इस प्रकार हैं—

1. अधिकार चेतना—कि अमुक वस्तु मेरी है क्योंकि उसपर मेरा वैध और न्यायोचित अधिकार है।

2. अधिकार की माँग—व्यक्ति या समूह जिस वस्तु पर अपना वैध और न्यायोचित अधिकार समझता है उस वस्तु पर उसे दृढ़ता से अपना दावा ठोंकना चाहिए और अपवंचक से उसकी माँग की जानी चाहिए।

3. अधिकार प्राप्ति के प्रयत्न—जिसे दूसरे शब्दों में संघर्ष भी कह सकते हैं। अगर कोई व्यक्ति या वर्ग अपने वैध अधिकार से वंचित कर दिया गया है तो उसे प्राप्त करना आसान नहीं होता। उसके लिए संघर्ष भी करना पड़ सकता है। क्योंकि कोई भी प्राप्त अधिकार को छोड़ना नहीं चाहेगा, चाहे वह अवैध ही क्यों न हो ? ऐसी हालत में संघर्ष अनिवार्य हो जाता है।

इस दृष्टि से विचार करें तो हम पाते हैं कि हिरामन में ये तीनो ही बातें नदारद हैं। इतिहास साक्षी है कि किसी देश और समाज में जो वर्ग नहीं जगा—जिसमें अधिकार-चेतना नहीं आयी, जिसने अपने अधिकारों की माँग नहीं की, जो वैध

अधिकारों की प्राप्ति की बाधकता के विरुद्ध उठ खड़ा नहीं हुआ और जो अपने उचित प्राप्तव्य को प्राप्त करने के लिए संघर्ष करने को सन्नद्ध नहीं हुआ उसे वह कतई नहीं मिला। अधिकार की लड़ाई सिर्फ, वही लड़ सकता है जिसका वह मूलतः है। हीराबाई, जो जीवन के उच्चतर आयामों और अवसरों का प्रतीक है और जिस पर हिरामन का प्राथमिक अधिकार बनता था, उसे प्राप्त करने के लिए हिरामन को ही उठ खड़ा होना है। आजादी की प्राप्ति के कारण उन सभी उच्चतर आयामों और 'अवसरों' के द्वार निम्नवर्ग के लिए भी खुल गये थे। किन्तु उसकी अधिकार-चेतना और माँग के अभाव में तथा उसे प्राप्त करने की प्रयत्नहीनता के कारण उसपर निम्नवर्ग अपना दावा नहीं कर सका, न उसे प्राप्त कर अपना ही सका। हिरामन वैसा कुछ भी नहीं करता और उसके अनुत्साह से हीराबाई वापस वहीं लौट जाती है, जहाँ से चलकर वह उसके पास तक आयी थी।[26] उपलब्ध अवसर का उपयोग नहीं करने पर वह किसी और के द्वार चला ही जाएगा, उसके पास जो उसके उपयोग के लिए तत्पर और प्रयत्नशील रहेगा। यानी वह फिर से मथुरा मोहन कम्पनी के पास जाने को विवश हुई है। दूसरा व्यक्ति उक्त संघर्ष में उसका साथ दे सकता है और उसका मार्गदर्शन कर सकता है, किन्तु अन्य कोई भी उसकी लड़ाई नहीं लड़ सकता। यही कारण है कि निराला भिक्षुक की लड़ाई खुद नहीं लड़ते, वरन् उसे ही लड़ने को प्रेरित करते हैं। वे भिक्षुक से स्पष्ट शब्दों में पूछते हैं—"अभिमन्यु जैसे हो सकोगे तुम ?" अभिमन्यु भिक्षुक को बनना है, न कि निराला को। उन्होंने उसे अपवंचना से परिचित कराने की कोशिश भी की है—दाता भाग्य-विधाता से क्या पाते जिसे भिक्षुक दाता और भाग्यविधाता मान बैठा है उससे वह क्या पाता है ? यह प्रश्नवाचकता अपवंचना से परिचित कराने के लिए ही है।

उक्त सारी बातों की सार्थकता तो तब है जब यह सिद्ध हो कि हीराबाई पर हिरामन का अधिकार था। एक प्रेम-कहानी के रूप में विचार करने पर यह स्पष्ट हो जाता है कि हीराबाई पर उसका अधिकार था। नर-नारी सम्बन्ध में प्रेम ही वह प्राकृतिक कारण है जिससे एक दूसरे पर अधिकार बनता है। अगर यह प्रेम परस्पर हो यानी नर और नारी—दोनों एक दूसरे को चाहते हों तब उक्त अधिकार को प्राकृतिक न्याय पर आधारित पूर्ण वैधता प्राप्त हो जाती है। प्रेम का परस्पर होना ही एक-दूसरे पर अधिकार की प्राकृतिक स्वीकृति है। एकतरफा प्रेम अपने प्रेम पात्र पर अधिकार का दावा तो कर सकता है, पर उसे प्राप्त करने के लिए प्रेम-पात्र को विवश नहीं कर सकता, उसकी माँग भले ही की जा सकती है। जैसा कि हिरामन और हीराबाई के मामले में हम पाते हैं—दोनों का प्रेम परस्पर है। दोनों ही तरफ एक-दूसरे के लिए प्रेम है। इसलिए हीराबाई पर हिरामन का पूर्णतः वैध और प्राकृतिक अधिकार बनता है। उसके अधिकार को हीराबाई की मौन स्वीकृति भी प्राप्त है। यह अहसास हिरामन को है कि वह हीराबाई को चाहने लगा है, किन्तु

कहीं से भी ऐसा नहीं लगता कि उसपर वह अपना अधिकार भी समझता है। जैसा कि निम्नवर्ग का वर्ग-चरित्र होता है उसमें अधिकार-चेतना नहीं होती। अन्यथा वह 'वंचित' क्यों होता? जब अधिकार-चेतना ही नहीं है तब उसे प्राप्त करके का सवाल कहाँ पैदा होता है? यही कारण है कि पूरी कहानी में हिरामन कहीं भी उस पर अपना दावा नहीं जताता। इसी तरह पूरी कहानी में हीराबाई को प्राप्त करने के किसी प्रयत्न अथवा संघर्ष का भी सर्वथा अभाव दिखता है। इसी से यह भी स्पष्ट हो जाता है कि यह एक प्रेम-कहानी भर नहीं है। क्योंकि अगर यह सिर्फ एक प्रेम-कहानी होती तो अपने प्रेम-पात्र को प्राप्त करने का कोई न कोई प्रयत्न अवश्य इसमें उपलब्ध होता। प्रेम की स्वाभाविक परिणति प्रेमपात्र को प्राप्त करने में होती है। हिरामन और हीराबाई के बीच उम्र जैसी कोई बाधकता भी नहीं थी। फिर भी वह कहीं नहीं कहता—'हीराबाई, तुम मेरी हो। सिर्फ मेरी।' न कोई आह्वान कि 'हीरा, तुम आ जाओ मेरे पास क्योंकि तुम मेरी हो।' अगर उसे हीराबाई को प्राप्त करना है, जिसपर कि उसका वैध और प्राथमिक अधिकार बनता था तो उसे उठ खड़ा होना ही होगा। कोई दूसरा उसे हीराबाई प्राप्त नहीं करा देगा। हिरामन पर सामाजिकता का बन्धन था। पर हीराबाई तो उससे मुक्त थी। अगर हिरामन मुखर नहीं था तो हीराबाई तो 'भाषामुखर' थी और उसके उच्चतर व्यक्तित्व से भी सहज ही स्पष्ट है कि वह कहने में अधिक समर्थ और व्यंजनाकुशल थी। फिर भी अगर हीराबाई अपने तई कोई पहल नहीं करती तो इसका कारण सिर्फ यह है कि 'रेणु' की नजर में वह एक प्रेमिका मात्र नहीं है। उसके अलावा भी और कुछ है। वह जीवन की उन उच्चतर स्थितियों और आयामों का प्रतीक भी है जिनसे, 'रेणु' की दृष्टि में, निम्नवर्ग वंचित कर दिया गया है और कि जिनपर उसका सहज ही अधिकार है। हिरामन को अवश्य यह लगता है कि हीराबाई उसकी अपनी है। तभी वह सबकी नजरों से बचाये रखना चाहता है और जो भी उसके खिलाफ भद्दी बातें करता है उसका मुँह बन्द करा देता है।''[27] यह सब उसके हृदय की स्वत:स्फूर्त प्रेरणा है। दिक्कत यही है कि उक्त स्वत:स्फूर्त प्रेरणा को वह बुद्धि के धरातल पर समझ नहीं पाता।[28] उक्त अधिकार की बौद्धिक चेतना के अभाव में वह प्रेरणा निरर्थक हो जाती है और उसे संघर्ष का बल प्रदान नहीं करती। इस तरह वह हिरामन के जीवन को किसी सार्थक मुकाम तक नहीं ले जा सकी। इस वंचना के पीछे दोनों ही कारण क्रियाशील हैं—

1. अधिकार चेतना का अभाव और
2. अपने सम्बन्ध में निर्णय लेनेवाली इतर सत्ता के प्रति सम्पूर्ण समर्पण।[29]

जिस तरह यह निम्नवर्ग के वर्ग-चरित्र की कहानी है उसी तरह यह एक यथार्थवादी कहानी भी है। जबकि इसके ठीक विपरीत इसे एक रोमांटिक प्रेम कहानी माना जाता रहा है। यह कथा-समीक्षा की विचित्र स्थिति है। बल्कि इन

पंक्तियों के लेखक का तो यहाँ तक मानना है कि यह कहानी 'रेणु' के यथार्थवाद की कसौटी भी है। उन्होंने अपने आनुभविक चर्मचक्षु से देखा और जाना था कि समाज में अभी तक हीराबाई को अपनाने की स्थिति नहीं बन पायी है। इसलिए उन्होंने हीराबाई का हिरामन से मेल नहीं कराया है।[30]

इस कहानी के यथार्थवाद पर हिरामन और हीराबाई—दोनों ही दृष्टियों से विचार किया जा सकता है। निम्नवर्ग कतई यथार्थवादी नहीं होता। वह विचित्रवादी होता है। अगर वह यथार्थवादी होता तो कब की हिरामन की शादी हो चुकी होती। निम्नवर्ग का कोई भी सदस्य हिरामन के लिए विवाह की यथार्थ आवश्यकता को नहीं समझता, न उसे पूरा करने का प्रयत्न ही करता है। इतना अवश्य है कि 'रेणु' ने निम्नवर्ग की सोच और व्यवहार का सर्वथा यथार्थ चित्रण किया है। इसके विपरीत हीराबाई इस कहानी में पूरी यथार्थवादिता का परिचय देती है। चूँकि वह कलाजीवी है और उसकी जीवनपद्धति उच्चस्तरीय है, इसलिए एक सीमित अर्थ में उसे उच्चवर्ग का सदस्य माना जा सकता है। उच्चवर्ग निम्नवर्ग की तुलना में पर्याप्त यथार्थवादी होता है। हीराबाई बहुत दूर तक यथार्थवादी है। वह जानती है कि प्रेम करना अलग चीज है और इस आधार पर विवाह कर लेना दूसरी चीज। प्रेम के निर्वाह में जीवन-यथार्थ से उतना साबका नहीं पड़ता, जबकि विवाह के बाद उससे हर क्षण साबका पड़ता रहता है। व्यवहारत: दूल्हा दुल्हन को अपने घर ले जाता है। इसलिए ले जाने की पहल भी अक्सर वही करता है। हिरामन वैसी कोई पहल नहीं करता। फिर हीराबाई कैसे मान ले कि हिरामन उसे स्वीकारने को तैयार भी है? पुरुष जो कमाता है वह अपनी प्रेमिका और पत्नी पर खर्च करता है। वह कहता है—'यह सब तुम्हारे लिए ही तो है।' किन्तु एक हिरामन है जो अपनी कमाई हीराबाई के पास रखता है; उसके खर्च के लिए नहीं, वरन् इसलिए कि वह उसके पास सुरक्षित रह सकेगी।[31] इस अनुत्साह के आगे हीराबाई कैसे अपने को न्योछावर कर दे? इसके अलावा यथार्थ-चेतना सम्पन्न हीराबाई स्पष्ट देख पा रही है कि हिरामन उसे अपनाकर वह सबकुछ उपलब्ध नहीं करा सकेगा जो उसके उच्चस्तरीय जीवन के आवश्यक जरूरियात हैं। हीराबाई के जीवन में भोजन के अलावा खर्च के अनेक मद हैं जिनकी वह अभ्यस्त है और जिनके अभाव में उसका जीना कठिन हो जाता। बल्कि जीवन अभाव का नमूना ही बन जाता। इसे बेवफाई का नाम नहीं दिया जा सकता। वरन् यह वास्तविकता के प्रति यथार्थ दृष्टिकोण है। हीराबाई अपनी आवश्यकताओं की पूर्ति के लिए कोई गर्हित काम नहीं करती, देह-व्यापार नहीं करती, कला बेचती है और अपने लिए उपार्जन करती है। निम्नवर्ग में जाकर कलाजीवी बने रहना सम्भव नहीं था और पति के रूप में हिरामन गाड़ीवानी कर उसे वे चीजें उपलब्ध नहीं करा सकता था। इस यथार्थ को समझने के कारण ही हीराबाई अपनी ओर से सीधे तौर पर कोई पहल नहीं करती। यहाँ तक कि अपनी छोटी सी कमाई के बारे में भी

हिरामन यह नहीं कह सका कि यह तुम्हारा है, लो तुम खर्च करो। उल्टे हीराबाई ही उसे फारबिसगंज तक सकुशल पहुँचाने के लिए भाड़ा के अलावा पच्चीस रुपये बख्शीश देती है।[32] साथ ही जब जाने लगती है तो स्टेशन पर एक ऊनी चादर खरीद लेने के लिए रुपये देना चाहती है।[33] इसी से यह सिद्ध है कि वह हिरामन को मात्र एक गाड़ीवान नहीं समझती। अन्यथा उसके लिए चादर के अभाव में उतनी कातर क्यों होती? रुपये देते वक्त उसके स्वर में जो नमनीयता है और पाठक के मर्म को गला डालनेवाला आग्रह है वह क्यों होता? उसके अभावजन्य दु:ख से दु:खी क्यों होती? बिछुड़ जाने से वह हिरामन को तो दु:खी पाती ही है, खुद भी कम दु:खी नहीं है। तुम्हारा जी बहुत छोटा हो गया है मीता।[34] वह बनैली मेला आने का निमंत्रण भी देती है।[35] लेकिन जाते-जाते वह यह भी कहती है '...महुआ घटवारिन को सौदागर ने खरीद जो लिया है गुरुजी'।[36] इस कथन के द्वारा वह उसके सुप्त पुरुषार्थ को झकझोरना चाहती है कि अगर मैं महुआ घटवारिन हूँ तो तुम मुझे सौदागर के हाथों बिकने से रोक क्यों नहीं लेते? क्यों तुम सौदागर के नौकर की तरह जान की बाजी लगा नहीं देते? इधर हिरामन को लगता है कि महुआ खुद-ब-खुद चलकर उसके पास तक आ गयी है। उसने अपने को पकड़ा दिया है। इतने पर भी न जाने अनुत्साह की कैसी जड़ता उसपर तारी है कि वह मिट्टी का माधो बना रहता है? फिर भला कैसे हीराबाई उसके लिए रुक सकती थी? भावावेश में उचित-अनुचित कदम उठाना अलग बात है और वास्तविक जीवन-यथार्थ से रू-ब-रू होना अलग बात है। हीराबाई को हृदय की जैसी गहरी पहचान है वैसी ही गहरी उसकी यथार्थचेतना भी है। यथार्थचेतना ही उसे हिरामन की नहीं होने देती। क्योंकि हिरामन का अनुत्साह और जड़ता उस यथार्थ के सर्वाधिक महत्त्वपूर्ण हिस्से हैं।

अगर हिरामन पर अनुत्साह की जड़ता तारी नहीं होती तो वह हीराबाई को प्राप्त करने के लिए यथार्थत: प्रयत्न करता, जैसा कि सौदागर के नौकर ने महुआ को प्राप्त करने के लिए किया था। तब सम्भव था कि हिरामन हीराबाई को या तो स्टेशन पर ही रोक लेता अथवा अपनी बैलगाड़ी वहीं स्टेशन पर खड़ी छोड़कर उसी ट्रेन पर सवार हो जाता। उसे जो करना चाहिए था सो उसने किया नहीं। किया क्या तो एक तीसरी कसम खा ली कि अब वह किसी 'कम्पनी की औरत की लदनी'[37] नहीं लादेगा। पहली दो कसमों के पीछे की आधारभूत घटनाओं ने हिरामन के सम्मुख दुर्घटना[38] और कानूनी समस्याएँ[39] पैदा की थीं। इस तीसरी लदनी (हीराबाई) को गाड़ी पर बैठाने से न कोई दुर्घटना घटी थी और न कानूनी समस्याएँ ही पैदा हुई थीं। बल्कि इस लदनी ने उसके भाव-जगत् को उद्वेलित कर दिया था। जो भाव अबतक अन्त:सलिला बनकर उसके चित्त के किसी कोने में चुपचाप पड़ा सो रहा था, वह अन्त:सलिला हीराबाई के कारण उसके शान्त मन की सतह पर आकर महानदी की तरह उमड़ पड़ी है। उसकी वर्षों की यह सुप्त लालसा जाग पड़ी है कि उसकी भी

कोई दुल्हन होगी जिसे वह अपनी बैलगाड़ी पर बैठाकर ले जाएगा। राह म बच्च उसे घेरेंगे। वह शक्कर की टिकिया बाँटेंगी। उसकी दुल्हन पान खाएगी और उसकी पगड़ी में मुँह पोंछेगी—आदि-आदि।[40] "उसे लगता है कि जैसे वह अबतक उल्टी धारा में तैरते-तैरते थक गया है। अब उसे किनारा मिल गया है और महुआ ने अपने को उसे पकड़ा दिया है।"[41] अबतक यह कामना दबी हुई थी और वह बिना किसी खेद और उद्वेग के पिछले बीस सालों से गाड़ीवानी करता आ रहा था। भाव-जगत् के इस ताजा उद्वेलन ने उसकी बीस साल की गाड़ीवानी के परिश्रम को निरर्थक बना दिया है। पहली बार वह भीतर से इस तरह टूटा है। अब उसमें गाड़ीवानी करने की जरा भी हिम्मत शेष नहीं रही। तभी भाड़ा कमाने के ऐन वक्त पर वह अपनी गाड़ी को तीसरी कसम के साथ घर की ओर मोड़ लेता है।[42] जहाँ उसे सक्रिय और संघर्षशील होने की जरूरत थी—हीराबाई पर अपना दावा जताने की बात थी—वहाँ वह उल्टे एक कसम खा बैठता है।" उसकी यह पराङ्मुखता पाठक के मर्म को छलनी किये डालती है। हिरामन में जड़ता के चरमतक प्रयत्नहीनता है। जो तोता उसके हाथ पर आ बैठा था उसे भी पकड़ने के लिए वह अपने हाथ तक नहीं हिलाता। हीराबाई के प्रति रागात्मक जुड़ाव के बीते हुए क्षण हिरामन को कतई प्रेरित न कर सके। इसलिए उन क्षणों को 'रेणु' ने 'मरे हुए मुहुर्त'[43] कहा है। वे पूर्णतः निष्फल हो गये। उसके हृदय में उठनेवाली भावना की आवाज भी कोई सार्थक गीत न बन सकी, बल्कि उसके भीतर ही घुमड़ती रह गयी। उसके हृदय में उठनेवाली आवाज अगर आह्वान बनकर बाहर फूटती तो हीराबाई के कदम रुक सकते थे। इसलिए 'रेणु' की नजर में वह आवाज गूँगी है[44] और उसका गूँगापन हीराबाई के चले जाने को सम्भव बना डालता है।' हीराबाई, चाहे जीवन की उच्चतर स्थितियाँ हो अथवा डॉ. शर्मा के शब्दों में आजादी के लाभों की पूँजीभूत प्रतिमूर्ति, आजादी के बाद उनके द्वार निम्नवर्ग के लिए खुल गये थे। हीराबाई का हिरामन से अल्पकालिक मिलन, यानी उसके हिरामन तक चलकर आने का अर्थ जीवन के उच्चतर आयामों और आजादी के लाभों को प्राप्त करने की सम्भावना के द्वार खुलने का द्योतन कराने भर के लिए है। उसकी अपनी प्रयत्नहीनता के कारण ये चीजें उसके द्वार तक आकर वापस लौटी जा रही हैं। एक हिरामन है कि उल्टे कसम खा रहा है।[45] ऐसी प्रयत्नहीनता जबतक निम्नवर्ग में रहेगी तबतक चाहे जीवन के उच्चतर आयाम हों, आजादी के लाभ हों अथवा सामान्य प्रेम-प्रसंग की प्रेमिका ही क्यों न हो, उसे प्राप्त नहीं हो सकेगी। अगर वह कसम नहीं खाता, लदनी बन्द नहीं करता और यथार्थतः प्रयत्न करता रहता तो सम्भव था यह हीराबाई नहीं तो भविष्य में कोई दूसरी हीराबाई ही उसे प्राप्त हो जाती। 'तीसरी कसम' के द्वारा उसने भविष्य की सम्भावना के द्वार को भी हमेशा के लिए बन्द कर लिया।"[46] हिरामन हीराबाई को अपना लेता तो इससे उसकी जीवन-स्थितियों में परिवर्तन की सम्भावना बनती। हीराबाई के मिलने

से सम्भव था वह गाड़ीवानी जैसी आजीविका के अल्प–आय निम्नस्तरीय साधन को बदल डालता। उसकी तीसरी कसम से साफ तौर पर यह ध्वनि भी निकलती है कि आगे भी वह गाड़ीवानी ही करेगा।[47] गाड़ीवानी करने पर ही कम्पनी की औरत की लदनी न करने की उसकी प्रतिज्ञा की सार्थकता थी। स्पष्टत: भविष्य में भी उसकी आजीविका के साधन में कोई परिवर्तन होनेवाला नहीं। ऐसे अल्प आय साधन से जैसा जीवनस्तर वह उपलब्ध कर सका था, गाड़ीवानी कर भविष्य में भी उसका जीवनस्तर वैसा ही बना रहेगा। आजीविका के अधिक आय और बाबूभाव वाले साधनों को अपनाए बिना कोई भी अपने मौजूदा जीवन–स्तर में परिवर्तन नहीं ला सकता। इस तीसरी कसम के द्वारा उसने सम्भावना के सारे द्वार हमेशा के लिए बन्द कर लिये।''[48] निम्नवर्ग के प्रति 'निराला' जैसा हृदय रखनेवाले 'रेणु' को हिरामन की द्वारबन्दी से विशेष ठेस पहुँची है। 'रेणु' के पाठकों का हृदय उनके उन पात्रों के प्रति, जिन्होंने अपने प्रयत्न से अपनी जीवन–स्थितियों में परिवर्तन कर लिया है और उनमें उत्तरोत्तर विकास की सम्भावना के द्वार खोल डाले हैं, जैसे 'लालपान की बेगम' कहानी का नायक—बिरजू का बाप, 'परती : परिकथा' की सामबत्ती, 'मैला आँचल' का बालदेव, कालीचरन आदि, उनके प्रति बाग–बाग हो उठता है। वहीं वह हिरामन की प्रयत्नहीन निष्फलता पर सिर धुनता रह जाता है।[49]

इस तरह हम पाते हैं कि 'तीसरी कसम' न तो सामान्य अर्थ की प्रेमकहानी है और न रोमांटिक प्रेमकहानी। इसकी परिणति कतई एक रोमांटिक प्रेम कहानी जैसी नहीं है। बल्कि उसे एक यथार्थवादी कहानी ही सिद्ध करती है। इस कहानी के आधार पर 'रेणु' पर रोमांटिक यथार्थवादी रचनाकार' होने का लेबल चस्पा नहीं किया जा सकता। यह निम्नवर्ग के वर्ग–चरित्र की भी कहानी है। हिरामन के नकारात्मक, संघर्षहीन और जड़ व्यक्तित्व के आधार पर यह नहीं कहा जा सकता कि उन्होंने निम्नवर्ग को चेतना और संघर्ष से विहीन करके दिखाया है। अगर ऐसा होता तो वे बालदेव, कालीचरन, लुत्तो, जयमंगल ताँती, बालगोबिन मोची, बिरजू का बाप जैसे पात्र नहीं गढ़ पाते। यह तो हिरामन है जो वैसा है। 'रेणु' हिरामन को उन जैसा भी गढ़ सकते थे किन्तु उन्होंने वैसा नहीं किया। क्योंकि यह निम्नवर्ग के उस छोटे से अंश की कहानी नहीं है, जिसमें अधिकार–चेतना जन्म लेने लगी थी। वरन् हिरामन निम्नवर्ग के उस बड़े हिस्से का प्रतिनिधि है जिसमें उक्त किस्म की चेतना और जागृति नहीं आ पायी थी। जैसा 'रेणु' ने अपने इर्द–गिर्द के समाज के अधिसंख्य निम्नवर्ग को देखा था वैसा ही उन्होंने इस कहानी में हिरामन के रूप में चित्रित किया है। कई बार 'रेणु' पर यह आरोप भी लगाया जाता रहा है कि उन्होंने बलचनमा जैसा कोई पात्र नहीं गढ़ा। लेकिन जैसा कि 'तीसरी कसम' के इस विश्लेषण से स्पष्ट है, बल्कि यह उनकी दूसरी–दूसरी रचनाओं से भी स्पष्ट है, 'रेणु' निर्मम रूप से यथार्थवादी थे। जैसा उन्होंने समाज में देखा था, जैसा यथार्थत:

हिरामन का वर्ग-चरित्र हो सकता था, वैसा ही उन्होंने चित्रित किया है। हिरामन के चरित्र को उन्होंने अपनी ओर से गढ़ा नहीं है, बल्कि जैसा वह अपने-आप में था वैसा ही रहने दिया है।

तो क्या 'तीसरी कसम' कहानी में 'रेणु' का उद्देश्य निम्नवर्ग की विगर्हणा है? तथाकथित जनवादी समीक्षकों को ऐसा लग सकता है जो कहीं से भी सच नहीं है। हिरामन को वैसा रहने देने में 'रेणु' का एक दूसरा ही उद्देश्य काम कर रहा समझ में आता है। वे निम्नवर्ग को उसकी वास्तविकता का बोध कराना चाहते हैं। इस कहानी में हिरामन की वंचना से ही उसे और उसके वर्ग को जगाने का प्रयास किया गया है। अगर सहज ही उसे हीराबाई मिल जाती तो जो सन्देश रेणु निम्नवर्ग को देना चाहते थे नहीं दे पाते। क्योंकि सहज प्राप्ति की तुलना में वंचित वर्ग के जागरण का विशेष महत्त्वपूर्ण कारण वंचना ही है। अपनी वंचना से अवगत होकर ही निम्नवर्ग जाग सकता है। इस कहानी में 'रेणु' का उद्देश्य निम्नवर्ग को उसकी वास्तविकता का बोध कराते हुए अपने अधिकार के प्रति जागत करना तथा उसकी प्राप्ति हेतु संघर्ष के लिए प्रेरित करना है। मानो यह कसम निम्नवर्ग की संघर्ष से पराङ्मुखता की कसम हो। सहज ही हीराबाई के प्राप्त हो जाने से निम्नवर्ग की अधिकार-चेतना के विकास की सम्भावना कुन्द हो जाती और संघर्ष की प्रेरणा जन्म नहीं ले पाती। नागार्जुन का बलचनमा अवश्य अधिक चेतन और संघर्षशील है। किन्तु एक वर्ग के रूप में निम्नवर्ग अगर आज भी अपने अधिकार से वंचित है तो उसका अर्थ है कि बलचनमा निम्नवर्ग में अपवाद है, न कि उसका प्रतिनिधि। समाज तो तब बदलेगा और निम्नवर्ग की हालत तो तब बदलेगी जब पूरा का पूरा निम्नवर्ग अकेला ही नहीं लड़ेगा बल्कि पूरे वर्ग के साथ लड़ेगा जैसा बालदेव, कालीचरन और लुत्तो ने लड़ा था।

हीराबाई हिरामन के प्रतीक का सहारा लेकर ही उसे जगाने का प्रयास करती है।[50] निम्नवर्ग अगर जग भी जाय और संघर्ष के लिए प्रस्तुत हो भी जाय तो आखिर किसके खिलाफ? उसे उस व्यक्ति, अभिकरण, नीति-सिद्धान्त अथवा व्यवस्था के खिलाफ ही तो उठ खड़ा होना है जिसने उसने उसके वैध अधिकारों से अन्यायपूर्वक वंचित कर रखा है। यानी उसे अपने प्रतिपक्ष की (वंचक की) स्पष्ट अवधारणा भी होनी चाहिए। हीराबाई सौदागर के रूप में हिरामन को उसके प्रतिपक्ष का अवबोध कराती है। हिरामन को यह समझ नहीं आता कि किसी नारी को प्राप्त करने का आधार रागात्मक जुड़ाव है, जो कि उसके पास है, न कि रुपया जो सौदागर के पास है। यहाँ हीराबाई का विनिमय अनुचित वस्तु-साधन (रुपया) के बल पर हो रहा है जो गलत है। उसे प्राप्त करने का असली साधन-प्रेम-तो हिरामन के पास है। किन्तु वैध साधन के रहते हुए भी हिरामन चुप है और उसकी चुप्पी (जड़ अनुत्साह) के कारण हीराबाई सौदागर के पास जाने को विवश है।[51]

श्रमजीवी हिरामन और कलाजीवी हीराबाई के बीच जो रागात्मक सम्बन्ध 'रेणु' ने स्थापित कराया है वह दोनों के बीच वर्गभेद की चौड़ी खाई के कारण कुछ लोगों को अनुचित लग सकता है। लेकिन, इसे बहुत अस्वाभाविक भी नहीं माना जा सकता। क्योंकि प्रेम के लिए एक समान पृष्ठभूमि की उतनी जरूरत नहीं होती जितनी हृदय की सच्चाई और निष्कलुषता की होती है। हिरामन के पास ऐसा ही एक हृदय है और हीराबाई ने उसे पहचानने में कतई भूल नहीं की है। वह इसलिए भी कि उसके पास भी वैसा ही एक हृदय है। एक निष्कलुष हृदय ही दूसरे निष्कलुष हृदय को बहुमान दे सकता है। अस्तु, एक सामान्य प्रेमकहानी के रूप में भी दोनों का सम्बन्ध अनौचित्यपूर्ण नहीं माना जा सकता। उससे भी महत्त्वपूर्ण बात यह है कि जिस वस्तु पर हमारा अधिकार न हो उसकी माँग अनुचित है। शोषकों ने शोषितों के औचित्यपूर्ण हकों को हड़पा है, इसलिए शोषित शोषक से उस वस्तु की माँग कर सकता है। किसी व्यक्ति के पास बहुत अधिक है—यह उस व्यक्ति के दावे का औचित्यपूर्ण आधार नहीं हो सकता जिसके पास बहुत कम है। यानी संग्रहीत वस्तु के साथ वंचित वर्ग का न्यूनाधिक स्वत्व सम्बन्ध होना ही चाहिए। तभी शोषक के खिलाफ शोषितों की माँग को न्यायोचित ठहराया जा सकता है। हीराबाई पर हिरामन का अधिकार तभी बन सकता था जबकि उसके साथ स्वत्व-सम्बन्ध होता। इसी उद्‌देश्य से 'रेणु' ने हीराबाई के साथ हिरामन के रागात्मक जुड़ाव को स्थापित कराया है।[52] केवल इसी रागात्मकता के आधार पर ही हिरामन के अधिकार को वैध ठहराया जा सकता था। हीराबाई को हिरामन से भिन्न आर्थिक, सामाजिक और सांस्कृतिक पृष्ठभूमि का बनाकर ही उसे उच्चतर जीवन-स्थितियों और आयामों का प्रतीक बनाया जा सकता था। उच्चतर होने से ही वे स्थितियाँ और आयाम निम्नवर्ग के लिए काम्य हो सकते थे और तभी निम्न वर्ग को जगाने में उसकी सार्थकता हो सकती थी।

इस कहानी में नितान्त भिन्न आर्थिक, सामाजिक और सांस्कृतिक पृष्ठभूमिवाले दो पात्रों के बीच रागात्मक सम्बन्ध को विकसित करने में रेणु को अपूर्व कलात्मक सफलता मिली है। दोनों के बीच रागात्मक सम्बन्ध का विकास बड़ी सहजता किन्तु मार्मिक विदग्धता के साथ हुआ है। एक कहानीकार के रूप में 'तीसरी कसम' में 'रेणु' की सफलता असंदिग्ध है और यह कहानी निम्नवर्ग को आईना दिखाने के समान है। आज भी अगर पूरे निम्नवर्ग का उत्थान नहीं हो सका है तो मानना पड़ेगा कि उसके एक बड़े हिस्से में अब भी जागृति का अभाव है। इसलिए जहाँ हिरामन को यह कसम खाने की जरूरत थी कि वह किसी भी कीमत पर हीराबाई को प्राप्त करके रहेगा, वहीं वह एक उल्टी कसम खा बैठता है।[53] जबतक निम्नवर्ग ऐसी उल्टी कसमें खाता रहेगा; संघर्ष से पराङ्मुखता का परिचय देता रहेगा, तबतक उसकी हीराबाई किसी और की होती रहेगी। अस्तु, यह कहानी निम्नवर्ग को उद्‌बोधित करने के लिए है, न कि उसकी विगर्हणा के लिए।

इस तरह यह कहानी निम्नवर्ग की जड़ता और तद्जन्य जोखिम (Risk) मोल न लेने की प्रवृत्ति पर चोट करती है और यह तथ्य प्रतिपादित करती है कि प्रगति की चाहत रखते हो तो 'तीसरी कसम' खाना छोड़ दो। अपनी प्रगति के लिए निम्नवर्ग को क्या करना चाहिए? इस प्रश्न का जवाब वे 'विपथन' के रूप में देते हैं जो उनकी तत्सम्बन्धी अन्य 'कहानियों में प्रतिपादित है। अस्तु, अब अगले अध्याय में विपथन' की चर्चा की जाएगी।

सन्दर्भ सूची

1. ठुमरी, रेणु, पृ. 124
2. वही, पृ. 125
3. वही, पृ. 97
4. वही, पृ. 125
5. वही, पृ. 125
6. वही, पृ. 94
7. वही, पृ. 115
8. वही, पृ. 98
9. वही, पृ. 100
10. बलचनमा, नागार्जुन
11. मैला आँचल, रेणु, पृ. 19
12. ठुमरी, रेणु, पृ. 126
13. वही, पृ. 104-105
14 वही, पृ. 115
15. वही, पृ. 113
16. वही, पृ. 113
17. वही, पृ. 118
18. वही, पृ. 117
19. वही, पृ. 100
20. वही, 100
21. वही, पृ. 100
22. वही, पृ. 106
23. वही, पृ. 100
24. वही, पृ. 100
25. वही, पृ. 100
26. वही, पृ. 100
27. वही, पृ. 124
28. वही, पृ. 121
29. वही, पृ. 128

30. ठुमरी, पृ. 100
31. वही, पृ. 125
32. वही, पृ. 118
33. वही, पृ. 115
34. वही, पृ. 124
35. वही, पृ. 125
36. वही, पृ. 124
37. वही, पृ. 125
38. वही, पृ. 126
39. वही, पृ. 96
40. वही, पृ. 95
41. वही, पृ. 106
42. वही, पृ. 110
43. वही, पृ. 125
44. वही, पृ. 126
45. वही, पृ. 126
46. वही, पृ. 126
47. वही, पृ. 126
48. वही, पृ. 126
49. वही, पृ. 126
50. वही, पृ. 125
51. वही, पृ. 125
52. वही, पृ. 99
53. वही, पृ. 126

रचनाकार की महानता का रेणुवादी फॉर्मूला

डॉ. नामवर सिंह ने अपने एक भाषण में यह कहा था कि एक महान् रचनाकार सूक्तियों का निर्माण करता है। इसके उदाहरण के रूप में उन्होंने तुलसीदास को उद्धृत किया था। सच भी है कि तुलसीदास ने ऐसी-ऐसी पंक्तियों या अर्द्धलियों का निर्माण किया है, जो कहीं तो मुहावरों की तरह प्रयुक्त हो रही हैं, कहीं लोकोक्तियों की तरह, तो कहीं नीतिवाक्य की तरह। तुलसी की वैसी पंक्तियाँ पाठकों को जीवन के खास क्षणों में, जब वे अनिर्णय अथवा अनिश्चय की स्थिति महसूस करते हैं अथवा उपस्थित स्थिति में मार्ग नहीं सूझता तो तुलसी की पंक्तियाँ प्रकाशपुंज की तरह मार्ग दिखाती हैं। ऐसी पंक्तियों की भरमार है तुलसी में। उसी भाषण में डॉ. सिंह ने महान् रचनाकार के रूप में प्रेमचन्द का भी नाम लिया था। क्योंकि प्रेमचन्द ने भी अपनी रचनाओं में सूक्तियों का निर्माण किया है। प्रेमचन्द ने 'पंच परमेश्वर' कहानी में जुम्मन मियाँ की खाला (मौसी) के मुँह से कहलवाया है—"क्या बिगाड़ के डर से ईमान की बात नहीं कहोगे?" एक दूसरी जगह उन्होंने लिखा है "जब गर्दन किसी के पैरों तले दबी हो तो उस पैर को सहलाने में ही भलाई है।" इस दृष्टि से देखें तो हम पाते हैं कि रेणु ने भी सूक्तियों का बहुतायत से निर्माण किया है। वे संख्या में तुलसी अथवा प्रेमचन्द की बराबरी में तो नहीं, पर जो हैं वे महत्त्व में काफी बढ़े हुए हैं। 'परती : परिकथा' को ही लें। उसमें तीन सूक्तियाँ ऐसी हैं जिनका उल्लेख किये बिना यह प्रसंग पूरा नहीं हो सकता। यूँ तो भिम्मल मामा पगलैट हैं, परन्तु अक्सर बात पते की करते हैं। पंडित शिवेन्द्र मिश्र और चाहे जो भी थे, परन्तु एक सिद्ध तांत्रिक भी थे। तंत्रमार्ग में मूल्य सभी उन व्यक्तियों का होता है जो तंत्रसाधना में सिद्धि प्राप्त कर शक्ति अर्जित कर लेते हैं। वह शक्ति तंत्रसाधक को यूनिक बना देती है, अन्य सबसे अलग, अन्य सबसे विशिष्ट, जिसका जनसामान्य के ऊपर रौब गालिब होता है। उस तंत्रसाधक पंडित शिवेन्द्र मिश्र का बेटा जितेन्द्र मिश्र है जो अपने पिता के सर्वथा उलट है। वह विशिष्ट नहीं, सामान्य है। अपने को सामान्य में सम्मिलित मानना विशिष्टता-बोध से सर्वथा उलट का बोध है। उसके सम्बन्ध में भिम्मल मामा का यह फिकरा बड़ा ही मौजूँ और अर्थवान् है—"तांत्रिक

का बेटा गणतांत्रिक।" एक दूसरी जगह वे इस बात को रेखांकित करते हैं कि जमाना बहुत तेजी से बदल रहा है। बहुत से लोग ऐसे होते हैं जो जमाने की जरूरत के हिसाब से अपने को बदल लेते हैं और इस प्रकार जमाने की गति से ताल मिलाकर कदमताल करते चलते हैं। जो वैसा नहीं कर पाते, वे लोग भीतर से असहज महसूस करते हैं और जमाने से कुछ 'मिसफिट' और गति में पिछड़ते चले जाते हैं। अनुप्रास की छटा के साथ रेणु ने इस बात को भिम्मल मामा के मुँह से कुछ इस प्रकार व्यक्त किया है 'बन्दा बैलगाड़ी पर, जमाना ज्येष्ठ जहाज में' हवाई जहाज की गति से बैलगाड़ी की गति का जैसे तालमेल नहीं हो सकता, वैसे ही मामा जमाने की गति के साथ तालमेल बिठाने में अपने को असमर्थ महसूस करते हैं और पूरी ईमानदारी के साथ इसे स्वीकार भी करते हैं।

मनुष्य एक सामाजिक प्राणी है। और जैसा कि मनुष्य के सामाजिक प्राणी होने के नाते स्वाभाविक भी है कि एक सदस्य होने के नाते व्यक्ति की समाज से कुछ अपेक्षाएँ होती हैं। ठीक इसके उलट समाज को भी अपने इकाई-रूप मनुष्य, जिससे उसका निर्माण होता है, से कुछ अपेक्षाएँ होती हैं। जबतक दोनों की अपेक्षाओं में तालमेल बना रहता है दोनों एक दूसरे की अपेक्षाओं को पूरा करते रहते हैं। तब वह स्थिति दोनों के लिए 'आदर्श' होती है। किन्तु जैसे ही दोनों के बीच का तालमेल गड़बड़ाने लगता है, उसी अनुपात में आदर्शात्मक स्थिति की क्षति होने लगती है। कभी व्यक्ति की स्फीत वैयक्तिकता अपने स्वार्थ को सिद्ध करने में सामाजिकता (यानी उसके मान-मूल्यों) की अवहेलना करने लगती है जो समाज की सत्ता का मूल निर्णायक कारक है। ऐक्य के खंडित होने से समाज विशृंखलित होने लगता है। इसके उलट अगर समाज व्यक्ति के वैध हित की प्राप्ति के मार्ग में अवरोध उपस्थित करता है तो कभी तो व्यक्ति की प्रगति बाधित होती है और कभी उसकी प्राकृत एषणाएँ अपूर्त रह जाती हैं, जिनकी पूर्ति उस व्यक्ति का नैसर्गिक हक है। रेणु के उपन्यास 'कलंक मुक्ति' तथा 'पल्टूबाबू रोड' जहाँ स्फीत वैयक्तिकता को उदाहृत करनेवाली रचनाएँ हैं, तो 'मैला आँचल', 'परती : परिकथा' और 'तीसरी कसम' कहानी ऐसी रचनाएँ हैं जहाँ समाज व्यक्ति की प्रगति और प्राकृत एषणाओं की पूर्ति के मार्ग में बाधक बन कर खड़ा है। सामाजिकता के प्रति प्रतिबद्ध रचनाकार के रूप में रेणु जहाँ स्फीत वैयक्तिकता को खारिज करते हैं, वहीं व्यक्ति की वैध एषणा की पूर्ति की वकालत भी करते हैं। इस पूरे अर्थ को एक सूत्रवाक्य में समेटते हुए रेणु कहते हैं—"समाज को मानवीय और मनुष्य को सामाजिक बनाना ही मुक्ति का एकमात्र पंथ है!" मनुष्य और समाज के बीच अपेक्षाओं के तालमेल की आदर्शात्मक स्थिति का निर्माण करनेवाले इस सफल और उपयोगी सिद्धान्त-सूत्र के निर्माता रेणु का मूल्य तुलसी और प्रेमचन्द से जरा भी कम महत्त्व का नहीं है।

रेणु के प्रथम दोनों उपन्यासों का कलेवर विस्तार की दृष्टि से महाकाव्यात्मक है। महाकाव्यकार तुलसी की महानता का जो एक कारण डॉ. नामवर सिंह ने गिनाया है, आचार्य रामचन्द्र शुक्ल ने उससे अलग एक दूसरा ही कारण गिनाया है और वह यह कि महाकाव्य के रचनाकार को मार्मिक स्थलों की पहचान होती है। जिसे मार्मिक स्थलों की पहचान न हो वैसा रचनाकार महाकाव्यकार तो हो सकता है किन्तु महान् महाकाव्यकार नहीं। आचार्य शुक्ल की नजर में तुलसी महान् महाकाव्यकार थे, इसलिए कि वैसे स्थलों की गहरी पहचान थी और उन स्थलों का चित्रण-वर्णन उच्चस्तरीय क्लासिकल शैली में उन्होंने किया है। उपन्यास विधा महाकाव्य से कई अर्थों में भिन्न होती है। अस्तु, महाकाव्यवाली वैसी शर्तें बड़े फलक के उपन्यास पूरी न भी करते हों तब भी वे महान् हो सकते हैं। उनके महान् होने के सूत्र रेणु ने अपनी रचनाओं में दिये हैं। रेणु ने जिस काल-खंड को अपनी रचनाओं का विषय बनाया था, वह देश और समाज के संक्रमण का दौर था। एक संक्रमणशील समाज के सदस्यों की जीवन-स्थितियों की दृष्टि से 'समय की पहचान' का बड़ा महत्त्व होता है। कुछ परम्परागत चीजों को छोड़ने की जरूरत होती है और कुछ नयी चीजों को ग्रहण करने और उन पर अमल करने की जरूरत होती है। संक्रमण के दौर से गुजर रहे समाज का जो सदस्य पुरानेपन से बँधा रह जाता है, वह निश्चय ही घाटे में रहता है और जो परिवर्तन के साथ हो लेता है तथा जो समाज के बदलते मिजाज से तालमेल बिठाकर कदमताल करता चलता है, वह निश्चित रूप से मुनाफे में रहता है। साथ ही बदलते समय में विमर्श और निर्णय पर पहुँचने के लिए बहुत मोहलत नहीं होती। अनिश्चय के दोराहे पर खड़े होकर बड़ी ही क्षिप्रता के साथ दाएँ या बाएँ का निश्चय करना होता है और बहुत बार 'यू टर्न' की भी स्थिति बनती है। जो निर्णय में देर करता है अथवा 'यू टर्न' लेने से परहेज करता है अथवा उतना (रिस्क) खतरा मोल लेने का साहस नहीं जुटा पाता, अवसर उसके हाथ से फिसल जाता है। बदलते समय में अवसर किसी का इन्तजार नहीं करता। जो 'इन दि नीक ऑफ टाइम' अवसर को पकड़ने की चतुराई और हिम्मत का प्रदर्शन करता है, वही संक्रमणशीलता को अपने पक्ष में लाभप्रद बना पाता है। रेणु निर्णय के क्षण की महत्ता को पहचाननेवाले रचनाकार हैं। इस अर्थ में उनका कोई सानी नहीं है और यह पहचान एक रचनाकार के रूप में उनकी अपनी खास विशेषता है जो उन्हें महान् रचनाकार सिद्ध करती है। कवि भवानी प्रसाद मिश्र ने क्षिप्रता की एक अच्छी परिभाषा 'भई सूरज, इसे जगाओ' शीर्षक अपनी कविता में गढ़ी है—

"भई सूरज
इसे जगाओ,
यह जो सोया है
जो आगे निकल गये हैं, उन्हें पाने को

जोर से भागेगा यह।
जोर से भागना अलग है
क्षिप्र तो वह है
जो सही क्षण में सजग है।''

रेणु सही क्षण में सजगता के रचनाकार हैं, जिसके उदाहरण उनकी रचनाओं में भरे पड़े हैं। उपयुक्त क्षण में एक सही निर्णय व्यक्ति को फर्श से अर्श पर पहुँचा देता है तो एक गलत निर्णय व्यक्ति को अर्श से फर्श पर ला पटकता है। सही और गलत निर्णयों के फलाफल का उदाहरण प्रस्तुत कर रेणु अपने पाठकों को सही निर्णय लेने के लिए अपनी तरह से प्रशिक्षित करते हैं। उनके पहले उपन्यास 'मैला आँचल' के तीसरे ही अध्याय में उपयुक्त क्षण में सही निर्णय लेने का उदाहरण मिल जाता है। डिस्ट्रिक्ट बोर्ड के लोगों ने बालदेव को 'देश का सेवक' कहा और इस नाते अस्पताल बनवाने में सहयोग का अनुरोध किया। पहले तो मेरीगंज के लोगों ने बालदेव को गाँव पर आये संकट के कारण के रूप में जाना। इसलिए उसे बाँधकर डिस्ट्रिक्ट बोर्ड के लोगों के समक्ष ले आये। मगर जैसे ही बोर्ड के किरानी जित्तन बाबू ने बालदेव को पहचाना और देश का सेवक, बहादुर आदि कहकर इज्जत बख्शी, उसी क्षण गाँव के लोगों की उसके प्रति धारणा ने 'यू टर्न' ले लिया। जिसे उन लोगों ने आफत का कारण माना था, वह तो 'जात का गौरव' निकला। यही कारण है कि हरगौरी द्वारा बालदेव के अपमान को यादव टोले के लोगों ने व्यक्ति बालदेव का अपमान न मानकर जात के गौरव के अपमान के रूप में लिया, और बिना किसी विलम्ब के उसका प्रतिकार करने का निश्चय कर लिया। हँसेरी लेकर आने की सूचना ने बालदेव को और अपमानित होने से न सिर्फ बचा लिया, बल्कि उसे सचमुच का लीडर बना दिया। इस हँसेरी ने हरगौरी को नेपथ्य में भी डाल दिया। इतना ही नहीं, इस हँसेरी ने उस आजादी को भी प्रदर्शित कर दिया कि यादवों की मर्जी वह गाय-भैंस चराएगा, कांग्रेस ऑफिस का चौका-बर्तन करेगा या क्या करेगा—यह वे लोग खुद तय करेंगे। यह हरगौरी तय नहीं कर सकता। इस हँसेरी ने यह तय कर दिया कि अपनी नियति तय करने का अधिकार हरगौरी को देने को हम कतई तैयार नहीं हैं। जिस झटके के साथ बालदेव के प्रति धारणा बदलती है, उसे ग्रामीणों की सरलता या भोलापन कहकर रेणु के बोध का सरलीकरण नहीं किया जाना चाहिए। चेतना की ओर अग्रसर समूह की एक विशेषता यह भी होती है कि वह किसी बात या घटना के मर्म को तुरन्त समझने लगता है और त्वरित निर्णय लेने लगता है। बालदेव को बाँधकर डिस्ट्रिक्ट बोर्ड के लोगों के पास ले जाने से लेकर उसके अपमान के प्रतिकार हेतु हँसेरी लेकर जाना ग्रामीणों के बोध का पूरा-पूरा 'यू टर्न' है। उन तमाम लोगों को जो निम्नवर्ग से आते हैं और जो प्रगति की दौड़ में पिछड़े हुए हैं, चाहे वे विश्व के किसी भी कोने में क्यों न बसते हों,

रेणु का सन्देश है—सही क्षण की सजगता का और झटकेदार निर्णय की त्वरा का। फिर भी गौरतलब है कि रेणु के पात्र कोई रोमांटिक निर्णय नहीं लेते। बल्कि अपने समय के सच के अनुरूप सम्भाव्य निर्णय लेते हैं। किसी को यह सपने में भी गुमान न रहा होगा कि महन्थ साहेब द्वारा दिये जा रहे भोज से सम्बद्ध पंचायत में लछमी दासिन गाँव के मुखिया लोगों को ही दोषी ठहरा देगी। अप्रत्याशित रूप से वह ऐसा कर सभी मुखियों की बोलती बन्द करा देती है और विवश होकर सभी को एक साथ खाने और अस्पताल की स्थापना में सहयोग करने के लिए बाध्य होना पड़ता है। लछमी की यह पहल एक लोकोपयोगी उपक्रम की स्थापना को सम्भव बना देती है। इलाज की व्यवस्था न होने की वजह से गनेस बीमार चल रहा था। अस्पताल की स्थापना होते ही गनेस की नाती ने आधुनिक चिकित्सा को अपनाने की त्वरा दिखलायी। गनेस का इलाज हुआ और उसकी नानी की दुनिया उजड़ने से बच गयी। क्योंकि ले-देकर उसके पास परिवार के सदस्य के रूप में एकमात्र यह नाती गनेस ही बचा था। मेरीगंज का ही एक दूसरा बूढ़ा बीमार बेटी के इलाज के लिए डॉक्टर प्रशान्त को बुलाता है। समय से इलाज होता है और उस गरीब की बेटी की जान बच जाती है। नयेपन की ग्रहणशीलता के अभाव में जोतखी जी की चौथी आसन्नप्रसवा पत्नी मर जाती है। क्योंकि उसके इलाज के लिए अस्पताल और डॉक्टर की चिकित्सकीय सहायता नहीं ली जाती। अगर सहदेव मिसर वाली पंचायत में कालीचरन नहीं पहुँचता तब तो सहदेव मिसर को निर्दोष घोषित कर दिया गया होता और फुलिया की जीवन-स्थितियों में जो परिवर्तन आया, वह नहीं आ पाता। कालीचरन की उपस्थिति ने ही लरसिंघ दास को मेरीगंज मठ का महन्थ नहीं बनने दिया। उसके सारे षड्यंत्र और तिकड़म को उसने विफल कर दिया और पंथ के नियमानुसार महन्थ पद के वास्तविक दावेदार रामदास को प्रतिष्ठापित करना सम्भव हो सका। अगर थोड़ी भी देर होती तो लरसिंघ दास का टीका हो जाता। और तब रामदास और लछमी दासिन की जीवन परिणति वही नहीं होती जो हुई है। जीवन स्थितियों में गुणात्मक बदलाव के लिए समय की उपयुक्ता की पहचान और उचित निर्णय बहुत मायने रखता है। सामबत्ती का पति सीधा-साधा गौ-सरीखा इन्सान है। उसके पट्टीदार लोग उसके हिस्से को हड़प लेना चाहते थे। ठीक समय पर सामबत्ती ने पति को पीछे किया और खुद से मोर्चा सम्भाल लिया। वह अपने हिस्से को बचाने और हासिल करने में सफल हुई। इस विजय ने उसे वीरांगना जैसा दर्जा दिला दिया है। आर्थिक रूप से सबल और निश्चिंत हो चुकी सामबती अब घरघुमनी हो गयी है और पान कचरती फिरती है। 'लालपान की बेगम' कहानी के नायक बिरजू के बाप ने निर्णय के ठीक क्षणों में अपने कलेजे को पोढ़ा कर लिया। जमीन मालिक के आतंक और खुशामद-किसी से भी अपने को आतंकित नहीं होने दिया। परिणाम यह है कि अब उसकी हैसियत ऐसी हो गयी

है कि वह अपनी पत्नी को बैलगाड़ी पर चढ़ा कर नाच दिखाने ले जा रहा है। यही त्वरा उच्चाटन कहानी के नायक रामबिलास में भी है। कारण चाहे जो भी रहा हो किन्तु एक झटकेदार निर्णय के रूप में वह पटना शहर भाग जाता है। उसके प्रव्रजन ने उसके जीवन को बदल डाला है। अपने गाँव के सामन्तों के आगे नतशिर होना उसने छोड़ दिया है। मिसिर उसकी नुकीली बोली सुनकर हतप्रभ है और उसका बेटा खाली बाल्टी लेकर वापस होने को मजबूर है। वह ऐंठ कर रह जाता है, किन्तु रामबिलास का कुछ बिगाड़ नहीं पाता। चन्ननपट्टी की एक सभा में भाषण सुनकर भैंस चरानेवाले बालदेव ने एक झटकेदार निर्णय ले लिया था–कांग्रेस का भोलेंटियर बनने का। उस निर्णय ने बालदेव को भैंस की चरवाही से तो मुक्त कर ही दिया एक अकल्पित परिणति तक उसके जीवन को पहुँचा दिया कि अब वह लछमी का पति है और. उसके पास 32 बीघे जमीन, कलमबाग, बैलगाड़ी आदि की मिल्कियत है। उसे कांग्रेस के बड़े–बड़े नेताओं का सम्पर्क और सान्निध्य प्राप्त है। कालीचरन भी पूर्णियाँ की सभा से कम्युनिस्ट बनकर लौटा है तो मंगलादेवी ने एक झटके में घर छोड़ने का निर्णय ले लिया और आज मेरीगंज में चरखा मास्टरनी के रूप में चरखा सेन्टर संचारित कर रही है।

समय के बदलते मिजाज को परखते हुए ही तहसीलदार विश्वनाथ प्रसाद ने एक झटके में तहसीलदारी से इस्तीफा दे दिया। क्योंकि वह समझ गये थे कि बदलते जमाने में अब तहसीलदारी लाभ का कम और झंझट का काम ज्यादा रह गयी है। समय की नजाकत को न पहचाननेवाला हरगौरी विश्वनाथ प्रसाद द्वारा त्याग दी गयी, उस तहसीलदारी को पूरी उतावली में अपना लेता है। और जैसा कि हम जानते हैं उसका हश्र आत्मविनाश को प्राप्त करने के रूप में होता है। पूर्व तहसीलदार विश्वनाथ प्रसाद तहसीलदारी त्याग कर हर प्रकार के झंझट से अपने को बचा ले जाता है और इतना लाभ अर्जित करने में सफल होता है जितना वह तहसीलदारी करते हुए प्राप्त नहीं कर सका था। अपने सुरक्षा–कवच के रूप में वह कांग्रेस की सदस्यता भी ले लेता है। जबकि हरगौरी महाराणा प्रताप और शिवाजी का राज होने के सपने देखता है जो जमाने की गति के सर्वथा विपरीत सोच का परिणाम था। क्षिप्र निर्णय का सबसे बेहतरीन उदाहरण 'परती : परिकथा' की विधवा सहुआइन के प्रसंग में देखने को मिलता है। औरतें सामान्यत: धर्मभीरू, अन्धविश्वासी और लोक–मानस में रचे–बसे मिथकों में जीती हैं। परती से सम्बद्ध कोसका मैया की कहानी परानपुर की औरतों के मानस का मिथकीय सच थी। साथ ही गाँव के निरसू भगत की देह में असवारी करनेवाले परमादेव का गह्वर है। तीसरी बात यह कि गाँव के ठाकुरबाड़ी के पुजारी पंडित सरबजीत चौबे ने प्रचारित कर रखा है कि यह परती गाँव की गायों की गोचर है। जित्तन ट्रैक्टर से परती को जोतकर गऊ माता के पेट पर छुरी चला रहा है। गाँव के लोगों से जित्तन के विरोध और परती को परती बनाये रखने के लिए गोध्वनि

करवाता है—बाँ... । कोशी डैम निर्माण योजना के तहत लोगों को परती में जमीन देने की खबर फैलती है। लोग परती पर दखल का निशान बनाने लगे हैं। व्यंजक घटना यह होती है कि विधवा सहुआइन-सम्पूर्ण मिथकीय चेतना को एक बारगी झटक देती है। उसकी नजर में अब परती एक कीमती यथार्थ बनकर उभरी है। फलतः वह सोचती है—आज और अभी नहीं तो कभी नहीं। आज परती पर दखल की रेख नहीं खींच सकी तो सदा के लिए जमीन पाने से वंचित हो जाएगी। जब गाँव में उसे हल नहीं मिलता तो तीनों विधवा बेटियों को ललकारती है—'चल री सीतिया, नीतिया, गीतिया। ई नीलगाय जैसी देह किस दिन काम आयेगी ? ले ले एक कुदाल हाथ में।' मिथकीय चेतना का यथार्थ चेतना में ऐसा त्वरित रूपान्तरण शायद ही कहीं मिले। नवीन अवधारणाओं का अंगीकरण भी निर्णय का एक झटका ही है, जिसमें हम पुराने को छोड़कर वैसी चीजों से अपने को जोड़ लेते हैं जो सर्वथा एक नयी चीज होती है। चमार जाति में पैदा हुई मलारी अपनी जाति के परम्परागत पेशे-प्रसव करवाने और मजदूरी करने से अपने को अलग कर लेती है। वह पढ़-लिखकर गाँव के स्कूल में मास्टरनी बन जाती है। मास्टरनी का पद पाकर वह ठहर नहीं जाती। नीची जातियाँ क्षणजीवी होती हैं—रोज कमाना और रोज खाना। उनके पास न भविष्य को सुरक्षित करने की कोई चिन्ता होती है और न वैसा करने के लिए उनके पास कोई धन या संसाधन होता है। इसके विपरीत मलारी में भविष्य की चिन्ता है। तभी वह जीवन-बीमा करवाती है। मास्टरी में प्रोन्नति पाने की भी वह चिन्ता कर रही है। प्रोन्नति के लिए अपेक्षित अर्हता पूरी करने के लिए वह ट्रेनिंग लेने मुजफ्फरपुर जाती है। नाटक की रात वह अपने प्रेमी सुवंश की दुनिया को चाँद-सितारों से भर देती है। अगर वह ट्रेनिंग के लिए मुजफ्फरपुर नहीं जाती, गाँव में ही रहती तो दोनों के पक्ष-विपक्ष में लामबन्दी होती। दोनों ही ओर से उनको एक दूजे को अपनाने से रोकने का हंगामा शुरू होता। फिर देरी होने से परिस्थितियों के बदल जाने का खतरा तो था ही। कहीं दबाव में आकर सुवंश मुकर जाता, तब मलारी का क्या होता ? समय से वह गाँव छोड़ देती है, सुवंश के मन को बदलने का मौका नहीं देती और न गाँववालों को उनके बीच बखेड़ा खड़ा करने का। सुवंश के प्रेम की दुनिया को वह सिर्फ चाँद-सितारों से भरती ही नहीं है। शीघ्रता से अपने सम्बन्धों को वैवाहिक रूप दे डालती है। अब जिसको बोलना हो बोले; अपने विवाह को पंजीकृत करवा लेती है। सरकारी शादी का ठप्पा लगे होने की वजह से लोग उसके विवाह का विरोध नहीं कर पाते।

प्रगति का प्राथमिक सूत्र जो रेणु हमें देते है, वह यह कि निम्नवर्ग अगर अपनी उन्नति चाहता है तो उसे अपने समय में समाज, राष्ट्र और विश्व में जो भी नवीनतम अवधारणा अस्तित्वमान होती हो उसे अपनाने और अंगीकृत करने के लिए सर्वथा तैयार रहना चाहिए। 56-57 ई. की नवीनतम अवधारणाएँ अगर ट्रेनिंग और जीवन

बीमा था। पर इनके शाब्दिक अर्थों पर नहीं जाना चाहिए। बल्कि इन शब्दों का आशय अपने-अपने समय में मौजूद नवीनतम अवधारणा से है, न कि हर युग, हर कालखंड में प्रगति के लिए ट्रेनिंग और जीवन-बीमा को ही एकमात्र अवधारगाएँ माना जाए। आज मोबाइल और इन्टरनेट नवीनतम अवधारणाएँ हैं। इन्हें अपनाए बिना प्रगति नहीं की जा सकती। ट्रेनिंग और जीवन-बीमा मलारी के युग की नवीनतम अवधारणाएँ थे। इन्हें प्राप्त कर लेने से मलारी के जीवन की दिशा और दशा उसकी अपनी माँ के जीवन की दिशा और दशा से सर्वथा भिन्न हो गयी है। प्रगति के लिहाज से माँ की तुलना में उसकी अपनी जीवन दिशा-दशा ही काम्य और फलप्रद है। नवीनतम अवधारणाओं के प्रति रेणु में कितनी ललक है और उनकी उपयोगिता को समझने में जो प्रत्युत्पन्नमतित्व उनमें मौजूद है वह आश्चर्य में डालनेवाला है। 2.9.1956 ई. में भारतीय जीवन-बीमा निगम की स्थापना होती है और 1957 में प्रकाशित उपन्यास 'परती : परिकथा' की निम्नजातीय मलारी को जीवन-बीमा करवाते हुए दिखाते हैं।

रेणु के पात्रों में क्षण के महत्त्व को पहचानने की सलाहियत है—इस तथ्य को 'परती : परिकथा' की ताजमनी भी उदाहृत करती है। उत्साहित जितेन्द्र परती पर पौधे लगवा डालता है। किन्तु गर्मी का मौसम आते ही पौधे मुरझाने लगते हैं। जितेन्द्र मुंशीजी को रुपयों का इन्तजाम करने को कहता है। किन्तु वैसा हो नहीं पा रहा है। जब जितेन्द्र लगभग पूरी तरह निराश हो जाता है कि पौधों को सूखने से बचाया नहीं जा सकता। ताजमनी जितेन्द्र को मूर्ति के नीचे छिपाकर रखे गये धन की सूचना देती है। जिस समय जितेन्द्र को रुपयों की सबसे अधिक जरूरत थी, जिसके अभाव में उसके सपने चूर होने के कगार पर पहुँच चुके थे, उस वक्त मूर्ति के नीचे धन के गढ़े होने की सूचना ने जितेन्द्र की नजरों में ताजमनी की कीमत को बहुत बढ़ा दिया। बड़ी ईमानदारी से ताजमनी ने आड़े वक्त के लिए उस धन की हिफाजत की है।

त्वरित निर्णय को सर्वे कोर्ट में जितेन्द्र ने भी उदाहृत किया था। ताजमनी के साथ उसके सम्बन्धों के बारे में सुचितलाल मड़र (उर्फ पोंपी) ने प्रश्न किया तो जितेन्द्र ने यह कहने में जरा भी देर नहीं लगायी कि ताजमनी उसकी रक्षिता है। इस स्वीकारोक्ति ने सुचितलाल के सोचे हुए सभी नुस्खों की हवा निकाल दी। लम्बी ज़िरह, झंझट-झमेलों तथा कई तरह के मामले मुकदमों से उसे बचा लिया। सुचितलाल मड़र की ओर से मकबूल कुंडों का, जिस पर मड़र ने सर्वे में नालिश कर रखा है, तफ्सिया करने जितेन्द्र से मिलता है तो जितेन्द्र को उस स्वीकृति के आधार पर एक तर्क मिल जाता है कि कुंड ताजमनी का है। उसका तफ्सिया करनेवाला वह कौन होता है? ऐन वक्त पर मकबूल की फ्रेंचकट दाढ़ी की बात चला कर उसे अप्रतिभ भी कर दिया। अवसर बहुत समय तक किसी का इंतजार नहीं करता। अत: अवसर का लाभ उठाने के लिए उपयुक्त समय पर निर्णय लेने की जरूरत होती है। जो वैसा नहीं कर पाते, वे उसके लाभ से वंचित रह जाते हैं। रेणु ने न सिर्फ लाभ उठा

लेनेवाले पात्रों को ही अपनी रचनाओं में स्थान दिया है, वरन् लाभ से वंचित रह जाने पात्रों को भी हमारे समक्ष प्रस्तुत किया है। इस प्रसंग में हिरामन और लहसनवाँ हमारा ध्यान खीचते हैं। अगर हिरामन हीराबाई को रोक लेता या खुद उसके साथ हो लेता तो उसकी जीवन-स्थिति बदल सकती थी। हीराबाई ने स्टेशन पर हिरामन के सुप्त पुरुषार्थ को संकेत द्वारा जगाने का प्रयास भी किया—'महुआ घटवारिन को सौदागर ने खरीद जो लिया है गुरुजी।' इतने पर भी हिरामन ठीक समय पर उपयुक्त निर्णय नहीं ले सका। फलतः हीराबाई चली जाती है जो उसकी हो सकती थी। पिछले बीस सालों से वह गाड़ीवानी करता आ रहा है और उसके द्वारा तीसरी कसम खाने से भी यही संकेत मिलता है कि आगे भी वह गाड़ीवानी ही करता रहेगा। गाड़ीवानी अपनी सम्भावना की शुरुआत और अन्त—दोनों ही है। इसी कारण लम्बे समय से गाड़ीवानी करते हुए भी उसकी जिन्दगी में कोई फर्क नहीं आता। लहसनवाँ हिरामन की तुलना में एक सही निर्णय ले लेता है। वह गाड़ीवानी छोड़कर नौटंकी कम्पनी में नौकर बहाल हो जाता है। कम्पनी की नौकरी जिस रूप में उसने शुरू की है, वह अपनी सम्भावना की शुरुआत भले ही है, पर अन्त नहीं है। अपनी प्रगति के लिए निम्नवर्ग को सम्भावनाशील उपक्रमों से जुड़ना चाहिए सम्भावना शून्य उपक्रमों का मोह त्याग कर—यह रेणु की वैश्विक अपील है। मेरीगंज के खेतिहर मजदूर कटिहार जूट मिल के भोंपा के आह्वान पर अनुक्रिया करने में देर नहीं लगाते—'चलो रे चलो, अब गाँव में धरा ही क्या है?' जूट मिल के वही कुली लोग चार आने सेर खमरआलू हाथोंहाथ उठा ले रहे हैं। तहसीलदार विश्वनाथ प्रसाद के ट्रैक्टर खरीद लेने से हलवाहे बेरोजगार हो गये थे। वैसे ही बेकार हो चुके लोग एक झटके में पुरानेपन को छोड़ नयेपन पर आ गये हैं।

जिस तरह उपयुक्त समय पर लिया गया एक सही निर्णय व्यक्ति को बहुत लाभ दिला देता है, उसके उलट एक गलत निर्णय जीवन को संकटपूर्ण भी बना देता है और वैसे निर्णयों से हुई हानि की भरपायी करना बहुत मुश्किल हो जाता है। रेणु प्रायः अपनी नेक सलाह के पक्ष और विपक्ष—दोनों के उदाहरण हमारे समक्ष प्रस्तुत करते हैं। सही निर्णय न ले पाने के कारण घाटे में रहने के उदाहरण भी रेणु ने अनेक दिये हैं। हरगौरी का तहसीलदारी स्वीकार करना सही नहीं था। कालीचरन का पार्टी-फंड में तीन सौ रुपये जुटाकर देने का वादा सही नहीं था। हिरामन द्वारा तीसरी कसम खाना सही नहीं था। लुत्तो द्वारा भोज, गीतकथा तथा श्यामा संकीर्तन का बहिष्कार करना सही नहीं था। रही सही कसर कोशी डैम के विरोध ने पूरी कर दी। इस विरोध ने लुत्तो को पूरी तरह बेनकाब कर दिया। उसकी सारी प्रतिष्ठा धूल-धूसरित हो गयी। और उसकी साख में जबर्दस्त बट्टा लगा। जिस जितेन्द्र को कमजोर करनेवाला कोई भी अवसर वह हाथ से नहीं जाने देता था, कोशी डैम के उसके विरोध ने उसी जितेन्द्र को मजबूत बनने का अवसर उपलब्ध करा दिया।

गाली का जवाब गाली से देने की नीति तथा रौशन बिस्वाँ को मुखिया बनवाने में मिली सफलता से जो शक्ति उसने अर्जित की थी, वह शक्ति भी आज उसके काम नहीं आयी।

अस्तु, उपयुक्त समय की पहचान और त्वरित निर्णय—ये दो ऐसे नये तत्त्व हैं जो रेणु को अतिरिक्त रूप से महान् रचनाकार साबित करते हैं। उनका कोई भी लाभप्रद निर्णय रोमांटिक किस्म का नहीं है, सभी यथार्थवादी किस्म के ही हैं। लेकिन जो अमंगलकारी हैं, वे या तो अतिरेकी उत्साह में लिये गये निर्णय हैं, जैसे हरगौरी द्वारा तहसीलदारी स्वीकार करना तथा संथालों से हँसेरी करना या जड़तावश लिये गये निर्णय हैं, (जैसे हिरामन द्वारा तीसरी कसम खाना) अथवा प्रतिक्रियावादी आधार पर लिये गये निर्णय, जिनके अन्तर्गत लुत्तो का आचरण आता है।

विपथन और रेणु

शैलीविज्ञान ने विपथन को कला-रचना के एक महत्त्वपूर्ण तत्त्व के रूप में स्वीकार कर रखा है। जब कोई कलाकार पूर्व से प्रयुक्त की जा रही पद्धति, शिल्प, शब्दावली, मुहावरों आदि (पूर्व के रचनाकारों द्वारा अपनाये और प्रयुक्त किये जा चुके कला रचना के उपकरणों) को छोड़कर अपनी कला-रचना के लिए भिन्न प्रकार की पद्धति, शिल्प, शब्दावली एवं मुहावरों को अपनाता है तो उसे ही शैलीविज्ञान में 'विपथन' की संज्ञा दी जाती है। विपथन से कलाकार की मौलिकता प्रदर्शित होती है और कला-रचना में एक टटकापन-ताजगी और नयापन आता है। नयेपन में स्वतः एक आकर्षण होता है। जो कला-रचना भावक को आकृष्ट न करे उसका बहुत मान-मूल्य नहीं होता। वह आकर्षण नयेपन से आता है; विपथन से आता है। रेणु की कला में उच्चतम कोटि का विपथन तो उपलब्ध है ही, कला-विधान से अलग उन्होंने उसे एक महत्त्वपूर्ण जीवन-विधान के रूप में भी स्वीकार किया है। वे हमेशा ही जीवन में उच्चतर स्थितियों को प्राप्त करने के हामी रहे हैं। अगर जीवन का वर्तमान स्वरूप और उसकी स्थितियाँ सुखद और कल्याणकारी नहीं रह गयी हैं तो उन्हें छोड़ना पड़ेगा, उनसे मुक्त होना पड़ेगा। यह सब करना होगा उस काम्य स्थिति और स्वरूप को प्राप्त करने के लिए जो मनुष्य के जीवन को उच्चतर और गरिमापूर्ण बनाता हो, जिससे विकास, समृद्धि, प्रगति और तोष प्राप्त होता हो। हमेशा अपनी वर्तमानता से आगे की तरफ जाने की सोच—यह रेणु का वास्तविक वैचारिक व्यक्तित्व है। रेणु की रचनाओं के उपजीव्य काल में समाज और राष्ट्र बदलाव की बयार से उद्वेलित हो रहा था। उस बदलाव के हिसाब से अपने को अनुकूलित करना आवश्यक था। कुछ अपनी अस्तित्व-रक्षा के लिए, कुछ शक्ति-संचय के लिए तो कुछ बदलते समय की जरूरत को पूरा करने के लिए। साथ ही जीवन को समुन्नत बनाने के लिए पुरातनता से मुक्त होने की जरूरत थी। जीवन की जड़, अनुन्नत तथा असन्तोषप्रद स्थिति के आधारभूत कारणों से मुक्त होने की जरूरत थी। उनके स्थान पर उन नयी चीजों को अपनाने की जरूरत थी जो बदलते समय के हिसाब से जीवन को समुन्नत बनाने के लिए उपयोगी समझी जा रही थीं।

असन्तोषप्रद वर्तमानता के कारणों की जगह नये का आधान ही विपथन है और रेणु ने प्रगति के लिए इसे आधारभूत तत्त्व के रूप में स्वीकार किया है।

'तीसरी कसम' कहानी के नायक हिरामन के जीवन में विपथन का सर्वथा अभाव है। परिणामत: उसका जीवन जैसा था वैसा ही आज भी है और उसके द्वारा खायी गयी 'तीसरी कसम' से यह संकेत भी मिलता है कि भविष्य में भी उसके जीवन में कोई गुणात्मक बदलाव आनेवाला नहीं है। रेणु ने निम्नवर्ग को प्रगति के दो नायाब नुस्खे दिये हैं—1. विपथन और 2. अपने समय में प्रचलन में आ रही नवीनतम अवधारणाओं का वैचारिक स्वीकरण और आचरण में उन्हें अपनाना। यह दूसरावाला नुस्खा पहले वाले नुस्खे की अवश्यम्भावी परिणति है। जब व्यक्ति विपथन करेगा यानी पूर्व की चीजों, सिद्धान्तों और आचरणों को छोड़ेगा, तब उसे प्रगति करने के लिए नये विचारों और नये आचरणों को स्वीकार करना ही पड़ेगा। हिरामन पूर्व से जो (गाड़ीवानी) करता आ रहा है, तो उससे जिस तरह का जीवन-स्तर वह प्राप्त कर सका है, आगे भी गाड़ीवानी करते रहने से उसके जीवनस्तर में कोई बदलाव कैसे आ सकता है? अनुभव के आधार पर रेणु यह जानते हैं कि गाड़ीवानी अपनी सम्भावना की शुरुआत और अन्त-दोनों ही है। उसमें विकास की कोई सम्भावना निहित नहीं है। हिरामन के ठीक बरअक्स रेणु ने उसी कहानी में एक पात्र की रचना की है जिस पर समीक्षकों का ध्यान गया ही नहीं है, फिर सामान्य पाठक की बात ही क्या है? उस गुमनाम से पात्र के माध्यम से रेणु निम्नवर्ग को एक बहुत ही उपयोगी सन्देश देने का प्रयास करते हैं। लहसनवाँ नाम के लालमोहर के नौकर गाड़ीवान को रेणु ने हिरामन के प्रतिपक्ष के रूप में प्रस्तुत किया है। यह लहसनवाँ गाड़ीवानी को छोड़कर नौटंकी कम्पनी में बतौर नौकर भर्ती हो गया है। हिरामन को सुनाता है—'तुम्हारे अकबाल से खूब मौज में हूँ।'[1] वह हीराबाई की साड़ी धोता है और उसी धोवन में अपनी गमछी डुबोकर छोड़ देता है। गमछी महमह करने लगती है। एक सिद्धहस्त कलाकार के रूप में रेणु को खूब मालूम है कि कब कहाँ और क्या लिखना है। हिरामन और लहसनवाँ—इन दो पात्रों के आचरणों के साम्य-वैषम्य के माध्यम से वे एक अत्यन्त महत्त्व के निर्णय से हमें अवगत कराते हैं। हिरामन एक सम्भावनाशून्य पेशे से जुड़ा रह जाता है, जबकि लहसनवाँ वैसे पेशे (गाड़ीवानी) से मुक्त होकर (विपथित होकर) एक ऐसे पेशे से जुड़ गया है जो काफी सम्भावनाओं से भरा है। आज वह हीराबाई की साड़ी धो रहा है, कल को नौटंकी के पर्दे की रस्सी खींचेगा, फिर आगे कोई पार्ट अदा करने लगेगा। क्या पता विकास करते हुए वह भविष्य में कोई अपनी खुद की नौटंकी ही खड़ी कर ले। नौटंकी कम्पनी की नौकरी 'सम्भावना की शुरुआत' भले है, अन्त कतई नहीं है। नौटंकी कम्पनी से जुड़कर व्यक्ति अपनी क्षमता और योग्यता को विकसित तथा प्रदर्शित करते हुए बहुत आगे तक जा सकता है। आज का श्रमजीवी लहसनवाँ कल

का कलाकार और परसों कम्पनी के मालिक (प्रबन्धक) तक अपने को विकसित कर सकता है। रेणु का सन्देश उक्त दोनों पात्रों के माध्यम से यह है कि जीवन-स्थितियों में बदलाव लाने के लिए आवश्यक है कि सम्भावनाशून्य उपक्रमों को छोड़कर उन उपक्रमों से जुड़ो जो सम्भावनाशील हैं। 'जुलूस' उपन्यास में उन्होंने वैसे उपक्रमों से जुड़ने से लाभान्वित हो रहे तालेवर गोढ़ी की कथा ही तो कही है। मछली मारने के अल्प आय धन्धे को छोड़कर तालेवर ने मिल (आटा चक्की) क्या बैठायी, उसकी समृद्धि को पंख लग गये। जयराम पवित्रा से कहता है "खेती अच्छी हो या खराब, मालिक को इससे क्या? एक मिल अररिया कोट में भी चलाएँगे। अब खेती क्या है? 'बिचनेस' और 'मिल' चलानेवाले के हल आसमान में चलते हैं'।"[2] अब उसका बेटा मेडिकल में पढ़ता है और जो लोग कलतक उसे कोई भैलू (महत्त्व) नहीं देते थे, वे ही लोग अब उसके दरबार में हाजिरी बजाते नजर आते हैं। चालीस वर्ष की आयु को प्राप्त हिरामन अब प्रौढ़ता से निगड़बद्ध हो गया है। उसके भीतर का भावावेश स्थिरता को प्राप्त हो गया है। फलतः वह अपनी जड़ता को तोड़ने के लिए उत्प्रेरित नहीं हो पा रहा है। यह कमउम्र लहसनवाँ कैशोर भावप्रवणता के दौर में है। इस उम्र में उत्साह, उमंग, आवेश और नये अनुभवों से गुजरने का आकर्षण ज्यादा होता है। फलतः वह हीराबाई के महिमामंडल से हिरामन की तुलना में ज्यादा आविष्ट है। ज्यादा आविष्ट होने की वजह से ही वह गाड़ीवानी छोड़कर नौटंकी कम्पनी में नौकरी करने लगता है। परम्परा-प्राप्त लाइन को छोड़कर एक नयी लाइन ले लेता है। अगर हिरामन भी उसी तरह आविष्ट होता तो या तो वह हीराबाई को रोक लेता या स्टेशन पर अपनी गाड़ी छोड़ हीराबाई के साथ हो लेता। नयी लाइन लेने में एक जोखिम भी तो रहता ही है। जिसमें (रिस्क) जोखिम मोल लेने का साहस है, वही नयी लाइन ले सकता है, अन्यथा नहीं। नयी लाइन लेने से अनुकूलन की समस्या भी खड़ी होती है। जिसमें लचीलापन होगा और अनुकूलन की मानसिक यातना झेलने की शक्ति होगी, वही नयी लाइन लेगा। हिरामन में लचीलापन भी नहीं है, न ही अनुकूलन की यातना झेल पाने का कोई साहसिक संकेत। हीराबाई के आकर्षण का आवेश उसे उस सीमा तक आविष्ट नहीं कर पाया कि वह अपनी जड़ता तोड़े, परम्परागत लाइन को छोड़कर एक नयी लाइन पकड़ने का जोखिम मोल ले। जो नयी लाइन नहीं लेता और जोखिम मोल नहीं लेता, वह नये अनुभव और नये स्वाद को प्राप्त करने से भी वंचित ही रहता है। लहसनवाँ की गमछी का महमह करना जीवन के एक ऐसे स्वाद से परिचित और सम्पर्कित होना है जिससे आजतक वह अपरिचित था। इस नयी लाइन के लेने से अबतक का अपरिचित एक नया स्वाद-क्षेत्र उद्‌घाटित हो पाया है। निम्नवर्ग के जीवन में स्वाद-क्षेत्र अत्यन्त सीमित और वैविध्य शून्य होता है। बलचनमा का स्वाद-क्षेत्र भी मड़ुआ की रोटी से शुरू होकर 'भात-दाल-अचार' तक ही सीमित है। छोटे मालिक की

नौकरी कर उसने बासमती और कनकजीर चावल का स्वाद चखा है, घी बघारी दाल, सब्जी, चटनी, अचार, तिलौरी, पापड़, दही आदि-आदि। बलचनमा स्वीकार करता है "बचपन में गिरहथ लोगों की बहुत जूठन मैंने खाई है। बल्कि यों कहूँ कि अच्छी चीज जो भी खाईं होगी वह बाबू लोगन की जूठन ही रही होगी।"[3] लेकिन इतनी बात सिद्ध है कि अच्छा यानी लजीज और स्वादिष्ट-सब मालिक की नौकरी करने पर ही चखने का मौका मिला। भोजन के उस स्वाद से बलचनमा अपरिचित था। लहसनवाँ भी अब तक उस सुगन्ध से अपरिचित था, जिसे सूँघने का अवसर अब उसे यह नयी लाइन लेने के कारण नसीब हुआ है। हीराबाई को अपनी गाड़ी में बैठाने से हिरामन को भी उस सुगन्ध को सूँघने का मौका मिला। किन्तु वह एकदम अस्थायी, क्षणिक। जबतक हीराबाई के साथ-सम्पर्क में है, तभी तक। यानी हिरामन के लिए वह सुगन्ध-स्वाद स्थायी प्राप्ति के रूप में नहीं है। नयी लाइन लेने से एक सम्भावना बनती है कि जिस स्वाद और सुगन्ध से तुम अबतक अनजान अपरिचित थे, उसकी स्थायी प्राप्ति तुम्हें हो सकती है। नयी लाइन लेने से वह स्वाद क्षेत्र उद्घाटित होता रहेगा जो अबतक तुम्हारे लिए अनास्वादित रहा है। लहसनवाँ अविकसित समाज, देश और विश्व की युवा पीढी है। उस निम्नवर्ग की युवा पीढ़ी है जो अपने सीमित संसाधन की वजह से जीवन के बहुविध स्वादों से अपरिचित रहता आया है। वह अगर नयी लाइन नहीं लेगा तो एक अलग जिन्दगी (नये स्वाद और नये अनुभवों से युक्त जिन्दगी) उपलब्ध नहीं कर सकेगा। लहसनवाँ द्वारा नौटंकी कम्पनी की नौकरी अपनी वर्तमानता (यानी जैसे हम है और जैसे हम जी रहे हैं) से भिन्न होने की घटना है। 'गोदान' का गोबर हो या 'पच्चीस चौके डेढ़ सौ' कहानी का नायक हो—सभी उसी नयी पीढ़ी के प्रतिनिधि हैं। खुद रेणु की कहानी 'उच्चाटन' का नायक रामबिलास भी उसी पीढ़ी का प्रतिनिधि हैं। गमछा महमह करना और मौज में होना—यह सब उसकी नयी उपलब्धि है जिसे उसने प्राप्त किया है और जिससे वह अबतक महरूम था। लखनऊ जाकर गोबर का जीवन बदल गया है तो पढ़ लिखकर हाकिम बन जाने से 'पच्चीस चौके डेढ़ सौ' कहानी के नायक का जीवन भी बदला हुआ है। रामबिलास का भी बदला हुआ है। लाइन बदले बिना क्या यह सम्भव था? रेणु का सांकेतिक किन्तु स्पष्ट जवाब है—नहीं। उस नहीं का प्रमाण हिरामन भी है, होरी भी है और 'पच्चीस चौके डेढ़ सौ' के नायक का बाप भी है। हिरामन के जीवन में कोई बदलाव नहीं, वही गाड़ीवानी की गाड़ीवानी। 'पच्चीस चौके डेढ़ सौ' कहानी के नायक के बाप का जीवन भी जैसे का तैसा। होरी अगर पंचायत का विरोध करता, प्रतिरोध करने तथा दृढ़ता दिखाने की कोशिश करता तो सम्भावना थी-कुछ नया होता। पुरानी परम्परागत लाइन पर चलते हुए ही वह अपने ट्रैजिक अन्त को प्राप्त हो गया। 'मैला आँचल' का बालदेव, कालीचरन, 'परती : परिकथा' का लुत्तो, मलारी, ताजमनी, सामबत्ती आदि अनेक पात्रों ने नयी

लाइन ली है। ताजमनी अपने जातिगत पेशे से विपथित नहीं होती तो क्या जितेन्द्र की पत्नी का दर्जा पा सकती, उसे हवेली में प्रवेश मिल पाता? क्या सामबत्ती घूँघट के अन्दर की बहू बनी रहती, तो अपना हिस्सा बचा पाती? मलारी अपनी जाति के परम्परागत पेशे को छोड़ पढ़-लिखकर मास्टरनी बन गयी है। उसकी माँ कहती है—'जात से फाजिल पढ़कर हमारी बेटी ने मास्टरी पास किया है। परजात वालों की छाती जलती है। तरह-तरह की बात उड़ावेंगे वे।'[4] शब्दों पर रेणु की पकड़ अद्‌भुत है और व्यंजना के चरम तक उनके अर्थों को निचोड़ा है उन्होंने। मलारी के द्वारा प्रदर्शित विपथन को बड़ी ही सहजता से रेणु ने व्यंजित कर दिया है। चमार जाति में शिक्षा का जो औसत है, मलारी ने जितना पढ़ लिया है, वह उसकी जाति के शिक्षा स्तर से फाजिल यानी अधिक है। इस फाजिल शिक्षा ने ही मलारी के जातिगत पेशे से विपथन को सम्भव बनाया है।

यह प्रश्न प्रगतिकामी रेणु की नजर में बेमानी है कि जिस सुगन्ध से लहसनवाँ की गमछी महमह कर रही है, वह हीराबाई की साड़ी के धोवन से प्राप्त है। ठीक वैसे ही जैसे नागार्जुन के बलचनमा को भोजन में जो अपूर्व स्वाद मिला है वह किसी के जूठन से प्राप्त है। जनवादियों का मत है कि शुरुआत कहीं से भी हो पर हो जरूर। क्योंकि ये रचनाकार इस बात को अधिक महत्त्वपूर्ण मानते हैं कि जीवन को वह वह स्वाद और सुगन्ध मिले जो अबतक किसी के जीवन में अनास्वादित, अनाघ्रात यानी अनुपलब्ध रही है। इस अनुपलब्धता के मूल में अनेक बार सिर्फ संसाधन की कमी ही कारणभूत नहीं होती, बल्कि वह बल भी होता है जिसके द्वारा निम्नवर्ग को जबरन संसाधनहीन किया जाता है और बनाये रखा जाता है। अतः रेणु हो कि नागार्जुन उस बल के विरोध में इस अनास्वादित, अनाघ्रात सुगन्ध को, प्रेरक बल के रूप में स्वीकार करने की सलाह देते हैं, उसका स्रोत चाहे जैसा भी हो शुद्ध अथवा अशुद्ध। अनुच्छिष्ट स्रोत से नये स्वाद-सुगन्ध से परिचित होने की कामना करना अपने को वंचित बनाये रखने का एक अलग तरीका है। न राधा को नौ मन तेल होगा और न राधा नाचेगी। हिरामन को 'स्त्री प्राप्ति से वंचित रखने में उसकी भाभी के शुद्धतावादी आग्रह की ही निर्णायक भूमिका है। कौन बाप होगा जो अपनी दस-बारह साल की बेटी चालीस वर्षीय प्रौढ़ जवान हिरामन को देगा।'[5] कहीं ऐसा तो नहीं कि हमउम्र हीराबाई को प्राप्त करने के प्रति हिरामन की अचेतन इच्छा में भाभी के शुद्धतावादी आग्रह का अचेतन असर हो? निम्नवर्ग शुद्धतावादी आग्रह से अनिवार्यतः बँध जाएगा तो वह नये स्वाद-सुगन्ध के अपरिचय से बाहर आ ही नहीं सकेगा। क्या ऐसा सम्भव है कि लहसनवाँ जीवनभर हीराबाई की साड़ी के धोवन में ही अपनी गमछी डुबोता रहेगा या बलचनमा जीवनभर छोटे मालिक की जूठन ही खाता रहेगा? जिस सम्भावनाशील उपक्रम से लहसनवाँ जुड़ रहा है, (नौटंकी कम्पनी की चाकरी) उससे वह अपना इत्र प्राप्त कर सकेगा और उसमें अपनी

गमछी डुबो सकेगा। गाड़ीवानी करते हुए उसे उस सुगन्ध का परिचय नहीं मिला था, सुगन्ध से परिचय नौटंकी कम्पनी की नौकरी शुरू करने पर मिल पाया था। हिरामन को गाड़ीवानी करते हुए सुगन्ध से परिचित होने का मौका जरूर मिला था, किन्तु अपनी जड़ता और अनुत्साह के कारण तथा जोखिम मोल लेने का साहस न दिखा पाने के कारण सुगन्ध उसे विपथन के लिए प्रेरित और उद्वेलित नहीं कर सकी। शुद्धतावादी आग्रह और जोखिम मोल लेने से भय–ऐसा निम्नवर्ग कुछ नया नहीं कर सकेगा और फलस्वरूप उसका जीवन भी नहीं बदल सकेगा। कम उम्र में नयेपन के प्रति आकर्षण ज्यादा होता है, उसमें ग्रहणशीलता भी अधिक होती है, किसी आग्रह' से जुड़ाव के अभाव में उसमें प्रवहणशीलता भी ज्यादा होती है। वह जोखिम की परवाह भी जरा कम करता है। लहसनवाँ वैसा ही कमउम्र लड़का है। हीराबाई का आकर्षण उसे उसकी वर्तमानता से अलग खींच ले जाता है। वह नये जीवन को बड़ी सहजता से ग्रहण कर लेता है। मूल्य की निगड़बद्धता से मुक्त लहसनवाँ के भीतर कोई द्वन्द्व–नैतिकता–अनैतिकता, शुद्धता–अशुद्धता का नहीं कुलबुलाता। वह 'मुक्त मानस' है। उसमें किसी मूल्य को विस्थापित कर उसकी जगह नये मूल्य को स्थापित नहीं करना है, बल्कि मूल्यशून्य है और इसीलिए वहाँ एक नये मूल्य की स्थापना बहुत आसान है। किसी आबद्ध मूल्य से विस्थापन के लिए अतिरिक्त बल की जरूरत होती है। हिरामन के लिए अतिरिक्त बल की जरूरत थी और 'पच्चीस चौके डेढ़ सौ' कहानी के नायक के बाप के लिए भी थी। लहसनवाँ में उस बल की जरूरत नहीं पड़ी। रेणु की ही कहानी 'लालपान की बेगम' के नायक के सन्दर्भ में उस बल की जरूरत थी, बेगम ने वह बल लगाया। वह काम कर गया। तभी उसके जीवन में इतनी 'सम्पन्नता' आ सकी है कि आज वह बैलगाड़ी पर बैठकर नाच देखने जा पा रही है। अस्तु, प्रगति का सूत्र कुछ इस प्रकार से बनता हैं—अनास्वादित, अनाघ्रात का आकर्षण + जोखिम उठाने का साहस + नयी लाइन = नयी उपलब्धि यानी प्रगति। जोखिम गोदान के गोबर ने भी उठाया। वह दातादीन के आधिपत्य से मुक्त हो गया। बलचनमा ने भी, बिरजू के बाप ने, 'उच्चाटन' कहानी के नायक रामबिलास ने 'पच्चीस चौके डेढ़ सौ' के नायक ने और साथ ही स्त्रियों में सामबत्ती, मलारी, ताजमनी, रेवा वर्मा, सुश्री वीणा प्रसाद आदि ने। अपनी वर्तमानता से अलग होना पड़ेगा और उस नये का आधान करना पड़ेगा जो प्रगति के लिए आधारभूत शर्त के रूप में आवश्यक हो। जाहिर सी बात है कि जो बात रेणु लहसनवाँ के माध्यम से कह रहे हैं, हिन्दी के दूसरे-दूसरे लेखकों ने भी उनके निष्कर्षों को प्रमाणित किया है।

'मैला आँचल' में खलासी ने शुद्धतावादी आग्रह को नहीं माना। फलतः फुलिया के रूप में एक विधवा स्त्री को प्राप्त करने में सफल हो गया। फुलिया में बनाव श्रृंगार का इतना शौक पैदा हो गया है कि वह उन चीजों को प्राप्त करने के लिए पति

तक बदल लेती है। किसी मुकाम पर न रुकनेवाली अपनी देहयात्रा से वह उन चीजों को प्राप्त करती है। खलासी के बाद पैटमान जी और न जाने कौन-कौन? ऐसी ही देहयात्रा 'कलंक मुक्ति' उपन्यास की श्रीमती ज्योत्स्ना आनन्द की भी है जो उसकी प्रगति का मूल है। समृद्धि प्राप्ति की कामना तो होनी ही चाहिए किन्तु उसे मर्यादित भी होना चाहिए, उसे 'सीनिक' नहीं होना चाहिए। सीनिक होने से वह कामना जहाँ उच्चवर्ग को शोषक और अन्यायी बनाती है, वही निम्नवर्ग को अस्वीकार्य रूप से अनैतिक, जैसा कि हम 'मैला आँचल' की फुलिया और 'परती : परिकथा' में लरेना खवास के मामले में पाते हैं। फुलिया बनाव-शृंगार की चीजों को प्राप्त करने के लिए पति बदलती है और पाँच हजार रुपयों के लोभ में लरेना अपने मालिक शिवेन्द्र मिश्र से दगाबाजी करता है। वह उनके दुश्मन अंग्रेजों से मिल जाता है।

विपथन व्यक्ति के लिए आवश्यक है, चाहे वह निम्नवर्ग का सदस्य हो या उच्चवर्ग का। रेणु बदलते समय और समाज के प्रारूपक रचनाकार हैं। बदलाव अब सिर्फ मात्रात्मक ही नहीं है, वह गुणात्मक भी है। इसी गुणात्मक बदलाव की वजह से निम्नवर्ग में चेतना जाग्रत हो रही है। वह जड़ता का त्याग करता जा रहा है। ज्यों-ज्यों उसमें चेतना आ रही है त्यों-त्यों वह शोषण, अन्याय, उत्पीड़न और अत्याचार के स्वरूप को देख-समझ पा रहा है। उन सब का पूँजीभूत रूप ही 'सामन्तवाद' नामक शब्द है। बल्कि उस एक मानसिकता का वाचक है जो व्यक्ति को समानता का अधिकार नहीं देती। समतामूलक विचारों के प्रसार ने निम्नवर्ग को विपथन की ओर प्रेरित और उद्वेलित किया। अब वह होरी की तरह चुप नहीं रह सकता। वह 'पूर्ण सहनशीलता' से 'शून्य सहनशीलता' की ओर विपथित हो रहा है। 'मैला आँचल' और 'परती : परिकथा', 'उच्चाटन' कहानी आदि इसी को तो प्रमाणित कर रहे हैं। सिर्फ पुरुष ही नहीं स्त्री भी। लुत्तो की शून्य सहनशीलता (Zero tolerence) इस रूप में व्यक्त हुई है कि—"गाली दे तो पहले चेता दो, दूसरी बार गाली दे तो कहो कि गाली का जवाब गाली से देंगे। जो गाली सहेगा, उसको जुरमाना देना होगा।"[6]

वहीं फेकनी की माय कहती है—"आब ऊ जमाना नहीं कि बाभन-छतरी मनमानी करे और सोलकन्ह लोग, आकि देखो, छोड़ के बात कहे। इनकिलाफ तो इनकिलाफ।"[7] निम्नवर्ग के इस शून्य सहनशीलता की ओर बढ़ते कदम ने ऊँची जाति और वर्ग के लोगों को भी विपथन के लिए बाध्य किया है। तहसीलदार विश्वनाथ प्रसाद अब अपने पिता के नक्शेकदम पर नहीं चलते। उसके पिता कठोर दंडविधान पर विश्वास करते थे। गड्ढे में जोंक पालकर रखते थे और जूते में कटिहार से काँटी ठुँकवाकर मँगवाते थे। विश्वनाथ प्रसाद इस सत्य को समझ और मान चुके हैं कि अब पिता के सख्तीवाले रास्ते पर नहीं चला जा सकता। इसलिए वे मेलमिलाप और भाईचारे (चाहे वह बनावटी ही क्यों न हो) का तरीका अपनाते

हैं। इसी विपथन के अन्तर्गत वे तहसीलदारी छोड़ देते है और कांग्रेस का सदस्य बन जाते हैं। आर्थिक मोर्चे पर वह खेती के पुराने तरीकों को भी छोड़ देते हैं, ट्रैक्टर और पम्पसेट ले आते हैं। जो 'सामन्तवाद' से विपथित नहीं है, उसकी परिणति हरगौरी के रूप में होती है। 'परती : परिकथा' का जितेन्द्र भी अब अपने पिता के नक्शेकदम से विपथित हो चुका है। उसके पिता 'अपनी समृद्धि के लिए हर कुछ करते हैं, नैतिक और अनैतिक भी। जितेन्द्र अपने लिए कम और समाज-देश के लिए अधिक कर रहा है। एकमात्र सन्तान होने के बावजूद देशहित में घर छोड़ देता है।[8] सन् '42 के आन्दोलन में भाग लेता है, दर-दर भटकता है। उसके विपथन को भिम्मल मामा एक छोटे से मुहावरे के माध्यम से पूरा का पूरा व्यक्त कर देते हैं—"तांत्रिक का बेटा गणतांत्रिक।"[9] यह गणतांत्रिकता राष्ट्रीय स्तर का विपथन ही है। देश ने राजतंत्र को त्याग दिया है, पराधीनता को त्याग दिया है, सामन्तवाद को त्याग दिया है। अब उन सब को विस्थापित कर उनकी जगह भारतीय राष्ट्र ने 'गणतंत्रवाद' को अंगीकृत कर लिया है। भारतीय जन के भीतर सद्य:जात राष्ट्रवाद ने अभिवादन का एक नया शब्द गढ़ा है, बालदेव के शब्दों में-जायहिन्द। कालीचरन अब जोतखी काका का अभिवादन परम्परागत प्रणाम अथवा पाँवलागी से नहीं कर नये रूप में नये शब्द नमस्कार से करता है। इस शब्द को सुनकर उनके तन-मन में आग लग जाती है। वे पुरातनपंथी हैं। राष्ट्रपूजा की जगह व्यक्तिपूजा ही अब भी उनकी प्राथमिकता में है। तभी वे नमस्कार अथवा जयहिन्द की जगह प्रणाम या पाँवलागी जैसे अभिवादन के आकांक्षी हैं। राष्ट्रीय हित के रूप में प्रचारित-प्रसारित आधुनिक चिकित्सा के विरोध में दुष्प्रचार करते फिर रहे हैं। क्योंकि आधुनिक चिकित्सा के प्रसार से उनकी अपनी पुड़िया और जड़ी-बूटी बाँटने का धन्धा बन्द होने का खतरा उत्पन्न हो रहा था। जितेन्द्र ऐसे राष्ट्रविरोधी व्यक्तिहित से विपथित हो गया है। आधुनिक चिकित्सा विज्ञान का एक रूप है। उसका दूसरा रूप कृषि का यांत्रिकीकरण है, तीसरा रूप औद्योगीकरण है, चौथा रूप बड़ी-बड़ी योजनाएँ हैं। उत्पादकता और समृद्धि की आधारभूत शर्त के रूप में विज्ञान का आह्वान राष्ट्रीय मानस का विपथन है जो मिथकीय चेतना के उलट कोशी डैम के रूप में ऐतिहासिक यथार्थवादी घटना के रूप में चरितार्थ हुआ है।

हिरामन गाड़ीवानी (परम्परागत पेशे) से विपथित नहीं हुआ, मलारी हुई। अब वह मजदूरी और प्रसव कराने जैसे चमारों के परम्परागत पेशे को छोड़ चुकी है। अब वह बाबूभाव वाले पेशे से जुड़ चुकी है। अब किसी के पैरों के पास जमीन पर नहीं बैठती, वरन् सबके साथ बराबरी से कुर्सी पर बैठती है। उसके इस विपथन ने उसके सामने कुछ समस्याएँ भी खड़ी की हैं। अब वह अपने ही परिवार और जाति समाज में 'मिसफिट' हुई जा रही है। परिवर्तन और विकास के दौर से गुजरते हुए समय और समाज में इस तरह की समस्याएँ आती ही हैं। 'पंचलाइट' कहानी का गोधन

भी 'मिसफिट' होने को उदाहृत करता है। मलारी की समस्या पर इस लेखक ने अपनी पहली पुस्तक 'संक्रमण और रेणु की औपन्यासिक नारियाँ' में विस्तार से लिखा है। 'पंचलाइट' कहानी पर यथास्थान विचार किया जाएगा। रेणु ने इतना अवश्य किया है कि मलारी को उन समस्याओं से उलझने नहीं दिया है। फलतः वह टूटती नहीं है और न हिरामन की तरह नतशिर ही होती है। पंचलाइट का समाधान और भी क्रान्तिकारी है कि गोधन का समाज ही उसके स्तर तक ऊपर उठ जाता है, उसे नीचे नहीं गिराता।

विपथन तबतक बहुत फलदायी नहीं होता जबतक हम नयी अवधारणाओं से नहीं जुड़ते और उन्हें नहीं अपनाते। पुराने को छोड़ना विपथन का एक अंश है। उसका दूसरा अंश नयी अवधारणाओं का स्वीकरण है। अवधारणा के साथ नवीनतम विशेषण का उपयोग विपथन को अधिकतम फलदायी बनाना है। मलारी मास्टरी पाकर विपथित तो हुई है, किन्तु इस विपथन को अधिकतम फलदायी बनाने के लिए आवश्यक है कि उसे अपनी नौकरी में प्रोन्नति भी मिले। इसी खातिर वह मास्टरी पाकर रुक नहीं जाती, वरन् इस पेशे में अधिकतम प्रगति के लिए वह ट्रेनिंग भी करती है मुजफ्फरपुर जाकर। अपने भविष्य को सुरक्षित बनाने के लिए वह जीवनबीमा भी करवाती है। गोधन की चर्चा आगे की जाएगी। राष्ट्रीय स्तर पर गणतंत्र और औद्योगीकरण के साथ-साथ समाजवाद भी नवीनतम अवधारणा ही था। इन पर इतनी चर्चाएँ हो चुकी हैं कि अब यहाँ उन पर लिखने की आवश्यकता नहीं रह गयी है। रेणु सामन्तवाद के उस रूप को भी चिह्नित करते हैं जिसमें निम्नवर्ग को विपथित होने से रोकने का अन्तर्बाह्य (गुप्त और प्रकट) प्रयास किया जाता है। मलारी और आगे पढ़ सकती थी। ज्यादा पढ़ पाती तो और ऊँचा पद पाती। किन्तु उसके कुछ सवर्ण सहपाठियों तथा शिक्षकों ने उसे एक 'माल' समझ कर उसी रूप में व्यवहार किया। खिन्न और मजबूर होकर 'मलारी को हाई स्कूल की पढ़ाई छोड़ देनी पड़ी।' 'लालपान की बेगम' कहानी के नायक बिरजू के बाप को बरगलाने फुसलाने के लिए जमीन मालिक-बाबू साहेब का बेटा अन्तिम दम तक कोशिश करता है, ताकि वह जमीन पर तनाजा न दे, जमीन उसे नकदी न हो।[10] अगर वह विपथित नहीं होता, यानी अन्य ग्रामीणों की तरह से ही तनाजा न देता तो उसे जमीन नगदी न होती और न यह सम्पन्नता आ पाती जिसके चलते आज वह बैलगाड़ी पर अपनी पत्नी को नाच दिखाने ले जा पा रहा है। हद तो यह है कि इक्कीसवीं सदी के सन् 2013 में भी सामन्तवाद का यह रूप थमा नहीं है। आज भी जारी है। जिसका उदाहरण है 26 मार्च, 2013 को रात्रि 7:45 बजे जी न्यूज पर दिखायी गयी वह खबर जिसमें यह दिखलाया गया कि निरंजन नामक एक दलित युवक को लगभग 5 वर्ष पूर्व ही विश्वविद्यालय अनुदान आयोग (यू.जी.सी.) से जे.आर.एफ. (जूनियर रिसर्च फेलोशिप) की स्वीकृति मिली थी। परन्तु कार्यालय

के पदाधिकारियों ने उसकी राशि के भुगतान को अब तक तरह-तरह के नुक्ते निकाल कर लटकाये रखा। युवक दौड़ते-दौड़ते परेशान हो गया। फिर भी जब उसे भुगतान पाने में सफलता नहीं मिली तो विवश होकर उसने समाचार माध्यम का सहारा लिया। जी न्यूज की पहल के बाद ही उसे राशि का भुगतान हो पाया। निम्नवर्ग के मार्ग में कितने रोड़े हैं—यह इस घटना से स्पष्ट और प्रमाणित होता है। हमारा भारत सामन्तवाद से कितना मुक्त हुआ कितना नहीं—यह आज भी विचार का विषय बना हुआ है। कहीं बच्चों को स्कूल न भेजने की धमकी दी जाती है। हद तो यह है कि आज भी सीधी कार्रवाई की जा रही है। कानपुर और लखनऊ के पास इंजीनियरिंग में नामांकन कराकर घर लौट रहे दलित युवकों की हत्या कर दी गयी सिर्फ इसीलिए न कि वे पढ़-लिखकर इंजीनियर नहीं बन सके जैसे थे वैसे ही बने रहे, तरक्की नहीं करे। इस सम्बन्ध में मेरा एक लेख 'प्रबुद्ध बिहार' नामक पत्रिका अंक 8 वर्ष 3 माह अप्रैल-जून 2011 में प्रकाशित हो चुका है। और क्या कुछ ऐसा ही अमेरिका के गोरे लोग नीग्रो लोगों के साथ नहीं करते या द. अफ्रीका के अंग्रेज वहाँ के काले लोगों के साथ वैसा ही वर्ताव नहीं करते? रेणु का यह पर्यवेक्षण भारत के सन्दर्भ में विशेष मौजूँ तो है ही पर विश्व के अन्य अनेक हिस्से भी सामन्तवाद के इस रूप से बिल्कुल अछूते नहीं हैं।

सन्दर्भ सूची

1. ठुमरी, रेणु, पृ. 123
2. जुलूस, रेणु, पृ. 146
3. बलचनमा, नागार्जुन, पृ. 17
4. परती : परिकथा, रेणु, पृ. 137
5. ठुमरी, रेणु, पृ. 100
6. परती : परिकथा, रेणु, पृ. 110
7. वही, पृ. 45
8. वही, पृ. 76
9. वही, पृ. 303
10. ठुमरी, रेणु, पृ. 132

यथास्थिति बनाम प्रगति और रेणु

रेणु एक प्रगतिशील लेखक हैं। कल्याणकारी राज्य की चेतना के हिसाब से 'प्रगति' की अवधारणा यह नहीं हो सकती कि बड़ा कुछ और बड़ा हो रहा है, वरन् प्रगति का वास्तविक निर्धारण इस बात से होता है कि 'अन्तिम व्यक्ति' के जीवन में कितना गुणात्मक परिवर्तन घटित हुआ। रेणु प्रगति के इसी प्रगतिशील अर्थ में समाज को प्रगति के रास्ते पर अग्रसर होता हुआ देखना चाहते हैं। इसलिए 'प्रगतिशीलता' उनकी अपनी निष्ठा है और उनकी रचनाओं की आत्मा है। उनके सम्पूर्ण साहित्य में प्रगतिशीलता के साथ उसके मार्ग में उत्पन्न किये जा रहे अवरोधों के विरुद्ध संघर्ष ही विभिन्न नामरूपों और छायाछवियों में चित्रित है। रेणु ने लिखना 'मैला आँचल' से शुरू किया था और अपनी योजना का उत्कर्ष 'परती : परिकथा' में चरितार्थ किया। इस तरह दोनों ही रचनाओं में एक सिक्वेंस—पूर्वापर—सम्बन्ध है। इसी कारण दोनों उपन्यास ग्राम-जीवन पर आधारित होकर भी दो भिन्न भावभूमियों और अलग-अलग उद्देश्यों को साधित करते हैं।

'मैला आँचल' एक नितान्त यथार्थवादी उपन्यास है। उसका वर्ण्य इलाका एक निम्नवर्गीय आबादीवाला अविकसित गाँव मेरीगंज है। निम्नवर्गीय होने का यह कोई अर्थ नहीं है कि उसमें सिर्फ अच्छाइयाँ नहीं हैं। अच्छाइयाँ और बुराइयाँ दोनों ही मनुष्य के स्वभाव में सहजात रूप में मौजूद हैं। साहित्यकार का काम, अगर वह ईमानदार है साथ ही यथार्थवादी भी तो स्वाभाविक है कि सामयिक यथार्थ के रूप में अच्छाइयाँ और बुराइयाँ—जो भी उसे उपलब्ध होती हैं, उनका उपयोग अपनी रचनाओं में करेगा ही। किसी 'मोटिभेशन' से प्रेरित रचनाकार को अपने चित्रित समाज में अच्छाइयाँ ही अच्छाइयाँ दिखायी देती हैं अथवा वह यथार्थवाद के नाम पर कुत्सित यथार्थ का एकतरफा चित्रण करता है। वाजिब है कि वैसी रचनाओं में समाज अपनी सच्ची वास्तविकता और समग्रता में प्रस्तुत नहीं हो पाता। बहुत बार ऐसा भी होता है कि समाज की वास्तविकता बुराई ही हो जैसा हम प्रेमचन्द के गोदान में पाते हैं। दूसरी ओर उन्होंने आदर्शवाद को प्रस्तुत करनेवाली कहानियाँ भी लिखीं। किन्तु उनका आदर्शवाद उनकी ही दूसरी रचनाओं में गायब मिलता है। स्पष्ट है कि

आदर्शवाद उनके जमाने की वास्तविकता नहीं था। प्रेमचन्द वैसा किसी 'मोटिभेशन' से लिख रहे थे। जमाने का यथार्थ जब उनसे उनकी अपनी लेखकीय ईमानदारी की माँग करने लगा तो आदर्श का यूटोपिया खंडित हो गया। गोदान न सिर्फ तत्सामयिक समाज के यथार्थ की रचना है, बल्कि वह प्रेमचन्द की लेखकीय ईमानदारी की रचना भी बन गयी है। इसलिए वह सामयिक यथार्थ से टकराने अथवा उसकी आलोचना की रचना बन गया है। गोदान में प्रेमचन्द का आदर्शवाद नदारद हो जाता है। इस कारण उन्हें समाज में न तो 'पंच परमेश्वर' मिलता है और न 'नमक का दारोगा'। प्रेमचन्द का आलोचनात्मक तेवर गाय की मौत के बाद दारोगा से उलझती हुई धनिया के रूप में सामने आया है तो दूसरी जगह होरी के दामाद रामसेवक द्वारा अपने गाँव के उल्लेख के क्रम में।

जो लेखकीय ईमानदारी हम प्रेमचन्द के गोदान में पाते हैं वही लेखकीय ईमानदारी कुछ और धारदार एवं निखरे हुए रूप में हम रेणु के 'मैला आँचल' में पाते हैं। 'मैला आँचल' के युग तक आते-आते जमाना बदलने लगा था और वह बदलाव ही रेणु के 'मैला आँचल के जमाने का युगसत्य था। वह बदलाव अच्छाई और बुराई दोनों ही रूपों में उसमें मौजूद मिलता है। इसलिए रेणु पहले ही लिख देते हैं "इसमें फूल भी है, शूल भी, धूल भी है गुलाब भी, कीचड़ भी है और चन्दन भी, सुन्दरता भी है, कुरूपता भी मैं किसी से दामन बचाकर निकल नहीं पाया।"[1] अगर वे दामन बचाने की कोशिश करते तो उनकी लेखकीय ईमानदारी का दामन दागदार हो जाता या उलझ जाता। फूल खिलकर देखनेवालों के मन-प्राण को हर्षित कर देता है। 'मैला आँचल' में उपलब्ध फूल वह काम्य स्थिति है, वे मूल्य, वे गतिविधियाँ हैं जो समाज को जाग्रत, सुखी, स्वस्थ और रचनात्मक बना रही हैं। इनका पूँजीभूत रूप कालीचरन है। शूल वे विगतमूल्य वैयक्तिक सामाजिक आचरण हैं जो समाज को प्रतिगामिता की ओर ले जानेवाले हैं। प्रगति, समता, स्वास्थ्य और जागृति के विरोध में है, जो अन्धकार फैलाने वाले और नैतिक स्वास्थ्य के मार्ग में रोड़ा बनकर खड़े हैं। विगतमूल्य नैतिकता की दुहाई और अन्धकार का महिमामंडन ही धूल है जो चेतना के दामन को या तो ढँक रहा है या दागदार बना रहा है। वे मूल्य और मानक जो समाज की प्रगति और समतावादी समाज की स्थापना की कामना से अभिप्रेरित हैं, वही चन्दन हैं, वह चन्दन जो किसी की अभ्यर्थना में प्रयुक्त होता है। एक लेखक के रूप में रेणु उस 'चन्दन' को समाज के सामयिक यथार्थ के रूप में पाते हैं। किसी भी ठहरे हुए समाज की प्रगति के लिए जागृति न सिर्फ आधारभूत वरन् प्राथमिक और अनिवार्य शर्त भी है। किसी की यथास्थिति की स्वीकार्यता से भिन्न और विरोध में जो कुछ भी है, वही उसकी 'चेतना' है। मेरीगंज बदल रहा है। यह बदलाव सिर्फ बुराई की ओर ले जानेवाला ही नहीं है वरन् उसकी गति अच्छाई की ओर भी है। वह अच्छाई ही है जो समाज-परिवर्तन को 'मोटिभेट' कर रही है। वह फर्क के विरोध में है और समानता

का हिमायती है। इस तरह 'मैला आँचल' एक यथार्थवादी उपन्यास है जो रेणु की लेखकीय ईमानदारी के प्रमाण-रूप में प्रस्तुत हुआ है। उसमें जो बदलाव उपलब्ध होता है वह सामाजिक शुभ के लिहाज से जरूरी था। उस बदलाव की शुरुआत 'मैला आँचल' में मिलती है, उसका अन्त नहीं। सामाजिक प्रगति के लिए उपयोगी विचारदर्शन और उपक्रम बीजरूप में ही वहाँ मौजूद हैं। किसी क्रान्तिकारी बदलाव की बात रेणु वहाँ नहीं करते जो सामयिक यथार्थ से इतर हो। एक निम्नवर्गीय समाज में जागृति आ सकती है किन्तु जानकारी, शिक्षा, ज्ञान-विज्ञान, अर्थशास्त्र आदि से अनभिज्ञता निम्नवर्ग को कल्पनाशील और योजनाकार नहीं बनने देती। योजनाकार होने के लिए मानवीय शुभ के लिहाज से उपयोगी विचार-दर्शन, कर्म और उद्यम की जानकारी और समझ होनी चाहिए। शिक्षा और व्यापक सम्पर्क के अभाव में उससे ऐसी आशा ही कैसे की जा सकती है। यह काम तो उस काल में उच्चवर्ग ही कर सकता था, क्योंकि शिक्षा, सूचना तथा व्यापक सम्पर्क-क्षेत्र के कारण उसमें ही कल्पनाशीलता और योजना बना सकने की सम्भावना हो सकती थी। अस्तु, 'मैला आँचल' अगर सिर्फ एक यथार्थवादी उपन्यास है तो 'परती : परिकथा' यथार्थवादी उपन्यास होकर भी 'योजना' की रचना है। 'मैला आँचल' में जहाँ सामयिक यथार्थ के किसी रूप से दामन न बचा सकने की स्वीकारोक्ति है, वहीं 'परती : परिकथा' योजना के चरितार्थ और फलीभूत होने की रचना है। इसलिए उसमें किसी स्वीकारोक्ति की जगह एक बड़ी ही कीमती, अत्यन्त महत्त्वपूर्ण सूचना है—

> "भैया महेन्दर
> तुम नहीं रहे, तुम्हारी कल्पना साकार हुई है
> सिमराहा की सपाट धरती पर
> हजारों पेड़ लग गये हैं।" —भैया[2]

महेन्द्र रेणु जी के छोटे भाई थे। परती पर पेड़ लगाने की कल्पना वस्तुतः उन्हीं की थी, किन्तु पेड़ लगने के पूर्व ही वे अकाल मृत्यु का शिकार हो गये और लगे पेड़ों को देखने की उनकी लालसा पूरी न हो सकी। ये पेड़ खुद से प्राकृत रूप से नहीं उग आये हैं। वरन् उन्हें जान-बूझकर किसी योजना के तहत रोपा गया है और वे लग गये हैं तो इसका अर्थ है कि योजना सफल हो रही है। वह योजना किसी का सपना थी। पेड़ के आरोपण के रूप में वह सपना ही मानो सच-साकार हो उठा है। प्रगति के लिए जड़ समाज में जागृति आवश्यक है। वह जागृति 'मैला आँचल' के निम्न वर्ग (जड़ समूह) में आती दिख रही है। वह किसी योजना के स्तर तक विकसित नहीं है। 'मैला आँचल' में जो योजना है (मैलेरिया सेन्टर की) वह तो मिस्टर मार्टिन की बनायी हुई है और जो बटैयादारी वगैरह का कानून है, वह भी किसी बाहरी उच्चस्तरीय सोच का परिणाम है, वह मेरीगंज के लोगों-स्थानीय लोगों का ईजाद किया हुआ नहीं है। जबकि 'परती : परिकथा' में जो योजना (कोशी डैम योजना) है वह वही

के स्थानीय निवासी जितेन्द्र मिश्र के मानस की उपज है। वह निम्नजातीय जड़-समूह का पात्र नहीं है। वह ऊँची जाति का है जिसमें शिक्षा की परम्परा है। वह मूल पात्र के रूप में बनारस हिन्दू विश्वविद्यालय का छात्र रहा है। जो उस समय अपने समाजवादी चरित्र के लिए जाना जाता था। 'सूचना' से गहराई से जुड़े होने के कारण तथा अपने व्यापक सम्पर्कक्षेत्र के कारण उसकी वाकफियत काफी बड़ी है और इसी कारण वह अपने गाँव 'परानपुर' के साथ-साथ पूरे इलाके की जरूरत को समझ पा रहा है कि अगर इस डायन कोशी को बाँध दिया जाय तो इसके तांडव (बाढ़) से इलाके को बचाया जा सकता है। सफेद कफन की तरह फैले बालूचरों की पंक्तियों को शस्यश्यामला बनाया जा सकता है। कोशी को साध लेने से नहर प्रणाली निकाली जा सकती है, तांडव मचानेवाले जल का रचनात्मक उपयोग किया जा सकता है। उस जल से सिंचाई हो सकेगी, जमीन की उत्पादकता बढ़ जाएगी और अधिक अन्न उपजने लगेगा। लोगों को बाढ़ से भी निजात मिल सकेगी और वे साल-दर-साल कष्ट भोगने की नियति से मुक्त हो सकेंगे। निष्कर्षतः जितेन्द्र को इस बात की समझ हो गयी है कि क्या उपक्रम करने से जनता का कल्याण हो सकेगा। बाढ़ से निजात मिलने के बाद ही आगे की बात सोची जा सकती है। इसलिए 'कोशी डैम' इलाके की खुशहाली की प्राथमिक शर्त है। कोशी को बाँधने से जो जल संचित होगा, उसका क्या किया जाएगा—यह अगली समस्या थी। समाधान यह था कि उसे प्रतिबन्धित-नियोजित-रूप से बहाया जाय। अनियोजित जल-प्रवाह बाढ़ है तो नियोजित जल-प्रवाह सिंचाई है, जल विद्युत है परिवहनमार्ग है—आदि-आदि। अनियोजित तांडवकारी जल का इससे सुन्दर समाधान क्या हो सकता था 'इतनी बड़ी योजना बालदेव, कालीचरन या लुत्तो के दिमाग में कैसे उपज सकती थी' क्योंकि किसी को भी टेनिसी वैली योजना, भाखड़ा नांगल, दुर्गावती, दामोदर वैली योजना आदि में से किसी की भी न तो जानकारी थी, न उनके बारे में सुना-पढ़ा था और न अपनी आँखों से देखा ही था। फिर अपनी मिथकीय चेतना-कोसका मैया के डायन विकराल रूप के आगे मनुष्य की क्षमता की विजय भी कल्पना से परे ही थी। उक्त पात्रों की पृष्ठभूमि में शिक्षा है ही नहीं। शिक्षा तो जितेन्द्र के पास है, इसलिए योजनाकार के रूप में रेणु ने जितेन्द्र को प्रस्तुत किया है, न कि उन पात्रों को। कोशी डैम योजना का साकार होना इसलिए सम्भव हुआ कि जितेन्द्र का सम्पर्कक्षेत्र बहुत विस्तृत है, जिसके परिणाम स्वरूप उसे टेनिसी वैली की योजना की जानकारी हुई। अनेक स्थानों की यात्रा करते रहने के कारण हजारीबाग में वह दामोदर घाटी योजना को भारत की सरजमीं पर अंजाम लेते अपनी आँखों से देख आया है। टेनिसी योजना का चित्र और दामोदर घाटी में योजना के मूर्तन को अपने चश्मे से देखकर जितेन्द्र को अपने इलाके के लिए योजना बनाने का आधार मिल जाता है। साथ ही उक्त दोनों योजनाओं की सफलता उसके मन में कोशी डैम योजना की चरितार्थता की सम्भाव्यता

पर उसके विश्वास को बढ़ानेवाली है। वे योजनाएँ उसे प्रेरित करती हैं और साथ ही उत्सुक भी बनाती हैं। बालदेव पूर्णियाँ तक गया है, अधिक से अधिक एक बार पटना तक। उसके आगे बिल्कुल नहीं। कालीचरन पहली बार जुलूस के साथ पूर्णिया गया है। लुत्तो का हाल भी बहुत भिन्न नहीं है। अतः टेनिसी वैली और दामोदर वैली योजना को जानने देखने का कहाँ सवाल उठता है? आँखों से देखने पर मन में जो विश्वास दृढ़मूल होता है वह विश्वास भी कैसे अर्जित हो सकता था? भला रेणु जैसे जागरूक रचनाकार कोशी डैम योजना को उन पात्रों के दिमाग की उपज कैसे बना देते? लेकिन जितेन्द्र मिथकीय चेतना से आक्रान्त परानपुर की आम जनता से इतर डायन कोशी को बाँध लेने और योजना की सफलता के प्रति पूर्णतः आश्वस्त है। यह आश्वस्ति बालदेव, कालीचरन, लुत्तो आदि पात्रों में हो ही नहीं सकती थी। क्योंकि उन्होंने किसी वैसी बड़ी योजना को साकार होते देखा ही नहीं था। रेणु जितेन्द्र के बारे में लिखते है—जो भी कहिए काबिल आदमी है, "इंगलैंड, अमरीका, रूस, चीन, दुनिया जहान से चिट्ठी आती हैं।"[3] दूर-दूर से चिट्ठियों का आना-जाना उसके विस्तृत सम्पर्कक्षेत्र का सूचक है। उन दूरस्थ क्षेत्रों में मूर्तित हो रही योजनाओं की उसे जानकारी मिलती रहती है। रेणु न तो अतिरेकी लिखते हैं और न न्यून ही, वरन् जिस बात को लिखना वे आवश्यक समझते हैं उसे अवश्य लिखते हैं। कोशी डैम योजना रेणु के इतिहास बोध का प्रमाण है। इतिहास बोध का सम्बन्ध जाति की उच्चता या निम्नता से नहीं होता वरन् शिक्षा, सम्पर्क और जागृति से होता है। कई कारणों से रेणु ने जितेन्द्र को ब्राह्मणवंशीय बनाया है। सच यह है कि निम्न समझी जानेवाली 'धानुक' जाति में पैदा होकर भी रेणु न सिर्फ शिक्षित थे, बल्कि बनारस हिन्दू विश्वविद्यालय में शिक्षा भी पायी थी, घूमे भी बहुत थे और देश-विदेश के सम्पर्क में भी थे। इसलिए कुछ दूर तक रेणु खुद जितेन्द्र के रूप में है। जितेन्द्र का मनोजगत् रेणु के मनोजगत् की ही एक पात्र के रूप में परिणति है। रेणु के अनुज महेन्द्र कल्पनाशील भी थे और रचनात्मक भी। बाढ़ और बाढ़ से बचाव उनकी चिन्ताओं में था। अस्तु, उसी के सपने को रेणु कला-रचना के स्तर पर चरितार्थ करते हैं तो देश के भौतिक स्तर पर योजना की मूर्त्तता पंडित नेहरू की देन है और उन्हीं का प्रतिरूपन भी। नेहरू उच्च जाति, उच्च कुलोत्पन्न, विदेशों में शिक्षा प्राप्त, विस्तृत सम्पर्कक्षेत्र से सम्बद्ध तथा जनकल्याण के लिए विज्ञान की उपयोगिता से परिचित थे। फलतः निम्नजातीय रेणु और महेन्द्र की कल्पना को उच्च जातीय जितेन्द्र चरितार्थ करता है। जितेन्द्र को रेणु निम्न जाति से भी सम्बद्ध कर सकते थे। किन्तु रेणु ने वैसा इसलिए नहीं किया, क्योंकि उस युग में वैसी उच्च कल्पनाशीलता रेणु जैसे निम्नजातीय समूह में अपवाद रूप में ही थी, सामान्य रूप में नहीं। इंगलैंड में पढ़ते हुए नेहरू ने विज्ञान की उत्पादकता की ताकत और लोककल्याणकारी शक्ति को अपनी आँखों से देखा था। इसलिए रेणु ने जितेन्द्र को अपवाद नहीं सामान्य सच के रूप में दिखाने के लिए

उच्च जाति से सम्बद्ध किया। साथ ही पंडित नेहरू का प्रतिरूप बनाकर भी प्रस्तुत करना था। डॉ. अम्बेदकर, सरदार पटेल, चौधरी चरण सिंह, कर्पूरी ठाकुर आदि जैसे योजनाकार निम्नवर्ग मैं पैदा तो हो ही रहे थे, किन्तु विश्वसनीयता और व्यापक अपील को ध्यान में रखकर जितेन्द्र को उच्चजातीय दिखाना ही रेणु को ज्यादा उचित और व्यावहारिक लगा होगा, ऐसा इस भावक का अनुमान है।

कोशी डैम योजना ही हर देश या हर इलाके के लिए उपयोगी हो—यह एक बहुत ही भोंडी समझ है। योजनाएँ स्थानीय जरूरत के हिसाब से और स्थानीय संसाधनों को ध्यान में रखकर बनायी जानी चाहिए। बाढ़ से प्रभावित होकर परती बन चुकी जमीन के लिए कोशी डैम योजना ही उन्नति और समृद्धि लाने का कारण हो सकती थी। स्थानीय समस्या के अनुरूप ही योजना होना उपयुक्त है। रेणु का पूरा जोर स्थानीय समस्या और उसके अनुरूप योजना बनाने पर है। जो योजनाएँ स्थानीय आवश्यकता के अनुरूप नहीं हैं वे बेकार हैं। बल्कि कीमती राष्ट्रीय संसाधन की फिजूलखर्ची भी हैं। अपव्यय को रोकना भी आवश्यक है। अपने कीमती संसाधनों का उपयोग हमें बहुत सोच-समझ कर करना चाहिए जिससे वे बेकार न जायँ। इस देश में संसाधनों का बहुत अभाव है। अत: उनका दुरुपयोग जनता को वास्तविक और उचित लाभ से वंचित रखने का एक राष्ट्रद्रोही कदम माना जाना चाहिए। जनता को प्रगति से वंचित रखने के लिए ही उक्त प्रकार की अलाभकारी योजनाएँ बनायी और चरितार्थ की जाती हैं।

'मैला आँचल' में जोतखी काका प्रगतिशीलता के मार्ग में बाधक के रूप में लाठी टेक कर खड़े हैं। उसे रोकने के लिए वे कुतर्क का सहारा लेते हैं। वे कहते हैं—'डाकटर लोग ही कुएँ में दवा डालकर हैजा फैलाते हैं, और सुई में गाय का खून मिला होता है।' वे लोगों को डराते भी हैं—'एक दिन इस गाँव में गिद्ध-कौआ उड़ेगा, लक्षण अच्छे नहीं हैं। गाँव का ग्रह बिगड़ा हुआ है।'[4] 'प्रगतिशीलता बनाम यथास्थितिवाद' के संघर्ष की बन रही स्थिति ही जोतखी जी की चिन्ता का कारण है। यह संघर्ष अपरिहार्य है। कोई उसे रोक नहीं सकता और किसी के रोके वह रुकनेवाला नहीं है। चील कागा का उड़ना तय है। लाश गिरेगी ही पर किसकी?[5] रेणु का उत्तर है—यथास्थितिवाद की, पुरातनता की, जड़ता की और साथ ही निहित स्वार्थ की भी। समाज में जब बदलाव आना शुरू होता है तब व्यक्ति की प्रस्थिति और भूमिका-सभी में अदला-बदली की आपाधापी मच जाती है। बालदेव की नेतागिरी उसी बदलाव का परिणाम है। किन्तु गाय-भैंस चरानेवाली जाति से आनेवाले बालदेव की भूमिका और प्रस्थिति में आये बदलाव को हरगौरी मान्यता नहीं देता—'ग्वाला होकर लीडरी?'[6] ग्वाला होकर भी बालदेव समाज के कल्याण के लिए मैलेरिया सेन्टर की स्थापना के लिए जी-जान से जुटा है। वैसे लोककल्याणकारी उपक्रम की स्थापना के मार्ग में बाधा? लाश तो गिरेगी ही, गिर भी जाती है—

"हरगौरी के रूप में[7] कोई भी ताकत उस विचार को नहीं रोक सकती, जिसका समय आ गया है।"[8] बालदेव आये हुए समय का प्रतीक पात्र है। वह अ-काल नहीं है, समय से पहले का नहीं है बलचनमा की तरह। 'परिस्थितियों के परिपक्व' होने या फिर तर्कशास्त्र की शब्दावली में 'कारण के सम्पूर्ण' होने से पहले ही बलचनमा पैदा हो गया था। इसलिए वह बाँधा चला गया था। बालदेव अकाल परिपक्व नहीं है, वरन् उसके आने का सही वक्त आ चुका था। इस कारण उसकी लाश नहीं ही गिरनी थी। गिरनी थी उसकी जो उसके मार्ग में बाधक बन कर खड़ा था। यथास्थितिवाद का कार्यकारी रूप हरगौरी था तो उसी का मानस रूप जोतखी जी थे। पुरातनता अब एक सड़ी हुई चीज है और अब वह दुर्गन्ध देती है—जोतखी जी के मल की तरह।[9] लकवा व्यक्ति जोतखी जी को नहीं मारा है वरन् पुरातनता और यथास्थितिवाद को मार गया है। अब वह क्रिया करने (हरकत करने) की स्थिति में नहीं है। यथास्थितिवादी अपने दकियानूसी चरित्र के कारण अपना स्वत्व गवाँ रहे हैं। जोतखी जी की पत्नी मर जाती है, क्योंकि डॉक्टर प्रशान्त से, जो आधुनिक चिकित्सा पद्धति के रूप में प्रगतिशीलता का एक आयाम है, इलाज कराना स्वीकार्य नहीं है—डॉक्टर तो पेट टीपेगा, जीभ देखेगा[10]—आदि। जोतखी जी जैसे लोग अपना भविष्य भी गँवा रहे हैं—अपने बेटे के रूप में। उनका बेटा राम नारायण कालीचरन के दल में शामिल हो गया है। सहदेव मिसिर की पंचायत में जोतखी जी कालीचरन को पंच नहीं मानते। उन्हीं का बेटा रामनारायण कालीचरन को पंच मानने के पक्ष में हाथ उठाता है।[11] 'परती : परिकथा' का गरूड़धुज झा भी यथास्थितिवादी है, बबुआनों के अलावा और किसी का मुखिया होना उसे स्वीकार्य नहीं है—"लेकिन मुखियागिरी करेंगे बबुआन टोले वाले ही।"[12] यथास्थितिवादियों के न चाहते हुए भी मुखियागिरी उनके हाथ से छिन ही जाती है और रोशन बिस्वाँ मुखिया बन जाता है। लुत्तो खानदानी बाबुओं से मुखियागिरी छीनने में सफल हो जाता है। लेकिन अपने साहित्य में रेणु यह साफ भी करते चलते हैं कि यथास्थितिवाद और निहित स्वार्थ का मतलब सिर्फ उच्च वर्ग या ऊँची जाति ही नहीं है और प्रगतिशीलता का अर्थ सिर्फ निम्नवर्ग नहीं है। समय के सच के अनुरूप ही वे दोनों ही वर्गों से दोनों ही प्रकार के पात्र उठाते हैं। निम्नवर्ग में प्रगतिशीलता का अन्यतम उदाहरण कालीचरन है, 'लालपान की बेगम' कहानी का नायक-बिरजू का बाप, 'उच्चाटन' कहानी का नायक रामबिलास, 'तीसरी कसम' कहानी का लहसनवाँ आदि भी प्रगतिशीलता को विविध छवियों में उदाहृत करते हैं। लुत्तो में भी प्रगतिशीलता है, पर प्रतिक्रियावाद और लड़ैया राजनीति के कारण वह रेणु को काम्य नहीं है। ऊँची जाति के पात्रों में भिम्मल मामा में प्रगतिशीलता है, किन्तु वह भी रेणु को काम्य नहीं हैं। क्योंकि भिम्मल मामा समाज के पुराने मानदंड-वंश और जाति-से पूरी तरह मुक्त नहीं हो सके हैं, जबकि प्रगतिशीलता के हिसाब से नया मानदंड-गुण-अंगीकृत हो चुका था और भिम्मल

मामा को भी इस नये मानदंड को मान्यता देनी चाहिए थी। नट्टिन कुल में जन्मी ताजमनी अपनी निष्ठा, एकांतिकता, जितेन्द्र के प्रति अशेष शुभाशंसा जैसे गुणों के कारण हवेली में प्रवेश पा गयी। जितेन्द्र से हवेली-प्रवेश की स्वीकृति-सूचना मिलते ही भिम्मल मामा खड़ाऊँ खटखटाते हवेली से बाहर हो गये।[13] नारी के प्रति यह मामा की सामन्ती सोच ही थी। उच्चवर्ग और जाति में रेणु को जितेन्द्र प्रिय है क्योंकि वह प्रगतिशील तो है ही, निहित स्वार्थ से भी मुक्त है। चरित्र से पाक-साफ, लड़ैया राजनीति से दूर और सर्वांशतः 'रचनात्मक' है। वह परले दर्जे का गणतांत्रिक भी है। गणतंत्र की आधारभूत शर्त गुण है, न कि वंश। 'गुण' के कारण ही नट्टिन कुल में जन्मी ताजमनी पत्नी का दर्जा पा जाती है। इस प्रसंग की विस्तृत चर्चा आगे होगी। ऊँची जाति की रमला बनर्जी में भी अत्यन्त उच्च कोटि की प्रगतिशीलता उपलब्ध है, जबकि श्रीमती ज्योत्स्ना आनन्द की प्रगतिशीलता सुविधाजनक और निहित स्वार्थ की पूर्ति का माध्यम भर है। जब हार तय हो तो बुद्धिमानी यही है कि उसका फायदा उठाओ।[14] लाभ की चेतना से प्रेरित होकर ही बहुत से लोग लोकोपयोगी उपक्रमों में घुस आते हैं। जिससे वे व्यवस्था में शामिल होकर कार्यक्रम को निरर्थक बना सकें और लोगों को उनका लाभ नहीं मिल सके। श्रीमती आनन्द की समाजसेवा और प्रगतिशीलता एक ढोंग है। लोकोपयोगी कार्यक्रम में घुसने और उसके संचालन पर काबिज होने के लिए 'समाजसेवी' दिखना आवश्यक होता है। असलियत का पता चलने तक वह कार्यक्रम को चूस चुका होता है। कालाबाजारी करनेवाला दुलारचन्द कापरा (मैला आँचल) राजनीति में घुस जाता है और कटहा थाना कांग्रेस का सभापति बन बैठता है।[15] हार से फायदा उठाने की अक्लमन्दी मेरीगंज के पूर्व तहसीलदार विश्वनाथ प्रसाद भी दिखाते हैं और वह भी कांग्रेस का सौ टकिया मेम्बर बन जाते हैं। उन पर चार्ल्स डार्विन का सिद्धान्त भी पूरी तरह फिट बैठता है कि सबसे ताकतवर प्रजातियाँ नहीं जिन्दा रहती, न सबसे बुद्धिमान रहती हैं। वे प्रजातियाँ ही जिन्दा बचती हैं जो बदलाव के हिसाब से खुद को ढालती हैं। हरगौरी नहीं बदला इस कारण मिट गया, तहसीलदार विश्वनाथ प्रसाद ने अपना तरीका बदल लिया, फलतः अपने को सुरक्षित रखने में सफल हो गया। भारत के राजनीतिक दल और भारतीय नौकरशाही प्रगतिशीलता का प्रदर्शन तो खूब करती हैं, किन्तु अन्दर से वे यथास्थिति को बनाये रखने के पक्ष में हैं। भारतीय सन्दर्भ में उक्त प्रदर्शन ही बहुत दूर तक उनके अस्तित्व की सार्थकता है। यथास्थिति मिट जाय तो उनकी उपयोगिता ही समाप्त हो जाय। कमीशनखोरी और संसाधनों की लूट यथास्थिति को बनाये रखने का ही एक तरीका है। व्यंग्य की भंगिमा में मेरा ग्रामीण कवि पूछता है—

भूख!
तू यदि ठहर जाए
तो लाल इन झंडों का क्या होगा?

भूख का ठहर जाना (मिट जाना) नौकरशाही और राजनीति के बेरोजगार हो जाने का सबब बन जाय। श्रीमती आनन्द नौकरशाहों से मिलकर लोककल्याण के संसाधनों को लूट लेती है। निम्न जाति का आदिवासी कुलभूषण बागे उसका सहयोगी है। बिना श्रम के जीने में शान समझनेवाली भारतीय मानसिकता से प्रेरित बागे श्रम करने में अपनी हेठी समझता है। आदिवासियों का जीवनाधार श्रम ही है, किन्तु आदिवासी कुलोत्पन्न बागे के अहं को इस बात से तुष्टि मिलती है कि अब श्रम करना उसकी नियति नहीं रही। बिना श्रम के ही वह जिन्दा है और शान से है। अब वह कोट-टाई पहनता है और ऊँची सोसाइटी में उठता-बैठता है। कोट-टाई पहनना निश्चय ही आदिवासियों की प्रगति का प्रमाण हो सकता है, बशर्ते वह ऊँचे पद, ऊँचे वेतनमान अथवा अन्य वैध उच्च उत्पादकता, ऊँचे लाभवाले उपक्रम से जुड़कर उपलब्ध होता हो, किन्तु बागे को कोट-टाई वैसे किसी वैध स्रोत से प्राप्त आय से उपलब्ध नहीं हुई है। वरन् उन संसाधनों को लूटने में सहयोग करने से प्राप्त हुई है जो श्रीमती आनन्द या डी. साहब, पी. साहब के वर्ग के लोगों के कल्याणार्थ नहीं थे, वरन् उसके अपने ही वर्गीय भाई-बहनों और बच्चों के लिए थे। वह शान से कहता है—'मैं दलाल हूँ, मुझे अपने को दलाल कहने में कोई शर्म नहीं। मैं इसी की कमाई खाता हूँ। दलाली मेरा पेशा है।'[16] बागे जैसे लोग अपने ही वर्ग की प्रगति में बाधक बने हुए हैं। डी. साहब, पी. साहब जैसे नौकरशाहों की कृपा उस पर इसलिए बरसती है कि वह उनके ही गुप्त एजेंडे को लागू कर रहा है। बागे अपने ही वर्ग के गले पर छुरी चला रहा है। ग्रामीण स्तर पर यह काम 'मैला आँचल' का सुमरित दास भी कर रहा है। वह तहसीलदार का रोटिया गवाह है। मामला कुछ भी हो और उसके अपने वर्ग के विरुद्ध भी हो, तब भी वह गवाही तहसीलदार के पक्ष में ही देगा; झूठ की सीमा तक जाकर भी। तहसीलदारों-जमींदारों और सम्पन्न लोगों द्वारा गरीब-गुरवा पर झूठे मुकदमे दायर कर उन्हें तंग-तबाह किया जाता था, जिससे वे प्रगति न कर सकें और उनकी आवाज दबी रहे।

प्रगतिशीलता के मार्ग में निम्न वर्ग की जड़ता भी एक बहुत बड़ी बाधा है। जिसका पूँजीभूत रूप 'तीसरी कसम' कहानी का नायक हिरामन है। उसपर अलग से आगे लिखा जाएगा। लुत्तो, बालगोबिन मोची आदि में भी जड़ता है। तभी ये लोग मलारी और ताजमनी की प्रगतिशीलता और उनकी तरक्की में कोई सहयोग नहीं करते। बल्कि कई तरह से उसमें बाधा ही डालते हैं। दो निम्नजातीय स्त्रियों का जितेन्द्र का चरित्र हनन करने के लिए उपयोग करने की योजना बनाते हैं। अपने अज्ञान के कारण वे नहीं जानते कि ऐसा कर वे मलारी और ताजमनी का हित करेंगे कि अहित। जाहिर सी बात है कि प्रगतिशीलता के मार्ग में बाधक बने और यथास्थिति के पक्ष में जो भी है, प्रगतिकामियों को उनसे लड़ना ही है, साथ ही अपने वर्ग की जड़ता से जूझना भी उनकी नियति है।

इस तरह रेणु ने प्रगतिशीलता, यथास्थितिवाद और निहित स्वार्थ की टकराहटों की विभिन्न अर्थछवियों और रूपरंगों का विशाल फलक प्रस्तुत किया है, कम से कम उतने तो अवश्य ही जो उस समय के समाज में मौजूद थे। इस क्रम में कुछ सूत्र हमें हस्तगत होते हैं जो प्रगति का आधार माने जा सकते हैं—

1. उत्पादकता जो विज्ञान नीत है
2. शरीर बल की जगह बुद्धि बल को तरजीह
3. मिथकीय चेतना से मुक्ति
4. चेतना को यथार्थ से सम्बद्ध करना
5. विपथन–परम्परा से चले आ रहे कार्यों से इतर उच्च उत्पादकता एवं उच्च आय से अपने को सम्बद्ध करना
6. अपने समय में उपलब्ध नवीनतम अवधारणाओं को अपनाना
7. प्रतिक्रियावादिता की जगह रचनात्मकता का स्वीकरण
8. अपनी ऊर्जा का क्षय टकराहटों में न करना तथा टकराहट के बिन्दुओं से दाएँ–बाएँ बचते हुए आगे निकलते चले जाने की कोशिश करना।

उक्त सूची के सभी सन्दर्भ रेणु की रचनाओं से उपलब्ध करते हुए आगे उनका विस्तृत विवेचन किया जाएगा।

सन्दर्भ सूची

1. मैला आँचल, रेणु, प्रथम संस्करण की भूमिका
2. परती : परिकथा, समर्पण
3. वही, पृ. 43
4. मैला आँचल, पृ. 28
5. वही, पृ. 203
6. वही, पृ. 19
7. वही, पृ. 203
8. विक्टर ह्यूगो-अखबार 'दैनिक जागरण'
9. मैला आँचल, पृ. 261
10. वही, पृ. 155
11. वही, पृ. 116
12. परती : परिकथा, रेणु, पृ. 133
13. वही, पृ. 216
14. क्विंटिलियन (प्रसिद्ध यूरोपीय विचारक)
15. मैला आँचल, पृ. 309
16. कलंक मुक्ति, पृ. 45

मानवीय हित-साधन में विज्ञान का महत्त्व

कारण चाहे जो भी रहे हों, किन्तु सच्चाई यह है कि बहुत हाल तक भारतीय समाज विज्ञान की उपादेयता को लेकर संशयग्रस्त रहा है। जिसका प्रमाण है विभिन्न कक्षाओं की परीक्षाओं में निबन्ध लेखन हेतु प्रश्न कि 'विज्ञान : अभिशाप अथवा वरदान'। साहित्यकार समाज, राष्ट्र और विश्व का प्रबुद्धतम वर्ग होता है। इस कारण समाज की आवश्यकताओं का बोध और उनकी पहचान सबसे पहले उसे ही होती है। इस अर्थ में वह भविष्यद्रष्टा भी होता है और उसकी ओर समाज को उन्मुख करने के कारण समाज के आगे मशाल लेकर चलनेवाला भी माना जाता है। विज्ञान समय और समाज की जरूरत है—इस चेतना के मामले में रेणु हिन्दी साहित्य में अन्यतम हैं। विज्ञान कई-कई रूपों में मनुष्य के लिए उपयोगी है। उसके उन रूपों में मनुष्य की कल्याणकारिता की महती शक्ति है। इसलिए रेणु अपने लेखन की शुरुआत वहीं से करते हैं, जहाँ विज्ञान उपस्थित नहीं था और उसकी अनुपस्थिति ने मनुष्य के जीवन को त्रासद अन्त का सबब बना दिया था। आधुनिक चिकित्सा के रूप में विज्ञान मेरीगंज में उपस्थित नहीं था, जिस कारण मार्टिन साहब की नवविवाहिता पत्नी मेरी मैलेरियाग्रस्त होकर अकालमृत्यु को प्राप्त होती है। ऐसा नहीं था कि उस समय मैलेरिया का मर्ज लाइलाज था। उसका इलाज खोजा जा चुका था। जरूरत थी उस इलाज को अपनाने की। गाँधी जी ने अपनी आत्मकथा में इस बात का उल्लेख किया है कि अगर उन्होंने अपने पिता के भगन्दर के इलाज के रूप में नश्तर लगवायी होती (यानी ऑपरेशन करवाया होता) तो उनकी जान बचायी जा सकती थी। मार्टिन समय पर मेरी के लिए जरूरी इलाज को उपलब्ध नहीं कर सका। क्योंकि उस काल में मेरीगंज गाँव में कोई स्वास्थ्य केन्द्र स्थापित नहीं था, नहीं कोई एलोपैथी का डॉक्टर ही। पूर्णियाँ जो एक दूर का शहर था वहाँ से डाक्टर और दवा को लाते बहुत देर हो चुकी थी और मार्टिन के अथक प्रयास के बावजूद मेरी को बचाया नहीं जा सका। इस घटना के माध्यम से रेणु पहले तो चिकित्सा के उपलब्ध न होने के दुष्परिणाम का चित्रण करते हैं, तदन्तर उन उदाहरणों को हमारे समक्ष प्रस्तुत करते हैं जिनमें आधुनिक चिकित्सा को अपनाकर लोगों ने अपनी दुनिया को उजड़ने से

बचा लिया है। कल तक बेटी बला की झाड़ और झंखाड़ समझी जाती थी और यह कि लड़की की जात बिना दवा-दारू के ही आराम हो जाती है।[1] उस लड़की की जान डॉ. प्रशान्त के इलाज ने बचा ली। गाँव में इलाज के साधन उपलब्ध न होने के कारण सम्पन्न मार्टिन साहब अपनी पत्नी की जान नहीं बचा सके।[2] तब भला यह विपन्न बूढ़ा जिसके पास सिर्फ एक बैल है, अपनी बेटी की जान कैसे बचा सकता था ? इतिहास गवाह है कि जब हैजा, मैलेरिया, कालाजार, प्लेग आदि जैसी महामारियाँ फैलती थीं तो गाँव के गाँव जनशून्य हो जाते थे। आदमी के अभाव में अन्तिम संस्कार तक नहीं हो पाता था और मरीजों को कोई पानी पिलानेवाला नहीं होता था। आधुनिक चिकित्सा के केन्द्र के रूप में मैलेरिया सेन्टर की स्थापना इलाके की बड़ी जरूरतों में थी। स्थापना के बाद से ही लोगों ने आधुनिक एलोपैथी चिकित्सा पद्धति को अपनाना शुरू कर दिया और मृत्यु का ग्रास बनने से बचने लगे। गरीब बूढ़े की बेटी तो बची ही, गनेस की जान भी बची और उसकी नानी की दुनिया उजड़ने से बच गयी। उसके कुल में ले दे कर एक यही नाती गनेस शेष था जो प्लीहा रोग से ग्रस्त था। अन्य सदस्यों के मरते चले जाने के कारण गाँववासियों ने गनेस की नानी को डायन माना हुआ था। अगर गनेस नहीं बचता तो उसकी नानी के सर डायन होने की तोहमत सदा सर्वदा के लिए चस्पा हो जाती। एक तरफ डॉक्टर प्रशान्त के रूप में आधुनिक चिकित्सा है जो गनेस की जान बचाकर उसकी नानी को आरोपमुक्त करने का उपक्रम कर रही है, दूसरी तरफ जोतखी काका का अन्धविश्वास है जो उसकी जान लेकर ही रहता है। सारा का सारा कन्ट्रास्ट आधुनिक चिकित्सा की जरूरत और उसकी उपादेयता को रेखांकित करने के उद्‌देश्य से अनुप्राणित एवं परिचालित है। डॉ. प्रशान्त ने मेरीगंज के तहसीलदार विश्वनाथ प्रसाद की दुनिया को भी उजड़ने से बचा लिया है। उनको भी ले-देकर एक ही बेटी कमली है जो हिस्टीरियाग्रस्त है। रोगग्रस्तता के कारण उसकी शादी में भी बाधा आ रही है। डॉ. प्रशान्त के इलाज के साथ-साथ उससे प्रेम और कामतुष्टि प्राप्त कर स्वस्थ ही नहीं होती, एक पुत्ररत्न को भी जन्म देती है। अगर आदमी किसी चीज के महत्त्व को नहीं समझ रहा है, लेकिन उसकी उपादेयता असंदिग्ध है तो महत्त्व को नहीं समझनेवालों के साथ तनिक कड़ाई भी की जा सकती है और की जानी चाहिए। इस सिद्धान्त पर चलते हुए डॉ. प्रशान्त हाट को घेरवा लेता है, कोई हैजे की सूई लिए बिना जाने न पावे। कालीचरन एक-एक को पकड़ कर डॉक्टर के पास लाता है, चरखा मास्टरनी मंगला देवी उनकी बाँह में रूई से स्पिरिट मलती है और डॉक्टर तड़ातड़ सूई लगाता जा रहा है। परिणाम यह हुआ कि इलाके में हैजा फैलने पर अन्य गाँवों में बहुत से लोग मरे और इस गाँव में अपवाद रूप में ही कोई मरा। ऐसे ही नेक उद्‌देश्य से प्रेरित होकर रमला बनर्जी ने पटना शहर में बालकल्याण केन्द्र, मातृमंगल केन्द्र आदि की स्थापना करवायी है। वहाँ गर्भवती महिलाओं का

इलाज और शिशु-जन्म से लेकर उसके लालन-पालन तथा स्वास्थ्यरक्षा के उपाय सिखाये जाते हैं और बीमार जच्चा-बच्चा का इलाज किया जाता है। बच्चे किसी भी देश की धरोहर और भावी पूँजी होते हैं। बीमार और अशक्त बच्चों के बल पर सशक्त और कर्मठ राष्ट्र का निर्माण नहीं किया जा सकता। अन्धविश्वास फैलाकर अपना उल्लू सीधा करनेवाले जोतखी काका उस लोकोपयोगी उपक्रम के विरुद्ध दुष्प्रचार करते फिर रहे हैं—"बिलेती दवा में गाय का खून मिला रहता है।" जबकि विश्व स्वास्थ्य संगठन से प्राप्त दुग्धचूर्ण, दवा आदि को वीमेन्स वेलफेयर बोर्ड की ऑनररी सेक्रेटरी श्रीमती ज्योत्स्ना आनन्द कालाबाजारी कर अपने बेजा लाभ के लिए बेच डालती है। 'जुलूस' उपन्यास में सरस्वती देवी झोला छाप डॉक्टरनी बन जाती है और अनुचित रूप से मोटी कमाई करती है। इन विरोधी दुर्विचारों से आधुनिक चिकित्सा पद्धति की मानव के स्वास्थ्य लाभ तथा जीवन रक्षा के क्षेत्र में उपादेयता कम नहीं होती।

सिर्फ स्वास्थ्य-लाभ और प्राणरक्षा ही अलम नहीं है। विज्ञान की उपादेयता उत्पादकता, अर्थोपार्जन और प्रगति के संसाधन उपलब्ध कराने से लेकर समृद्धि पैदा करने तक पर्याप्त विकसित और बहुआयामी है। रेणु की रचनाओं में दो प्रसंग ऐसे हैं जिन्हें देखकर कुछ लोगों को ऐसा महसूस हो सकता है कि वे विज्ञान और विज्ञान साधनों के विरोधी हैं। 'जुलूस' उपन्यास में वे लिखते हैं कि जब तालेवर गोढ़ी का मिल चलने लगता है तो 'ग्रामलक्ष्मी के चेहरे पर आतंक की छाया छा जाती है[3] और 'मैला आँचल' में लिखते हैं कि 'तहसीलदार साहब नया ट्रेक्टर ले आये है। उसी में सब कुछ होगा—हल, चौंगी, विधा, कोड़-कमान, कादो-गोरा और धनकटनी भी। पानी का पम्पू भी आवेगा।...हथिया सुड़ की तरह सब पानी सोख खेत पटा देगा।'[4] बीस हलवाहों की जगह अब एक ड्राइवर से उतना सारा काम होने लगे तो उन्नीस हलवाहे बेकार हो गये। दोनों ही प्रसंगों को गौर से देखने की जरूरत है। तभी जाकर रेणु के विज्ञान के प्रति दृष्टिकोण को सही रूप में समझा जा सकेगा। 'मैला आँचल' में वैसे लोग जो रोजगारहीन हैं, कहते हैं—चलो कटिहार।...मिल का भोपा बजता है रोज, सुनते नहीं बुला रहा है—'आओ-ओ-ओ-ओ, हो हो हो।'[5] गाँव में अब क्या रखा है तालेवर गोढ़ी की मिल हो या तहसीलदार का ट्रैक्टर-रेणु वैसे मशीनीकरण के विरोध में खड़े दिखते हैं जो गरीब की आजीविका के छोटे-छोटे साधनों को छीन ले और लोग अपने लिए रोटी का जुगाड़ तक नहीं कर सकें। वहीं दूसरी ओर वे 'मैला आँचल' में यह भी लिखते हैं कि 'जूट मिल के कुल्ली लोग चार आना सेर खमरआलू हाथोंहाथ उठा लेते हैं।'[6] खमरआलू जो एक तुच्छ वन्य उत्पाद है, फलत सस्ता भी है। बावजूद इसके ग्रामीण उसे खरीद नहीं पाते थे और वह हाट में यूँ ही पड़ा रहता था। किन्तु जब से लोगों को कटिहार जूटमिल में नौकरी मिल गयी है तब से उनकी क्रयशक्ति काफी बढ़

गयी है। इस आयत्त समृद्धि और बढ़ी हुई क्रयशक्ति का परिणाम है कि खमरआलू जैसे मुफ्त के वन्य उत्पाद को कुल्ली लोग चार आना सेर के महँगे दामों में हाथोंहाथ उठा लेते हैं। सस्ता होने पर भी बिक्री नहीं और महँगा होने पर तुरन्त बिक जाना—यह अन्तर मामूली नहीं है। रेणु का बातों को कहने का अपना ढंग है। बड़ी-बड़ी बातों को वे थोड़े में अथवा सांकेतिक रूप से कहकर आगे बढ़ जाते हैं। कुलियों और खमरआलू के प्रसंग के माध्यम से वे यह कहना चाहते हैं कि विज्ञान लोगों की आजीविका छिनने का सबब न बने, बल्कि आज़ीविका देने का साधन बने। विज्ञान के किसी रूप से अगर किसी की आजीविका छिनती है तो उसकी आजीविका की कोई दूसरी वैकल्पिक व्यवस्था होनी चाहिए। तहसीलदार साहब द्वारा ट्रैक्टर और पम्पसेट की खरीद से उनके जो हलवाहे और मजदूर बेकार हो गये थे, उनकी आजीविका को दूसरी (वैकल्पिक) व्यवस्था कटिहार जूट मिल के रूप में हो गयी है। और यह व्यवस्था पहली से श्रेष्ठ है। क्योंकि तहसीलदार की हलवाही और मजदूरी करते हुए उनमें मात्रात्मक रूप से जितनी क्रयशक्ति पैदा हुई थी जूटमिल की मजदूरी करते हुए उसमें बहुत वृद्धि हो गयी है। रेणु का सन्देश स्पष्ट है कि वैज्ञानिक तकनीकी साधन लोगों को बेरोजगार करने के लिए नहीं होना चाहिए वरन् उसके द्वारा आजीविका के ऐसे साधनों का सृजन होना चाहिए जो पूर्व से चली आ रही उनकी माली हालत को बदलकर उन्नत और समृद्ध कर दे। 'मैला आँचल' में यह हुआ है, जबकि जुलूस में स्थिति ठीक विपरीत है। रेणु यूँ ही नहीं लिख रहे कि 'तालेवर की मिल से जो काम हो रहे है वे काम, जैसे धान कूटना, आटा पीसना, दाल तैयार करना, चूड़ा कूटना, तेल पेरना आदि गाँव की औरतें करती थीं। मिल से ये सारे काम होने लगने से उनकी रोजी छिन गयी। लक्ष्मी भरण-पोषण की देवी हैं। औरतें उन कामों को कर अपने बालबच्चों का भरण-पोषण करती थीं। मिल ने उन्हें बेरोजगार कर दिया। अब वे अपने बच्चों का भरण-पोषण नहीं कर पा रही हैं। वे इसी कारण उदास हैं। उनकी उदासी का कारण मात्र यही है कि मिल के खुलने से उनके बच्चे पोषण से वंचित हो रहे हैं। मेरीगंज के पुरुषों के लिए कटिहार जूट मिल जैसी वैकल्पिक व्यवस्था गोड़ियर गाँव की बेरोजगार हो गयी औरतों के लिए नहीं की गयी थी। व्यवस्था होती तब भी औरत होने के नाते कुछ दिक्कतें दरपेश आतीं। उस जमाने में जब औरतों का कार्यक्षेत्र घर-आँगन से लेकर खेत-खलिहान तक (गाँव की सीमा तक) सिमटा हुआ था और मानसिकता भी उसी हिसाब से बनी हुई थी, तब उनका प्रव्रजन आसान नहीं था। मर्दों का प्रव्रजन उतना मुश्किल नहीं होता। फलत मेरीगंज के मर्द मजदूर आसानी से कटिहार प्रव्रजित हो जाते हैं। किन्तु गोड़ियर की औरतें कहाँ जातीं? एक तो व्यवस्था नहीं, दूसरी ओर वह होती भी तो उन्हें प्रव्रजित होना पड़ता, जो उस जमाने के हिसाब से बहुत आसान काम नहीं था। अस्तु, गोड़ियर की ग्रामलक्ष्मी

उदास होती है, रेणु मेरीगंज के बारे में नहीं लिखते कि वहाँ की ग्रामलक्ष्मी उदास होती है। यांत्रिकीकरण से तो मेरीगंज में सम्पन्नता ही आती है। इससे वहाँ के ग्राम-विष्णु और उनकी प्रियाएँ लक्ष्मीरूप में प्रसन्न ही होती होंगी। जैसा कि हम 'उच्चाटन' कहानी में पाते हैं, झुमकी का पति रामबिलास गाँव से भागकर पटना में रिक्शा चलाता है। जब वह लौटकर गाँव आता है और उसके लिए ढेर सारी चीजें ले आता है—तो झुमकी की चहक देखते ही बनती है।[7] कोशी डैम प्रोजेक्ट की टीम के परानपुर पहुँचने पर वहाँ भी सम्पन्नता आती है। ग्रामीण उत्पादों को बाजार मिल जाता है। सामबत्ती कहती फिर रही है—मुदा सब भैंसान से कह दो, भाव कम न करें।[8] साग-सब्जी, धनिया, मिर्च वगैरह सभी चीजों की माँग बढ़ गयी है। उसी अनुपात में ऊँची कीमत भी मिल रही है ग्राम्य उत्पादों को।[9] इस तरह हम देखते हैं कि रेणु विज्ञाननीत यांत्रिकीकरण के विरोधी नहीं थे, बल्कि उनका आशय सिर्फ इस बात से था कि वह गरीबों की आजीविका छिन जाने के रूप में नहीं होना चाहिए। हाथ से होनेवाले कामों को हाथ से ही तबतक होने दिया जाय जबतक हाथों के लिए कोई वैकल्पिक व्यवस्था न हो जाय। लेकिन बहुत से काम ऐसे हैं जो हाथ से हो ही नहीं सकते। जैसे कोशी डैम का निर्माण क्या हाथ से सम्भव था? वह तो बड़ी मशीनों से ही सम्भव था। फलतः परानपुर में बड़ी-बड़ी मशीनें आयीं। गाँव के लोगों ने पहली बार उन मशीनों को देखा है और हैरत से देख रहे हैं। जितेन्द्र कैम्प के लोगों से आग्रह करता है कि ग्रामीणों को उनके बारे में बताया जाय। बताया भी गया कि इस मशीन का अमुक नाम है और यह अमुक काम करती है।[10] इससे परानपुर के लोगों की न सिर्फ जिज्ञासा शान्त होती है, वरन् उनकी वाकफियत भी बढ़ती है और विज्ञान की शक्ति से वे परिचित भी होते हैं। रेणु चाहते हैं कि लोग विज्ञान की महत्ता और उपादेयता को समझें और महसूस करें। हाथ की शक्ति की सीमा है। विज्ञान की शक्ति असीम है। विज्ञान के द्वारा हाथ की शक्ति को बढ़ाया जा सकता है। फलतः 'असम्भव' सम्भव में बदल जाता है। परानपुर के इलाके की जल समस्या को दूर करने में लोग अपने को असमर्थ पा रहे थे। इसीलिए कुंड खोदने के लिए दन्ता का सहारा लेना पड़ा।[11] दन्ता यह काम कर देता है हाथ से ही। किन्तु चाहकर भी दन्ता डायन कोशी को नहीं साध सकता था। अगर वैसा सम्भव होने की सम्भावना रहती तो सैकड़ों वर्षों से बाढ़ का तांडव झेलने को विवश इलाके के लोग इस काम के लिए भी किसी दन्ता का आह्वान कर चुके होते। दन्ता हाथ की शक्ति की अधिकतम सीमा है। फिर भी डायन कोशी को साधने में वह असमर्थ है। इसलिए कष्ट भोगते रहने पर भी उसका आह्वान नहीं है। इन्तजार है विज्ञान का-जितेन्द्र का। जो काम दन्ता नहीं कर सकता था, वह काम जितेन्द्र ने, जो विज्ञान का व्यंजक है, कर दिखाया। इस तरह हम पाते हैं कि विज्ञान हाथ की शक्ति को बहुत बढ़ा देता है, इतना कि असम्भव लगनेवाला काम सम्भव हो जाता है। विज्ञान

की बदौलत ही हर साल कोशी की विनाशलीला से लोग त्राण पा सके और बाढ़ की विभीषिका से मुक्ति मिली। सिंचाई की व्यवस्था हो जाने से जिस जमीन में दूब भी नहीं जनमती थी, अब उसमें फसलें पैदा होने लगीं।

जैसा कि ऊपर देखा गया 'जुलूस' उपन्यास के गोड़ियर गाँव के प्रसंग में रेणु हाथ से किये जा सकने वाले कामों को करने के लिए मशीन के उपयोग के विरुद्ध थे, चूँकि मशीन हाथों को बेरोजगार बना रही थी। वहीं रेणु उन कामों के लिए मशीन के उपयोग का प्रबल समर्थन करते पाये जाते हैं, जो काम हाथ से नहीं किये जा सकते। लेकिन वैकल्पिक व्यवस्था होने पर रेणु यांत्रिकीकरण का स्वागत करते हैं। 'कलंक मुक्ति' उपन्यास में सुश्री वीणा प्रसाद हवाई जहाज का पायलट बन गयी है और अपने प्रेरणास्रोत श्रीमती रमला बनर्जी से 'पवन चंडी' का खिताब पाती है। निरापद हो तो रेणु औरतों के प्रव्रजन के भी विरोधी नहीं बने रहते। पूरा 'कलंक मुक्ति' उपन्यास औरतों के प्रव्रजन पर ही आधारित है। परम्परागत रूप से औरतों को जो काम उपलब्ध थे, विज्ञान ने उनके कार्यक्षेत्र को विस्तारित कर दिया और उनकी भूमिका में भी व्यापक बदलाव आया। विज्ञान के कारण से अब महिलाएँ डॉक्टर, नर्स, पायलट, टेलीफोन ऑपरेटर, रेडियो एनाउंसर, ट्रांसपोर्टर आदि क्या नहीं हैं? 'कलंक मुक्ति' उपन्यास विज्ञान द्वारा महिलाओं की भूमिका में आये बदलाव और विस्तार की गवाही ही तो है। विज्ञान ने मनुष्य के जीवन को यातायात तथा संचार के साधनों के द्वारा सरल, सुगम और अत्यन्त गतिशील बना दिया। रेल, बस, मोटर-हवाई जहाज आदि के कारण लोग रोजगार के स्थानों तक पहुँचने लगे। साथ ही उन स्थानों पर भी जहाँ जरूरी योग्यता तथा प्रशिक्षण प्राप्ति के अवसर उपलब्ध थे। रेलगाड़ी न होती तो मलारी ट्रेनिंग के लिए मुजफ्फरपुर नहीं जा पाती। रेलगाड़ी उपलब्ध न होती तो भविष्य को सुरक्षित और निरापद बनाने के खयाल से वह परानपुर से अररिया भी नहीं जा पाती। 'पल्टू बाबू रोड' उपन्यास की बिजली को नेतागिरी करने में दिक्कतें आ रही थीं। सो उसके चाचा अमलेन्दु राय ने उसे एक मोटर खरीद दी जिससे उसे कहीं आने-जाने में असुविधा न रहे। 'कलंक मुक्ति' की बेला गुप्ता को भी प्रेशर कूकर के कारण खाना बनाने में सुविधा हो गयी है। विज्ञान ने संचार के साधनों का ईजाद किया। रेडियो-टेलीविजन, फिल्म आदि ने लोगों को मनोरंजन के परम्परागत साधनों से भिन्न और अतिरिक्त साधन उपलब्ध कराये। 'पल्टू बाबू रोड' में लट्टू बाबू के परिवार का मनोरंजन रेडियो द्वारा तो हो ही रहा है, परिवार की औरतें उनके बिजनेस पार्टनर छोगमल की कार में बैठकर फिल्म देखने जाती हैं। संचारक्रान्ति ने दुनिया को सिमटाकर छोटा कर दिया है। क्षण में एक जगह का समाचार दूसरी जगह पहुँच जाता है। 'मैला आँचल' में कमली डॉ. प्रशान्त के रेडियो से गाँधी जी की हत्या का समाचार सुनती है और यह खबर बात की बात में सारे गाँव में फैल जाती है। डोरोथी टेलीफोन ऑपरेटर है। टेलीफोन के

माध्यम से दूरस्थ व्यक्ति वैसी ही सहजता से आपस में बतियाते हैं जैसे वे आमने-सामने होकर बात कर रहे हों।

जनसंख्या वृद्धि के अनुपात में तथा मनुष्य-जीवन की बढ़ती जरूरतों के लिहाज से उत्पादकता में वृद्धि करना अपरिहार्य होता है। अन्यथा जरूरतें पूरी ही नहीं हो सकेंगी। कम उत्पादन से महँगाई, काला बाजारी आदि बढ़ेगी और सबसे अहम बात यह कि मनुष्य-जीवन की कठिनाइयाँ बढ़ जाएँगी। मनुष्य जीवन के सबसे बड़े शुभ के रूप में विज्ञान की सबसे महत्त्वपूर्ण देन उत्पादकता में वृद्धि की उसकी शक्ति है। हाथ के माध्यम से जितना उत्पादन हो सकता है, विज्ञान की मदद से उस उत्पादन को कई-कई गुणा बढ़ाया जा सकता है। 'मैला आँचल' और 'जुलूस' के जमाने से आज की स्थिति बहुत बदली हुई है। तब हाथ से हल-बैल जैसे परम्परागत साधनों से खेती होती थी। तब की उत्पादकता और आज की उत्पादकता में जमीन आसमान का अन्तर है। उस समय देश की आबादी तैंतीस करोड़ के आसपास थी। फिर भी उस आबादी के पेट भरने लायक अन्न का उत्पादन नहीं होता था। विदेशों से गेहूँ, मकई, बाजरा और खजूर के आयात पर हम निर्भर थे। आज देश की आबादी 125 करोड़ है। बावजूद इसके आज कई कृषि उत्पादों का निर्यात हो रहा है। कृषि उत्पादों की वृद्धि के मूल में उसका यांत्रिकीकरण है, जिसकी शुरुआत 'मैला आँचल' में ही हो गयी थी। तहसीलदार विश्वनाथ प्रसाद ने ट्रैक्टर और पम्पसेट खरीद कर कृषि के यांत्रिकीकरण की शुरुआत की थी। उनके दूसरे उपन्यास 'परती : परिकथा' में भी जितेन्द्र परती की जुताई ट्रैक्टर से करते हुए चित्रित किये गये हैं। रेणु आज होते तो कृषि के यांत्रिकीकरण के पक्ष में जोरदार ढंग से लिखते। कृषि में क्रान्ति, जिसे भारत में 'हरित क्रान्ति' नाम दिया गया है, यांत्रिकीकरण और वैज्ञानिक खेती से ही सम्भव हुई है। उसका शुभ फल देशवासियों को मिला है। अन्यथा आज गरीबों को उतना भी अन्न नहीं मिलता और जिस दर पर आज उपलब्ध है, वह सम्भव नहीं होता। अन्न का उत्पादन नहीं बढ़ता तो कितने ही लोग भूखों मर जाते। अस्तु, अन्न का उत्पादन बढ़ाने में यांत्रिकीकरण और अन्य अनेक रूपों में विज्ञान की सकारात्मक भूमिका को नजरअन्दाज़ नहीं किया जा सकता। रेणु जैसे सजग लेखक विज्ञान और यांत्रिकीकरण का विरोध नहीं कर सकते थे। विज्ञान की सहायता से ही कोशी की विनाश लीला पर विराम लग सका, सिंचाई की सुविधा का निर्माण हुआ और सिंचाई सुविधा उपलब्ध हो जाने से परती, जो कल तक बाँझ थी, अब आसन्नप्रसवा हो गयी है। परानपुर के जन-जीवन में समृद्धि का संचार होने लगा। फूस की छप्पर की जगह केरो-गेटेड टिन की छप्पर चमचमाने लगी। लोगों के घरों में पलंग, कुर्सी, टेबुल आदि नये-नये फर्नीचरों के ढेर लगने लगे। विज्ञान ने वस्त्र और पदत्राण के क्षेत्र में भी क्रान्ति कर डाली है। कपास, रेशम और ऊन जैसे प्राकृतिक उत्पादों से वस्त्र की जरूरतों को क्या आज पूरा किया जा सकता है?

विज्ञान ने रसायनों की मदद से सिंथेटिक वस्त्रों का उत्पादन करना शुरू किया। तब जाकर आज मजदूरों के शरीर पर भी पैंट-शर्ट हैं। पदत्राण के क्षेत्र में भी अगर सिर्फ चमड़ों पर निर्भर रहा जाता तो अच्छे-अच्छों को नंगे पाँव रहना होता। यह तो रबर और प्लास्टिक का कमाल है कि भिखमंगे के पैरों में भी टूटी-फूटी ही सही चप्पल तो है। विज्ञान की उत्पादक शक्ति के कायल रेणु गाँधी जी के चरखा के अर्थशास्त्र से बहुत सहमत नहीं दिखते—

"चरखा हमार भतार पूत, चरखा हमार नाती।
चरखा के बदौलत मोरा दुआर झूले हाथी।"[12]

आज का सजग नागरिक सहज ही अनुमान लगा सकता है कि वस्त्रोत्पादन के लिए अगर चरखा और करघा पर निर्भर रहा जाता तो क्या हर आम-ओ-खास को वस्त्र मिल भी पाता? जिस सस्ती दर पर सिन्थेटिक वस्त्र आज उपलब्ध हैं, उनकी तुलना में प्राकृतिक कपास, रेशम और ऊन से बने वस्त्र कई-कई गुणा महँगी दर पर उपलब्ध हैं। फलत आम आदमी की पहुँच से भी दूर हैं। यह सही है कि चरखा स्वतंत्रता आन्दोलन के नैतिक अस्त्र के रूप में काफी सफल रहा है। किन्तु उसकी उत्पादकता आज आर्थिक रूप से लाभकारी नहीं है और न उससे वस्त्र की बढ़ी हुई जरूरतों को पूरा किया जा सकता है।

अर्थशास्त्र बताता है कि आर्थिक विकास की तीन स्थितियाँ होती हैं—1. कृषि आधारित अर्थव्यवस्था 2. औद्योगिक अर्थव्यवस्था तथा 3. सेवा क्षेत्र पर आधारित अर्थव्यवस्था। अर्थव्यवस्था का सबसे प्राथमिक स्वरूप कृषि आधारित होता है। औद्योगिक अर्थव्यवस्था कृषि आधारित अर्थव्यवस्था से उन्नत मानी जाती है। जबकि सबसे विकसित अर्थव्यवस्था सेवा क्षेत्र पर आधारित मानी जाती है। बहुत काल तक भारतीय अर्थव्यवस्था मूलतः कृषि आधारित अर्थव्यवस्था ही थी। रेणु के जमाने में उद्योगों की स्थापना होने लगी थी, जिसके प्रमाण के रूप में कटिहार की जूट मिल थी। आज तो भारत में उद्योगों का भरपूर विकास हो चुका है और साथ ही सेवा क्षेत्र ने भी अभूतपूर्व प्रगति की है। उद्योगों की स्थापना (जूट मिल के रूप में) तथा सेवाक्षेत्र (टेलीफोन, चिकित्सा सेवा) के विकास का सूत्रपात भी हमें रेणु की रचनाओं 'मैला आँचल' से लेकर 'कलंक मुक्ति' तक में उपलब्ध होता है। उद्योगों और सेवाक्षेत्र की स्थापना अधिकांशतः शहरों में ही हुई, जिसने शहरीकरण को बढ़ावा दिया और साथ ही इससे नये अवसरों का सृजन भी हुआ। यद्यपि उनका लाभ पाने के लिए लोगों को-चाहे पुरुष हों या स्त्री सभी को शहरों की ओर प्रव्रजित होना पड़ा। जिसने प्रव्रजन की समस्याओं को झेलने की जहमत उठायी, वे लाभ में रहे। चाहे वह 'उच्चाटन' कहानी का रामबिलास पुरुष हो या 'कलंक मुक्ति' की डोरोथी या 'मैला आँचल' की ममता। सबके मूल में विज्ञान, औद्योगीकरण, सेवा और संचार क्षेत्र का विकास ही है।

इस तरह हम पाते हैं कि रेणु 'विज्ञान : वरदान अथवा अभिशाप' जैसे विवाद से कतई आक्रान्त नहीं दिखते और न इस विवाद से इत्तफाक ही रखते हैं। विज्ञान एक शक्ति है। शक्ति का उपयोग दोनों ही रूपों में सम्भव है—रचनात्मक रूप में भी और विध्वंसक रूप में भी। रेणु विज्ञान की उत्पादक शक्ति और कल्याणकारी शक्ति के रूप में उसके रचनात्मक उपयोग के कायल और हिमायती हैं। यही कारण है कि उनकी रचनाओं में विज्ञान मानवीय हितसाधन में विनियोजित पाया जाता है जिसके उपयोग का क्षेत्र अत्यन्त बहुआयामी है। 'मैला आँचल' में वह सर्वप्रथम प्रतिरक्षक, प्राणरक्षक तथा स्वास्थ्यलाभ करानेवाले उपक्रम के रूप में स्थापित मिलता है तो उत्पादकता वृद्धि के साधन के रूप में भी जो तहसीलदार के ट्रैक्टर और पम्पसेट के रूप में है। विनाशलीला को रोकने की शक्ति के रूप में वह 'परती : परिकथा' में उपलब्ध है, जिसने असम्भव-सा मान लिए गये काम को कोशी डैम के रूप में सम्भव बना डाला। यातायात के साधन के रूप में रेलगाड़ी से लेकर मोटरकार और हवाई जहाज तक उपलब्ध है। संचार साधन के रूप में रेडियो, टेलीफोन है तो मनोरंजन के साधन के रूप में रेडियो और सिनेमा। सिनेमा ने लोगों के जीवन की एकरसता को तोड़ा। बारह वर्षों के बाद गाँव लौटा जितेन्द्र यह, देखकर हैरान है कि इस बीच गाँव कितना बदल गया है? आज गाँव की लड़कियाँ फिलिमकट ब्लाउज पहनकर गाँव की गलियों में घूम रही हैं। यातायात के सामूहिक साधनों ने छूआछूत और जातिवादी कट्टरता को कम करने में भी महती भूमिका निभायी है। ऊँची-नीची-सभी जाति के लोगों को साथ सट कर बैठना ही है। चमारिन मलारी और भूमिहार युवक सुवंश ट्रेन के एक ही बर्थ पर बैठ कर अररिया कोर्ट की यात्रा करते हैं। कटिहार जूटमिल के रूप में विज्ञान औद्योगिक स्वरूप में लोगों को रोजगार के नये अवसर उपलब्ध करा रहा है तो मुनाफे का आलम यह है कि तालेवर गोढ़ी मिल के माध्यम से सम्पन्नता के नित नये आयाम गढ़ रहा है। अब वह अररिया में भी मिल बैठानेवाला है और जयराम सिंघ कहता है—"बिचनेस और मिल चलानेवाले के हल आसमान में चलते हैं।"[13]

विज्ञान अपने अधिकांश कल्याणकारी सम्भाव्य रूपों में रेणु में उपलब्ध है और मानवीय हित साधन में विनियोजित है।

सन्दर्भ सूची

1. मैला आँचल, रेणु, पृ. 147
2. वही, पृ. 17
3. जुलूस, रेणु, पृ. 133
4. मैला आँचल, पृ. 314
5. वही, पृ. 315

6. वही, पृ. 16
7. आदिम रात्रि की महक, रेणु, पृ. 92
8. परती : परिकथा, रेणु, पृ. 199
9. वही, पृ. 198
10. वही, 334
11. वही, पृ. 126
12. मैला आँचल, पृ. 123
13. जुलूस, रेणु, पृ. 146

कहानियों में रेणु

जैसा कि अक्सर होता है, उपन्यासकार कहानीकार भी होता है। उपन्यास और कहानी दोनों ही सजातीय कथाविधाएँ हैं। किन्तु उपन्यास का कथाफलक जहाँ विस्तृत होता है वहाँ कहानी का अपेक्षाकृत संकेन्द्रित। कोई विषय लेखक के मन में जब संकेन्द्रित न रह कर पल्लवित होने लगता है तब वह उपन्यास लेखन पर उतर आता है। समाज संक्रमित हो रहा है—यह रेणु का केन्द्रीय विषय है। इस केन्द्रीय विषय का पल्लवन उनके छहों उपन्यासों में अलग-अलग कोणों से हुआ है। पल्लवन का उत्कर्ष 'मैला आँचल' और 'परती : परिकथा' में परिलक्षित होता है। उनकी कहानियाँ अधिकांशत: स्वतंत्र कथामूल्य की हैं अवश्य। किन्तु कुछ ऐसी भी कहानियाँ हैं जो उनके उपन्यासों के पूरक के रूप में भी रचित दिखती हैं। प्रेमचन्द स्कूल के बाद उपन्यास लेखन का जो दूसरा स्कूल अज्ञेय, जैनेन्द्र और इलाचन्द्र जोशी जैसे लेखकों के रूप में सामने आया, रेणु ने एकदम से दोनों स्कूलों से अलग एक तीसरा स्कूल खोला था। कहानियों के क्षेत्र में कमलेश्वर, राजेन्द्र यादव और मोहन राकेश का त्रिक् हिन्दी कहानी की पहचान बन गया था। ठीक उनके समानान्तर रेणु ने कहानियों में भी अपना अलग स्कूल प्रवर्तित किया। क्योंकि जिस व्यक्तिवादी शहराती मध्यवर्ग की बात उक्त त्रिक् द्वारा की जा रही थी, रेणु उसके गुण, धर्म और प्रवृत्ति से भिन्न किस्म की कहानियाँ हिन्दी को दे रहे थे। यथार्थवाद उसके लिए बहुत सटीक शब्द नहीं है। क्योंकि वह यथार्थ स्थितियों का यथार्थ चित्रण कर अपनी सम्पूर्णता पा लेता है। यद्यपि इस दृष्टि से भी रेणु की कहानियों का कोई जोड़ नहीं है। किन्तु इससे आगे की बात यह है कि रेणु की कहानियों का स्वर सामाजिक राष्ट्रीय यथार्थ के प्रति प्राय: आलोचनात्मक है। आलोचना खुली और कथित न होकर व्यंजनाश्रित और संकेताश्रित है। 'मैला आँचल' उपन्यास में कालीचरन का होना एक सम्भाव्य ऐतिहासिक यथार्थ है अवश्य, किन्तु उक्त उपन्यास के स्वर का एक कोण यह भी तो है कि अगर मेरीगंज में कालीचरन नहीं होता तब लछमी दासिन का क्या होता? हरगौरी, रामकिरपाल सिंह, जोतखी काका, तहसीलदार विश्वनाथ प्रसाद के अतिरिक्त गाँधीवादी बालदेव भी तो था; जो बाद में लछमी का

पति भी बन जाता है। इतने-इतने लोगों के होने का लछमी के लिए कोई अर्थ नहीं था, क्योंकि इन लोगों का होना न होने के ही बराबर था। एक कालीचरन के होने से लछमी की जीवनस्थितियाँ 180^0 पर मुड़ जाती हैं। सेवादास से लरसिंघदास; सबकी भोग्या, पत्नी किसी की नहीं। फलतः सम्मानित दर्जा और गरिमापूर्ण जीवन किसी से भी नहीं। लरसिंघदास से बचाकर उसके जीवन में सम्मान और नारी की गरिमा की सम्भावना का द्वार कालीचरन के होने से खुल सका। वही हाल फुलिया का भी है। कालीचरन की जाति का मुखिया खेलावन सिंह यादव, गाँधीवादी बालदेव और तमाम खानदानी बाबुओं के होते हुए फुलिया का क्या हो रहा था? फुलिया समाज का एक यथार्थ तो थी ही। किन्तु यथार्थ को सिर्फ यथार्थ के रूप में चित्रित कर देने मात्र से रेणु अपने लेखकीय दायित्व की इतिश्री नहीं मान लेते। रचनाकारों में रेणु की जाति ही अलग है। वे यथार्थ को अपने पूर्व पक्ष से अधिक कुछ नहीं मानते। उनका प्रतिनिधि नायक यथार्थ में हस्तक्षेप करता है, सिद्धान्त प्रेरित होकर नहीं, स्वतःस्फूर्त रूप से! कारण समाज बदल रहा था। बदलाव का दौर शुरू हो चुका था। उसे रोका नहीं जा सकता था। जो पुराने थे, किसी भी समूह में उनमें बदलाव की सम्भावना अपेक्षाकृत न्यून होती है। बदलाव का वाहक भी नया होता है, और वह मौलिक भी होता है। किसी के लिए हो-न-हो, रेणु के लिए कालीचरन का होना मायने रखता है। क्योंकि सिर्फ वही वह करता है जो बदलाव के दौर में अपेक्षित था। स्थितियों के माध्यम से यथार्थ की आलोचना और यथार्थ की पुनर्रचना एवं नये रूप में यथार्थ का सृजन जो बदलाव और संक्रमण को चरितार्थ और फलित होते हुए दिखाता हो। कालीचरन का महत्त्व इस दृष्टि से है, फुलिया के माध्यम से सामाजिक यथार्थ की आलोचना और तदनुसार उसके संशोधन और पुनर्गठन का प्रस्ताव है। वह यथार्थ से ज्यादा महत्त्वपूर्ण है और रेणु की महत्ता भी पुनर्गठन में है, न कि यथार्थ में। 'मैला आँचल' में कालीचरन के होने का जो महत्त्व है, उसी का आख्यान कहानी के रूप में 'तबे एकला चलो रे' में है। जहाँ-जहाँ धर्म की जय का होना लाजिमी है, वहाँ-वहाँ 'भैंस का बच्चा' मौजूद है। काली और भैंस के बच्चे किशनजी के होने से ही सहज निर्दिष्ट हो जाता है कि उनके न होने से क्या होता? समाज में वैसे लोगों का होना काम्य तो है। किन्तु कालीचरन के जीवन की दुखद परिणति और किशन जी को गोली मार दिया जाना क्या यह संकेत नहीं करता कि समाज के शुभ और कल्याण के मार्ग में बाधाएँ अब भी खत्म नहीं हुई हैं?[1] यह प्रश्न समाज के सम्मुख रेणु टाँग दे रहे हैं। यह विचार का मुद्दा है कि समाज कितना उद्वेलित होता है अपने हितलाभ के प्रति या वह कल्याण के मार्ग में उपस्थित बाधाओं के आगे समर्पण कर देता है? इस प्रश्न को खींचकर वे 'कलंक मुक्ति' उपन्यास के उस वक्तव्य तक ले जाते हैं—"क्या यही है तुम्हारे समाजवादी समाज की रूपरेखा...।"[2]

'मैला आँचल' के करमू पासवान के गुरु को घोड़ी पर से खींच कर पीटा गया। उसने घोड़ी पर चढ़ने की जुर्रत की थी। बालदेव ने हरगौरी के द्वार पर बैठने की जुर्रत की थी। उसे उठ जाने का हुक्म है। समाज के इसी यथार्थ का एक कोण 'रसप्रिया' कहानी के नायक पँचकौड़ी मिरदंगिया के साथ घटी वह घटना भी है जिसमें उसने एक ब्राह्मण के बच्चे को बेटा कह दिया था। सभी बच्चे घेर कर मारने दौड़े थे—"बहरदार होकर ब्राह्मण के बच्चे को बेटा कहेगा? मारो साले बुड्ढे को घेर कर मृदंग फोड़ दो।"[3] मिरदगिया दसदुआरी है। दसदुआरी के लिए स्वाभिमान उचित गुण नहीं है। उसे स्थगित रखना ही उपयोगी है। पँचकौड़ी वही करता है। टुड्डी पकड़ कर मनुहार करता है मुखमुद्रा को प्रसन्न दिखाते हुए—"क्यों ठीक है न बापजी?"[4] जिस समाज के बच्चों का प्रशिक्षण इस तरह का है, उस समाज में जाति-धर्म से अलग उम्र के हिसाब से सम्मान करने की सलाहियत आने में कितना लम्बा वक्त लगेगा—क्या यह अनुमान नहीं होता? एक तरफ जितेन्द्र है जो रेणु को आश्वस्त करता है 'परती : परिकथा' में रग्घू रामायनी को पाँवलागी कर।'[5] तो दूसरी तरफ 'उच्चाटन' कहानी है जो उस प्रवृति के विरुद्ध एक ठोस शुरुआत है। दो वर्षों के बाद रामबिलास शहर से देर रात वापस लौटा है। पता नहीं कैसे गाँव के ही महाजन मिसिर को इस बात की सूचना मिल गयी और भोरे-भोर उसके दरवाजे पर हाजिर। बिलसिया कहकर उसे पुकारा। रामबिलास की प्रतिक्रिया काबिले गौर है—बिलसिया-बिलसिया क्या बोलते हैं? मेरा नाम रामबिलास है...रामबिलास सिंघ।[6] हिकारत करने वाले ऐसे ही नाम को बिगाड़कर बोलते हैं, जैसे 'मैला आँचल' में कहा गया है—कुकरा का बेटा कलिया। कालीचरन की जगह कलिया, अपनी पहचान कुछ नहीं, इसलिए पहचान के लिए बाप के नाम का उल्लेख। पर हिकारत सिर्फ कालीचरन के प्रति ही नहीं, उसके बाप के प्रति भी, अतः कुकरा। इस तरह हिकारत सिर्फ वर्तमान की एक ही पीढ़ी तक सीमित नहीं। एक ही उल्लेख में दो-दो पीढ़ियों की हिकारत की जाती है। व्यक्ति के 'आत्म' को विनष्ट करने का ऐसा मार्मिक उदाहरण भारत में ही मिलता होगा। अंग्रेजों ने भी भारतीयों के 'आत्म' को कुचला, मुगलों ने भी। किन्तु वे सभी विदेशी थे। एक ही सांस्कृतिक समूह के भीतर ऐसी हिकारत भारत में ही उपलब्ध है। अस्तु 'उच्चाटन' कहानी हिकारत को मिटाने के साथ-साथ अपने विनष्ट किये जा रहे 'आत्म' को उपलब्ध करने की कहानी है। अपनी पहचान पिता से जोड़कर नहीं कराने की है। रामबिलास को जब बिलसिया के रूप में अपनी ही पहचान स्वीकार्य नहीं है, तब क्या यह सम्भव है कि उसकी पहचान के लिए, उसके बाप का भी नाम लिया जाय? एक जगह रेणु ने स्पष्ट भी कर दिया है—अब उसे बिलसिया कहे तो कोई? अपनी पहचान रामबिलास के रूप में वह स्थापित कर लेता है। अब बिलसिया उसकी पहचान नहीं है, नहीं रही। इस पहचान को उपलब्ध करने में पटना प्रवास की बड़ी भूमिका है। शहर में हर किसी की अपनी पहचान है। कूपमंडूकता के विपरीत

मानसिक क्षितिज का विस्तार शहर का प्राकृत गुण है। आत्मनिर्भरता भी शहर में विशेष है। कमाई भी गाँव से ज्यादा है। अब वह मिसर की नाक पर रुपयों रख देने में समर्थ है। फिर हिकारत क्यों सहे? उसके स्वतंत्र और अपनी निज की इच्छा पर आधारित 'आत्म' का बड़ा ही बेधक प्रदर्शन अगले प्रसंग में हुआ है। उसकी माँ बताती है कि कुछ ही दिन पहले मिसिर का बेटा भैंस का दूध लेने आया था। तब तक दूध बेच बाच कर खत्म हो चुका था। मिसिर के बेटा को निराश खाली बाल्टी के साथ वापस लौटना पड़ा था। लेकिन जाते-जाते एक बात बोल गया—"जमाना बदला ही नहीं साफ उलट गया है। नहीं तो हमारे सिपाही बरकन्दाज भैंस के बदले औरत का दूध दूह कर ले जाते थे।" इस वाक्य से समाज के अतीत यथार्थ की ही झाँकी नहीं मिलती, बल्कि दुहनेवाले की वर्तमान में बेबसी भी साफ-साफ व्यंजित हो रही है। और जब वर्तमान ऐसा है तब भविष्य और कैसा होगा? यह वाक्य एकल 'काल-व्यंजक' नहीं, 'त्रिकाल व्यंजक' है। यह रेणु की खास पहचान है; खास वैशिष्ट्य है। जो यथार्थ को सिर्फ वर्तमान मानते हैं, उन्हें अपनी यथार्थ चेतना को ऐसे वाक्यों के माध्यम से त्रिकाल पर्यन्त विस्तारित करना चाहिए। अपनी माँ से मिसिर के बेटे की उक्त बात को सुनकर रामबिलास की जो प्रतिक्रिया है वह उसके 'आत्म' के प्रदर्शन के औद्धत्य को दर्शाने वाला है—उस समय बोली क्यों नहीं, मुँह में क्या था केला? आत्म के प्रदर्शन का औद्धत्य विस्फोट के बिन्दु तक पहुँचा हुआ है। इस औद्धत्य का सत्परिणाम यह है कि अब उसके आगे पहचान का संकट खड़ा करने का उदाहरण मिलना उसके बाद से बन्द हो गया है।

'उच्चाटन' अगर 'आत्म' की पहचान पर संकट की कहानी है तो 'पंचलाइट' 'गुण' की मान्यता पर संकट की कहानी है। रामबिलास को शहर प्रवास से 'आत्म' को पहचानने की प्रेरणा मिली है। किन्तु 'पंचलाइट' में जिस स्तर की चेतना का प्रसार उपलब्ध है वह तो अपने ही इर्द-गिर्द को देखकर। दूसरे शब्दों में जिसे देखादेखी कहते हैं, सम्भव हुई है। सभ्यता-संस्कृति आदि का प्रसार भी देखा-देखी ही होता है। अब महतो और उसकी जाति के लोग देखते हैं कि गाँव के हर टोले में 'पंचलाइट' आ चुका है। फिर हमारे ही टोले में क्यों नहीं अन्य टोलों के इर्दगिर्द या पर्यवेक्षण के सम्पर्क क्षेत्र में जब पंचलाइट आ चुका है तब हमारे टोले में भी वह होना चाहिए। जब खरीद कर आ जाता है तब वे लोग चुप नहीं रहते जो सदियों से 'पहचान' पर 'संकट' खड़ा करते रहे हैं और गुणवत्ता का अवमूल्यन करते आये हैं। उक्त प्रवृत्ति का पूँजीभूत रूप है फुटंगी झा। उसका प्रतिनिधित्व तब स्पष्ट हो जाता है जब महतो को टोकता है? 'कितने में लालटेन खरीद हुआ महतो?'[7] मूल्य जानना फुटंगी झा का वास्तविक अभीष्ट नहीं है, किन्तु इस बेमतलब की जिज्ञासा के माध्यम से 'अवमूल्यन की घूँट पिलाना' असली अभीष्ट है। पर जिसके पास पंचलाइट है, यानी जिसने उस स्तर की चेतना आयत्त कर ली है, भला वह उस छद्म को नहीं पहचानेगा?

पंचलाइट चेतना का विस्फोट है—फ्लैश है। इसलिए बिना कुछ भी देरी किये महतो प्रतिक्रिया देता है—"देखते नहीं, पंचलैट है। बाभनटोली के लोग ऐसे ही ताब करते हैं। अपने घर की ढिबरी को भी बिजली-बत्ती कहेंगे और दूसरों के पंचलैट को लालटेन।"[8] गुणवत्ता की न्यूनता की स्थिति में भी अपने को अतिशय गुणवान् के रूप में प्रचारित करना, किन्तु जिनके पास वास्तव में गुणवत्ता है, उसका न्यून गुणयुक्त के रूप में पहचान करना—'पंचलाइट' कहानी का मूल उद्देश्य इस विरोधाभास को उद्घाटित करना है। छोटी है तो क्या हुआ ? और पंचलैट है तो क्या हुआ ? एक ग्राम्य शब्द का शीर्षक, देखकर कोई इसे ग्रामीण संवेदना की कहानी मानता है। यह रेणु को आंचलिक कहने जैसा ही अक्षम्य है। इस कहानी का एक दूसरा भी प्रतिपाद्य है। गोधन का चरित्र इस कहानी में हिरोइक है। वह 'सलीमा' का गीत गाता है। स्पष्ट है फिल्मी गीत का स्तर लोकगीत के स्तर से ऊँचा होता है। अगर महतो की जाति और समाज का स्तर लोकगीतोंवाला है तो स्पष्ट है कि गोधन उस स्तर से ऊपर उठ चुका है। लोकगीतों के स्तर पर टिका हुआ समाज गोधन के विकसित हो चुके स्तर के महत्त्व को समझ नहीं पाता। जो अपने समूह से आगे निकल जाता है, उसे शेष समूह सन्देह की नजर से देखता है। गोधन सन्देह का शिकार है, और इसी संदेह में उसे जाति से बन्द कर दिया गया है। लेकिन पंचलाइट को जला न पाने के कारण महतो और पंचों को अपने 'स्तर' की व्यर्थता का बोध हो जाता है। वहीं गोधन का 'विकसित स्तर' महतो टोली का सम्मान बचाने में काम आता है। अब जिस समाज के पास पंचलाइट आ गया हो-चेतना का विस्फोट हो गया हो, जो फुटंगी के मन्तव्य को बिना किसी विलम्ब के समझ जाता हो, उसे चेतना के विकसित स्तर को समझने में अब और कितनी देर लगेगी ? चेतना के विकसित स्तर को मान्यता मिल जाती है और उसके प्रदर्शन की अनुमति भी-खूब गाओ सलीमा का गाना।[9] जब एक को 'सलीमा का गाना' गाने की अनुमति मिल गयी तब क्या समूह के दूसरे युवक उसकी देखादेखी नहीं करेंगे ? क्या चेतना का क्रमिक रूप से प्रसार और स्तरोन्नयन नहीं होगा ? जब एक की चेतना का स्तर विकसित होता है तब शेष समूह से उसका अलगाव हो जाता है। यह अलगाव स्वाभाविक है और जिसकी चेतना का स्तर विकसित हो जाएगा वह अविकसित चेतनावालों को क्या लगायेगा ? यही कारण है कि गोधन शेष युवकों से अलग उठता-बैठता, घूमता-फिरता है। किसी को न तो लगाता है और न किसी की परवाह करता है। अपनी रौ में रहता है और उसके पास एक पूरा 'आत्म' है। जिसकी पर्सनैलिटी ऐसी 'हिरोइक' हो जाती है लड़कियाँ उस पर जान छिड़कती ही हैं। गोधन पर मुनरी न्योछावर है तो कुछ अजब नहीं है। उसके भीतर एक अलग प्रकार का तोष है। उसके अहं की तुष्टि होती है कि जिसे वह चाहती है वह ऐसा वैसा नहीं है, यूनिक है, सामान्य नहीं सविशेष है। चलो! हम भी तुम्हारे भाग्य की सराहना करते हैं।

समीक्षा-जगत् से जब किसी रचनाकार को अपनी रचनाओं के प्रति अपेक्षित प्रतिक्रिया नहीं मिलती तब उसे अपनी ओर से कुछ कहना पड़ता है, जिससे कि एक स्वस्थ मानसिकता के साथ उसकी रचनाओं का उचित मूल्यांकन हो। इस कड़ी में हमें सबसे पहले निराला याद आते हैं जिन्हें अपने अमित्रों को जवाब देना पड़ा था 'मित्र के प्रति'[10] कविता लिख कर। निराला के अमित्र दो प्रकार के थे। पहली वे जिनकी नजर में रीतिकालीन कविता ज्यादा सरस थी, बनिस्पत छायावादी कविता के। दूसरे किस्म के अमित्र आचार्य शुक्ल जैसे समीक्षक थे जिनकी निराला से व्यक्तिगत किस्म की अदावत थी। शुक्ल जी इस सीमा तक आगे बढ़ गये थे कि कह दिया—

"हाँक दो इन्हें न खेती काव्य की चरे।"

रेणु हिन्दी साहित्य में ऐसे दूसरे महत्त्वपूर्ण रचनाकार हैं जिन्हें अपने अमित्रों को जवाब देना पड़ा था। रेणु एक अर्थ में अजातशत्रु थे कि उनका कोई व्यक्तिगत दुश्मन नहीं था। फिर भी रेणु का दर्द निराला से ज्यादा बड़ा था। क्योंकि व्यक्तिगत शत्रुता न रहने पर भी उनका महत्त्वपूर्ण ढंग से नोटिस न लेना और किसी भी प्रकार का कोई साहित्यिक पुरस्कार न देना, वह भी तब जबकि रेणु ने उतने महत्त्व का लिखा था। उनके लेखन के महत्त्व का परिचय इस पुस्तक के पूर्ववर्ती अध्यायों से बहुत कुछ मिल जाता है। निराला की छायावादी रचनाओं की तुलना में रीतिकालीन कविता थी। रेणु के लेखन की तुलना में दूसरा कोई साहित्य था ही नहीं। जैसा कि आचार्य नलिनविलोचन शर्मा ने लिखा था कि गोदान को छोड़कर हिन्दी के किसी भी दूसरे उपन्यास को हटाकर उसकी जगह मैं 'मैला आँचल' को रख सकता हूँ। समकालीन और अनेक पूर्ववर्तियों से श्रेष्ठ लिखने के बाद भी महत्त्वपूर्ण ढंग से नोटिस न लेना विशुद्ध रूप से अवहेलना और अवमूल्यन का मामला था। महत्त्वहीन साबित करने की सोची समझी साजिश थी। जिसके मूल में वर्गीय और जातीय सोच थी। बड़े ही दुःखी मन से किन्तु पूरी शालीनता के साथ अपने प्रति समीक्षा-जगत् द्वारा किये गये वर्ताव का सांकेतिक चित्रण 'पंचलाइट' कहानी में किया है। फुटंगी झा समीक्षा-जगत् और पुरस्कार समितियों का पूँजीभूत प्रस्तुतीकरण है, जो रेणु के महत्त्व को रेखांकित करने में या तो विफल रहे हैं या पंचलाइट को लालटेन की तरह देखने मानने की मानसिकता से परिचालित हैं। व्यक्तिगत निबन्धों के संग्रह 'श्रुत अभुत पूर्व' के प्रथम निबन्ध 'एकलव्य के नोट्स' में भी रेणु की वह पीड़ा व्यक्त हुई है।

रेणु की कहानियाँ बहुत कुछ उनकी 'कबिराई' की कहानियाँ बन गयी हैं। कबीर बेहद निर्मम आक्रामक थे—सामाजिक बुराइयों के प्रति और मनुष्य के विसंगत आचरण के प्रति। वैसे लोगों को उन्होंने खूब खरी-खरी सुनायी। रेणु के सामने भी बुराइयाँ कम नहीं थीं। किन्तु उन्हें अधिक एतराज उस आचरण पर था कि बात तो

देश की तरक्की और समृद्धि की हो रही है, स्तरोन्नयन की हो रही है, और दूसरी ओर मन की अँधेरी गुफा में चेतना-विस्तार को 'लंघी मारने' तथा 'टाँग खींचने' की कुत्सा भी पाली जा रही है। 'आत्मसाक्षी' कहानी का नायक गनपत सरजमीन का कार्यकर्ता है। 'आलू के भुर्ते और गरम भात'[11] पर जीवन भर गुजारा करनेवाला कार्यकर्ता ही बना रह जाता है और बड़ी हैसियत के लोग नेता बन जाते हैं। गनपत जैसे कार्यकर्ता पर व्यक्तिगत नौकर की तरह हुकूमत चलाते हैं, रौब गाँठते हैं, उसे ही नालायक और बेईमान सिद्ध करने की कोशिश करते हैं। पटना और दिल्ली में बैठकर उन गरीब-गुरबों के भाग्य का फैसला करते हैं जिनके नाम पर राजनीति की जाती है—बिल्कुल हवा-हवाई रूप से। वहाँ गरीबों के वास्तविक प्रतिनिधि-गनपत जैसे लोगों का प्रवेश वर्जित है। बौद्धिक तथा व्यक्तिगत अहंकार के चलते कम्युनिस्ट एक नहीं रह पाते। अनेक दलों में विभाजित हो जाते हैं और नेताओं की निष्ठा गरीबों की जगह अपने अहंकार पर ज्यादा हो जाती है। फलत: राजनीति तो खूब होती है किन्तु गरीबों की स्थिति जस की तस बनी रहती है—Much ado about nothing। जो और जैसी स्थिति अन्य राजनीतिक दलों की है, कमोवेश वैसी ही स्थिति कम्युनिस्ट पार्टी की भी है। वह इस मामले में अन्तरराष्ट्रीय पार्टियों से बहुत भिन्न नहीं है। वह राजनीति करती है सिर्फ राजनीति करने के लिए, गरीबों की स्थिति सुधारने के लिए नहीं। 'मैला आँचल' का कालीचरन अपने नेता कामरेड को चन्दे की बड़ी राशि पहुँचाने के चक्कर में फँस गया था। राशि लेने के बाद भी कालीचरन की कोई मदद उसने या अन्य किसी कम्युनिस्ट नेता ने नहीं की। गनपत की मदद भी कोई नहीं कर रहा है। सभी गरीबों के नाम पर सिर्फ राजनीति कर रहे हैं। रेणु के पर्यवेक्षण से मिलता-जुलता निष्कर्ष पूर्णियाँ के प्रख्यात बंगला उपन्यासकार, जिन्हें रेणु का साहित्य गुरु भी कहा जाता है सतीनाथ भादुड़ी ने 'जाग री' उपन्यास में भी कम्युनिस्टों के विचित्र आचरण की आलोचना की है। स्वतंत्रता आन्दोलन के दिनों में भारतीय कम्युनिस्ट पार्टी अंग्रेजों के समर्थन में आ गयी थी। उसी समर्थन के चक्कर में कम्युनिस्ट कामरेडों ने कांग्रेसी नेता-कार्यकर्ता का विरोध करना अपना परम कर्तव्य बना लिया था। नीलू नामक कामरेड अपने बड़े भाई कांग्रेसी कार्यकर्ता बिलू के विरुद्ध झूठी गवाही देकर फाँसी की सजा करवा देता है। इतिहास के शोधप्रज्ञ अरविन्द कुमार ने उस नारे की तसदीक की है जो 'मैला आँचल' में स्वतंत्रता प्राप्ति का जश्न मना रहे जुलूस में कम्युनिस्ट ने लगाया था—

"यह आजादी झूठी है, देश की जनता भूखी है।"[12]

अरविन्द कुमार ने अपने शोध से सिद्ध किया है कि उक्त नारा सी.पी.आई. ने लगाया था। कुछ लोग इस आधार पर यह कहते हैं कि खुद रेणु ने यह नारा लगाया था, कि वहाँ लिखा है कि वह युवक औराही हिंगना का है। ऐसा माननेवालों ने रेणु के बारे में ऐसा सोच कैसे लिया? 'रेणु समाजवादी थे, कम्युनिस्ट नहीं, और वे

स्वतंत्रता आन्दोलन में सक्रिय भागीदार थे। अंग्रेजों को देश से बाहर निकालने के लिए लम्बे समय के लिए जेल भी गये थे। वह आदमी आजादी का विरोध करेगा? इंगलैंड के कम्युनिस्ट अंग्रेजों के पूँजीवाद के विरोध में लड़ रहे थे। कैसी विडम्बना है कि भारतीय कम्युनिस्ट पूँजीवादी अंग्रेजों के समर्थन में आजादी को झूठी कह रहा था? वैसे ही लोगों ने यह प्रचार किया होगा कि खुद रेणु ने ही वह नारा लगाया होगा, जैसा झूठा आरोप सतीनाथ भादुड़ी के नीलू ने बिलू पर लगाया था।

जनता के दुख-दर्द और मुसीबत को उनकी सेवा का अवसर मानने वाले नेताओं की खूब खबर ली है रेणु ने अपनी एक अन्य कहानी—'पुरानी कहानी : नया पाठ' में। इलाके में बाढ़ आयी है। स्वाभाविक है कि बाढ़ के आने से जनता की मुसीबतें बढ़ जाती हैं। नेता इस बात की प्रार्थना नहीं करते कि 'हे ईश्वर। आप बाढ़ क्यों ला देते हैं? न लाया करे।' बल्कि इस बाढ़ को वे अपने पक्ष में वरदान मानते हैं कि जनता की सेवा करने का अवसर मिला है। रिलीफ के बहाने वे जनता में अपनी पैठ बनाते हैं भावी चुनाव को ध्यान में रखकर। राजनीतिबाजों के इस घिनौने चरित्र को उजागर किया है। उन्होंने उक्त कहानी में जनता की मुसीबत को अपने लिए वरदान माननेवालों की मानसिकता की अच्छी कपालक्रिया की है। इलाके में प्राय: बाढ़ आती है, इसलिए वह पुरानी कहानी है, किन्तु नेताओं का इस तरह का चरित्र विकास, कि उसे अपने राजनीतिक लाभ के अवसर में बदलने की कोशिश शुरू हो गयी, बाढ़ की पुरानी कहानी का इस रूप में यह नया पाठ है। 'परती : परिकथा' के दुलारी दाय के औपन्यासिक डैम और भीमनगर के ऐतिहासिक डैम ने वैसे नेताओं को बेरोजगार बना दिया। वरदान मानने के पाठ को बन्द करा दिया। रेणु अपनी आलोचनाओं में कबीर से इस अर्थ में भिन्न भी हैं कि जहाँ कबीर आलोचना करते हुए आविष्ट हो जाते हैं वहाँ रेणु अपनी तटस्थता और निस्संगता को बनाये रखते हैं। उनकी आलोचना पाठकों को चाहे जितना आविष्ट करे वे खुद आविष्ट नहीं होते। उनकी यह तटस्थता और संयम अपूर्व है। आलोचना के क्रम में रेणु की 'जलवा' कहानी याद आती है। फातिमा दी एक राष्ट्रप्रेमी मुस्लिम महिला है जो समय-समय पर आन्दोलनों और कार्यक्रमों में भाग लेती रहती है। किन्तु कट्टरपन्थी मुसलमानों को यह स्वीकार्य नहीं है कि एक मुस्लिम महिला पुरुषों के साथ आन्दोलन में भाग ले, हिन्दुस्तान के प्रति राष्ट्रभक्ति दिखाए, सामुदायिकता से इतर धर्मनिरपेक्षता का पक्ष ले। वे लोग उसे मुस्लिम लीग की साम्प्रदायिक राजनीति में मुनव्विस करना चाहते थे, जिसका वह हमेशा विरोध करती रही है। अन्ततः वैसे कट्टरपंथियों ने उस पर अत्याचार करना शुरू कर दिया। उसे घसीटा गया और उसके कपड़े फाड़े गये। इतने पर भी साम्प्रदायिक आततायियों को सन्तोष न हुआ तो उसके चेहरे को तेजाब डालकर विरूपित कर दिया गया। अब स्थिति यह है कि खुली राजनीति करनेवाली फातिमा दी अपने जले चेहरे को ढँककर रखने के लिए

नकाब पहनने को मजबूर हो गयी है। किसी भी दूसरी चीज की तुलना में धर्म मुसलमानों के लिए अधिक महत्त्वपूर्ण है, चाहे देश हो, राजनीतिक-आर्थिक सिद्धान्त हो या और कोई अन्य उपयोगी उपक्रम। धर्म की बात आते ही सारी चीजें बरतरफ हो जाती हैं। 'परती : परिकथा' में मकबूल अपनी जातीय और धार्मिक अस्मिता को कम्युनिस्ट सिद्धान्त के आगे छोड़ देता है। पीताम्बर झा की जगह उसने अपना नया मुस्लिम नाम-मकबूल रख लिया है। वही मकबूल जब मुसलमान गाड़ीवानों के बीच यह कहता है कि 'धर्म को अफीम के समान मानता हूँ।' सभी गाड़ीवान उससे बिदक जाते हैं। जिस 'धर्म' शब्द का उल्लेख उसने किया वह इस्लाम मात्र नहीं था, हिन्दू, ईसाई, सिख, बौद्ध—सभी धर्म उसमें समाहित थे। उसने खुद हिन्दू होकर मुसलमानी नाम रख लिया था। हिन्दुत्व का चोला उतार फेंकने के लिए मकबूल हिन्दुत्व को छोड़ सकता है, छोड़ दिया है, किन्तु मुसलमान धर्म छोड़ना तो दूर की बात है, धर्म को अफीम कहना तक गवारा करने को तैयार नहीं। वैसे मुसलमान फातिमा दी की उदारता और सहिष्णुता को कैसे स्वीकार कर सकते थे? फातिमा दी पर आया हुआ संकट मुसलमानों के उस धड़े पर आया हुआ संकट है जो किसी भी अन्य की तरह राष्ट्रवादी हैं और भारतीय राष्ट्रीयता का पक्षधर हैं।

रेणु न हिन्दू को छोड़ते हैं (मैला आँचल, परती : परिकथा) न मुसलमानों को, न ऊँच को और न नीच को; न तो ब्राह्मण को और न निचली जातियों को। जहाँ कहीं भी अनौचित्य है, वहाँ रेणु आलोचक हैं, कबीर हैं, जहाँ औचित्य है वहाँ वे उसके प्रशंसक हैं। कालीचरन के प्रशंसक हैं तो लुत्तो के आलोचक भी। निम्नवर्ग की सबसे महत्त्वपूर्ण आलोचना हमें 'तीसरी कसम' कहानी में देखने को मिलती है। निम्नवर्ग के एक अंश में जागृति नहीं आयी थी। जिस कारण वह अपने अधिकारों को नहीं जान रहा था। वह उपलब्ध अवसर का लाभ नहीं उठाता है और संघर्ष भी नहीं करता है। उल्टे तीसरी कसम खाकर अपनी पराङ्मुखता प्रदर्शित करता है। रेणु का आलोचनात्मक तेवर उपन्यासों के साथ-साथ उनकी कहानियों में भी समान रूप से उपलब्ध है। चेतना का विकास, प्रतिरोध और संघर्ष ये तीनों चीजें निम्नवर्ग के उत्थान की आधारभूत शर्तें हैं। 'पंचलाइट' अगर चेतना के विकास की कहानी है तो 'उच्चाटन' प्रतिरोध की और 'लालपान की बेगम' संघर्ष की कहानी है। बिरजू के बाप के पास आज जो भी समृद्धि है, वह जमींदार के विरुद्ध जाकर हासिल की गयी है। जिसने संघर्ष किया उसे जमीन मिली। जिसने नहीं किया उसे नहीं मिली। उसका जीवन वैसा का वैसा ही बना रहा। इसे जमीन मिली, समृद्धि आयी तभी वह अपनी घरवाली को बैलगाड़ी पर चढ़ाकर नाच देखने जाने की कामना पूरी कर पा रहा है।

बात सामाजिक बुराइयों की हो और उनकी कहानी 'नैना जोगिन' की चर्चा न हो, तो बात पूरी होती नहीं। रतनी जवान है, देखने-सुनने में भी वैसी बुरी नहीं है। पर उसकी शादी इसलिए नहीं हो पा रही थी कि वह कुख्यात हो चुकी थी। उसके

कुख्यात होने के पीछे का सच बड़ा ही वीभत्स है। सात वर्ष की छोटी उम्र में ही वह दुनिया की बुरी नजर को पहचानने लगी थी। वह नजर उसकी विधवा माँ को भी नहीं बख्शती है। उसकी गवाही उसने बड़ी निर्भीकता एवं साहसिक दृढ़ता के साथ पंचायत में दी थी। बस उसका यह साहस और दृढ़ता, जो उसने गाँव के तथाकथित इज्जतदारों के खिलाफ दिखायी थी, उसकी कुख्याति का आधार बनी। इज़्जतदारों के मुँह-लगवों ने अफसाने में नमक-मिर्च लगायी, चटखारे लगाये और बस वह कुख्यात हो गयी। एक समय था जब किसी की भी बेटी गाँवभर की बेटी मानी जाती थी। पितृहीन बालिका रतनी अब जवान हो चुकी है, किन्तु अब गाँव उसे अपनी बेटी कहाँ मानता है? मानता होता तो कब की उसकी शादी हो चुकी होती। गरीब की बेटी है इसलिए वह हर किसी की भोग्या है, बेटी किसी की नहीं है। लेखक के बगीचे के पौधों को तोड़कर वह लेखक को सिर्फ चुनौती नहीं देती, वरन् उसका ध्यान अपनी ओर आकृष्ट करती है। लेखक संवेदनशील जीव होता है। अत: वह परिवार के लोगों और साथ ही गाँव के लोगों से इत्तफाक न रखते हुए रतनी के लिए चिन्तित होता है। कुख्यात रतनी की माँ एक सींकिया जवान से गँड़ासे से काट डालने का भय दिखाकर अपनी बेटी की माँग भरवा तो देती है, इस तरह वह विवाहित तो हो जाती है। किन्तु वह सींकिया जवान उसके मन और शरीर की भूख को शान्त करने में समर्थ सिद्ध नहीं हो पाता है। जबकि उसको सबल-समर्थ बनाने के अनेक उपाय रतनी करती है, पर सब बेकार। अब उसकी गोद भरे तो कैसे? लेखक उसे पटना ले जाता है, डॉक्टर से इलाज करवाता है। डॉक्टर भी आश्चर्य में पड़ जाता है। आखिर रतनी माधो बाबू की कौन लगती है? कोई रिश्ता नहीं, फिर भी वे 'उसके लिए इतने चिन्तित क्यों हैं? रेणु सिर्फ रिश्तों में नहीं जीते, सिर्फ रिश्तों के लिए नहीं ज़ीते। मानवीय सरोकारों के प्रति उनकी अपनी प्रतिबद्धता रेणु को रतनी के लिए बेचैन किये हुए है। इस प्रतिबद्धता का डॉक्टर जैसे पेशेवर व्यक्ति के समक्ष भला क्या मूल्य हो सकता है? प्रतिबद्धता जैसे किसी रसायन या जैव अभिक्रिया का पता मेडिकल साइंस को नहीं है। प्रेमचन्द की 'मंत्र' शीर्षक कहानी भी क्या इस तथ्य की तसदीक नहीं करती? लेखक अगर मानता है कि मनुष्य के भीतर 'पर दु:खकातरता', सहानुभूति आदि जैसी उच्चतर मानवीय भावनाएँ एवं विचार हुआ करते हैं तो वे ही भाव और विचार माधोबाबू के बगीचे का अमलतास और गुलमोहर हैं। रतनी सबको तोड़ देगी, ठूँठ बना देगी। यह ठूँठ बना बगीचा लेखक का अपना ही प्रतिरूप होगा कि उसके भीतर भी मानवीयता की पोषक भावनाएँ एवं संवेदनशीलता शेष हो चुकी हैं। जैसे और लोग हैं वैसे ही लेखक भी है। अगर माधोबाबू औरों से भिन्न हैं और लेखक हैं, मानवीय भाव-संवेदना का संवाहक और चितेरा हैं तो उसे औरों से भिन्न होना और दिखना भी चाहिए। अन्यथा रतनी लेखकों और रचनाकारों के छद्म को भी उजागर कर देगी, उन्हें ठूँठ सिद्ध कर देगी। रतनी का यह उच्च मनोविज्ञान उसे

लेखक से साक्षात् 'नील सरस्वती'[13] की उपाधि प्रदान करवा देता है। रतनी समाज की एक यथार्थ घटना ही नहीं है, समाज और रचनाकर्म की संवेदना को मापने की एक कसौटी भी है। तत्कालीन हिन्दी कहानियों में घटनाओं का यथार्थ तो बहुत है। किन्तु जो प्रश्न रतनी के रूप में समाज और रचनाकर्म के समक्ष उपस्थित है, वैसा प्रश्न जैनेन्द्र को छोड़कर शायद ही किसी अन्य रचनाकार और रचना में उपलब्ध हो। कहा जाता है कि धरती कभी बाँझ नहीं होती। यानी ऐसा शायद ही हो कि गाँव के सभी निवासियों की संवेदना एक साथ पूरी की पूरी चुक जाय। 'संवदिया' कहानी भी समाज के मुख्य अंश की संवेदनहीनता की ही कहानी है। विधवा बड़ी मालकिन निःसन्तान भी है। अब उम्र के जिस पड़ाव पर पहुँच चुकी है, वहाँ सेवा और देखरेख की विशेष जरूरत होती है। उल्टे यहाँ तो उसकी सम्पत्ति शनैः शनैः हड़प लेने का कुचक्र है। सम्पत्ति के दावेदार तो सभी हैं, पर उसके जीवन-यापन और सुख-सुविधा का दायित्व किसी पर नहीं। कोई लेने को तैयार नहीं। छीजती सम्पत्ति के साथ अब नौबत फाँकाकशी और बथुआ के साग पर जीने की आ गयी है। फिर वह इस कुल की लक्ष्मी क्यों है? किसके लिए है? इस दुःसह जीवन को जीकर वह किसके मान-सम्मान की रक्षा कर रही है? विवश हरगोबिन के हाथों अपने नैहर संवाद भेजती है। हरगोबिन की चेतना में एक बात कौंधती है--क्या मेरा गाँव इतना दरिद्र और भावशून्य हो गया है कि एक विधवा स्त्री की परवरिश नहीं कर सकता? एक कुललक्ष्मी को अपने बुढ़ापे में नैहर का सहारा लेना पड़ेगा? वह गाँव को छोड़ देगी; यह गाँव उसे आश्रय तक नहीं दे सकेगा? हरगोबिन राजीखुशी का झूठा समाचार देकर लौट आता है। विधवा का संवाद न कहकर उसने अपने निर्धारित कर्तव्य को पूरा नहीं किया। विधवा के पक्ष में उसका यह आचरण अनैतिक हो सकता है। किन्तु अनैतिक बनकर उसने गाँव की असलियत को नंगा होने से बचा लिया। ऐन वक्त पर गाँव की इज्जत तो उसने बचा ली, किन्तु आगे क्या होगा कौन विधवा का दायित्व लेगा? राहखर्च के अभाव में कटिहार स्टेशन से पैदल ही गाँव पहुँच जाता है और अपने को उसके बेटा के रूप में प्रस्तुत करता है कि मेरे रहते आज से आपकी यह हालत नहीं रहेगी। रेणु का गढ़ा पात्र-हरगोबिन उनकी मानवीय संवेदना के रक्षक और पोषक के रूप में अपने को प्रस्तुत करता है।

जिस तरह से रेणु ने उपन्यासों में कुछ महान् और अविस्मरणीय चरित्र-सृष्टि की है, उसी तरह उनकी कहानियों में कुछ ऐसे पात्र मिलते हैं जिन्हें भूलना असम्भव है। उनमें से 'ठेस' कहानी का सिरचन भी है। वह ग्रामीण कलाकार है। कारखानों में उत्पादित सामानों की बहुलता के कारण अब ग्राम्यकलाएँ मर रही हैं। कलाकारों की माँग घट रही है। 'रसप्रिया' का पँचकौड़ी मिरदगिया हो या 'ठेस' का सिरचन सभी उपेक्षा के शिकार हैं। सिरचन और कुछ नहीं चाहता, वह चाहता है कि लोग उसके साथ प्यार और सम्मान का व्यवहार करें। लेकिन वैसा होता कहाँ है, ऊँच-

नीच, गरीब-अमीर के भेद से उसको वैसा सम्मान नहीं मिलता जिसका वह हकदार और आकांक्षी है। उपेक्षा और अपमान से आहत सिरचन काम अधूरा छोड़कर उठ खड़ा होता है। किन्तु वह है एक सच्चा कलाकार। रेणु एक तरह से यही कहना चाहते हैं कि कलाकार वही हो सकता है जिसके भीतर संवेदना मौजूद है। तभी ऐन वक्त पर गाड़ी खुलते-खुलते वह मानू दीदी को चिक, शीतलपाटी और आसनी का बंडल पहुँचा देता है। चूँकि मानू दीदी के दुल्हे ने एक तरह से चेतावनी दे रखी है कि मानू अगर बिना उन चीजों के आयी तो उसे ससुराल से बैरंग वापस[14] कर दिया जाएगा।'' गाँव की बेटी और बहन ऐसी छोटी-छोटी चीजों के लिए ससुराल से वापस कर दी जाए यह संवेदनशील हृदय सिरचन को स्वीकार नहीं है। अपनी पहल पर वह मानू दीदी को ससुराल में ससम्मान स्वीकार्य बना देता है। अपनी कई बुराइयों के बावजूद सिरचन रेणु की महान् चरित्र-सृष्टियों में से एक है।

अविस्मरणीय चरित्रों में 'विघटन के क्षण' कहानी की चुरमुनियाँ भी है। जिस रूप में रेणु ने उसका चरित्र और व्यक्तित्व गढ़ा है, वह दिल को छू लेनेवाला है। विजैया दी बिना माँ-बाप की बेटी है। चाचा रामेश्वर बाबू पटना में रहते हैं। अब वह जवान हो गयी है। उसकी शादी होनी है। फलतः उसे चाचा रामेश्वर बाबू के पास पटना पहुँचाया जा रहा है। कुछ दिनों के लिए वह गाँव में रुकी है। चुरमुनियाँ उसकी मुँहलगी है और हमेशा उसके साथ डोलती रहती है। उसकी हाजिरजवाबी, नोंक-झोंक, बतकुट्टी, हँसी-ठिठोली, चुहलबाजी-सभी मिलकर उसके चरित्र को बिल्कुल जीवन्त बना देती है। उसके व्यवहार से विजैया को ऐसा लगता है मानो चुरमुनियाँ उसकी माँ और वह खुद उसकी बेटी है। विदा होने की पूर्व रात्रि को दोनों खूब रोती हैं, बिछुड़न के गम से खाना नहीं खा रही थी, चुरमुनियाँ भी भूखी। उसका कलेजा इस बात से फटा जा रहा है कि विजैया दी भूखी ही चली जाएगी।[15] वह मर्म को विगलित कर डालनेवाले ऐसे आग्रह से खिलाती है जैसे कोई माँ अपनी बेटी को विदा होने से पूर्व खिलाती है।[16] उसका मर्म इस बात से भी विगलित हो रहा है कि एक एक कर सभी गाँव छोड़कर शहर जा रहे हैं।[17] आखिर गाँव में बचेगा क्या? विजैया की जुदाई उसके लिए सांघातिक सिद्ध होती है। वह बीमार पड़ जाती है। उस पर विजैया की शादी एक शहरातू लड़के से हो जाती है। विजैया चुरमुनियाँ को एक बार देख आना चाहती है, जो लबेजान है। शहरी बाबू इसे विजैया का स्वाँग मानता है। उसे उसके चरित्र में गड़बड़ नजर आती है। वह यह जज नहीं कर पाता कि यह चुरमुनियाँ आखिर विजैया की है कौन जिसके लिए वह इस कदर असहज हो रही है? गाँवों के अनौपचारिक स्नेह-बन्धनों के मर्म से अनभिज्ञ उसका पति उसे कमरे में बन्द कर देता है।[18] चुरमुनियाँ और विजैया—दोनों के जीवन की त्रासदी ग्राम्य संवेदना और शहरीपन के बीच मौजूद अन्तर की उपज है। चुरमुनियाँ गाँव में हो तो हो सकती है, शहर में बिल्कुल नहीं हो सकती—यह रेणु बड़े मार्मिक रूप में हमें बताते हैं।

ऐसा नहीं है कि रेणु सिर्फ गाँव-ग्राम की ही कहानियाँ लिखते रहे हों। उनकी रचित कहानियों का संसार बहुत विस्तृत है। विषय-वैविध्य के साथ-साथ संवेदना और व्यंजनाशिल्प में भी बहुत वैविध्य है। अलग रूप-रस-गन्ध की बात करते हुए कुछ कहानियाँ मस्तिष्क में कौंधती है। गाँव और शहर के अन्तर पर ऊपर बात हो रही थी। इस सन्दर्भ में उनकी 'एक अकहानी का सुपात्र' शीर्षक कहानी याद आती है। रेणु के रचनाकाल में कथालेखन में एक वाद या आन्दोलन चला था 'अकहानी' के नाम से। इस दौर की कहानियों में घटनाएँ एकदम नहीं होती थीं या होती भी थीं तो इतनी तुच्छ कि कहानी लेखन के लिए जिनका कुछ खास मूल्य न हो। लेखक वैसी ही घटना के इर्द-गिर्द कहानी का संजाल बुनता था। सिर्फ लेखक अपनी ओर से चेतना-प्रवाह जैसी रौ में महत्त्वहीन बातें करता चलता था और कहानी बन जाती थी। घटनाहीनता को नोटिस में लेते हुए समीक्षा जगत् में एक चिन्ता आम हो गयी थी कि 'कहानी' विधा के रूप में मर जाएगी। क्योंकि कहानी-लेखक के पास कहानी लिखने के लिए घटनाएँ नहीं हैं। आज के दौर का जीवन इस कदर घटनाशून्य हो गया है कि कहानीकार को कहानी लेखन के लिए घटनाएँ मिल नहीं रही हैं। साहित्य-जगत् की बहुत बड़ी क्षति हो जाएगी—अगर कहानी लिखने की विधा मर जाय। रेणु जी इस दुश्चिन्ता का जवाब देते हैं कि जबतक छोटेलाल जैसा पात्र जिन्दा रहेगा समाज में, तबतक कहानी मर नहीं सकती। 'कैश जिन्दा है तो लैला मर नहीं सकती।' इसलिए रेणु ने उक्त पात्र को ही कहानी का शीर्षक बना डाला 'एक अकहानी का सुपात्र'। छोटेलाल से सम्बद्ध कई छोटी-छोटी घटनाओं का उल्लेख लेखक ने किया है। वह मूलत: गाँव का ही रहनेवाला है। लेकिन है वह काम का आदमी Jack of all trades but master of non। उसके उपयोगी होने का और क्या प्रमाण हो सकता है कि गाँव में कोई भी काम उसको छोड़कर हो ही नहीं सकता। नाटक भी हो तो पर्दा-पोशाक जुटाने से लेकर पर्दा उठाने-गिराने तक का काम छोटेलाल ही करता है। उस छोटेलाल का बड़ा भाई पढ़ाई करने शहर आया था। सो यहीं का होकर रह गया। यहीं उसने प्रेमविवाह भी कर लिया। कुछ ही दिनों के बाद भैया-भाभी में मनमुटाव शुरू हो जाता है। यहाँ भी छोटेलाल की दरकार होती है। वह दोनों के बीच सेतु का काम करता है। दोनों उसके वशवर्ती हैं, क्योंकि अगर भाभी भैया पर दूसरी लड़की की ओर झुकाव का आरोप मढ़ती है तो भैया को भी भाभी से कुछ ऐसी ही शिकायत है कि वह उसको उचित महत्त्व नहीं देती। दोनों सिर्फ एक दूसरे पर आरोप लगाते हैं, अपने-अपने आचरण पर दृष्टिपात नहीं करते। छोटेलाल के पास दोनों का कच्चा चिट्ठा है सप्रमाण। दोनों उससे इसी कारण सहमें रहते हैं कि कहीं वह भेद न खोल दे। दोनों के बीच छोटेलाल की उपस्थिति ही दोनों को एक दूसरे से अलग नहीं होने देती। वह भैया-भाभी के किस्से गली की पान की दुकान पर रसीले अन्दाज में सुनाता है। उसका अन्दाज कुछ ऐसा निराला है कि लोग

उसकी बातों में काफी रस लेते हैं। गाँव का यह युवक अबतक प्रेम जैसे किसी भावना-प्रसंग से गुजरा नहीं था। भैया-भाभी के बीच आने पर अन्य लड़की से मिलने-जुलने का मौका मिला। न जाने कब एक लड़की उसको दिल दे बैठी। गाँव में नाटक हो रहा है। उसकी बुलाहट हो रही है। किन्तु लड़की उसे जाने नहीं देना चाहती। यद्यपि बात अभी बहुत आगे बढ़ी नहीं थी। छोटेलाल चाहता तो आसानी से उसके आग्रह को ठुकराकर गाँव जा सकता था। किन्तु प्यार-व्यार के चक्कर से अछूता छोटेलाल अबतक यही मानता आया था कि ये सब शहर की बातें हैं, शहर में ही अच्छी। अपने को बिल्कुल अप्रभावित मानता था प्यार के रोग से। लेकिन उस दिन पान की दुकान पर ही उसने सुनाया कि अगर वह गाँव चला गया तो उस लड़की का दिल टूट जाएगा। "है कि नहीं।"[19] यह 'है कि नहीं' ही यह भेद खोलने के लिए काफी है कि छोटेलाल उस लड़की के प्यार में गिरफ्त हो चुका है और गाँव जाने से बचना चाह रहा है। अपनी कमजोरी जाहिर न हो जाय, इसलिए गाँव न लौटने के कारण के रूप में लड़की के आग्रह को प्रस्तुत कर रहा है। किन्तु 'है कि नहीं' यह जुमला अन्ततः उसका भेद खोल ही देता है। प्यार का असर सर्वव्यापी है। कोई उससे बच नहीं सकता। और कुछ नहीं तो बस अगर यह प्यार ही बचा रहेगा तो कहानी मरेगी नहीं। उसके इतने रूप और रंग, ढंग हैं कि घटनाएँ जन्म लेती रहेंगी और कहानी मर नहीं पाएगी, बशर्ते कोई रेणु जैसा लेखक हो जो उसके अगल-अलग रंग-ढंग को पहचानने की क्षमता रखता हो, साथ ही उसे कहानी के कलेवर में ढालने का अन्दाज रखता हो।

नर-नारी-सम्बन्ध की बात चले और 'तीन बिन्दियाँ' कहानी की चर्चा न हो तो चर्चा अधूरी ही मानी जाएगी। यह कहानी अन्य कहानियों से भिन्न है। इसका भावबोध जटिल है। साथ ही कहानी दुर्बोध भी है। बहुत गहनता से विचार करने पर ही कहानी समझ में आती है। गीताली दास संगीतसाधिका है। कई मंचों-महफिलों में उसने रंग जमाए हैं। किन्तु उसका अपना जीवन अबतक रंगहीन है। कारण कलाकार होने के नाते बहुत से पुरुष उसके सम्पर्क में आते ही रहते हैं। हर कोई अपने-अपने कोण से उसमें दिलचस्पी दिखाता है। अपनी बड़ी बहन मितालीदास के विडम्बनापूर्ण जीवन ने उसे अतिरिक्त रूप से चौकस बना दिया है। संगीत का साज बजता है तो उससे एक मुख्य स्वर निकलता है। उस मुख्य स्वर के साथ-साथ अन्य अनेक सहायक स्वर निकलते हैं—ओवर टोन। संगीत में वैविध्य लाने के साथ-साथ उसमें नवीनता आवश्यक है और वैविध्य लाने के हिसाब से ओवरटोन का बहुत महत्त्व होता है। किन्तु क्या नारी-जीवन वैसे ओवरटोन से चल सकता है? क्या प्रेम-प्रदर्शन के किसी 'ओवरटोन' को नारी अपना जीवन समर्पित कर दे? हाराधन मिस्त्री उससे जो भी बात करता है, उसका सीधा कोई मतलब न भी हो, किन्तु गीताली उससे एक सबक जरूर लेती है कि वह ओवरटोन पर विश्वास न

करे। क्योंकि ओवरटोन निश्चित, अटल और एकनिष्ठ नहीं होता। जीवन उसे समर्पित नहीं करना चाहिए जो ओवरटोन की तरह अनिश्चित हो और जिसकी निष्ठा विश्वसनीय न हो। घोड़ा और घास एक साथ हो तो कुछ होना ही होता है। संगीत-व्यापार के क्रम में ही राधेश्याम उसके सम्पर्क में है और पुरुष येनकेन प्रकारेण नारी को भोग लेना चाहता है। प्रेम-प्रदर्शन करता हुआ एक दिन उसने गीताली को हाथ लगाने की कोशिश की। गीताली ने पाया कि वह नशे में है। भला नशे में मत्त पुरुष को शरीर सौंपकर क्या कोई नारी उसकी निष्ठा पर न्योछावर हो सकती है? बड़ी बहन मिताली के पति, जिसे वह जमाई बाबू कहा करती है, उसके सम्पर्क का एक युवक गीताली के जीवन में प्रवेश करना चाहता है। किन्तु गीताली उसे भी 'ओवरटोन' की तरह ही पाती है। इस तरह जो भी पुरुष प्रेम-व्यापार के तहत उसके निकट आना चाहता है अबतक कोई भी विश्वसनीय नहीं। सभी छिछोरे। इसी कारण उसका जीवन लम्बे समय से रिक्त चला आ रहा है। 'तीन बिन्दियाँ' जैसे किसी कथन के अर्थ को अन्तिम नहीं होने देती। गीताली का जीवन भी तीन बिन्दियाँ की तरह है कि वह अबतक किसी निश्चित मुकाम तक नहीं पहुँची है। तीन बिन्दियों के बाद किसी अर्थ की उत्प्रेक्षा (सम्भावना) बनी रहती है। गीताली भी अबतक एक सम्भावना-सी बनी हुई है—उत्प्रेक्षा की। अन्दर-अन्दर वह इस तलाश में जरूर है कि तीन बिन्दियाँ की अनिश्चितता से उसका जीवन मुक्त हो। उसे तीन बिन्दियों से मुक्ति मिले। इसकी एक सम्भावना उसे अकराम के रूप में दिखायी देती है। अकराम ने प्रणय निवेदन किया है। उसके निवेदन को वह राधेश्याम और जमाय बाबू के दोस्त के प्रस्ताव और आचरण के परिप्रेक्ष्य में रखकर देखती है। फर्क तो उसे नजर आता ही है। ओवरटोन-सहायकनाद-की तुलना में गन्ध ज्यादा विश्वसनीय होता है। क्योंकि जहाँ ओवरटोन अनिश्चित होता है, तुरन्त तुरन्त उत्पन्न होता है और तुरन्त समाप्त भी हो जाता है। राधेश्याम और जमाय बाबू का प्रणय भाव वैसा ही था। दोनों में से किसी ने गीताली की आरजू लम्बे समय तक नहीं की। गीताली के इन्कार या अनिच्छा को दूर करने की कोशिश नहीं की और न किसी तरह से इन्तजार ही किया। जो इन्तजार न करे, तुरन्त छोड़कर आगे बढ़ जाय क्या वैसे पुरुष का विश्वास करना चाहिए? अकराम लम्बे समय से आरजू कर रहा है। अपने भाव को बहुत दिनों से सीने में छिपाये हुए है। अब दबाये नहीं दब रहा। तब जाकर उसने प्रणय निवेदन का पत्र भेजा है। कोई जल्दबाजी नहीं और न आगे बढ़ जाने की कोई उतावली। ऐसा व्यक्ति ही नारी-जीवन के लिए मुफीद होता है। लेकिन समस्या जातिधर्म की भी है। गीताली हिन्दू और अकराम मुसलमान। यह समस्या खुलकर सामने नहीं आती है, किन्तु अपनी जगह है तो अवश्य। हाराधन मिस्त्री की बातों से उसे इसका भी समाधान मिल जाता है। उसकी बहन मिताली ठुमरी को लोकधुन, लोकसंवेदना का तड़का देकर गाती थी। इससे उसके गायन में अद्‌भुत नवीनता आ

जाती थी। नये-नये रूप में संचार होता रहता था। उसकी शादी एक ऐसे व्यक्ति जमाय बाबू-से हो जाती है जो गायन में शुद्धतावादी आग्रह रखता है। परिणाम यह हुआ कि मिताली के गायन की खूशबू, उसका नयापन, उसका आकर्षण और अलग-अलग रूपों में संचार खत्म हो गया।

संगीत की दुनिया से मिताली का प्रभाव मिट गया। क्या गीताली को भी जमाय बाबू की तरह प्रणय सम्बन्धों में शुद्धतावादी हो जाना चाहिए? अकराम से विवाह शुद्धतावाद की जगह एक नया प्रयोग होगा। इस नव्य प्रयोग से क्या गीताली के जीवन में रस-संचार नहीं होगा? शुद्धतावादी आग्रह से अगर गीताली राधेश्याम या जमायबाबू के मित्र जैसे हिन्दू के साथ विवाह कर ले तो क्या उसके जीवन में रस-संचार हो भी पाएगा? क्या उसके जीवन का हश्र बड़ी बहन मिताली दास जैसा नहीं हो जाएगा? सहायक नाद की तुलना में गन्ध ज्यादा विश्वसनीय होता है। क्योंकि सहायक नाद उतना वस्तुगत नहीं होता। गन्ध सहायक नाद की तुलना में कहीं ज्यादा वस्तुगत होती है। अत: सहायक नाद विश्वसनीय नहीं हो सकता, वस्तुगत होने के कारण गन्ध ज्यादा विश्वसनीय है। गन्ध की उत्पति भी अनिश्चित नहीं है, उसका अस्तित्व भी सहायक नाद की तुलना में दीर्घकालव्यापी है। गन्ध का सम्बन्ध अपनी आधारवस्तु के साथ अनिवार्य किस्म का होता है, आकस्मिक किस्म का नहीं। सहायक नाद आकस्मिक होता है। गन्ध यहाँ मनुष्य की प्रकृति या स्वभाव का वाचक है और सहायक नाद कामोद्रेक या नारी के प्रति पुरुष के आकर्षण के क्षणिक उद्रेक का। अत: सहायक नाद की तुलना में गन्ध (व्यक्तित्व और चरित्र की गन्ध) व्यक्ति की विश्वसनीयता को परखने का ज्यादा विश्वसनीय आधार है। गीताली को सीख है कि सहायक नादों पर मत भूलो और शुद्धतावाद की जकड़बन्दी को भी तोड़ डालो। शुद्धतावाद तुम्हारे जीवन को वैसे ही आकर्षण शून्य और नीरस बना डालेगा जैसा उसने तुम्हारी बहन मिताली के संगीत को असरहीन बनाकर रख दिया है। यह शरीर मय दिल-ओ-दिमाग के एक वाद्ययंत्र की तरह है। बल्कि यह कहें कि मनुष्य जीवन अपनी समग्रता में एक वाद्ययंत्र है। जो इसका जितना जतन करता है, उतना ही सुन्दर संगीत उससे नि:सृत होता है। कबीर उसी जतन की बात करते हैं—दास कबीर जतन से ओढ़ी। जो जतन से जीवन का संरक्षण, संवर्धन और संचालन नहीं करता, उसका जीवन वैसे ही बेजान हो जाता है, जैसे वाद्य यंत्र बिगड़ने के बाद सुरीला संगीत नहीं दे पाता। हाराधन मिस्त्री कहता है कि तुम्हारा यंत्र अच्छा है, तुमने उसकी खूब साज-सज्जा की है। बिगड़ने पर भी ऐसे वैसों के हाथ में नहीं देना। वैसे कारीगर के हाथ में देना जो उसे सुधार सके। गीताली का शरीर और जीवन भी एक यंत्र ही है। अबतक उसने उसे बिगड़ने या गलत हाथों में पड़ने से बचाये रखा है। मिताली का जीवन गलत हाथों में पड़ गया। नतीजा क्या हुआ? एक भली चंगी कलाकार की कला का अन्त हो गया। जिस तरह वाद्य यंत्रों

को दुरुस्त करने के लिए हाराधन मिस्त्री एक सुयोग्य कारीगर है, मिताली के जीवन यंत्र को सुधारने, सुरीला और संगीतमय बनाये रखने में जमाय बाबू सुयोग्य कारीगर नहीं साबित हुआ। गीताली को एक सीख यह भी है कि तुम्हारा जीवन-यंत्र अबतक बहुत ही अच्छे सुर में बजता रहा है। क्योंकि उसे तुमने किसी गलत हाथों में पड़ने नहीं दिया है। आगे भी सतर्क सावधान रहना। यह किसी अयोग्य, अनधिकारी के हाथों में नहीं पड़ जाय। संकेत यह कि जीवन-यंत्र के संधारण के लिए राधेश्याम या जमायबाबू का मित्र योग्य कारीगर नहीं है। ऐसे लोग तुम्हारे जीवन रूपी-यंत्र को सुधारने की जगह और बिगाड़ देंगे, कबाड़ा कर देंगे। गीताली को लगता है—अकराम ही जीवन-यंत्र का सही साजदार होगा। अस्तु, वह अपने जीवन में अकराम को प्रवेश करता हुआ पाती है। उसकी पगध्वनि को अपने अन्तस के अलख-मुखर जगत् में सुन रही है। पत्र तो मनहर राय का भी आया है। किन्तु उसमें यह व्यक्त नहीं हो रहा है कि मनहर गीताली की आरजू करता भी है या नहीं। अकराम कर रहा है। क्या ऐसे अबोले जिसका लम्बे समय तक गीताली ने इन्तजार किया, अब और आगे भी उसी के बोलने का इन्तजार करे? अथवा यह जो बोल रहा है (अकराम शंखध्वनि कर रहा है।) जो आरजू कर रहा है उसके प्रस्ताव को स्वीकार कर ले 'आखिर इन्तजार की भी कोई सीमा होती है। कहीं ऐसा न हो कि मनहर का इन्तजार ही करती रह जाय, इधर निराश अकराम भी हाथ से निकल जाय। तब तो गीताली फिर से तीन बिन्दियाँ ही बनी रह जाएगी। गीताली जिसकी आरजू भीतर-भीतर करती रही है वह (मनहर राय) उसका नोटिस नहीं लेता, जो नोटिस लेता है उसकी इच्छा के विरुद्ध यानी राधेश्याम और जमाय बाबू के दोस्त, वे लोग विश्वास के योग्य नहीं हैं। अकराम विश्वासी लगता है, क्योंकि उसने भोग लेने और बेजा फायदा उठाने की कभी कोशिश नहीं की। स्पष्ट है कि वह रस चूसकर उड़ जाने वाला भौंरा नहीं है। अकराम आरजू भी कर रहा है, मतलब साफ है कि वह गीताली को अपनाने के लिए तैयार है। मनहर जब आरजू ही नहीं कर रहा है, तब गीताली अपनी ओर से कैसे मान ले कि वह उसे अपना ही लेगा ? मनहर की ओर से आरजू के स्वर फूटने भी चाहिए थे, जो कि आजतक फूटे ही नहीं। आरजू के अभाव ने ही 'तीसरी कसम' की हीराबाई को भी हिरामन को छोड़कर जाने को मजबूर किया था।

प्रकृति ने नर और नारी के शरीर निर्माण में जो विधान कर रखा है, उसका अल्टीमेट निष्कर्ष यही है कि लिंग-भोग का दर्द औरत के हिस्से में ही आना है। पुरुष को उसका कोई दर्द झेलना ही नहीं पड़ता। झेलना पड़ता है नारी को। अत: आवश्यकता इस बात की है कि नारी को इस मामले में अधिक सावधान रहने की जरूरत है कि किसी उतावली में या हड़बड़ी में दर्द उसके पल्ले न आ जाय। नारी स्वतंत्रता के झंडाबरदारों को असल मुर्दाबाद पुरुषों का नहीं, वरन् प्रकृति का करना

चाहिए, जिसने सारा दर्द औरतों के हिस्से में दे डाला है, पुरुषों को उससे एकतरफा तौर पर मुक्त कर रखा है। जब बात सहायक नाद और गन्ध की आती है तब 'अगिनखोर' नामक कहानी भी याद आती है। रेणु के प्रकृत मिजाज से भिन्न यह- एक अलग ही भाव-बोध की कहानी है। सहायक नाद और गन्ध के कंट्रास्ट से आभारानी राय का जीवन विडम्बनाग्रस्त हो गया है। उसके पति ने उसे छोड़ दिया है। अब वह कटी पतंग की तरह हो गयी है और देह-तुष्टि के लिए जहाँ तहाँ मुँह मारती फिर रही है। एक पुरुष के मुक्त हो जाने पर दूसरा पुरुष प्राप्त किया जाना चाहिए। इसमें गलत कुछ भी नहीं है। किन्तु दूसरे पुरुष को प्राप्त करने में भी प्रयत्न में गहराई और वैशिष्ट्य होना चाहिए, न कि हर किसी तक अपने को पहुँचाकर अपना सामान्यीकरण कर लेना चाहिए। इस क्रम में वह उचित-अनुचित का भेद भूल जाती है। सूर्यनाथ शादीशुदा आदमी है। उसकी पत्नी अन्नपूर्णा ने ही आभारानी को अपने घर में प्रवेश दिलाया था। उसी अन्नपूर्णा के पति के साथ वह एकान्त का लाभ लेना चाहती है। पड़ोस की दाय से आभा के आचरण की भनक पाकर उसने उसका अपने घर में प्रवेश वर्जित कर दिया। अब पता नहीं वह कहाँ-कहाँ किसके साथ देहयात्रा करती है। गर्भवती हो गयी है। एक परित्यक्त पतिविहीन स्त्री का गर्भवती हो जाना यह प्रमाणित करता है कि उसने निश्चित रूप से देह-यात्रा की है। देह-यात्रा सरल है किन्तु उसकी अवैधता से जूझना उस वक्त काफी मुश्किल होता है जब वह फलित हो जाती है। नतीजा, अस्पताल में अपने गर्भ को जन्म देकर वहीं छोड़ भाग खड़ी होती है। अनाथालय में पलकर वह बच्चा बड़ा हो गया है। मातृ-पितृ विहीन बच्चा, अनाथालय का परिवेश, चित्र-विचित्र लोगों से सम्पर्क-संगति। परिणामतः अपसंस्कृति का शिकार हो जाता है। मन-मस्तिष्क और मान-मूल्यों की दृष्टि से वह स्वस्थ नहीं रह गया है; विकारग्रस्त हो गया है। वह एक 'वस्तु' बन गया है और मूल्य चुकाकर लोग उसका उपयोग भी करते हैं। इस बात को वह अपने मुँह से स्वीकार करता है। कालक्रम से उसे अपनी माँ की डायरी, जिसे उसने न तो कभी देखा, न पाया है, हाथ लग गयी है। उसमें उसकी माँ ने सूर्यनाथ के साथ घटी घटना को लिपिबद्ध कर रखा है। आभा का वह बेटा जो अपने कई नाम बताता है उसी आधार पर सूर्यनाथ को अपना पिता मानने लगा है। वह खोज रहा है कि माँ तो आभारानी है पर पिता कौन है? सूर्यनाथ के पास वह उपस्थित हुआ है यही निश्चित करने के लिए कि सूर्यनाथ ही उसका असली पिता है। उसी के गुणसूत्र (क्रोमोजोम) से वह पैदा हुआ है। सूर्यनाथ डायरी की तिथियों से यानी जिस दिन वह उससे एकान्त में मिली थी (यानी देहयात्रा की थी) उसके जन्म की जो तारीख अस्पताल के अभिलेखों में दर्ज है, उसका मिलान करने से यह सिद्ध नहीं होता कि सूर्यनाथ ही उसका असली पिता है। उस तिथि के नवें-दसवें महीने में उसका जन्म हो जाना चाहिए था, जबकि उसका जन्म बहुत बाद में हुआ है। आभा ने अन्नपूर्णा

को बतलाया कि बूढ़े कपड़ा व्यवसायी ने उसका सत्यानाश किया है। भारतीय परिवेश में पिता के नाम के बिना बच्चे का जीना मुश्किल होता है। ऐसे बच्चे को कोई भी सम्मान की निगाह से नहीं देखता। घृणा और उपेक्षा के दबाव को झेलता हुआ यह युवक कुछ सनकी, कुछ वहशी और मानवमूल्यों का भंजक बन गया है। प्रतिक्रिया के आवेश में उसने संस्कृति को त्याग अपसंस्कृति को अपना लिया है और उसी आवेश में 'अपसंस्कृत' के रूप में अपने को प्रस्तुत भी करता रहता है। संस्कृति पर प्रहार करने का कोई अवसर वह जाने नहीं देता। वस्तु के रूप में अपने उपयोग को भी वह नहीं छिपाता। यह उसका सत्साहस नहीं वरन् मूल्य-भंजन की उसकी आक्रामक प्रवृत्ति है, उसी की मनोवैज्ञानिक अभिव्यक्ति है। उसकी जन्मदात्री माँ ने जो किया है, उसे यह भोग रहा है और उसके भीतर वैसी कटुता भर गयी है। अब उसे हर बात से कुढ़न है। उसे उम्मीद थी कि डायरी के माध्यम से रहस्योद्घाटन कर वह सूर्यनाथ को सकते में डाल देगा। अबतक वह इस विश्वास से भरा हुआ था। किन्तु सूर्यनाथ ने जन्मतिथि के मिलान की बात से उसके इस प्रयास को विफल कर दिया, बल्कि उल्टे, उसे ही अप्रतिभ कर दिया। क्षणभर पहले जो आत्मविश्वास से लबालब भरा था, अगले ही क्षण विफल-मनोरथ सिद्ध हो निराश हो जाता है। उसका सारा आत्मविश्वास और साहस काफूर हो जाता है। अन्ततः रोने लगता है। अपने पिता को खोज़ लेने का उसका प्रयास इस बार भी त्रिफल सिद्ध होता है। अपसांस्कृतिक रूप से पिता की पहचान उसके लिए कतई जरूरी नहीं थी। किन्तु जिज्ञासा भी एक चीज है। जब सभी बच्चों के पिता की पहचान है तो एक उसी की क्यों नहीं हो? एक प्रतिहिंसा का भाव भी प्रच्छन्न रूप से उसके भीतर कार्यरत है कि जो उसे जंन्म देकर छिप रहा है? उसे प्रकट कर रहस्य को उजागर कर वह उससे बदला लेगा। बदले की यह भावना अभिव्यक्त नहीं, प्रच्छन्न है। माता-पिता द्वारा समाज में स्थापित मान-मूल्यों का उल्लंघन करने से जो बच्चे जन्म पाते हैं उन्हें उसका फल भोगना पड़ता है। पति-वियुक्ता आभारानी अगर समाज स्वीकृत रूप से किसी दूसरे पुरुष से जुड़कर नीतिवैध देहसुख पाती और बच्चे को जन्म देती तब आज जो समस्या इस युवक के समक्ष उपस्थित है, उससे उसे गुजरना नहीं होता। आभा ने अपने को पति से अलग होने पर किसी एक पुरुष तक अपने को सीमित नहीं रखा और न किसी पुरुष से स्थायी और वैध तरीके से जुड़ी। जिन दिनों की यह घटना है, उन दिनों विज्ञान इतना विकसित नहीं था कि वैज्ञानिक परीक्षण के द्वारा इस अगिनखोर युवक के पितृत्व का निर्णय हो पाता। अगर कोई पुरुष पूर्व से शादीशुदा है और वह चोरी छिपे अवैध रूप से आभा से जुड़ा है, तब वह भी यह क्यों स्वीकार करेगा कि यह बालक उसी की औरस सन्तान है? विशेषकर उस स्थिति में जबकि आभा की देहयात्रा सिर्फ उसी तक सीमित नहीं है? जैसा कि कथा-प्रसंग से स्पष्ट होता है, सूर्यनाथ ने अपनी ओर से आभा के समक्ष कोई प्रस्ताव

नहीं रखा था, बल्कि आभा ने ही एकान्त का लाभ उठाकर अन्नपूर्णा के दाम्पत्य संसार में सेंध लगाने की कोशिश की थी। क्या पता कि अन्य पुरुषों ने आभा के समक्ष प्रस्ताव किया था या खुद आभा ने अपने को उनके आगे प्रस्तुत किया था? कहती तो वह अवश्य है कि बूढ़े कपड़ा व्यवसायी ने फुसलाकर उसका सर्वनाश किया है। नारी–स्वतंत्रता या अन्य किसी प्रेरणा से प्रेरित हो नारी अपने को प्रगतिशील घोषित करती है। विवाह जैसे वैध तरीके से अलग स्वतंत्र रूप से पुरुष–संग–सुख को अपना अधिकार मानती है। इतनी प्रगतिशीलता और साहस उसमें है तो इस बात का साहस भी उसमें होना चाहिए कि वह उस पुरुष का भी नाम बताये, जिसका बीज उसकी देहयात्रा में फलीभूत हुआ है। आभा में यह साहस नहीं था। उसमें संघर्ष करने का भी साहस नहीं था कि अपने पुत्र को पिता का नाम दिला पाती। उल्टे बच्चे को जन्म देकर छोड़ भागी। यह नारी–स्वतंत्रता, उसकी प्रगतिशीलता या साहस और संघर्ष का कौन सा रूप है? ऐसी अवैध सन्तानों से भारतीय इतिहास भरा पड़ा है। किन्तु हर बच्चे की जीवन–परिणति इस युवक जैसी नहीं है। महात्मा विदुर महान् नीतिज्ञ हुए। उन्होंने अपनी अवैधता को समाज में समस्या नहीं बनने दिया, न समाज के सम्मुख कोई संकट खड़ा किया। किन्तु आचार्य चतुरसेन शास्त्री लिखित 'सोमनाथ' नामक उपन्यास में जो फतेह मुहम्मद नाम का पात्र है अपनी अवैधता से आहत होकर उसने जो कुछ किया, वह भारत के राष्ट्रीय हित के विरोध में था। दोनों ही उदाहरणों में जन्मदात्री की देहयात्रा एक तक सीमित थी और पितृत्व का पक्ष निर्विवाद था। किन्तु इस 'अगिनखोर' के मामले में एक से अधिक तक देहयात्रा विस्तारित है। इसलिए समस्या अधिक जटिल है। रेणु के 'मैला आँचल' उपन्यास के डॉक्टर प्रशान्त का 'पितृत्व भी अनिर्धारित है; अस्पष्ट है। किन्तु यह प्रशान्त का अपना व्यक्तित्व और चरित्र है कि वह प्रतिक्रियावादी नहीं बना है, मूल्यभंजक नहीं बना है और न समाज के सम्मुख उसने कोई समस्या या संकट खड़ा किया है। उल्टे उसने अपने को समाज और राष्ट्र के हित में उपयोगी सिद्ध किया है। यह अगिनखोर समाज के लिए उपयोगी नहीं है, वरन् समाज के सामने एक समस्या के रूप में उपस्थित है। क्योंकि वह अपने को रचनात्मकता से नहीं जोड़ता, मूल्यभंजन से सम्बद्ध कर लेता है। डॉ. प्रशान्त और महात्मा विदुर एक कोटि के पात्र हैं तो फतेह मुहम्मद और यह अगिनखोर दूसरी कोटि का। यह प्रतिक्रियावादी और प्रतिहिंसक है और बदला लेने पर आमादा है। अगिनखोर चाहता तो अपने को डॉ. प्रशान्त की तरह अपनी अवैधता को अपनी शक्ति और प्रेरणा बना लेता और तब वह समाज और राष्ट्र के लिए उपयोगी बन जाता। किन्तु प्रतिक्रिया के आवेश में, साथ ही विश्व में पैदा हो रही अपसंस्कृति से जुड़ कर अपने को आधुनिक–अत्याधुनिक सिद्ध कर रहा है। वह समझता है कि सिर्फ वही लेनी ब्रूस को जानता है। सूर्यनाथ ने उसकी रिहाई हेतु हस्ताक्षर करने की बात बताकर उसके अत्याधुनिक होने के दम्भ को भी

तोड़ दिया। खुलेआम यह स्वीकारना कि वह पैसे लेकर अपने को 'यूज' होने देता है, वास्तव में उसका साहस नहीं, दुस्साहस है, आधुनिकता का प्रदर्शन नहीं, बल्कि अपने को आधुनिक सिद्ध करने का भौड़ा तरीका है। वह सूर्यनाथ को कायर सिद्ध करना चाहता है कि आपलोग सच को स्वीकार करने का साहस नहीं रखते। वह अपने को 'यूज' करने देता है इसे स्वीकार कर अपने को साहसी सिद्ध कर रहा है। किन्तु जब सूर्यनाथ साहस पर उतर आता है तब यह रोने लगता है। डायरी की बात आते ही सूर्यनाथ इस रूप में अपना बचाव नहीं करता कि उसका आभा के साथ कोई सम्बन्ध था ही नहीं, वह घटना को कतई नकारता नहीं, बल्कि जन्म की तारीख को घटना की तारीख से मिलाकर बात करने को कहता है। साहस बनाम दुस्साहस आधुनिकता बनाम उसका भौड़ा प्रदर्शन-यही कहानी का कन्ट्रास्ट है। लेकिन एक बात जो निर्विवाद है वह यह कि यह सूतपुत्र डोगलास अवैध सन्तान होने के दंश को मानसिक स्तर पर झेल रहा है। पर अपमान की आग को पीकर पूरे दमखम के साथ समाज की छाती पर उपस्थित है। यही उसका अगिनखोर रूप है। यह सूक्ष्म मनोविज्ञान की बात है कि भीतर कहीं भी अगर वह अपने को सम्मानवंचित महसूस नहीं करता, पितृत्व के प्रश्न को आधुनिकता के रौ में विचार का मुद्दा नहीं मानता तो वह सूर्यनाथ द्वारा इन्कार के बाद रोता नहीं। उसकी रुलाई भी उसे 'अगिनखोर' ही साबित कर रही है कि उसके भीतर सम्मान से वंचित हो जाने की आग है जिसे वह खा रहा है। वही आग उसे सूर्यनाथ को धिक्कारने को प्रेरित करती है कि आपकी पीढ़ी में सच का सामना करने का साहस नहीं है।

'तीन बिन्दियाँ', 'एक अकहानी का सुपात्र' और 'अगिनखोर' जैसी कहानियाँ सिद्ध करती हैं कि रेणु सिर्फ 'गाँव' नहीं हैं। वे मनोवैज्ञानिक भी हैं। साहित्यिक आन्दोलनों (अकहानी आन्दोलन) से भी उनका जुड़ाव है और विश्व के परिदृश्य पर जो युवा गतिविधियाँ हैं, आधुनिकता-अत्याधुनिकता जैसी नवीनतम अवधारणाएँ हैं, उनपर भी उनकी पैनी नजर है। वे गाँव की सीमा में कैद रचनाकार नहीं हैं। उनका रचना-विस्तार शहर तक भी है और 'हास्य-व्यंग्य' तक भी। अतिथि सत्कार तथा 'ना जाने केहि वेश में' जैसी कहानियाँ उनकी व्यंग्य-शक्ति और हास्य-निर्माण कौशल को भी प्रदर्शित करती हैं। कहानियाँ विषय, विचार आदि के मामले में जैसी भी रही हों, किन्तु लेखक कहीं भी आविष्ट नजर नहीं आता। उसकी निर्मम तटस्थता उसे महान् कलाकार भी सिद्ध करती है।

सन्दर्भ सूची

1. आदिम रात्रि की महक, रेणु, पृ. 37
2. कलंक मुक्ति, रेणु, पृ. 109
3. ठुमरी, रेणु, पृ. 9

4. वही
5. परती : परिकथा, रेणु, पृ. 122
6. आदिम रात्रि की महक, रेणु, पृ. 89
7. ठुमरी, कहानी संग्रह, रेणु, पृ. 71
8. वही
9. वही
10. अनामिका, निराला
11. आदिम रात्रि की महक, रेणु, पृ. 150
12. मैला आँचल, रेणु, पृ. 235
13. आदिम रात्रि की महक, रेणु, पृ. 172
14. ठुमरी, रेणु, पृ. 49
15. आदिम रात्रि की महक, रेणु, पृ. 20
16. वही, पृ. 15
17. वही, पृ. 20
18. वही, पृ. 23
19. अगिनखोर, रेणु, पृ. 66

रेणु की चरित्र-सृष्टि

कथा-जगत् के पात्र इतिहास को अपनी मानसिक संरचना के हिसाब से ग्रहण करते हैं। और चूँकि सभी पात्रों की मानस-संरचना समान नहीं होती इसलिए कथा-फलक के सभी पात्र इतिहास को एक समान सामान्यीकृत अर्थ में ग्रहण नहीं करते। मनोविज्ञान मन और चेतना के तीन स्तर स्वीकार करता है—1. चेतन, 2. अवचेतन और 3. अचेतन। इतिहास और 'घटना' के अर्थग्रहण में तीनों की ही कुछ न कुछ भूमिका अवश्य होती है। आवश्यक नहीं कि हर मामले में तीनों की भूमिका सम और समानुपातिक ही हो। कभी किसी की और कभी किसी अन्य की भूमिका प्रधान और अप्रधान हो सकती है। व्यक्ति का मानस केवल वर्तमान से ही प्रभाव ग्रहण नहीं करता, बल्कि सभी व्यक्ति मौलिक होते हैं, अतएव एक दूसरे से भिन्न भी हुआ करते हैं। इसलिए हर किसी के मानस की अपनी मौलिक निजता भी हुआ करती है। व्यक्ति के अवचेतन और अचेतन के निर्माण में (अगर जन्मान्तर पर विश्वास किया जाय तो) प्रारब्ध (पूर्व जन्मों के संस्कार) की भी भूमिका होती है। जैव रसायन (Bio-Chemistry) की बात की जाय तो जीनों के अलग-अलग अनुपात में सम्मिलित होने से व्यक्ति की मौलिक निजता का निर्माण होता है। सामाजिक स्तरीकरण-वर्णभेद, प्रस्थिति और भूमिका के साथ-साथ धार्मिक-सांस्कृतिक कारकों से भी व्यक्ति के मानस का स्वरूप-गठन होता है। मानस-गठन के विभिन्न कारकों की संश्लिष्ट भूमिका से निर्मित व्यक्ति मन के लिए इसीलिए इतिहास की एक सामान्य घटना (Common incident) भी अलग अर्थ रखने लगती है। दूसरे शब्दों में हर पात्र उसे अपने निजी व्यक्तिगत अर्थ में स्वीकार करता है। स्वतंत्रता आन्दोलन भारत के तमाम नागरिकों के लिए एक साझा घटना है। पर इस साझा घटना ने यदि निम्नवर्ग के पात्रों की चेतना को झकझोरना शुरू कर दिया तो उन्होंने इस चेतना के आलोक में अपनी प्रस्थिति और भूमिका को नये रूप में परिभाषित करना शुरू कर दिया। उनकी चेतना की यह कशमशाहट ही औरों के लिए चिन्ता का कारण बन गयी। बालदेव और कालीचरन जैसे निम्नवर्गीय पात्र अगर इससे शक्तिशाली हो रहे हैं तो दूसरी तरफ हरगौरी, जोतखीजी और तहसीलदार विश्वनाथ प्रसाद को अपने

अस्तित्व और अहमियत को बनाये रखने की चिन्ता सता रही है। सदियों से दबा-कुचला निम्नवर्ग अब 'इस पार या उस पार' की बात कर रहा है, वह तेजी से शून्य सहिष्णुता (Zero tolernce) की ओर बढ़ रहा है तो रामकिरपाल सिंघ की चिन्ता उनके इस कथन से जाहिर हो रही है—"हरगौरी ठीक कहता था—यदि यही हालत रही तो पाँच साल के बाद ग्वाले बेटी माँगेगे।"[1] इतिहास के प्रति हर किसी की अनुक्रिया (Response) भी अपने-अपने लाभ-हानि के हिसाब से तय होती है। शक्ति संचय दोनों ही कर रहे हैं। एक अपने को नये सिरे से परिभाषित और स्थापित करने के लिए तो दूसरा उक्त उपक्रम की हवा निकालने के लिए। इसीलिए एक तरफ अगर शोभन मोची का ढोल बोलता है तो दूसरी तरफ संचालक जी की सीटी। "सिर्फ जोतखी जी ही नहीं गाँव के सभी मातबर लोग मन-ही-मन सोच-विचार कर देख रहे हैं—गाँव के ग्रह अच्छे नहीं।"[2] सिंघजी यादव टोला के नढ़ैलों का सीना तानकर चलना बरदाश्त नहीं कर सकते। बार-बार लाठी-भाला दिखलाते हैं।...अब तो राह चलते परनाम-पाती भी नहीं करते यादव लोग। अब तब काली कुर्तीवालों के बारे में जो हरगौरी कहता था, उनलोगों को बुला लिया जाए? कहता था, लाठी-भाला सिखानेवाला मास्टर आवेगा। हिन्दू राज-महाराणा प्रताप और शिवाजी का राज होगा।[3] तहसीलदार विश्वनाथ प्रसाद द्वारा तहसीलदारी त्याग देना एक इतिहास निरपेक्ष घटना नहीं है। वरन् इतिहास ने उनकी चेतना पर कहीं दस्तक दी है—जमाना इससे भी विकट आने वाला है। उसका यह पर्यवेक्षण बहुत कुछ सिंघ जी जैसा ही है। पर उस समान पर्यवेक्षण के बावजूद इतिहास के प्रति दोनों की अनुक्रिया समान नहीं है। विश्वनाथ प्रसाद को लगता है—तहसीलदारी अब सिर्फ झंझट का काम रह गया है। इसलिए झट से इस्तीफा दे देते हैं।[4] उसी झंझट के काम को हरगौरी त्वरित आतुरता के साथ इसलिए स्वीकार कर लेता है कि यह उसे—'शासन' करने का अवसर प्रदान करनेवाला है। इसे वह 'महाराणा प्रताप' और 'शिवाजी' का राज कायम करने का एक जरिया देखता है। अपने अस्तित्व और अहमियत को बनाये रखने की कोशिश में विश्वनाथ प्रसाद कांग्रेस का सदस्य बन जाते हैं। पर सिंघ जी या हरगौरी वैसा नहीं करता। अपने इकबाल को बनाये रखने के लिए तहसीलदारी उसे एक अवसर के रूप में नजर आती है और वह कांग्रेस की बजाय राष्ट्रीय स्वयंसेवक संघ से जुड़ना ज्यादा मुफीद मानता है। संचालक जी को बुलाकर मेरीगंज में एक तीसरा सेन्टर—'लाठी-भाला टिरेनी सेंटर'[5] खुलवा लेता है। उस दौर में कुछेक लोग अपनी मूल प्रकृत वैचारिक प्रतिबद्धता के इतर और विपरीत जाकर कम्युनिस्ट भी बन गये थे। जिस पार्टी और वर्ग से उन्हें खतरा हो सकता था वे उसी वर्ग और पार्टी का नेता हो गये। जो इतिहास डॉ. प्रशान्त और डॉ. ममता को आत्मोपलब्धि से अलग खींच ले जाता है, दोनों ही पीड़ित मानवता की सेवा से अपने को सम्बद्ध कर लेते हैं, वही इतिहास दुलारचन्द कापरा को इस रूप

में उपयोगी लगता है कि उसमें दाखिल होकर वह अपने समाज विरोधी काले धन्धे को बेरोकटोक चला सकेगा और कांग्रेस थाना कमिटि के सभापति का पद उसका रक्षाकवच बन जाएगा। लेकिन निम्नवर्ग में हिरामन भी तो है जो इतिहास की करवटों से सर्वथा बेखबर है, सर्वथा एकरस, सर्वथा अनुक्रियाहीन। उसे सिर्फ गाड़ीवानी और अपने बैलों से मतलब है। 'जा रे जमाना' कहकर भी वह जमाने से पल्ला झाड़े रहता है। जमाने का जाना-आना उसे बिल्कुल ही नहीं हिलाता-डुलाता। 'तीसरी कसम' कहानी में हीराबाई अगर एक 'घटना' है तो हिरामन के लिए वह 'कम्पनी की औरत' है। परन्तु धार्मिक-सांस्कृतिक कारकों से निर्मित मानसवाले पलट दास को उसमें सीता की छवि दिखायी देती है। वहीं लालमोहर के लिए वह एक कसौटी की तरह है—हिरामन की तुलना में उसके अधिक पावरफुल होने को साबित करने की। पर इन सबसे अलग हीराबाई लहसनवाँ के लिए ऐसा जबर्दस्त आकर्षण है जिससे खिंचा चला आकर वह उसी कम्पनी की नौकरी स्वीकार कर लेता है। हीराबाई का आकर्षण ऐसा प्रेरक बल है जिससे वह अपनी यथास्थिति को तोड़कर यानी गाड़ीवानी की नौकरी छोड़कर कम्पनी की नौकरी स्वीकार कर लेता है। हीराबाई से जुड़कर वह जिस नये मौज का अनुभव कर रहा है, स्पष्ट है कि वह अबतक उससे महरूम था।

कथा-साहित्य के लिए पात्र की व्यक्तिचेतना जितना विचारणीय है इतिहास की प्रेरक शक्ति भी कमोवेश उतनी ही महत्त्वपूर्ण है। शहरीकरण भी इतिहास की एक घटना ही है जिसने ग्रामीण युवाओं को भी अपनी ओर खींचा। शहर जाकर ही 'उच्चाटन' कहानी का नायक रामबिलास इतना चैतन्य और सशक्त हो गया है कि मिसिर द्वारा बिलसिया कह कर पुकारने को सहन नहीं करता। वह जिस तरह से रिएक्ट करता है उससे मिसिर और उसके बेटे को यह मानने के लिए बाध्य हो जाना पड़ता है कि जमाना बदला ही नहीं है, साफ उलट गया है। रामबिलास की वर्द्धित शक्ति बाप-बेटे का रास्ता रोक देती है। वे उस पर हाथ डालने से कतरा जाते हैं। पहले का जमाना होता तो रामबिलास की गत बन गयी होती। रेणु की रचनाओं में उपस्थित इतिहास दो राजाओं की लड़ाई का इतिहास नहीं है। वरन् सामाजिक जागृति और शक्ति-केन्द्रों के बदलाव, प्रस्थिति और भूमिका में परिवर्तन आदि का इतिहास है। यहाँ-समाज के स्तरीकरण की नींव हिल रही है और शक्ति के आधार बदल रहे हैं। कहीं वह नयी रचनात्मकता का सबब है तो कहीं वह प्रतिगामी असामाजिक शक्तियों के लिए रक्षा-कवच भी। अस्तु, जब कभी भी इतिहास नये रूपों में समाज के सम्मुख प्रस्तुत होता है तो उसके सदस्यगण अपनी-अपनी मानसिकता, सामाजिक, राजनीति, आर्थिक हैसियत और नफे-नुकसान के हिसाब से मूल्यांकित कर तदनुरूप उसके प्रति अपनी अनुक्रिया करते हैं। 'यथार्थ' ने अपने आलेखन के लिए साहित्य से एक फॉर्मेट (साहित्य रूप) की माँग की थी। यूँ सभी कथाविधाओं-उपन्यास,

कहानी और नाटक—तीनों में यथार्थ अपने को आलेखित करता है। किन्तु नाटक अपने स्वरूप में यथार्थ के जटिल संश्लेष के विवेचन विश्लेषण और मीमांसा के लिए बहुत अनुकूल साबित नहीं होता। वहीं कहानी अपने आकार की संक्षिप्तता के कारण यथार्थ के खंडों का खंडों में ही चित्रण कर पाती है। अपने जटिल संश्लेष को उसकी सम्पूर्णता में आलेखित करने के लिए यथार्थ को उपन्यास विधा की जरूरत दरपेश आती है। उपन्यास विधा का जन्म ही यथार्थ की मीमांसा के उद्देश्य की पूर्ति के लिए हुआ था। महान यथार्थवादी उपन्यासों के स्रोत ऐतिहासिक ही हुआ करते हैं। उनमें इतिहास की अनिवार्य उपस्थिति होती है। इतिहास का अर्थ है—वास्तविक 'देश और काल'। यथार्थवादी उपन्यासों में 'देश और काल' अनिवार्य रूप में उपस्थित रह कर भी उस रूप में उपस्थित नहीं रहता जिस रूप में उन उपन्यासों में जिन्हें ऐतिहासिक उपन्यास कहा जाता है। ऐतिहासिक उपन्यासों में देश और काल अपने वास्तविक इतिहास में मौजूद व्यक्ति, पात्रों, नायकों और घटनाओं के साथ उपस्थित होता है। जबकि यथार्थवादी उपन्यासों में इतिहास आवश्यक नहीं कि अपने देश-काल में मौजूद वास्तविक व्यक्ति के साथ उपस्थित हो। बल्कि उनमें वह अपनी चाल और चरित्र के रूप में मौजूद होता है, न कि वास्तविक ऐतिहासिक पात्रों के रूप में। यथार्थवादी उपन्यासों के पात्र समकालीन इतिहास की चाल और चरित्र का प्रतिनिधित्व करते हैं और उसे ही प्रदर्शित भी करते हैं। आवश्यक नहीं कि वे ऐतिहासिक व्यक्तियों का भी प्रतिनिधित्व करते हों। यद्यपि उनकी छाया अथवा प्रभाव से इन्कार नहीं किया जा सकता। यथार्थवादी साहित्य में इतिहास इतिहास के रूप में (वास्तविक पात्र और घटना के रूप में) उपस्थित नहीं रहता, वरन् वह अपनी प्रवृत्ति (चाल और चरित्र) के रूप में मौजूद होता है। साहित्य में मौजूद कोई पात्र अगर ऐतिहासिक व्यक्ति न भी हो, किसी देश और काल में वास्तविक व्यक्ति के रूप में मौजूद न भी हो, तब भी वह इस अर्थ में ऐतिहासिक माना जाएगा कि वह इतिहास की चाल और चरित्र का प्रतिनिधित्व और प्रदर्शन करता हो। इतिहास की चाल और चरित्र दूसरे शब्दों में यथार्थ और अपने समय का सच लेखकीय चित्त में 'विक्षोभ' पैदा करता है 'प्रतिक्रिया' और तत्परिणामस्वरूप 'कामना' के रूप में। हरगौरी और हिरामन जैसे पात्र अगर इतिहास के स्थापित चरित्र को प्रस्तुत करते हैं तो बालदेव, कालीचरन और मलारी जैसे पात्र लेखकीय चित्त में उत्पन्न प्रतिक्रिया से जन्म लेते हैं। रेणु 'क्रिया-प्रतिक्रिया' के साथ साथ सामाजिक नवनिर्माण का एक प्रारूप भी हमारे सामने रखते है। उसी की चरम परिणति एक पात्र के रूप में जितेन्द्र मिश्र है। जितेन्द्र अपने समय का सच भी है और लेखकीय कामना का मूर्तिकरण भी है। लेखकीय कामना अगर अपने समय के सच के मेल में होती है, यथार्थ के सन्निकट, उसके हमकदम, साथ-साथ और समानान्तर रूप से चलनेवाली होती है तब वह कामना यूटोपिया नहीं कहलाती और वह पाठक की नजर में फैन्टेसी नहीं

बनती। हर मामले में यथार्थ की सन्निकटता लेखक को विश्वसनीय बनाती है। पाठक की नजर में विश्वास पैदा करने में लेखक को मिली सफलता 'ऐतिहासिक विकासधारा की सही समझ' का प्रमाण होती है। क्रिया-प्रतिक्रिया के क्रम में 'स्थितियों के विकास 'की जो दिशा ऐतिहासिक रूप से सामने आती है, लेखकीय कामना जब उससे विपर्यस्त नहीं होती, तभी माना जाएगा कि लेखक को अपने समय के इतिहास की समझ है और केवल तभी वह पाठक की नजर में मान्य और स्वीकार्य बन पाता है। फिर जब कोई लेखक पाठकीय स्वीकृति पा लेता है तब वह प्रेरक भी बन जाता है। जो विश्वसनीय नहीं होता वह स्वीकार्य नहीं होता और जिसे स्वीकृति प्राप्त नहीं है वह प्रेरक नहीं बन सकता। यह प्रेरणा ही घटनोत्तर प्रभाव है। प्रेरित वह होता है जिसके दिलो-दिमाग पर लेखक की विश्वसनीयता का जादू चला होता है। इसलिए लेखकीय कामना में असम्भव दोष नहीं होना चाहिए और न ही उसे ऐतिहासिक विकासधारा से विपर्यस्त होना चाहिए। रेणु के लेखन की गम्भीर समझ रखनेवाले समीक्षकों ने उनके इतिहासबोध को प्रामाणिक माना है। इसीलिए डॉ. गोपीकृष्ण प्रसाद कहते हैं—"महान् उपन्यासों के ऐतिहासिक स्त्रोत के विवेचन द्वारा समाज की गत्यात्मकता का बोध होता है। उपन्यास के समाजशास्त्र की यह एक स्थापना है। तदनुसार उपन्यास में वर्णित गाँव (या शहर) जैसे मेरीगंज (मैला आँचल) और गंगोली (आधा गाँव) अपने-अपने काल के सन्दर्भ में पूरे भारतीय समाज के परिवर्तनों के खुर्दबीनी केन्द्र स्थल बन गये हैं।"[6]

जटिल और व्यापक सामाजिक संश्लेष के कारण रेणु में पात्रों का न सिर्फ संख्यात्मक बल्कि प्रवृत्यात्मक बाहुल्य भी बहुत अधिक है। अत्यन्त संक्षेप में अगर उन्हें वर्गीकृत करें तो हम पाते हैं कि उनकी रचनाओं में कुछ ऐसे पात्र हैं जो इतिहास के स्थापित 'चरित्र के प्रस्तोता हैं कुछ दूसरे प्रकार के पात्र वे हैं जो इतिहास के स्थापित चरित्र से टकराते हैं या स्थापित चरित्र के मार्ग में 'अंगद के पाँव' की तरह अपने को टेक देते हैं। इतिहास का स्थापित चरित्र किसी पात्र में खास तरह की प्रतिक्रिया उत्पन्न करता है। इतिहास का स्थापित चरित्र जबतक विभिन्न सामाजिक समूहों या उनके सदस्यों को मान्य होता है, तबतक समाज हलचलरहित शान्त और समावस्था में बना रहता है। किन्तु जैसे-जैसे वह चरित्र उग्र और एकदेशीय होता जाता है, उसी अनुपात में वह मानवीयता के प्राकृतिक तकाजों से भी दूर होता जाता है। उसी अनुपात में वह अपनी प्राकृत वैधता भी खोता जाता है। जबतक विभिन्न समूहों की सहनशीलता बनी रहती है, तबतक सब कुछ पूर्ववत् और यथावत् चलता रहता है। किन्तु जैसे ही सहनशीलता चुकने लगती है, वैसे ही वैसे समाज की शान्ति और समावस्था खंडित होने लगती है। एकदेशीय उग्रता जब-जब सहनशीलता पर चोट करती है तब तब चोटवाले मानस में प्रतिक्रिया की तरंगें जन्म लेती हैं। न्यूटन के गति के तीसरे नियम के अनुसार हर वस्तु अपनी स्थिति को बनाये रखना चाहती

है। इसी जड़ता को वैचारिक धरातल पर सहनशीलता कहते हैं। समाज के सन्दर्भ में कोई बल इतना जोरदार हो जाता है कि सामाजिक चित्त अपनी जड़ता को बनाये नहीं रख पाता। तब वह टूट जाती है और समाज में हलचल शुरू हो जाती है। अन्य समूहों को जैसे-जैसे यह भान होता चलता है कि एकदेशीय उग्रता अ-वैध, अ-न्यायपूर्ण, अ-मानवीय और मानवीय गरिमा के विरुद्ध है, वैसे ही वैसे उसकी सहनशीलता खत्म होती जाती है। और जो हलचल या प्रतिक्रिया सामने आती है, वह प्रतिरोध और अपनी स्वतंत्रता प्रदर्शन की जिद के रूप में होती है। जिसके मूल में प्राकृतिक न्याय, मानवीयता और गरिमा के स्थापन की माँग के साथ-साथ अपनी स्वतंत्रता के प्रदर्शन का प्रकट-अप्रकट-चेतन-अचेतन उद्देश्य भी सन्निहित होता है। जबतक अन्याय और अवैधता सहनशक्ति की सीमा में आती है तबतक तो सबकुछ मजे में चलता है। सामन्तवाद सन् 1946 ई. का स्थापित ऐतिहासिक चरित्र था। हरगौरी, रामकिरपाल सिंह, जोतखी काका, विश्वनाथ प्रसाद आदि इतिहास के उक्त स्थापित और वर्तमान में सन् 1946 में जारी चरित्र के प्रस्तोता हैं। हरगौरी का बालदेव के साथ किया गया व्यवहार एकदेशीय उग्रता का वैसा प्रदर्शन था जिसने बालदेव के जातीय समूह के भीतर भीषण प्रतिक्रिया पैदा की, उनकी सहनशीलता खंडित हो गयी। उस प्रतिक्रिया के गर्भ से कालीचरन का 'जन्म' होता है। इतिहास की वर्तमान स्थापित प्रवृत्ति और उसका प्रदर्शन किसी पात्र के भीतर जो प्रतिक्रिया उत्पन्न करता है उस पात्र का व्यक्तित्व और चरित्र उसके गुणावगुण के आधार पर निर्मित होता है। जब कोई पात्र इतिहास की प्रतिक्रियास्वरूप जन्म लेता है तब उसकी दो स्थितियाँ हो सकती हैं—या तो वह इतिहास के स्थापित चरित्र को बदलने में सफल हो एवं उसे आगे प्रदर्शित और आचरित करने से रोक दे या वह विफल हो। बालदेव और कालीचरन सफल हुए, बलचनमा असफल हो गया। जैसे ही कोई पात्र स्थापित चरित्र का मार्ग रोकने की कोशिश करता है वैसे ही समाज में हलचल शुरू हो जाती है। बलचनमा के मामले में वैसा ही हुआ था। किन्तु बलचनमा पर ऐतिहासिक चरित्र का बल भारी पड़ा। वह बाँध लिया गया, उसकी खूब कुटम्मस हुई और इतिहास अपने चरित्र को आगे जारी रखने की कोशिश में सफल हो गया। बलचनमा हार अवश्य गया किन्तु समाज पूर्व की शान्ति में बना नहीं रह सका। बलचनमा की महत्ता इस रूप में है कि उसने इतिहास के स्थापित चरित्र में हस्तक्षेप करने की शुरुआत की थी। बालदेव और कालीचरन ने न सिर्फ इतिहास के चरित्र में हस्तक्षेप किया, बल्कि इतनी दृढ़ता से उसके मार्ग में अपने को जमाया कि उसकी गति वहीं रुक गयी, वह उन्हें रौंदकर आगे नहीं बढ़ सकी। जब पूर्व का स्थापित चरित्र स्थगित रहने के लिए बाध्य कर दिया जाता है तब भी दो ही बातें होती हैं—स्थापित चरित्र अपने को या तो संशोधित कर लेता है या फिर भीतर से जैसा भी बना रहे, पर प्रकट तौर पर अपने मूल चरित्र को प्रदर्शित करने से अपने को रोक

लेता है। दूसरे पक्ष के द्वारा दूसरी बात होती है और वह यह कि एक नये रूप में इतिहास का निर्माण शुरू हो जाता है। बालदेव, कालीचरन, लुत्तो, मलारी आदि इतिहास के निर्माता पात्र हैं। एकदेशीय उग्रता जब पराजित हो जाती है, प्रतिक्रिया ही समाज में प्रभावी रूप से प्रचलन का रूप ले लेती है, तब समाज में व्यवहार की एक नयी किस्म, एक नया प्रतिमान शुरू हो जाता है जो पूर्व से चले आ रहे व्यवहार के गुणधर्म से सर्वथा अलग किस्म का होता है और यही इतिहास का निर्माण करना माना जाता है। पूर्व परिचय के अभाव के कारण यह नया व्यवहार-प्रतिमान, इतिहास की यह नयी निर्मिति समंजन की समस्या को तो जन्म देती ही है, एकदेशीय उग्रतावाले समूह में मानसिक स्तर पर असहजता भी पैदा करती है। किन्तु वह विवश होता है उस असहजता को झेलने के लिए। इतिहास की जारी चाल और चरित्र की प्रतिक्रिया स्वरूप पैदा हुआ पात्र विजयी हो जाता है, जैसा कालीचरन के मामले में सच है, तो वह इतिहास की चाल और चरित्र को या तो बदल देता है या बदलने पर मजबूर कर देता है। इतिहास उसके इशारे के अनुसार चलने लगता है। यह इतिहास निर्माण की स्थिति है। इस क्रम में वह उसमें संशोधन करता है, उसका रूपान्तरण करता है अथवा नये रूप में उसको निर्मित करता है। कालीचरन ये तीनों ही काम करता है। निम्नवर्ग के किसी व्यक्ति को पंच बनने की अघोषित मनाही थी।

उसने इस नियम को संशोधित करने के लिए मेरीगंज के परम्परागत पंचों को मजबूर कर दिया। निम्नवर्ग कभी ऊँची जातियों के साथ बैठ नहीं सकता था। आज उन्हीं ऊँची जातियों को निम्न जाति के सदस्यों के साथ एक ही ऊँचे सफरे पर बैठने को स्वीकार करना पड़ा। यह ऊँची जातियों के रूपान्तरण की शुरुआत है। इतिहास का निर्माण बालदेव और कालीचरन ने इस तरह किया कि गाय-भैंस पालनेवाला बालदेव आज लीडरी करने लगा है। इस बनते हुए इतिहास के समक्ष चुनौतियाँ अनेक हैं। बावजूद इसके इतिहास निर्माण की यह प्रक्रिया रुकती नहीं है। आज पहली बार वह अपनी मर्जी का मालिक बना है। बालदेव कांग्रेस ऑफिस का चौका-बर्तन करेगा या क्या करेगा—अब से यह हरगौरी तय नहीं करेगा, बालदेव तय करेगा। चमारों की इच्छा है—मरी हुई गाय उठाए या नहीं उठाए। नाइयों की मर्जी-हजामत बनाये न बनाये। अब उसे उसकी मर्जी के विरुद्ध बाध्य नहीं किया जा सकता। हड़ताल[7] निम्न जातियों के द्वारा इतिहास का एक नये रूप में निर्माण ही था। अपनी लीडरी के कारण बालदेव इतिहास में पहली बार श्रेय में हिस्सेदार बना है। इतिहास को सिर्फ इतिहास-प्रसिद्ध के रूप में नहीं लिया जाना चाहिए। 'उच्चाटन' कहानी का रामबिलास भी इतिहास का निर्माण करता है कि वह मिसर के बेटे को दूध देगा या नहीं आज से यह उसकी मर्जी, जो कि कल तक असम्भव था। अब मिसर का बेटा वह व्यवहार नहीं कर सकेगा जैसा वह पूर्व में करता रहा था। संशोधन, रूपान्तर और निर्माण—ये तीनों ही एक दूसरे में अनुस्यूत हैं और रेणु हिन्दी में वैसे

पहले रचनाकार हैं जिन्होंने इतिहास को संशोधित, रूपान्तरित और निर्मित होते हुए देखा है और साथ ही उसकी सम्पूर्ण प्रक्रिया को विस्तार से चित्रित भी किया है।

स्थापित इतिहास के प्रस्तोता और निर्माता—इन दो कोटियों के अलावा पात्रों की एक तीसरी कोटि भी रेणु में उपलब्ध है और वह है—सम्पूर्तक। प्रतिनिधिकता के अलावा कथा के रिक्त स्थानों को भरने, उसे सम्पूर्ण बनाने के लिए, पृष्ठभूमि निर्माण से लेकर कथा को सावयवी सम्पूर्णता प्रदान करने के लिए भी कुछ पात्रों की जरूरत होती है। रेणु अपने लेखन में कई महत्त्वपूर्ण बातों का एकल उदाहरण न पेश कर उसकी एक अच्छी खासी 'रेंज' (शृंखला) प्रस्तुत करते हैं। हरगौरी सामन्तवाद का प्रतिनिधित्व अवश्य करता है, किन्तु तहसीलदार विश्वनाथ प्रसाद, रामकिरपाल सिंह, जोतखी काका, भिम्मल मामा, गरूड्धुज झा, मिसर आदि भी कहीं व्यवहार से, कहीं सोच से और कहीं अन्य रूपों में सामन्ती मानसिकता का ही रेंज प्रस्तुत करते हैं। बालदेव और कालीचरन इतिहास-निर्माण का प्रतिनिधित्व करते हैं तो लुत्तो भी कुछ कम नहीं है। जयमंगल ताँती, बालगोबिन मोची आदि उसकी रेंज हैं। गणतांत्रिकता का प्रतिनिधित्व जितेन्द्र करता है तो कुबेर सिंह, राजा कामरूप नारायण सिंह, कापरा, मुरली मनोहर मेहता, मिस्टर मंगरू आदि उसका रेंज-विस्तार हैं। रेंज की वजह से किसी भी बात के अनेक रूप, रंग, गन्ध मिलते हैं। उनकी छायाछवियों और अर्थछवियों की भरमार है।

एक महान् रचनाकार महान् पात्रों की सृष्टि करता है। रेणु एक महान् रचनाकार इसलिए भी हैं कि उन्होंने अनेक महान् पात्रों की रचना की है। महान् पात्रों से आशय बड़ी घटनाओं के नायक के रूप में नहीं है। यथार्थवादी कथा-रचना में बहुत कम बार बड़ी घटनाएँ उपलब्ध होती हैं। यथार्थवाद छोटी-छोटी घटनाओं के समुच्चय से रचित होता है और यही उसे विश्वसनीय भी बनाता है। आंचलिक कथाकार के लिए यथार्थवादी होना और भी आवश्यक होता है। क्षेत्रीय घटनाओं के संजाल के नाम पर भी रेणु का बचाव किया जा सकता है और यह सच है कि राम और कृष्ण जैसे चरितनायकों ने जैसी बड़ी घटनाओं को अंजाम दिया वैसा शायद ही मिले। किन्तु रामकथा में जिस प्रकार गिलहरी अपने चारित्र्य से महान् है, घटना से नहीं, केवट और निषाद जन, यहाँ तक कि शबरी भी—सभी अपने चारित्र्य से महान् हैं। घटनाएँ चाहे बड़ी हों या छोटी-पात्रों की महानता की बात आती है तो ध्यान सबसे पहले 'मैला आँचल' के कालीचरन पर ही जाता है। देखने में काले आबनूस की मूर्ति सरीखा, किन्तु हृदय बिल्कुल पारदर्शी; जैसा भीतर वैसा ही बाहर। उसके साथ न्याय तभी हो सकता जब उसका विस्तार से वर्णन हो। बालदेव समाज के व्यापक हित में मैलेरिया सेन्टर के निर्माण हेतु घूम-घूमकर ग्रामीणों से सहयोग माँग रहा है। हरगौरी उसे अपमानित करता है। यह अपमान सिर्फ एक व्यक्ति का अपमान नहीं है, बल्कि यह उस भावना का अपमान है जिससे प्रेरित होकर लोग समाजहित के

कार्यों में बढ़ चढ़कर भाग लेते हैं। हरगौरी खुद से तो अस्पताल निर्माण के लिए कोई पहल नहीं करता और जो करता है उसे अपमानित कर रहा है। यह खतरा तो उत्पन्न हो ही गया था कि अपने अपमान से क्षुब्ध होकर बालदेव भी हाथ खींच लेता और समाज एक उपयोगी उपक्रम की स्थापना से वंचित रह जाता। कालीचरन बालदेव के समर्थन में हँसेरी लेकर दौड़ पड़ता है। यह व्यक्ति बालदेव या अपनी जाति का होने के नाते उसके अपमान का बदला लेनेवाली बात नहीं है, बल्कि कालीचरन के इस कृत्य ने सेन्टर-निर्माण के मार्ग में आनेवाली बाधाओं को अपने हाथ खींचे और बाँधे रखने पर मजबूर कर दिया। कालीचरन नहीं होता तो बालदेव अपने मिशन में सफल हो पाता या हरगौरी जैसे लोग उसे सफल होने देते, इसमें पर्याप्त सन्देह है। इस हँसेरी ने हरगौरी को एक तरह से मेरीगंज के रंगमच से उतारकर नेपथ्य में भेज दिया है और उसपर कालीचरन ने अपनी निर्णायक उपस्थिति दर्ज करा दी है। अब वह मेरीगंज की हर गतिविधि में उपस्थित है। उसको बाद देकर वहाँ की कोई गतिविधि नहीं है। महन्थ सेवादास की मृत्यु के बाद मेरीगंज के कबीर मठ के महन्थ की टीका होनी है। लछमी दासिन भयभीत है—कहीं लरसिंघ दास महन्थ न बना दिया जाय। और कुछ देर कालीचरन नहीं पहुँचता तो मठ और लछमी का इतिहास कुछ और ही रूप ले लेता। गाँधीवादी बालदेव तक ने लरसिंघ को महन्थ घोषित करनेवाले कागज पर दस्तखत कर दिये थे। जिस बालदेव को स्थापित करने में कालीचरन और लछमी ने महत्त्वपूर्ण भूमिका निभायी थी उसी बालदेव की रीढ़विहीनता के विरुद्ध वह खुलकर रामदास का पक्ष लेता है, नागा साधू की पिटाई करता है और लरसिंघ दास को महन्थ बनने से रोक देता है। आमजन बहुत ही धर्मभीरु होता है। किन्तु धर्म-भय से कालीचरन जरा भी आक्रान्त नहीं होता, एक अन्याय को होता हुआ नहीं देख सकता। यह स्वीकार नहीं कर सकता कि महन्थ सेवादास का कोई शिष्य नहीं है और एक बाहरी व्यक्ति यहाँ का महन्थ बन जाय। न्याय का पक्ष लेने के मामले में कालीचरन का कोई सानी नहीं है। गाँव के युवकों ने फुलिया के साथ रंगे हाथों सहदेव मिसर को पकड़ लिया और बाँधकर रखा है। पंचायत बैठती है। कहने को तो प्रेमचन्द 'पंच' में 'परमेश्वर' का वास मानते हैं किन्तु उनकी यह धारणा गोदान में ही टूट गयी जब दातादीन ने होरी पर जुर्माना लगाया। यहाँ की पंचायत में भी रामकिरपाल सिंध और जोतखी काका का बर्ताव पंचायत का सिर्फ नाटक करनेवाला है,—भीतरी मंशा सहदेव मिसर को निर्दोष साबित करने की है। एक गरीब के साथ चाहे जितना बड़ा अन्याय सहदेव मिसर कर ले, किन्तु नीची जातिवाले एक ब्राह्मण को दंडित करें—यह किसी भी तरह से ऊँची जाति के पंचों को हजम नहीं हो रहा है। कारण यह है कि सहदेव मिसर एक ही नहीं है, प्राय सभी के ऐसे अवैध सम्बन्ध हैं निम्न जातीय स्त्रियों के साथ। दंडित करने की अगर परम्परा शुरू हो गयी तो सभी बेपर्द और बेपानी हो जाएँगे। कालीचरन के रहते यह अन्याय नहीं

हो सकता। वह पंचायत में कुछ बोलना चाहता है पर जोतखी काका उसे इस आधार पर बोलने की अनुमति नहीं देना चाहते कि वह पंच नहीं है। कालीचरन कहता है—"तो पहले इसी बात का फैसला हो जाय कि 'पंचायत' के कितने लोग हमको पंच मानते हैं और कितने लोग नहीं।"[8] उसके समर्थन में सैकड़ों हाथ उठ जाते हैं। रेणु ने शब्द दिये हैं—"गुमसुम बैठे हुए सैकड़ों मूक जानवरों के सिर में मानो अरना भैंसा के सींग जम गये।"[9] अरना भैंसा उस औद्धत्य का प्रतीक है जो पीछे हटना नहीं जानता, परिणाम चाहे जो हो। निबोलों में जबतक इस प्रकार का औद्धत्य जन्म नहीं लेता तबतक उनके साथ अन्याय होता रहेगा। काली अन्याय के विरुद्ध उठ खड़े होनेवाले युवाओं का एकछत्र नेता है। उसका जादू युवाओं के सिर चढ़कर बोलता है। तभी जोतखी जी का बेटा लामनरायन (रामनारायण) भी उसको पंच मानने के पक्ष में हाथ उठाता है। काली कुर्तीवाले (राष्ट्रीय स्वयंसेवकसंघ की शाखाओं में भाग लेनेवाले सवर्ण युवक) पंचायत को लाठी भाला से लैस होकर घेर लेते हैं। बिना भयाक्रान्त हुए कालीचरन फुलिया को खलासी से चुमौना कराकर विदा करना तय करता है जिससे कि वह सहदेव मिसर द्वारा किये जानेवाले यौन शोषण से बच सके। उसी पंचायत में जोतखी जी कालीचरन के जन्म पर प्रश्न उठाते हैं—"तुम अपनी माँ से जाकर इमान धरम से पूछो कि तुम किसके बेटा हो।"[10] कोई दूसरा होता तो खून की नदी बहा दे सकता था। किन्तु कालीचरन एक ही विषपायी है। बिना आविष्ट हुए बिल्कुल शान्त और सहज स्वर में वह जवाब देता है—"जोतखी काका, हमको अपने बाप के बारे में मालूम है।"[11] किन्तु उसके शार्गिद चुप नहीं रहते—"जोतखी जी अपनी स्त्री से पूछें कि उनके पेट में किसका बच्चा है?"[12] वह सबको शान्त करता है और पंचायत को एक रचनात्मक निर्णय तक पहुँचाता है। उसके नेतृत्व से निम्नवर्गीय युवाओं में साहस का अपूर्व संचार हुआ है। उक्त पंचायत के पूर्व उनलोगों ने शिवशक्कर सिंह को भी एक मसोमात के साथ पकड़ लिया था और दंड वसूलकर ही छोड़ा था। उसके प्रयासों का ही सत्परिणाम है कि मेरीगंज में यौन शोषण के मामलों में पर्याप्त कमी आ गयी। पहलवानी की मर्यादा को अपने आचरण में उतार कर उसने दिखाया है। युवा होकर भी औरतों से दूर ही रहता है। मंगला से बातें करता है तो चार हाथ दूर से ही, आँखें हमेशा नीची। डॉक्टर प्रशान्त ने हैजा फैलने से रोकने के लिए प्रत्येक नर-नारी-आबालवृद्ध-को हैजा निरोधक सूई लगाने का फैसला किया है। अपने युवा साथियों के साथ वह गाँव की हाट को घेर लेता है। हर किसी को वह मजबूती से पकड़े रहता है और मंगला बाँह में स्पिरिट मल देती है। डाक्टर तड़ से सूई लगा देता है। ऐसा कर उस इलाके को हैजे से बचा लिया गया। केवल कुछ ही लोग उसकी चपेट में आये। इस तरह जानमाल की भयंकर हानि होने से गाँव के लोग बच गये। उसके जैसा सेवाभावी मिलना मुश्किल है। सैनिक जी की पत्नी बीमार होकर अस्पताल में भर्ती है और

उसकी तीमारदारी के लिए कालीचरन को ही तैनात कर दिया गया है। बहुत जतन से सेवा करने पर भी सैनिक जी की पत्नी उसे अपशब्द ही कहती है। अपशब्द सुनना और सह लेना कालीचरन के स्वभाव में नहीं है। किन्तु औरत होने के नाते वह सह लेता है, नहीं तो मुँह सीधा कर देता। वही कालीचरन जब मंगला बीमार पड़ती है तब उसकी भी सेवा-सुश्रुषा करता है। किन्तु मंगला कितना मीठा बोलती है। कालीचरन बिस्कुट खा लेने का आग्रह करता है तो मंगला उसका मनुहार करती है—तुम भी खाओ। कालीचरन का जी जुड़ा जाता है वह सैनिक जी की पत्नी को याद करता है—कैसी चुड़ैल है और एक यह मंगला है। उसकी सरलता और भोलेपन का भी जवाब नहीं। जिस हरगौरी के विरुद्ध वह हँसेरी लेकर गया था, उसी हरगौरी का पक्ष लिया संथालों के विरुद्ध। नेकी कर दरिया में डाल। जहाँ जो बात हुई वहीं खत्म। यहाँ तक कि वह अदावत को भी याद नहीं रखता। अन्यथा वह हरगौरी के पक्ष का समर्थन क्यों करता। हँसेरी के बाद सभी युवक सुराजी कीर्तन करने बैठे हैं। डॉक्टर कहता हैं—हरगौरी के मारे जाने से दुखी उसकी माँ रो रही है। काली जैसे चेत जाता है—बचपन से साथ खेला-कूदा है। उसके मरने पर कीर्तन उचित नहीं है। तुरन्त कीर्तन बन्द कर दिया जाता है। सच यह है कि कालीचरन ने अपने आचरण, सेवा भाव और निष्ठा से अपने को एक आदर्श कार्यकर्ता साबित किया है। कल को महन्थ साहब का भंडारा होने जा रहा है। बालदेव सबसे मुश्तैदी से उसे सफल बनाने का आह्वान करता है। उसकी अपेक्षा के पूर्व ही कालीचरन युवकों को साथ ले मार्च पास्ट करता हुआ, नारा लगाता हुआ कार्यस्थल पर पहुँच जाता है। बालदेव को भी आश्चर्य होता है कालीचरन ने यह योजना कब बनायी, बताया भी नहीं। 'राणा की पुतली फिरी नहीं, तबतक चेतक मुड़ जाता था।' नहीं या असम्भव जैसा शब्द उसके कोश में नहीं है। अपने से ऊपर का आदेश मिलते ही तुरन्त उसकी तामील। हैजे की सुई लगाने के मामले में ऐसा ही हुआ। स्वतंत्रता प्राप्ति हेतु किये जा रहे आन्दोलन के रूप में जुलूस लेकर पूर्णिया जाना है। कालीचरन के प्रयास से एक बड़ा जुलूस पूर्णियाँ जाता है। स्वतंत्रता के निमित्त जुलूस निकालना-यह मेरीगंज के इतिहास की पहली घटना है और उसके श्रेय का वास्तविक हकदार कालीचरन ही है। कालीचरन नहीं होता तो बालदेवजी अपने बूते उतना बड़ा जुलूस पूर्णिया नहीं ले पाते। वहीं से वह कम्युनिस्ट कामरेडों के संगठन से जुड़ गया। गौर करने की बात यह है कि उसे कम्युनिस्ट सिद्धान्त उस रूप में नहीं समझाया गया, जैसा पार्टी का सदस्य बनाने हेतु अपेक्षित था। वरन् यह कहना अधिक उचित होगा कि वह कामरेडों की बातों में आ गया—अपने भोलेपन के कारण। कांग्रेस का जुलूस लेकर जानेवाला कालीचरन कामरेड बनकर पूर्णिया से वापस आया। अपने इस नये संगठन के नेताओं के आदेशों का पालन भी उसने अपने स्वभाव में शामिल सच्ची लगन और निष्ठा से किया। इसी क्रम में उसे सैनिक जी की बीमार पत्नी की सेवा-सुश्रुषा का दायित्व सौंपा गया था

और उनकी पत्नी ने कालीचरन को अकारण गँवार कहकर उसके सम्मान को ठेस पहुँचायी। पार्टी और नेता के प्रति निष्ठा ने ही उसे उक्त अपमान को सह लेने को बाध्य कर दिया। अन्यथा ऐसी बातों का जवाब देना कालीचरन खूब जानता है। किसी भय से उसे भयभीत नहीं किया जा सकता। तमाम अवसरों पर उसने अपनी निर्भयता का सहज प्रदर्शन किया है। तमाम अच्छाइयों के बावजूद वह दुःखद अन्त को प्राप्त होता है जिसके मूल में है उसकी सरलता और उसका भोलापन। इसकी पहली झलक तब मिलती है, जब गाँव के कामगारों की सफल हड़ताल के बाद सुलह सफाई हेतु तहसीलदार विश्वनाथ प्रसाद के द्वार पर पंचायत बैठती है। बड़ी चालाकी से तहसीलदार उसे और उसके सभी साथी-संगियों को संथालों के विरुद्ध हरगौरी के पक्ष में हँसेरी में शामिल होने के लिए रजामन्द कर लेता है। यह उसकी सरलता और भोलेपन के सिवा कुछ नहीं है कि जिस हरगौरी के विरुद्ध वह हँसेरी कर चुका है आज उसी हरगौरी के पक्ष से हँसेरी में शामिल हो रहा है। किसी बात को दिल पर नहीं लेनेवाला ही ऐसा कर सकता था। कल जिसके विरोध में आज उसी के पक्ष में। पार्टी अध्यक्ष ने उसे तीन सौ रुपये पार्टी-फंड में चन्दा जमा करने का लक्ष्य दिया है, उसकी क्षमता और संसाधन का विचार किये बगैर। ज़िसको एक धूर जमीन नहीं, गाय-भैंस कुछ नहीं, वह कहाँ से लाकर दे इतने रुपये ? सन '47 ई. में तीन सौ रुपये बहुत बड़ी रकम थी। पर साथियों ने आश्वासन दिया कोई बात नहीं, इन्तजाम हो जाएगा। निर्धारित समय पर रकम पार्टी अध्यक्ष को उपलब्ध करा दी जाती है। यहीं से कालीचरन के जीवन की ट्रेजेडी शुरू होती है। सोनमा, बासदेव, सुनरा सनीचरा आदि डकैती के आरोप में गिरफ्तार कर जेल में बन्द कर दिये गये हैं। उसी केस में पुलिस उसे गिरफ्तार कर लेती है। सच यह है कि न तो वह खुद उस डकैती में शामिल था और न उसे उसकी कोई सूचना या उसकी सहमति थी। आज की राजनीति का सच भी कमोवेश वही है, जिसका उदाहरण उस मामले में मिलता है। अपराधी मानसिकता वाले लोगों को पुलिस और प्रशासन से बचने के लिए राजनीतिक संरक्षण की जरूरत होती है और नेताओं को अपनी किलेबन्दी के लिए बाहुबलियों की जरूरत होती है। बसदेवा, सनिचरा, सोनमा, सुनरा आदि वैसे ही लोग थे। किसी पार्टी की सदस्यता वैसे लोगों के लिए सुरक्षा-कवच होती है। पुलिस पार्टी के सदस्य और कार्यकर्ताओं पर हाथ डालने से कतराती है। इसी खयाल से सुनरा, सोनमा, सनिचरा आदि कामरेड बने थे और अपनी पैठ बनाने के उद्देश्य से उन लोगों ने कालीचरन को रुपयों का इन्तजाम हो जाने का आश्वासन दिया था। वास्तव में रुपये डकैती से ही आये थे। इस बात से बेखबर कालीचरन उन लोगों द्वारा नाम ले लिए जाने के कारण गिरफ्तार हो गया। पार्टी की बदनामी होने लगी। कालीचरन पार्टी की बदनामी दूर करना और अपनी सफाई देना चाहता था। जेल से इसीलिए भागा था। उसे जाँघ में गोली लग गयी। सेक्रेटरी साहब ने उसे संरक्षण

भी नहीं दिया, न ही उसकी बात सुनी। उल्टे कह दिया—"तुम्हारे कलेजे पर गोली दागी जानी चाहिए। डकैत। बदमाश।"[13] यह कहकर सेक्रेटरी अपने और अपनी पार्टी को कालीचरन से अगल कर लेता है। वह यह भूल जाता है कि उसी ने कालीचरन की क्षमता का विचार किये बगैर उतना बड़ा लक्ष्य दिया था और रुपये ले लेने के बाद अपने निष्ठावान् कार्यकर्ता के प्रति ऐसी बेरुखी। अनुभव यही बताता है कि नेता कभी नहीं फँसता, फँसता कार्यकर्ता है, निचले स्तर के लोग फँसते हैं, ऊपरवाला बेदाग बचा रहता है। 'कलंक मुक्ति' उपन्यास में भी कुकृत्य करनेवाली श्रीमती ज्योत्स्ना आनन्द साफ बची रह जाती है और बेला गुप्त को जेल जाना पड़ता है। कालीचरन निडर जरूर है किन्तु वह संस्कृत भाषा का 'साहसिक' कतई नहीं है। उसकी आजादखयाली बहुतों को पसन्द नहीं है। यहाँ तक कि यादवों के अघोषित मुखिया खेलावन सिंह यादव को भी नहीं। यही कारण. है कि उपन्यास के आरम्भ में ही बालदेव जब कालीचरन के बारे में कहता है कि बड़ा बहादुर नौजवान है तो खेलावन कहता है—"उसमें और भी बहुत गुन हैं। उसपर नजर रखना। पीछे मुखिया पर बात नहीं आवे।"[14] अब तो कालीचरन इतना स्वतंत्र हो गया है कि बालदेव और खेलावन सबसे अलग, सबसे न्यारा। मुखिया को यह गवारा नहीं कि कालीचरन इतना स्वतंत्र हो जाय कि मुखिया की अघोषित सत्ता उसके लिए बेमानी हो जाय। इसीलिए बालदेव को वैसी नसीहत है। वस्तुतः कालीचरन वैसा है नहीं।

जिस निम्नवर्ग से 'मैला आँचल' का कालीचरन आता है उसी से 'परती : परिकथा' का लुत्तो भी आता है। दोनों जबर्दस्त संगठनकर्ता। किन्तु दोनों के चरित्र की तुलना करने पर कालीचरन का महत्त्व समझ में आता है। लुत्तो संगठन करता है अपनी शक्ति बढ़ाने के लिए। वह जितेन्द्र को दागना चाहता है अथवा कम से कम यह कि उसे इतना मजबूर कर दिया जाय कि गाँव छोड़कर भाग जाय। संगठन और शक्ति-संचय उसकी अपनी सत्ता को मजबूत करने तथा अपने एजेंडों को सफल बनाने के लिए है। जबकि कालीचरन का न तो कोई अपना व्यक्तिगत गुप्त या प्रकट एजेंडा है, न कोई व्यक्तिगत स्वार्थ है और न नेता बनने की कोई चाहत। वह जो कुछ कर रहा है समाज के लिए और दूसरों के लिए; अपने लिए कुछ नहीं। यहाँ तक कि बालदेव से वह कन्ट्रोल के कपड़े भी माँगता है तो अपनी माँ के लिए नहीं, वरन् हारमोनियम का खोल बनाने के लिए।

निस्पृहता-निर्लिप्तता एक ऐसा गुण है जो किसी भी व्यक्ति को संगठन और समाज के भीतर स्वीकार्य बनाती है। अपना कोई व्यक्तिगत या गुप्ता एजेंडा नहीं होने के कारण ही कालीचरन मेरीगंज के वंचित समूह के युवाओं के बीच इस कदर स्वीकार्य है। यह उनका हृदय-सम्राट् एवं एकछत्र नेता है। जो जितना स्वीकार्य होता है, संगठन के लोग उसी अनुपात में उसकी आज्ञा का पालन करते हैं और तभी संगठन में मजबूती और जुझारूपन आता है। किसी युवा में उसके विरोध अथवा

आलोचना का कोई उदाहरण नहीं मिलता। सभी बिना किसी मीन-मेख और हीला-हवाला के उसकी बात पर उठते बैठते हैं। इसी कारण जो भी मिशन काली के हाथ में आता है, वह सफल होकर रहता है। कालीचरन के होने से ही कमकरों द्वारा की गयी हड़ताल इस कदर सफल हो पाती है कि हरगौरी जैसे 'अगिया बेताल' तक को झुकने के लिए विवश होना पड़ा—"काका! इस बार इज्जत बचा लीजिए! क्या आप यही चाहते हैं कि नाई, धोबी और चमार के सामने हम हाथ जोड़कर गिड़गिड़ावें? 'रामकिरपाल काका के गुहाल में गाय मरी पड़ी है, चमार लोगों ने उठाने से इन्कार कर दिया है कल से ही। राजपूत टोले के लोगों को देखिए, दाढ़ी कितनी बड़ी हो गयी है।'[15] आदि आदि। जिस हरगौरी को ग्वालों की लीडरी स्वीकार्य नहीं थी, जिसने बालदेव जैसे गांधीवादी समाजसेवी को दरवाजे पर से उठ जाने को कहा था आज वही हरगौरी यादवों के साथ बैठा है। एक तरफ बालदेव तो दूसरी तरफ कालीचरन है। रेणु के शब्द हैं—"हरगौरी किस तरह हँस-हँस कर बात कर रहा है—मानो एक प्याली का दोस्त है।"[16] जो हरगौरी कल तक अपने को सबसे अलग और सबसे ऊपर समझता था आज वह सबके साथ समानता के स्तर पर उतर आया है। यही तक कि उसी ऊँचे सफरे पर नाई, धोबी, मोची—सभी बैठे हैं, सिर्फ यादव ही नहीं। और जो उस पर बैठने से छूट गये थे उन्हें भी बुलाकर उस सफरे पर बैठा लिया जाता है। यह किसी करिश्में से कम नहीं था। जो कालीचरन की नेतृत्व क्षमता और संगठन शक्ति के बल पर सम्भव हुआ था। उसकी बात गरीब-गुरबों के जलते दिलों को ठंडक पहुँचाती है। संगठन शक्ति लुत्तो में भी कम नहीं है। उसी के बल पर उसने इतनी शक्ति अर्जित कर ली है कि जितेन्द्र को गाली देता रहता है। उसने भी गरीब-गुरबों को हिदायत रख रखी है कि कोई गाली दे तो पहले समझा दो। फिर भी न माने तो गाली का जवाब गाली से दो। जो गाली सहेगा, उसे जुर्माना देना होगा।[17] इसी संगठन-शक्ति के बल पर उसने रोशन बिस्वाँ को मुखिया बनवा दिया। गरूड़धुज झा उठता-बैठता तो लुत्तो के साथ है। सवर्णों में अपनी पैठ बनाने के लिए वह गरूड़धुज झा, वीरभद्दर आदि को, जो किसी भी कारण से जितेन्द्र से नाराज है या उसके दरबार से अलग है या जिसकी कोई पूछ जितेन्द्र के पास नहीं है, ऐसे लोग लुत्तो को एक मुलायम मुवक्किल पाकर उससे सट गये हैं। लुत्तो के रूप में उन्हें एक अच्छा 'खौधा' (नरम चारा) मिल गया है। गरूड़धुज झा को मालूम है—लुत्तो की भैंस लगती है। अत: अपनी लम्बाई का फायदा उठाकर जब वह देख लेता है कि लुत्तो के आँगन में चाय की बटलोही चढ़ी हुई है तो आँगन में प्रविष्ट हो जाता है। लुत्तो का आमंत्रण पाकर वह कहता है—"मेरे गिलास में आधा पाव दूध डलवाकर चाह मँगाओ लुत्तो बाबू। आध पाव से एक बूँद भी कम हुआ दूध कि तुरत मेरा मैंड चकराने लगता है।"[18] वह गरूड़धुज झा जातीयता के प्रति अपनी निष्ठा और जातीय गौरव के अहंकार से मुक्त नहीं हो पाता है और चुनाव के ऐन मौके पर कहता है कि

'मुखियागिरी तो बबुआन टोली के लोग ही करेंगे।'[19] लुत्तो इसे चुनौती के रूप में लेता है और बबुआन टोली के उम्मीदवार के विरुद्ध रोशन बिस्वाँ को अपने बीच से उम्मीदवार बना और जितवा देता है। उस लुत्तो का चरित्र कालीचरन के ठीक विपरीत है। लुत्तो का जितेन्द्र विरोध सिर्फ विरोध के लिए है। उसका जित्तन-विरोध कहीं से भी रचनात्मक नहीं है। व्यक्तिगत अदावत को सामाजिक 'वर्गीय अदावत' का रूप देता है। उसके जित्तन विरोध में नियम-कानून, औचित्य-अनौचित्य, न्याय-अन्याय-किसी बात का खयाल नहीं रखा जाता है। जब विरोध अन्धविरोध में तब्दील हो जाता है तब यह सम्भावना बनती है कि जितेन्द्र समाज के लिए कुछ अच्छा भी करेगा, तब भी उसका विरोध ही होगा। समाज को वैसे उपयोगी लाभकारी उपक्रम से वंचित होना पड़ेगा। परानपुर (परती : परिकथा) में यही हो रहा है। जितेन्द्र दुलारी दाय की धारा को बाँधकर डैम बनवाना चाहता है, जिससे इलाके को बाढ़ से निजात मिले और सिंचाई उपलब्ध होने से परती जमीन उर्वर-उपजाऊ बन सके। लुत्तो गाँव के अपने समर्थकों को उस पूरे उपक्रम के विरोध में भड़काता है, लोग कैम्प पर हमला कर देते हैं। जितेन्द्र लोगों को समझाता है, उस पर रोड़े चलते हैं, वह घायल हो जाता है, माथे से खून की धारा बह निकलती है। किन्तु बिना विचलित हुए वह लोगों को डैम के लाभों के बारे में बताता है। जनता जितेन्द्र की बातों से कनविन्स होकर सहमति प्रकट करती है और लुत्तो पर थू-थू करती है।

विरोध कालीचरन भी करता है और लुत्तो भी करता है। किन्तु दोनों के विरोध में मौलिक अन्तर है। कालीचरन हरगौरी का विरोध इसलिए करता है ताकि समाज-हित में एक लोकोपयोगी उपक्रम की स्थापना हो सके, मैलेरिया सेन्टर बन सके। लुत्तो का विरोध सफल हो जाता तो समाज वैसे ही एक दूसरे लोकोपयोगी उपक्रम की स्थापना से वंचित हो जाता। जैसी जातीय प्रतिबद्धता हरगौरी, जोतखी काका और गरूड़धुज झा की है, वैसी प्रतिबद्धता रेणु की नहीं है। यही कारण है कि उनकी नजर में जो महत्त्व कालीचरन को प्राप्त है वह लुत्तो को नहीं प्राप्त है। जबकि दोनों ही जातीय रूप से निम्न है और खासकर लुत्तो की उल्लेखनीय रूप से रेणु से जातीय सन्निकटता है। पर फिर भी रेणु की प्रतिबद्धता जातीयता से प्रेरित और निर्धारित नहीं है। वह निर्धारित हुई है व्यक्ति के वैध हित से, समाजहित से, राष्ट्रहित से तथा विश्व मानवता के हित से। जो व्यक्ति और पात्र रेणु की इस हितकारी प्रतिबद्धता के प्रति प्रतिबद्ध है, वे उसके पक्ष में खड़े हैं। वह व्यक्ति अथवा पात्र चाहे जिस जाति से आता हो। यही कारण है कि जो रेणु कालीचरन के पक्ष में दिखते हैं वही रेणु जातीय सन्निकटता के बावजूद लुत्तो का समर्थन नहीं करते। जो रेणु हरगौरी के विरोध का इतिहास रचते हैं वही रेणु जितेन्द्र मिश्र को आदर्श के अपने प्रतिमान के रूप में प्रस्तुत करते हैं। साहित्य समाज का केवल दर्पण मात्र नहीं होता, वह हाथ में मशाल लेकर आगे-आगे चलता भी है। यानी वह समाज का मार्ग-निर्देश भी करता है। रूस में

जन्मी और पली बड़ी रूपवादी आलोचना यहाँ फेल हो जाती है जो सिर्फ संरचनात्मक वैशिष्ट्य को साहित्य की महत्ता का आधार मानती है। दर्पण की भूमिका में साहित्य यथार्थवादी होता है, मशाल की भूमिका में साहित्य समीक्षात्मक होता है। वह यथार्थ में प्राप्त कमियों, दोषों, दुर्गुणों को दूर करने और सुधारने का प्रयत्न करता है। वह संशोधनों का प्रस्ताव करता है साथ ही समाज में जो भी व्यक्ति उन संशोधनों को चरितार्थ करता है साहित्य उसे 'प्रोजेक्ट और प्रोमोट' करता है। बहुत बार संशोधनों के सहचारी प्रतिमान भी प्रस्तुत करता है। साहित्य तब मशाल ही क्या जब वह मार्ग-निर्देश न करे, कोई प्रतिमान ही प्रस्तुत न करे? समीक्षा का यथार्थवादी आग्रह मार्ग-निर्देश और प्रतिमान प्रस्तुतीकरण को 'आदर्शवाद' कह कर खारिज करता है। उन उदाहरणों में यह आग्रह अपने को उचित सिद्ध भी कर लेता है यहाँ आदर्शवाद यूटोपिया के रूप में उपलब्ध होता है। यूटोपिया यानी जिसकी चरितार्थता सम्भाव्य नहीं होती अथवा जिसके उदाहरण समाज में उपलब्ध नहीं होते। साहित्य हू-ब-हू इतिहास तो नहीं होता, किन्तु एक नये रूप में वह इतिहास का निर्माता जरूर होता है। सम्भाव्यता ऐतिहासिक-सामाजिक 'प्रवृत्ति' और उदाहरणों के जितना नजदीक होती है, उतनी ही उसकी निर्मिति ऐतिहासिक होती है। पुराना जमाना लौट रहा है, महाराणा प्रताप का राज्य कायम होगा—यह हरगौरी का यूटोपिया है। फलत: चरितार्थ नहीं होता। उसी तरह यह लुत्तो का यूटोपिया है कि परानपुर में वह जो चाहेगा, वही होगा। वह चाहेगा तभी जित्तन परानपुर में रह सकेगा। अतिवाद चाहे सामन्तवाद का हो अथवा उसकी प्रतिक्रिया का-दोनों ही समाजहित में बाधक हैं, सर्वसमावेशी समाज की स्थापना में बाधक हैं। सामन्तवादी अतिवाद हरगौरी के रूप में समावेशी समाज की स्थापना में बाधक है तो लुत्तो के रूप में अतिवादी प्रतिक्रिया भी उसी तरह समाजहित के विरुद्ध है। प्रतिरोधी कालीचरन जैसे समाजहित की सिद्धि हेतु काम्य है, उसी तरह जितेन्द्र मिश्र भी है, भले ही उसका उत्स सामन्तवर्गीय ही क्यों न हो? सामन्तवर्ग में पैदा होना जितेन्द्र का 'डिसक्रेडिट' नहीं हो सकता और उसी तरह वंचित समूह में पैदा होना मात्र लुत्तो का 'क्रेडिट' नहीं माना जा सकता। रेणु की नजर में 'क्रेडिबिलिटी' का आधार वैध मानवीय हित, समाजहित और राष्ट्रहित है। उक्त हितों की साधना गुण से होना ही सम्भव है, जाति और वंश से नहीं। 'गुण' 'गणतंत्र' का आधार है और 'जातिवंश' 'सामन्तवाद' का। गुण के सम्मानक रेणु गणतंत्रवादी हैं—'खिले विपिन में किसी वृंत पर, पर नमस्य है फूल।' वह फूल ग्वाले के घर कालीचरन के रूप में जन्म ले तब भी नमस्य और जितेन्द्र के रूप में ब्राह्मण सामन्त जमींदार के घर जन्में तब भी। कालीचरन एक आदर्श कार्यकर्ता है, समाजहित में उसे जो भी आदेश या 'टास्क' (कार्य-भार) मिलता है—उसे वह पूरी निष्ठा और लगन के साथ पूरा करता है। वहीं जितेन्द्र एक आदर्श नेता है जिसे राष्ट्र का नेतृत्व करना चाहिए। समाज और राष्ट्र का नेता उसे होना चाहिए, जिसके पास

कल्पनाशीलता हो, जिसके पास योजना हो, जिसके पास यह समझ हो कि क्या करने से समाज और राष्ट्र का उत्थान होगा, उसकी प्रगति होगी। कालीचरन के पास इस कल्पनाशीलता का अभाव है। शिक्षा-दीक्षा और सम्पर्क के अभाव के कारण उसमें कल्पनाशीलता का न होना स्वाभाविक है। मैलेरिया सेन्टर की स्थापना हो या सूई लगाकर हैजे की रोकथाम—ये योजनाएँ उसके दिमाग की उपज नहीं हैं। किन्तु वह एक आदर्श कार्यकर्ता इस अर्थ में है कि योजनाओं के लाभ को समझता है और लाभकारी पाकर उन्हें पूरा करने में प्राणपण से जुट जाता है। परती पर पेड़ लगाना परती को उपजाऊ बनाने की कोशिश करना, इलाके को बाढ़ से निजात दिलाना, बाढ़ के पानी को संचित कर सिंचाई के काम में लाना, जिससे परती उर्वर भूमि में रूपान्तरित हो सके-ये सभी कल्पनाशीलता से प्रसूत योजनाएँ हैं, जो जितेन्द्र के दिमाग की उपज हैं। 'परती : परिकथा' उसी कल्पनाशीलता को समर्पित है—

भैया महेन्दर,
तुम नहीं रहे, तुम्हारी कल्पना साकार हुई है।
सिमराहा की सपाट धरती पर हजारों पेड़ लग गये हैं।[20]

महेन्द्र रेणु जी के सगे छोटे भाई थे जो परती पर पेड़ लगने के सपने देखा करते थे। अल्पायु ही उनकी मृत्यु हो गयी थी। वे पेड़ लगने के सपने के पूरा होने से पहले ही चल बसे थे। कोशी नदी पर 'भीमनगर बराज का बनना ऐतिहासिक सच है जिसने बिहार के एक बड़े भू-भाग में सिंचाई-सुविधा उपलब्ध करायी। यह ऐतिहासिक सच है कि 'परती : परिकथा' के उपजीव्य इलाके में केवल मडुआ, शकरकन्द और कुल्थी की खेती होती थी (इन फसलों के लिए पानी की बहुत कम जरूरत होती है।) क्योंकि इस इलाके में 'सिर्फ बरसात में क्षणिक आशा की तरह दूब' जनमती थी। डैम के बन जाने से सिंचाई की सुविधा हो जाने से अब उसी इलाके में धान, जूट और गेहूँ की फसलें पैदा हो रही हैं। परती अब बाँझ नहीं रही, आसन्नप्रसवा हो गयी, वह करवट ले रही है—यानी उसका रूपान्तरण हो रहा है। कल तक बंजर थी, अब आबाद हो रही है। बाँझ होने का कलंक उसके माथे से मिट रहा है। इसलिए प्रसन्न है। वह सिर्फ करवट नहीं ले रही है, हँसकर करवट ले रही है। जिसके माथे से इतना बड़ा कलंक मिट रहा हो, उसकी खुशी का कोई ठिकाना? और यह सब ऐतिहासिक सच है, यूटोपिया नहीं है, न रेणु का और न जितेन्द्र नाथ मिश्र का। ऐतिहासिक सम्भाव्यता रेणु को यूटोपियन आदर्शवादी सिद्ध नहीं होने देती। वरन् उन्हें यथार्थवादी ही सिद्ध करती है। रेणु के लिए यथार्थवाद सिर्फ गर्हित यथार्थवाद नहीं है। वरन् सामाजिक राष्ट्रीय संशोधनों और योजनाओं का रचनात्मक, व्यावहारिक और प्रयोगसिद्ध यथार्थवाद है।

रेणु ने जितेन्द्र मिश्र के रूप में सम्पूर्ण विश्व के सामने नेतृत्व का प्रतिमान रखा। नेतृत्व चाहे समाज का हो, राष्ट्र का हो अथवा विश्व का, उसे निर्मम रूप से तटस्थ

होना चाहिए। किसी लोभ, मोह, व्यक्तिगत शक्तिसंचय के रणनीतिक उद्देश्य से किसी एकांगी समूह या व्यक्ति का समर्थक नहीं होना चाहिए। विशेषकर वैसे व्यक्ति या समूह का जो पूरे समाज या राष्ट्र का हितसाधन न कर अपने इच्छित व्यक्ति अथवा समूह के बारे में वैध हित और अधिकार की सीमा से बाहर जाता हो। न तो उसका कोई गुप्त एजेंडा हो, न व्यक्तिगत स्वार्थ, बल्कि जो पूरे सामाजिक या राष्ट्रीय हित में अपना व्यक्तिहित समाहित देखता हो, जो अपने को समाज, समूह या राष्ट्र से ऊपर न मानता हो। जो आमजन को 'कैटल क्लास' (पशु श्रेणी) न मानकर अपने को समूह का सदस्य ही मानता हो। जो अपने को आमजन से अलग मानता हो, आभिजात्य और वैशिष्ट्य के गुरुर से ऐंठा हुआ हो, वह रेणु की नजर में नेतृत्वकर्ता नहीं हो सकता। उनकी नजर में नेता को उस समूह में घुलनशील होना चाहिए जिसका वह नेतृत्व करे। जिसके नारे लुभावने न हों, और न ही सामाजिक राष्ट्रीय हित साधन के प्रति उसकी निष्ठा 'फैशन' के रूप में हो। उसकी निष्ठा को 'वास्तविक' होना चाहिए। चरित्र-सृष्टि के मामले में रेणु की तकनीक यह है कि वे प्राय: महत्त्वपूर्ण चरित्रों का प्रतिलोम भी किसी न किसी रूप में सामने लाते हैं। वैसे विरोधी चरित्र-युग्मों को प्रस्तुत कर अपने इच्छित पात्र के चारित्रिक वैशिष्ट्य का गहन अवबोध पाठकों को कराने में जो सफलता रेणु को मिली है, वह शायद ही हिन्दी के किसी दूसरे रचनाकार को मिली हो। इसके साथ ही एक ही मुख्य गुण-धर्म के कई पात्र भी रेणु प्रस्तुत करते है जिनमें उस गुण-धर्म के मात्रा-भेद के साथ-साथ उसकी अनेक छायाछवियाँ उपलब्ध होती हैं। मात्राभेद और छायाछवियों की-अनेकान्तता के माध्यम से भी रेणु अपने इच्छित पात्र के चारित्रिक वैशिष्ट्य का अवबोध पाठकों को कराते हैं। प्रतिलोम और रेंज-ये दो महत्त्वपूर्ण तकनीके हैं रेणु की चरित्र-सृष्टि के मामले में। जितेन्द्र मिश्र समाज का नेतृत्व पाने के लिए किसी किस्म का लुभावना नारा नहीं देता। वह बिना किसी शोर-शराबे, घोषण या औपचारिक आयोजनों के चुपचाप अपना काम किये चलता है। उसके उलट 'परती : परिकथा' में राजा कामरूप नारायण सिंह हैं जो नेता बनने, विधायक या मंत्री पद पाने तथा समाज का नेतृत्व हथियाने की गरज से लुभावने नारे देता है—''रेंट-फ्री-लैंड, बगैर किसी खजाना के जमीन।'' यानी अगर वे सरकार बन गये तो जमीन को लगान मुक्त करवा देंगे। वे जितेन्द्र से कहते भी हैं—''दे सकी है आज तक कोई पार्टी ऐसा क्रान्तिकारी नारा?''[21] ऐसे नारे, जो कहीं से भी सच साबित न हो सकें, किन्तु अभाव में पड़ी जनता को लुभानेवाले सिद्ध हों, के द्वारा जनता को बरगलाया जाता है। वैसे नारों से भ्रमित जनता बहुत बार वास्तविक हित साधक नेता और 'सियासी हितसाधक नेता' में फर्क नहीं कर पाती। साथ ही किसी क्षुद्र और तात्कालिक प्रलोभन में फँसकर सियासी नेता का चुनाव कर लेती है। गनीमत है कि 'परती : परिकथा' में राजा कामरूप नारायण सिंह को सफल होते हुए नहीं दिखाया गया है। राजा साहब जितेन्द्र

को अपनी पार्टी में शामिल करना चाहते थे। उनके प्रस्ताव को जितेन्द्र ने पूरी विनम्रता के साथ स्वीकार करने से इन्कार कर दिया। नाराज हो राजा ने जितेन्द्र को रीढ़हीन तक कह दिया। जितेन्द्र के इन्कार में उसके अपने अनुभव की भी भूमिका है जो उसे कुबेर सिंह के साथ काम करते हुए प्राप्त हुए थे। कुबेर सिंह नेताओं का वह प्रकार है जो अपने को समूह और राष्ट्र से ऊपर मानता है। राष्ट्र के प्रति उसकी निष्ठा सन्दिग्ध है, वह अपने गुप्त एजेंडे पर काम करता है और पूरे संगठन को अपने हित-साधन का औजार बना लेता है। उसमें उतनी योग्यता भी नहीं है। फिर भी वह किसी योग्य को आगे नहीं निकलने देता। संगठन में मौजूद जितेन्द्र जैसे योग्य को वह अपने लिए खतरे के रूप में देखता है। हमेशा उसके पर कतरने की फिराक में रहता है। बल्कि उसे बदनाम और 'नककट्टा' बनाने की कोशिश करता है। चरित्र-हनन से विवश होकर ही जितेन्द्र को उसके संगठन से अलग होना पड़ा है। दूध (कुबेर सिंह) से जला जितेन्द्र अब मट्ठा (राजा कामरूप नारायण सिंह) के फेर में नहीं फँसना चाहता। इसलिए विनम्रतापूर्ण किन्तु दृढ़ और स्पष्ट इन्कार। राजा साहब नाराज हों तो हों, अपनी बला से। नेता के एक दूसरे प्रकार का उदाहरण लुत्तो भी है। उसकी तरह के नेता भी देश और दुनिया में पाये जाते हैं जो नेतागिरी कर लोगों का संगठन खड़ा कर लेते हैं और शक्ति-संचय करते हैं। किन्तु लुत्तो उस संचित शक्ति का उपयोग समाज के व्यापक हित में न कर अपने को मजबूत बनाने में और अपने गुप्त एजेंडे को सफल बनाने में करता है। उसका गुप्त उद्‌देश्य है—जितेन्द्र को दंडित करना और अधिक से अधिक हानि पहुँचाना। चाहे जितेन्द्र ने उसका कुछ भी न बिगाड़ा हो तब भी। यह सच है कि जितेन्द्र के पिता ने लुत्तो के पिता को दंडित किया था। उसका बदला वह जितेन्द्र से चुकाना चाहता है। गलती कोई करे और उसका दंड उसके बाल-बच्चों, उसकी जाति अथवा धर्म-भाइयों को देना न्यायसंगत नहीं है। लरेना खवास को दंडित करने में जितेन्द्र की किसी भूमिका के न होने के बावजूद उसे दंडित करने की लुत्तो की कोशिश 'प्रतिक्रियावाद' है। ऐसा प्रतिक्रियावाद घात-प्रतिघाती घटनाओं की एक लम्बी शृंखला को जन्म देता है। भारतीय साहित्य ऐसी घटनाओं से भरा पड़ा है। विशेष रूप से रामायण और महाभारत। जितेन्द्र को हानि पहुँचाने की कोशिश के रूप में लुत्तो जितेन्द्र के कलमबाग से मवेशी हँकवाता है और रखवाले शिवसरन से सर्वे में उस पर तनाजे दिलवाता है, बिना इस बात का विचार किये कि आम के बगीचे पर बटाईदारी का कानून लागू नहीं होता। लुत्तो की अन्धेरगर्दी से भले ही जितेन्द्र विचलित नहीं होता, किन्तु उसके कारिन्दे? लुत्तो के बाप लरेना खवास की पीठ पर लोहे की दगनी से 'दगाबाज' दागनेवाला मुंशी जलधारीलाल दास अभी भी स्टेट की सेवा में है।

जितेन्द्र 'तांत्रिक (पंडित शिवेन्द्र मिश्र) का बेटा गणतांत्रिक' है। किन्तु मुंशी जलधारीलाल जालिम जमींदार शिवेन्द्र मिश्र का नमकहलाल सेवक है। उसका नया

मालिक जितेन्द्र पुराने मालिक का बेटा है, जिसका उसने नमक ही नहीं खाया है, नमक के बहाने जितेन्द्र की रक्षा की कसम भी खायी है। इसके लिए वह किसी भी हद तक जा सकता है। इसके लिए वह जितेन्द्र की अनुमति लेना भी आवश्यक नहीं समझता। खंतर गुलाबछड़ीवाले से जहर मिली छड़ी खिलाकर लुत्तो के बेटे बंगटा को मरवाना चाहता है। यानी न रहेगा बाँस, न बजेगी बाँसुरी। शिवेन्द्र मिश्र से उसका बेटा जितेन्द्र भिन्न है। गणतंत्रवाद समावेशी वाद है। वह व्यक्ति की वैयक्तिक स्वतंत्रता का पक्षधर है। इसलिए लुत्तो को झेलने में उसे कोई असहजता परेशान नहीं करती। सामन्तवाद मुंशी जलधारीलाल में छद्म रूप धारण कर उसे अलग तरह से प्रतिक्रियावादी बना रहा है। लुत्तो का वंशनाश हो जाय और लोगों को कानोंकान खबर भी न हो। यह भी जमाने का विकास ही है कि कल तक लरेना को खुलेआम दागनेवाला मुंशी अब लुत्तो को खुलेआम दागने (दंडित करने अथवा हानि पहुँचाने) का साहस नहीं जुटा पा रहा है। ऐसे काम के लिए खंतर गुलाबछड़ीवाले का गुप्त सहयोग ले रहा है। इसके उलट लुत्तो लोकतांत्रिक अधिकार का उपयोग कर लोगों का संगठन खड़ा करता है और उक्त अधिकार के दुरुपयोग की सीमातक जाकर जितेन्द्र को खुलेआम गालियाँ देता है और उसे 'शहर से हड़काया हुआ एक कुत्ता' कहता है। लोकतांत्रिक अधिकार से वह कुछ ज्यादा ही आवेशित और सरगर्म हो गया है, तो दूसरी ओर शक्तिसंचय से उन्मत्त हो एक नये रूप में सामन्त बन रहा है। बालगोबिन मोची ने कांग्रेस के जिला सेक्रेटरी से लुत्तो की शिकायत की है—यह इसी तरह हमेशा हट्ट-हट्ट कर धोपता है हमको और यह कि "हमेशा चमार-चमार कहता है। कहता है यह राजनीयत की बात, ढोल-पोंपी बजानेवाले क्या समझें?"[22] यह सही है कि लुत्तो पर्याप्त रूप से जाग्रत और चैतन्य पात्र है। प्रतिक्रिया किसी भी व्यक्ति, जाति या समूह की जागृति और चेतना का आधारभूत प्रमाण है। प्रतिक्रिया ही एक नयी शुरुआत का प्रस्थानबिन्दु भी है। जागृति और चेतना के आते ही प्रतिक्रिया शुरू हो जाती है और वही जड़ता का परित्याग भी है। प्रतिक्रिया के बाद ही नवाचार को अंगीकृत करने की बात आती है। प्रतिक्रिया एक दोराहे का मध्य बिन्दु भी है, जहाँ से एक रास्ता 'प्रतिक्रियावाद' की ओर जाता है, और दूसरा रचनात्मकता, रूपान्तरण और नवाचारों की ओर। प्रतिक्रिया की उपस्थिति हमें दोनों में उपलब्ध है। लुत्तो में भी और कालीचरन में भी। दोनों ही समान रूप से निम्नवर्ग और निम्नजाति से आते हैं। किन्तु लुत्तो की प्रतिक्रिया जहाँ प्रतिक्रियावाद की ओर जाती है, वहीं कालीचरन में रचनात्मकता की ओर। लुत्तो के चैतन्य की चरम सार्थकता जितेन्द्र से बदला लेने पर संकेन्द्रित है, न कि परानपुर के समाज को कोई रचनात्मक दिशा देने पर। उसका विरोध विरोध के लिए है। इसी रौ में वह कोशी डैम योजना के विरोध में भी खड़ा हो गया है। सिर्फ इसलिए कि जितेन्द्र उस योजना के समर्थन में है। वह योजना केवल जितेन्द्र के लिए उपयोगी नहीं है वरन्

परानपुर और पूरे इलाके के लिए हितकारी है। उसके ही उकसावे पर जितेन्द्र पर पत्थर बरसाये जाते हैं। वह घायल हो जाता है फिर भी जितेन्द्र उसके खिलाफ पुलिस में रिपोर्ट तक नहीं लिखवाता। परानपुर की विरोध प्रदर्शनकारी जनता को जैसे ही यह बात समझ में आती है कि उक्त योजना उनके हित में कितनी फायदेमन्द है, वह लुत्तो पर थूकने लगती है। इस तरह लुत्तो का प्रतिक्रियावाद परानपुर को कहीं नहीं ले जाता और न ही उसे कोई रचनात्मक दिशा दे पाता है। जबकि कालीचरन की प्रतिक्रिया रचनात्मक और सुधारात्मक है। वह अतीत का हिसाब चुकता नहीं करता। अतीत में घटी घटना को बदला नहीं जा सकता। इसलिए उसी को बिसूरते रहने से भावनात्मक और विचारात्मक स्तर पर कसैलापन बढ़ता है, जो व्यक्ति और समाज के मानसिक और नैतिक स्वास्थ्य के लिए उपयोगी नहीं है। यही कारण है कि भरी पंचायत में खुले तौर पर जोतखी जी द्वारा कालीचरन के पितृत्व पर प्रश्न खड़ा करने पर भी वह उत्तेजित नहीं होता। प्रतिक्रिया के नाम पर सिर्फ एक शालीन स्वीकार-जोतखी काका—हमको अपने बाप के बारे में मालूम है। भगवान् शंकर की तरह विषपायी हुए बिना कटुता का परिहार नहीं। कालीचरन की दृष्टि में 'समाधान' अधिक महत्त्वपूर्ण है, बनिस्पत बदला लेने या वैमनस्य फैलाने के। उसका सारा जोर उन उपायों पर है जिनसे भविष्य में वैसी घटनाओं की पुनरावृत्ति न हो। उसके प्रयास से मेरीगंज में यौन शोषण में पर्याप्त कमी आ गयी है। रेणु अपने पूरे लेखन में कालीचरन टाइप रचनात्मकता के कायल और हामी हैं। 'कलंक मुक्ति' की बेला गुप्त भी इसे ही उदाहृत करती है। कालीचरन यह बिसूरता नहीं रहता कि उसके और निम्नवर्ग के साथ अतीत में कैसे-कैसे बर्ताव किये गये। न वह यह सोचता है कि अतीत के उन बर्तावों का बदला कैसे लिया जाय? उसकी दृष्टि वर्तमान से निबटते हुए समाधानिक भविष्य के लिए, एक नयी शुरुआत पर है।

कार्यकर्ता हो और नेता न हो, तब भी बात बनती नहीं। जनता और कार्यकर्ता तो पहले भी थे। पर देश आजाद नहीं हो पा रहा था। जनता और कार्यकर्ता को दिशा देने के लिए, उसे संगठित करने, साथ ही नीति तथा योजना को कार्यान्वित करने के लिए एक नेता की जरूरत थी। गाँधी जी उसी जरूरत की सम्पूर्ति थे। गाँधी ने जनता और कार्यकर्ता का नेतृत्व किया और उसकी ऊर्जा को रचनात्मक दिशा दी। इसके उलट अगर सिर्फ गाँधी होते, कार्यकर्ता नहीं होते और आमजन गाँधी के पीछे खड़े नहीं होते तो गाँधी क्या कर लेते? गाँधी को जनता की जरूरत थी और जनता को गाँधी की जरूरत थी। जैसे ही दोनों ने एक दूसरे को अंगीकृत किया और एक दूसरे की जरूरत को पूरा किया वैसे ही देश की आजादी सम्भव बनती चली गयी। रेणु ने कालीचरन के रूप में अगर कार्यकर्ता का प्रतिमान गढ़ा है तो उन्होंने नेता का भी प्रतिमान गढ़ा है। यद्यपि यह सही है कि दोनों दो भिन्न उपन्यासों से आते हैं—कालीचरन 'मैला आँचल' से तो जितेन्द्र मिश्र 'परती : परिकथा' से। किन्तु

'परती : परिकथा' स्वतंत्र भारत की कथा है जिसकी घटनाएँ 55-56 की हैं। उस समय गाँधी मौजूद नहीं थे। उनकी मृत्यु हो चुकी थी और पंडित जवाहरलाल नेहरू प्रधानमंत्री पद पर आसीन होकर देश का नेतृत्व कर रहे थे। स्वाभाविक है कि रेणु गाँधी जी की प्रतिमूर्ति 55-56 में नहीं गढ़ सकते थे। उस काम के लिए उन्हें नेहरू को ही अपनाना पड़ता और वही उन्होंने किया भी। नेहरू विशुद्ध गाँधीवादी नहीं थे। गाँधी की नजर में विज्ञान का वही महत्त्व नहीं था जो नेहरू की नजर में था। यद्यपि दोनों ने ही इंगलैंड में शिक्षा पायी थी और दोनों ने वहाँ विज्ञानप्रसूत समृद्धि और प्रगति को समान रूप से देखा था। फिर भी गाँधी विज्ञान को वह महत्त्व नहीं देते थे जो नेहरू देते थे। नेहरू विज्ञान को उत्पादकता और समृद्धि लाने की आवश्यक-अनिवार्य शर्त के रूप में देखते थे। यही कारण है कि गाँधी की मृत्यु के बाद नेहरू जब अपनी नीतियाँ लाने, लागू करने तथा चलाने के मामले में पूर्णत: स्वतंत्र हो गये, तब उन्होंने विज्ञान को बढ़ावा देना शुरू किया। रेणु खुद समाजवादी थे। गाँधीवादियों की तुलना में समाजवादियों की नजर में विज्ञान की उतनी ही महत्ता थी जितनी गाँधी और नेहरू के बीच थी। नेहरू का विज्ञानवाद समाजवादी रेणु के मिजाज के अधिक निकट और अनुकूल था। यही कारण है कि रेणु ने नेहरू को देश के नेता के रूप में स्वीकार किया और उसे अपने साहित्य में 'परती : परिकथा' के जितेन्द्र मिश्र के रूप में हमारे सम्मुख पेश किया। नेहरू में दो गुण थे जो रेणु को प्रिय थे। पहला तो यही कि विज्ञान को महत्त्व देना जिससे भारत की तरक्की हो सके, समृद्धि पैदा हो, अभाव दूर हो तथा आमजन का जीवन स्तर उन्नत हो। दूसरे उनका गणतांत्रिक चरित्र। समाज और राष्ट्र का नेता कौन हो और कैसा हो उसमें क्या-क्या गुण हों उसका व्यक्तित्व, चरित्र और आचरण कैसा हो—आदि के सम्बन्ध में रेणु के अपने विचार हैं। लेकिन इस अध्येता की नजर में रेणु के तत्सम्बन्धी विचार भी यूटोपिया नहीं हैं, वरन् व्यावहारिक, यथार्थ, वैज्ञानिक और निश्चित रूप से समाज तथा राष्ट्र के लिए उपादेय है। अत: रेणु को यह आजादी मिलनी चाहिए थी कि वे अपने सपनों का नेता गढ़ते। उन्होंने उक्त आजादी और अधिकार का समाजहित और राष्ट्रहित में समुचित उपयोग करते हुए नेता का प्रतिमान गढ़ा। नेहरू को उन्होंने हू-ब-हू स्वीकार नहीं कर लिया, वरन् उनके व्यक्तित्व और चरित्र में काट-छाँट की, उसे रूपान्तरित और प्रसंस्कृत किया। नेहरू की कुलीनता और नफासत रेणु को पसन्द नहीं थी। अपने रहन सहन में व्यक्ति जब बहुत सम्भ्रान्त और नफासतपसन्द हो जाता है तब वह अलगाव का सबब हो जाता है। रेणु ऐसा नेता चाहते थे जो जनसामान्य से अपनी कुलीनता और नफासत के कारण कटा हुआ न हो। इसके उलट उनके बीच घुलनशील हो। 'परती : परिकथा' के शुरू में जितेन्द्र नफासत में कैद है, उसके परवर्ती चरित्र को रेणु ने यथेष्ट घुलनशील बनाया है। समाज और राष्ट्र के नेता में रेणु चार प्रमुख गुणों को आवश्यक मानते हैं—

1. जिसमें पर्याप्त कल्पनाशीलता हो, जिसके पास योजनाएँ हो, वैसी योजनाएँ जिनसे देश और समाज का भला हो। 'मैला आँचल' का मैलेरिया सेन्टर, कटिहार का जूट मिल, तहसीलदार द्वारा ट्रैक्टर और पम्पसेट की खरीद आदि उसी कल्पनाशीलता और योजनाओं के उदाहरण हैं। 'परती : परिकथा' में जितेन्द्र भी कल्पना करता है—परती पर खेती हो, परती उपजाऊ जमीन में रूपान्तरित हो। रेणु के अनुज महेन्द्र की कल्पना थी—परती पर पेड़ लगे। उसका सपना पूरा हुआ, हजारों पेड़ लग गये। सेमलबनी उसी कल्पना का साकार रूप है। इलाके के लोगों को बाढ़ से निजात मिले और खेती के लिए सिंचाई की व्यवस्था हो ताकि परती हरी हो सके। इसी उद्देश्य से दुलारीदाय पर बाँध बनाने का खयाल आया है जितेन्द्र को। ऐतिहासिक सच को रेणु ने अपनी कथा का उपजीव्य बनाया है। सन् 54-55 ई. में नेहरू जी ने कोशी नदी को बाँधने की योजना बनायी थी। '56 ई. में उस पर काम शुरू हुआ जो सन् '65 में भीमनगर बराज के रूप में बनकर तैयार हुआ और उसी साल चालू हो गया। रेणु ने सिर्फ इतना किया कि उक्त बराज के पूर्ण होने के पूर्व ही अपनी रचना 'परती : परिकथा' में उपस्थित कर दिया और परती के शस्यश्यामला-आसन्नप्रसवा हो जाने की कल्पना कर डाली। ऐसी कल्पना जो निकट भविष्य में यथार्थ सिद्ध हो गयी उसके आधार पर रेणु को रोमांटिक कहा जाना चाहिए क्या?

2. भारत भयानक गरीबी से गुजर रहा था। भारत की जनता के जीवनस्तर को ऊपर उठाने के लिए आर्थिक समृद्धि का लाया जाना एकदम जरूरी था। नेहरू के यूरोप प्रवास ने उन्हें यह बोध करा दिया था कि विज्ञाननीत बढ़ी हुई उत्पादकता के बिना इस उद्देश्य को पूरा नहीं किया जा सकता। चाहे खेती हो या उद्योग। खेती की उत्पादकता बढ़ाने के लिए वैज्ञानिक कृषि और कृषि का यांत्रिकीकरण आवश्यक था। ट्रैक्टर और पम्पसेट उसी उपक्रम का हिस्सा हैं। कृषि में इलाके की भूमि के अनुकूल बीजों और फसलों का होना भी उतना ही आवश्यक है। चन्दीपाट वैसी ही फसल है जो ऊसर में भी उपज सकती है। बाढ़ से निजात और सिंचाई के लिए नहर प्रणाली का होना भी आवश्यक था। इसके लिए बिहार का अभिशाप मानी जानेवाली डायन कोशी को बाँधना आवश्यक था और यह काम बिना विज्ञान के नहीं हो सकता था। अन्धविश्वास और विज्ञान में छत्तीस का सम्बन्ध है। अन्धविश्वास विज्ञान की शक्ति पर विश्वास नहीं करता। परानपुर के लोगों के लिए कोशी सिर्फ एक नदी नहीं देवी है, कोसका मैया और कोसका महारानी है, जिसकी वे दुहाई माँगते रहते हैं, कोप नहीं करने की आरजू करते हैं, उसके कोप की विकरालता से भयभीत डरे, सहमें से रहते हैं। तो दूसरी ओर परती तंत्रसाधकों के लिए आदर्श स्थल है, क्योंकि वह कछुआ पीठा है। खुद जितेन्द्र के पिता सिद्ध तांत्रिक थे। हो सकता है इसी कारण परती को परती रहने दिया होगा। वहीं वह परती ठाकुरबाड़ी के पुजारी सरबजीत चौबे के लिए गोचर है। उसको जोतना गऊ माता के पेट पर छुरी चलाना है। वही परती निरसू भगत और

उसको माननेवालों के लिए परमादेव का गहबर है। जितेन्द्र घाट हाकिम सुरपति राय को प्रेरित करते हैं—"मिस्टर राय-डोण्ट मिस इट। जरूर जाइए। आग पर चलेगा।"[23] लेकिन खुद किसी अन्धविश्वास से आक्रान्त नहीं होता। ट्रैक्टर लेकर परती को उधेड़ डालता है। परमादेव किलकिलाते रह जाते हैं और सरबजीत चौबे की गोध्वनि भी ट्रैक्टर की भटभटी रोक नहीं पाती। तांत्रिक (शिवेन्द्र मिश्र) का बेटा जितेन्द्र 'तंत्र' से भी कायल नहीं होता। विज्ञान की शक्ति के आगे कोसका का दैवी प्रकोप टिक नहीं पाता, वह बँध जाने के लिए विवश हो जाती है। असली 'तांत्रिक' शिवेन्द्र मिश्र नहीं, जितेन्द्र है। जितेन्द्र का 'मंत्र' विज्ञान से शक्ति पाता है। शिवेन्द्र मिश्र का तंत्र 'मंत्र' और 'टोटका' से शक्ति पाता था। मंत्र और टोटका पर आधारित तंत्र से विज्ञान की शक्ति से लैस तंत्र ज्यादा शक्तिशाली ही नहीं प्रभावी है और अवश्यम्भावी रूप से प्रभावी है। नेहरू ने तंत्र को पराजित किया कोशी को बाँधकर और उनका रेणु-संस्करण-जितेन्द्र-साहित्य-पटल पर उस विजय की महागाथा लिख देता है।

3. नेहरू अपनी नफासत के लिए प्रसिद्ध थे। जितेन्द्र की शुरुआती स्थिति वैसी ही थी। बड़ी छापवाला कुर्ता, सिर पर हैट और आँखों पर काला चश्मा, पैरों में गमबूट। उसका यह लिबास ही उसे औरों से भिन्न कर देता है। सुरपति राय को जो चाय वह प्रस्तुत करता है, उसमें ब्रांडी की कुछ बूँदें डालकर तथा कई तरह की शराब को मिलाकर एक अलग तरह के स्वाद की शराब प्रस्तुत करता है। उसके कमरे में विश्वप्रसिद्ध चित्रकार जैसे—देंगा की चित्रकृति टँगी है। वह उन महान् कलाकारों को नमस्कार करता है। सामान्य जन के लिए वे तस्वीरें जवान औरतों की नग्नता का प्रदर्शन भर है। भिम्मल मामा उन्हें देखकर क्षण भर भी उसके कमरे में टिक नहीं पाते—'आई कांट स्टेंड फ्लैश विद ब्लड'[24] मांस के लोथड़ों के बीच मैं नहीं ठहर सकता। संगीत, काव्य और साहित्य सम्बन्धी उसकी रुचि और कला-मूल्यों की ऊँचाई का उसका अवबोध उसे सामान्य जन से अलग ले जाता है। यहाँ तक कि ताजमनी भी उसे 'आम-पायस' बनाकर भेजती है। वह जन-सामान्य से मिलता-जुलता भी नहीं। मुंशी जलधारी के चक्षुकर्ण से देखते सुनते हैं और रामपखारन की विद्या बुद्धि से समझते बूझते हैं।[25] गाँव लौटने पर वह अपने सम्पर्क को अत्यन्त सीमित कर ऐकान्तिकता के खोल में बन्द हो जाता है। रेणु का इच्छित नायक ऐसा नहीं हो सकता। फलत उन्होंने उसके चरित्र और व्यक्तित्व को घुलनशील बनाये जाने को आवश्यक माना। ताजमनी उसे सलाह देती है—बुर्ज पर जाकर बैठा कीजिए।" गाँव की गलियों में घूमना शुरू करता है तो औरतों में चर्चा का विषय बन जाता है। सेमियाँ बताती है—मनोहर की सबसे छोटी बेटी जो डगमग कर चलती है तो उतनी-सी टुन्नी छौड़ी पुकार कर कहती है—हेय। मारे कन्ने? उसका बाप हमेशा डर दिखलाता है न। चुप-रहो, नहीं तो हवेलीवाला पकड़ कर ले जाएगा। मारेगा हवेलीवाला। इसीलिए वह छौड़ी पूछ रही थी कि 'क्यों मारते हो?' उसका अलगाव

अफवाह में तब्दील हो चुका है। एक दिन सामबत्ती से पूछता है—"तुम्हारे यहाँ भफ्फा नहीं बनता, अब ? सामबत्ती समझ जाती है—भफ्फा खाने का मन हुआ है। वह बनाकर ले आती है। जितेन्द्र उसके हाथ से लेकर खाने लगता है। सामबत्ती औरतों को सुनाती है—'हाथ से लेकर लुबलुब बच्चों की तरह खाने लगे।'[26] यह लुबलुब खाना मात्र एक ग्राम्य अभिव्यक्ति नहीं है। बल्कि बहुत बड़े और व्यापक अर्थ का व्यंजक। सामन्त पुत्र की हैसियत का जितेन्द्र डायनिंग टेबुल पर बैठकर साबुन से हाथ धोकर, प्लेट में खाद्यवस्तु रखकर काँटा, छुरी, चम्मच से खाता रहा होगा। अब स्थिति यह है कि उसने सारी औपचारिकताओं, खाने के सारे तामझाम से तौबा कर लिया है। बिल्कुल अनौपचारिक भाव से सामान्यजन की तरह से, खड़े-खड़े, बिना हाथ धोये और एक हाथ में भफ्फा लेकर दूसरे हाथ से तोड़कर खा रहे हैं। जहाँ खड़े थे, वहीं शुरू हो गये। औपचारिकताओं से ऐसी मुक्ति अकारण नहीं है। सिम्फनी, अन्य पश्चिमी गीत का स्वाद लेनेवाला जितेन्द्र लोकभजन और लोकगाथाओं पर उतर आया है। श्यामा संकीर्तन का आयोजन करता है। ताजमनी गाती है और जितेन्द्र चानखोल बजाता है। उससे भी बढ़कर यह कि ताजमनी रग्घू रामायनी को बुलवाकर गीतकथा का आयोजन कराने का परामर्श देती है। जितेन्द्र सिपाही रामपखारन सिंह को भेजता है—बुलाने हेतु। सिपाही का आदेशात्मक और हिकारत भरा टोन उस ग्राम्य कलाकार को भीतर से आहत कर देता है। अतः बहाने बनाता हुआ आने से असमर्थता व्यक्त कर देता है। सारा प्रसंग सुनकर ताजमनी जितेन्द्र को टिप्स देती है कि गुनी आदमी से कैसे बात-व्यवहार किया जाता है। जितेन्द्र खुद से रग्घू रामायनी के सामने उपस्थित होता है और कुछ कहने से पूर्व पाँवलागी करता है। रामायनी जितेन्द्र के सद्व्यवहार और सौजन्य का कायल होकर गीतकथा कहना स्वीकार कर लेता है। वर्षों बाद परानपुर के लोगों को रामायनी की कला का स्वाद चखने को मिला। ये सारे के सारे प्रसंग जितेन्द्र का अलगाव खत्म कर उसे घुलनशील बनानेवाले हैं। उसकी घुलनशीलता का आलम अब यह है कि मलारी और सुवंश गाँव में एकमात्र उसे ही अपना हितू समझते हैं और गाँव आने के लिए सलाह माँगते हैं। इस प्रेमी जोड़े को जितेन्द्र सुरक्षा और संरक्षण देता है। जिस पंचचक्रनाटक का वह आयोजन करता है, उसमें गाँव के सभी कलाकारों को कुछ न कुछ भूमिका देता है। एक ऐसी मंडली तैयार करता है जिसका मुखिया तो वह है अवश्य किन्तु अधिनायकवादी नहीं, गणतांत्रिक मुखिया, जिसे सभी अपना समझते है, अपनी समस्याएँ खुलकर रखते हैं और आत्मीयतापूर्ण समाधान पाते हैं। कोई छोटा नहीं, कोई बड़ा नहीं-सभी समान धरातल पर, सभी बराबर महत्त्व के भागी। न कोई उस पर हावी है और न वह किसी पर। इतना लोकतांत्रिक बन गया है वह।

4. जितेन्द्र को लोकतांत्रिक कहना उसके महत्त्व को न्यून करना है। वह लोकतांत्रिक ही नहीं पूर्णतः गणतांत्रिक। लोकतंत्र का चरम विकास गणतंत्र में होता

है। गणतंत्रवाद सामन्तवाद के ठीक विपरीत होता है। सामन्तवाद में वंश और जाति का महत्त्व होता है, वहाँ 'गुण' की कोई खास अहमियत नहीं होती। जबकि गणतंत्रवाद का आधार 'गुण' होता है, वंश और जाति एकदम नहीं। गणतंत्रवाद व्यक्ति का मूल्य उसके गुणों पर निर्धारित होता है, उसका वंश और जाति चाहे कुछ भी हो। जितेन्द्र सामन्त नहीं है। सामन्त उसके पिता पंडित शिवेन्द्र मिश्र थे। भिम्मल मामा ठीक कहते हैं—''तांत्रिक का बेटा गणतांत्रिक''[27] रेणु ने 'परती : परिकथा' में उसकी गणतांत्रिकता की कसौटी के रूप में दो पात्रों को प्रस्तुत किया है। पहला है—लुत्तो और दूसरी है ताजमनी। जितेन्द्र लुत्तो के लोकतांत्रिक अधिकार का सम्मान करता है। अपने विषय में उसके द्वारा कही जा रही बातों को अभिव्यक्ति की स्वतंत्रता मानकर वह उसका मुँह बन्द कराने का कोई भी उपक्रम करता हुआ नहीं पाया जाता। वह सामन्त का बेटा है उसके पास तमाम तरह के सामन्ती हथकंडे हो सकते हैं। उनमें से किसी का भी सहारा वह लुत्तो का मुँह बन्द कराने में नहीं लेता। उल्टे रेणु लिखते हैं—''किन्तु, लुत्तो के मन के घाव की पीड़ा को समझता है सिर्फ जितेन्द्रनाथ, अकेला!''[28] पं. शिवेन्द्र मिश्र ने अपनी सम्पत्ति और रुतवा बढ़ाने के लिए एक से बढ़कर एक अनैतिक काम किये। किन्तु उसे सजा नहीं। सजा लुत्तो के बाप लरेना खवास को, जिसने अंग्रेजों से पाँच हजार घूस लेकर शिवेन्द्र मिश्र के राजफाश किये थे। सजा भी सजा जैसी हो—कोई बात नहीं। मासूम बच्चा लुत्तो और उसकी माँ के सामने लरेना की पीठ पर लोहे की लाल दगनी से 'दगाबाज' दागा गया था। वह गों-गों करता रहा, निर्दयों को तनिक भी दया नहीं आयी। उसी कष्ट में वह मर भी गया। किन्तु उक्त बर्बर घटना की जो छाप लुत्तो के बालमन पर पड़ी उसकी याद उसे ताउम्र स्वस्थचित्त रहते नहीं दे रही है। जितेन्द्र अपने पिता का पक्ष नहीं लेता। अगर वैसा करता तो वह भी लुत्तो का मुँह बन्द करा सकता था या जहन्नुम रसीद कर सकता था। मुंशी जलधारीलाल दास ने उसका भी उपाय कर ही लिया था। भला हो ताजमनी का जिसके कारण भेद खुल गया और उल्टे मुंशी तथा खंतर गुलाबछड़ी वाले को जेल की हवा खानी पड़ी। लुत्तो का वंशनाश होने से बच गया। जितेन्द्र गणतंत्र का हामी नहीं होता तो मुंशी जो कर रहा था सो ठीक। सामन्त आलोचना का आदी नहीं होता जबकि गणतंत्र आलोचना पर निर्भर करता है। सामन्तवाद आलोचना के अधिकार को मान्यता नहीं देता, जबकि गणतंत्र में हर किसी को यह आजादी हासिल रहती है। जितेन्द्र में इतनी गणतांत्रिकता है कि अनुचित आलोचना करनेवालों को भी विरत नहीं करता। अगर वह अपने पिता पं. शिवेन्द्र मिश्र की तरह सामन्ती मिजाज का होता तो क्या ऐसा सम्भव होता? परानपुर में 'लुत्तो एंड कम्पनी' कुछ उसके बारे में बोलती, भाषण देती है तो उसे नोटिस में ही नहीं लेता। रेणु सामन्ती समाज के हिमायती नहीं थे। इसके उलट पूर्णतः गणतांत्रिक समाज के हामी थे। वे हमें स्वस्थ, रचनात्मक और सर्वसमावेशी

समाज की स्थापना के कुछ सूत्र सौंपते हैं। उनमें से पहला है—गुण की महत्ता वंश, जाति, धर्म अथवा अर्थ-किसी की भी तुलना में अधिक है। किसी भी गणतांत्रिक समाज की स्थापना का आधार गुण होना चाहिए, न कि वंश और जाति। 'परती : परिकथा' में रेणु की इस विचारणा को ताजमनी और मलारी उदाहृत करती हैं। क्योंकि दोनों गुणों की प्रतीक नारी-पात्र हैं। ताजमनी शील-गुण की खान है। वंश और जाति से वह निकृष्ट है। वह नट्टिन माँ के गर्भ से पैदा हुई है और न जाने किसकी औरस है? इन चीजों पर उसका कोई वश भी नहीं है और न उन चीजों के लिए किसी रूप में जिम्मेवार है। किन्तु एक चीज है जो उसकी अपनी है, अपने शील और आचरण से कमायी हुई चीज। एक पतिव्रता नारी में गुणों की जो ऊँचाई पायी जा सकती है, नट्टिन कुलोत्पन्न ताजमनी वही है। मालकिन माँ की छत्रछाया में "हवेली की बेटी की तरह पली है, ताजमनी।"[29] सन् 1942 के 'भारत छोड़ो आन्दोलन' में अपने माता-पिता का इकलौता बेटा जितेन्द्र जेल में है। पिता की मृत्यु के बाद उसकी माँ काशीवास कर रही है। प्राणान्त के समय माँ को अंतिम जल पिलाने के लिए वह उपस्थित नहीं है—"शर्त लिखकर माँ का मुँह देखने जाऊँ, मुझे मंजूर नहीं।"[30] घर जाना जिद्दी जितेन्द्र को स्वीकार नहीं है। जितेन्द्र के बदले ताजमनी ही पानी पिलाती है। माँ कहती है—"तेरे दिल में बैठा है जित्तन। वही मुझे पानी पिला रहा है। मैं अपने बेटे के हाथ का पानी पी रही हूँ।"[31] कायस्थ मुंशी जलधारीलालदास और राजपूत सिपाही रामपखारन सिंह की तुलना में वह ज्यादा विश्वसनीय है मालकिन माँ की नजर में। काली की मूर्ति के नीचे जो धन छिपाकर रखा गया था उसका पता मालकिन माँ सिर्फ ताजमनी को बताती है, इस हिदायत के साथ कि जब जितेन्द्र बहुत संकट में हो, तभी उसे बताए।[32] नट्टिन पैसे के लिए ही देह-व्यापार करती है, पैसा ही उसका एकमात्र उद्देश्य होता है। अगर ताजमनी नट्टिन के प्राकृत चरित्र का प्रदर्शन करती तो कब का सारे धन पर हाथ साफ कर चुकी होती। जितेन्द्र की अनुपस्थिति में रुपयों का लोभ देकर किसी को भी मिला ले सकती थी। किन्तु ताजमनी के लिए रुपये का कुछ मूल्य नहीं। मूल्य है उस विश्वास का जो मालकिन माँ ने उस पर जताया था। साथ ही मालकिन माँ ने मिश्र खानदान का प्रतीक-चिह्न 'पंचचक्र' भी उसे ही सौंपा है कि जब जितेन्द्र वापस घर आये, उसे सौंप दिया जाय। उस पंचचक्र की खोज में भिम्मल मामा अरसे से परेशान रहे हैं। ये दोनों सर्वाधिक गुप्त भेद हैं। जितेन्द्र के लौट आने तक ये भेद ही बने रहते हैं। इनकी भनक तक वह किसी को लगने नहीं देती। भिम्मल मामा ही क्यों न हो। जितेन्द्र के लौट आने पर भी वह जितेन्द्र से मिलने नहीं गयी, गयी तब जब पंचचक्र को सौंपने का अनुकूल समय उसने पाया। जितेन्द्र भी उसकी विश्वसनीयता का इतना कायल हो गया है कि अब वह जो कहती है, वह बिना किसी मीन-मेख के उसका पालन करने लगता है। जितेन्द्र को परानपुर में स्थापित

करने में उसकी भूमिका ही सर्वाधिक निर्णायक है। वही जितेन्द्र को लोगों से मिलने-जुलने को प्रेरित करती है; बुर्ज पर जाकर बैठने को कहती है; गाँव में घूमने की सलाह देती है। वह जितेन्द्र से प्रेम करती अवश्य है, किन्तु जितेन्द्र को वह अपने प्रेम से नहीं, तपस्या से प्राप्त करती है। आज उसकी उम्र है—36 वर्ष। गाँव के लड़के उसे नट्टिन समझकर छेड़ते हैं तो वह जवाब देती है—"भैया जी, तुम्हारी सबसे बड़ी बहन और तुम्हारे साथी की माँ मुझसे दो साल छोटी है उम्र में।" आजकल स्कूल-कॉलेज में सिनेमा का गीत ही पढ़ाया जाता है क्या? परानपुर के युवकों के बीच एक मुहावरा चल पड़ा है उसके सम्बन्ध में—"ऑल राइट्स रिजर्व्ड-सर्वाधिकार श्री जितेन्द्र नाथ मिश्र के अधीन है।"[33] नट्टिन के लिए पुरुषों की क्या कमी? एक पुरुष के लिए अनेक नट्‌नट्टिनें; एक नट्टिन के लिए अनेक पुरुष। खुला व्यापार है। पर 36 वर्ष की उम्र में भी अपने को बचाये हुए है। यह तपस्या नहीं तो और क्या है? शारीरिक और भावनात्मक—दोनों ही रूपों में अखंडित। जितेन्द्र उससे संगसुख माँग करता है। जरा-सा उँगली चूम लेने पर ऐसा लगता है मानो जल गयी हो। हाथ छुड़ा लेती है। जितेन्द्र नाथ अधिक संगसुख चाहने लगा है। उँगलियाँ चूम सन्तोष नहीं। कहती है "मुझे हुकुम लेने दो माँ से। माँ जो कहेगी, करूँगी।"[34] माँ यानी जितेन्द्र की कुलदेवी-काली, जिसे माँ तारा भी कहते हैं। 36 वर्षों की प्यासी कोई और स्त्री होती तो 'खोल मिली तनगाँती' हो जाती। लेकिन इतना संयम! वह किसी भी तरह से जितेन्द्र का अनिष्ट नहीं होने देना चाहती। इसलिए उतावली में कोई भी कदम उठाना नहीं चाहती। उसे चिन्ता उन वचनों के निर्वहन की भी है जो उसने मालकिन माँ को मरते समय दिये थे। "...जिद्दा से कभी एकान्त में नहीं मिलेगी, जिद्दा से कभी आँखें चार नहीं करेगी। नजर उठाकर उसको देखेगी भी नहीं।"[35] मालकिन माँ को यह भय सता रहा होगा कि जित्तन इसके प्यार में बँधकर बहू न बना ले। लाख निष्ठा, शील और तपस्या के जातिवादिनी मालकिन माँ को अन्दर से यह गवारा नहीं था कि एक नट्टिन की बेटी उसके कुल की बहू बने। इसलिए उसकी निष्ठा को निरर्थक कर देनेवाले बल्कि उसके अस्तित्व और इन्तजार को निरर्थक कर देनेवाले ये वचन थे। ताजमनी ने उसे भी पूरा कर दिखाया। माना जाता है कि कोई अगर लगातार बारह वर्षों तक अपने वचन को निभा लेता है तो उसका वचन पूरा हो जाता है। ताजमनी फिर भी तैयार नहीं होती। उसे डर है—जितेन्द्र का कुछ अनिष्ट न हो जाय। अब परिवार में कोई गुरुजन नहीं है जिसकी अनुमति ली जाय। अतः कुलदेवी काली माँ से ही अनुमति लेती है। काली माँ की अनुमति उसे प्राप्त हो जाती है। यह तप उसे किसी भी पतिव्रता से ऊँचा उठा ले जाता है। अपने पुरुष-सुख से वंचित रहना पड़े तो पड़े, जितेन्द्र का कोई अनिष्ट न हो और मालकिन माँ को दिये गये वचन भंग न हों। गाँव के लहेंगड़ों को जानती है वह। सभी जित्तन की जान के दुश्मन बने

हुए हैं। इसके मूल में उसे वह कमी नजर आती है कि—"नेह-छोह की भूख पूरी मिठाई से नहीं मिटती।"[36] यानी गाँव को हवेली से जो स्नेह-सौजन्य और आश्वस्ति मिलती थी तुम्हारी अनुपस्थिति से वह भूख नहीं मिट रही है। अतः तुम गाँव के लोगों से मिलो-जुलो, उन्हें प्रबोध दो। जितेन्द्र उसका एकमात्र और अल्टीमेट गोल नहीं है। उसके दिल में परानपुर के लोगों के लिए भी पूरा अवकाश है। वह जितेन्द्र को सूचित करती है—"पीठ पर नहीं, कलेजे पर दगनी दाग रहे हैं मुंशी जी।"[37] मुंशी सामन्ती हथकंडों पर उतर आया है। संतोखी सिंह की चार बीघे तम्बाकू रातभर में रौंद डाली गयी। किसी के बैल मर गये। लुत्तो के बेटे को भी जहरीली गुलाबछड़ी खिलाने की उसकी योजना थी। गाँव को सभी अनिष्टों से बचा लिया ताजमनी ने और अगर ये घटनाएँ घट जातीं तो उनके पाप से जितेन्द्र का कितना अनिष्ट होता? जितेन्द्र द्वारा रोपे गये पौधे सिंचाई के अभाव में सूखने लगे। मुंशी ने तहबील खाली होने की सूचना दी और इन्तजाम करने से भी हाथ खड़े कर लिये। इस संकटपूर्ण स्थिति में ताजमनी ने जितेन्द्र को मूर्ति के नीचे धन रखा होने की सूचना दी। जितेन्द्र कुछ अधिक पीने लगा था। पहले बताती तो पीने और उसी जैसी अन्य फिजूलखर्ची में उड़ जा सकता था। ऐन वक्त पर जब पौधों के रूप में जित्तन का सपना सूखने लगा था, तब बताया। जितेन्द्र रुपयों का महत्त्व समझने लगा और उसने पीना कम कर दिया। जितेन्द्र के लिए ताजमनी जितनी उपयोगी है उतनी कोई और हो ही नहीं सकती थी। जितेन्द्र ने उसके महत्त्व को बहुमान दिया और अन्य स्त्रियों की तुलना में उसे ही भावी पत्नी के रूप में चुना। जाति के स्तर पर इरावती मल्होत्रा उच्च कुलोत्पन्न थी, शील-गुण में भी कम नहीं थी। किन्तु ताजमनी उपयोगिता और महत्त्व के लिहाज से अनुपम थी। भावी पत्नी के रूप में उसे स्वीकार कर जितेन्द्र ने उस गुणग्राहकता का परिचय दिया जो गणतंत्र का आधार होती है। भिम्मल मामा भी कम गणतांत्रिक नहीं हैं। किन्तु वे उस स्तर के गणतांत्रिक नहीं हैं जिस स्तर का जितेन्द्र है। ताजमनी को हवेली के अन्दर देखकर वे जितेन्द्र से पूछते हैं—"और ताजमनी अब फिर हवेली के अन्तर में प्रवेश पा गयी। जितेन्द्र के मौन को स्वीकृतिसूचक मानकर खड़ाऊँ खटखटाते हवेली से बाहर चले गये। नेहरू भी बहुत गणतांत्रिक थे, किन्तु उनकी गणतांत्रिकता भी उस स्तर की नहीं थी जिस स्तर की जितेन्द्र की है। इस बिन्दु पर पंडित नेहरू भिम्मल मामा के ज्यादा निकट थे जो बहुत गणतांत्रिक होकर भी जाति वंश के प्रति तटस्थ नहीं हो सके थे। गुणों की तुलना में जाति और वंश के प्रति आग्रह कहीं न कहीं नेहरू जी में शेष था। इतिहास प्रसिद्ध है कि डॉ. अम्बेदकर और सरदार पटेल—इन दोनों को पंडित नेहरू स्वतंत्र भारत के प्रथम मंत्रिमडल में नहीं ले रहे थे। संविधान सभा के सचिव निर्माता डॉ. अम्बेदकर की योग्यता पर भला क्या सन्देह और देश की परवर्ती घटनाओं के आधार पर सहज ही यह माना जा सकता है कि अगर पटेल भारत के

गृहमंत्री नहीं होते तो भारत का एकीकरण नहीं हो पाता। वैसे योग्य और भारतीय राष्ट्र के लिए उपयोगी व्यक्तियों को मंत्रिमंडल में न लेने की जिद का कोई औचित्य नहीं हो सकता था। गाँधी जी को मामले में हस्तक्षेप करना पड़ा था और एक तरह से नेहरू को धमकी देनी पड़ी थी कि इन्हें मंत्रिमंडल में नहीं लिया गया तो मैं अनशन पर बैठूँगा। डॉ. अम्बेदकर जाति के महार (अनुसूचित जातियों में भी सबसे निचले स्तर की जाति के) थे तो सरदार पटेल पिछड़ी जाति (कुर्मी) के थे। नेहरू की नजर में शायद यही इनकी सबसे बड़ी अयोग्यता थी। एक ऐसे समाज जिसमें सबके लिए अवकाश और गुंजाइश हो, वैसे सर्वसमावेशी समाज का नेता जितेन्द्र जैसा ही हो सकता है। भिम्मल मामा टाइप गणतंत्रवाद से आदर्श गणतांत्रिक समाज की स्थापना नहीं हो सकती। यह रेणु का निर्णय है और सन्देश भी। नेहरू का परवर्ती चरित्र रेणु के लिए क्रमशः अस्वीकार्य होता चला गया और अपनी 'उत्तर नेहरू चरित' नामक रचना में नेहरू के प्रति उनका स्वर अधिक आलोचनात्मक हो गया है। रेणु तभी तक नेहरू के साथ हैं जहाँ तक विज्ञान, टेक्नोलॉजी तथा योजनाओं का सवाल है। उससे अधिक नहीं। उनके अवसान के बाद तो रेणु ने उनकी पुत्री इन्दिरा का पूरी तरह से साथ छोड़ दिया। क्योंकि वे भारत पर शासन करना अपना अधिकार मानती थीं और उनका व्यक्तित्व और चरित्र गणतांत्रिक कम, अधिनायकवादी ज्यादा था। रेणु के गणतंत्र का आदर्श भिम्मलीय गणतंत्र नहीं है, जितेन्द्र वाला गणतंत्र हैं। इस गणतंत्री प्रत्याशा में रेणु अतीत की सभी कटुता को भूलना चाहते हैं। यही कारण है कि निम्नवर्ग के कसैले अनुभव को अपने पूरे लेखन में कहीं भी उत्तर पक्ष नहीं बनने दिया। उसे पूर्व पक्ष ही बना रहने दिया। उसे सिर्फ एक प्रेरक बल मानते हुए उसका उपयोग समाज के पुनर्निर्माण के लिए करने की योजना रेणु ने सामने रखी। वह समाज सर्वसमावेशी समाज होगा। सर्वसमावेशी होने के लिए समाज का स्वरूप गणतांत्रिक होना आवश्यक है। गुण की बात तो लोग बहुत करते हैं, किन्तु जिसके पास गुण है, उसका उचित मूल्यांकन नहीं किया जाता। 'पंचलाइट' कहानी में फुटंगी झा पूछते हैं—"कितने में लालटेन खरीद हुआ महतो?" महतो भीतर तक हिल जाता है—"बाभन टोली के लोग ऐसे ही ताब करते हैं। अपने घर की ढिबरी को भी बिजली-बत्ती कहेंगे और दूसरों के पंचलैट को लालटेन।"[38] निष्ठा से रहित योग्यता को रेणु बाँझ मानते हैं और बाँझ योग्यता से उन्हें सख्त चिढ़ है। उनकी नजर में वास्तविक योग्यता वह है जिसके मूल में वास्तविक निष्ठा का ठोस आधार हो। एक ब्राह्मण जितेन्द्र भी है जिसके भीतर राष्ट्रोत्थान की वास्तविक चिन्ता है। दूसरे ब्राह्मण 'मैला आँचल' के जोतखी काका भी हैं जो प्रचार करते फिर रहे हैं कि डाक्टर लोग ही कुएँ में दवा डालकर हैजा फैलाते हैं और यह कि सूई में गाय का खून मिला होता है। यही जोतखी जी अपनी योग्यता का ढिंढोरा इस रूप में पीटते फिर रहे हैं, राम खेलावन सिंह यादव ने अपने बेटे सकलदीप की कुंडली

काशी के पंडितों से बनवाकर मँगवायी है। उसे देखने के बहाने कहते हैं—आज तक हम जो गणना किये हैं उसको काशी के पंडितों ने भी कभी नहीं काटा। इन्होंने ही प्रचारित कर रखा है कि गनेस की नानी डायन है। उन्हीं की सलाह पर रात के बारह बजे हीरू ने लाठी के प्रहार से उसकी हत्या कर दी।[39] यही जोतखी जी राजपूतों को धमकाते हैं कि अगर उसने यादवों पर नियंत्रण नहीं किया तो वे यादवों को तीसरी शक्ति मान लेंगे। स्पष्ट है कि जोतखी जी की चिन्ता में पूरा समाज नहीं है। बल्कि व्यक्तिगत और जातीय हित उनके लिए समाज हित से ज्यादा महत्त्वपूर्ण है—समाज खंडित हो तो हो। इधर फुटंगी झा हैं जो पेट्रोमेक्स को लालटेन कहकर उसके वास्तविक महत्त्व से ही कमतर सिद्ध करने की कुटिलता प्रदर्शित कर रहे हैं। ऐसी ही मानसिकता मलारी को मास्टरनी नहीं रहने देती 'चमाइन मास्टरनी' बना डालती है। भिम्मल मामा ताजमनी के गुणों की तुलना में उसके वंश और जाति को ज्यादा तरजीह दे रहे हैं। जबकि रेणु उसे 'ताज' 'मनी' कहते हैं। वह औरतों में ताज भी है और मणि भी। मणि अपने प्राकृतिक गुणों से सिर्फ प्रकाशित ही नहीं है, दूसरों को रास्ता भी दिखाती है अपने प्रकाश से। जितेन्द्र उसके कहे अनुसार चलकर अपने को परानपुर में न सिर्फ स्थापित कर लेता है, बल्कि उत्तरोत्तर मजबूत भी होता जाता है और परानपुर के लोगों का विश्वास, स्नेह और शुभाशंसा जीतने में भी सफल होता है। नारी सिर्फ शक्ति नहीं है, वह प्रबोध भी है—ताजमनी ने अपने आचरण से यह सिद्ध कर दिया है। उसकी बातें ज्ञान की बातें हैं। लुत्तो के साथ-साथ नट्टिन टोली की गंगाबाई भी स्वीकार करती है—"कौन कहता है कि बुद्धि विचार में कोई उससे बेसी है? नट्टिन टोली की लड़कियों की क्या, गाँव के बड़े-बूढ़े भी उसकी अक्किल का मुकाबला नहीं कर सकते।[40] गोविन्दो भी कहता था—"ताजन दी के माथा की बराबरी नहीं कर सकती।" उसका इशारा इरावती की ओर है। सामबत्ती पनघट की औरतों को बताती है—'कम्फू की बीबी भी उसे दीदी कहती है।' ऐसी ताजमनी का जितेन्द्र द्वारा स्वीकरण, उसके उत्स का विचार किये बिना-यह जितेन्द्र की सच्ची गणतांत्रिकता है। बल्कि ताजमनी उसकी गणतांत्रिकता की कसौटी है—यह कहना ज्यादा उपयुक्त होगा। जितेन्द्र की गुणग्राहकता के साथ-साथ उसमें समाजहित और राष्ट्रहित के प्रति सच्ची निष्ठा भी है। दुलारी दाय की धारा के बँध जाने से सिर्फ उसे ही लाभ नहीं होने वाला। बल्कि पूरे समाज, पूरे इलाके को मिलना है। नेता उसे होना चाहिए जो अपने हित को समाजहित में समाहित देखता है। समाजहित में ही अपना हित निहित है—ऐसा मानकर जो चलता है, वही समाज और राष्ट्र के नेता पद का असली दावेदार हो सकता है। रेणु की चिन्ता 'वर्ग' नहीं 'सर्व' है। वे समाज के सभी वर्गों, समूहों और उपसमूहों को साथ लेकर चलना चाहते हैं। उनकी कल्पना के मूर्तित रूप-जितेन्द्र की चिन्ता भी 'वर्ग' नहीं 'सर्व' ही है। उनकी यह चिन्ता 'पंचचक्र' नाटक के रूप में अभिव्यक्त होती

है। अबतक परानपुर में जो भी नाटक खेले गये, उनके लिए चन्दा सभी से लिया गया। खम्हार पर ही चन्दा काट लेते थे और जब पाट देने की बारी आती थी तो छोटी जातवालों को द्वारपाल, सैनिक अथवा दूतवाला पार्ट थमाकर टरका दिया जाता था। एक बार दलित वर्ग के युवकों ने अलग से ड्रामा किया तो सवर्ण युवकों ने उसे सेबोटाज कर दिया। पर्दा-पोशाक और सारे साजोसमान को लेकर मंच पर से निकल गये। समाज को समावेशी बनाने की जरूरत को रेखांकित करने का इससे अच्छा उदाहरण और क्या हो सकता है? जितेन्द्र ने अपने पंचचक्र नाटक में सभी को भागीदार बनाया, सबकी कला का उपयोग किया। अभिनय क्षमता के हिसाब से सभी को पार्ट का वितरण किया। श्यामा-संकीर्तन, शामा-चकेवा, जाट-जट्टिन आदि खेलते हुए ताजमनी और मलारी ने काफी ख्याति अर्जित की थी। कोसका मैया और दुलारी दाय की पंचचक्र नाटक में केन्द्रीय भूमिका थी। ये दोनों ही भूमिकाएँ ताजमनी और मलारी ने निभायीं। जातीय जकड़बन्दी कभी ऐसा नहीं होने देती। ये केन्द्रीय भूमिकाएँ जितेन्द्र की जगह कोई और होता तो, किन्हीं सवर्ण स्त्रियों को ही मिलता। कम से कम परानपुर के पिछले अनुभवों से तो ऐसा ही लगता है। नट्टिन ताजमनी और चमारिन मलारी ने अपने अभिनय से अविस्मरणीय समाँ बाँध दिया। नेता को यह भी चाहिए कि वह टकराहटों से बचे और समाज को बचाए। पूरे उपन्यास में जितेन्द्र कलमबाग से मवेशी हाँकने तथा सर्वे कचहरी आदि स्थलों को छोड़कर, जहाँ बहुत आवश्यक हो जाता है, कहीं भी बहस में मुनव्विस नहीं होता। किसी से उलझता नहीं और चुपचाप अपना काम करता रहता है। मिथकीय चेतना में जी रहे परानपुर के समाज से बहस में उलझे बिना परती को श्यामला तथा दुलारीदास पर डैम के निर्माण के काम में बिना किसी शोर-शराबे के जुड़ा रहता है। मिथकीय चेतना के समानान्तर विज्ञान की नयी राह पर से गुजरता चलता है। मिथक पर ठहरे हुए समाज की चेतना से वह बहुत आगे बढ़ गया है। मिथक से आगे बढ़ जाना ही मिथक का टूटना है। बहस से वह नहीं टूटता। उससे आगे बढ़ जाने पर मिथक बिना बहस के ही टूट जाता है। कोशी पर डैम का बन जाना कोशी सम्बन्धी हर मिथक का बिना बहस का जवाब है। परती को तोड़ देना-जोत देना-परती सम्बन्धी हर मिथक को झटक देता है। रेणु इस विचार को स्थापित करते हैं कि समाज की किसी भी स्थिति को अगर तोड़ना है तो उसके तोड़ने पर बहस करने की बजाय उससे आगे निकल जाने की कोशिश की जाय। कालीचरन भी उस बहस में नहीं उलझता कि जोतखी काका को पाँवलागी की जाय या नहीं। उसकी जगह अब वह एक नया अभिवादन करता है—'नमस्कार'।[41] ऊर्जा के क्षय को रोकने तथा नवनिर्माण के लिए संचित किये जाने के लिए 'स्थिति' को तोड़ने के उपक्रम में ऊर्जा के नियोजन से अच्छा है एक नयी शुरुआत पुरानी स्थितियों को अप्रासंगिक बना दिया जाय। कालीचरन को क्या पड़ी है जो वह

जोतखी काका की आरजू करे कि वे यादवों को 'तीसरी शक्ति' मान ही लें। लोगों ने जोतखी काका से सलाह करना छोड़ दिया और वे खुद-ब-खुद महत्त्वहीन और अप्रासंगिक हो कर रह गये। जितेन्द्र 'सेक्स और अर्थ' दोनों ही मामलों में भरोसे लायक है। दुष्प्रचार और चरित्र-हनन की कोशिश चाहे जितनी की गयी हो, स्खलन का कोई उदाहरण 'परती : परिकथा' में नहीं मिलता। कालीचरन में भी नहीं। किन्तु जब किसी उपक्रम का नेता उक्त दोनों ही मामलों में स्खलित हो जाता है तब समाजहित की जो क्षति होती है उसका उदाहरण 'कलंकमुक्ति' उपन्यास में श्रीमती ज्योत्स्ना आनन्द प्रस्तुत करती है। महिलाओं के लिए उपयोगी 'वर्किंग वीमेन्स हॉस्टल' बन्द हो जाता है और प्रसूताएँ तथा बच्चे यू.एन.ओ. से आयी स्वास्थ-सामग्री के लाभ से वंचित हो जाते हैं। बहुत शोर के बाद भी अगर वंचितों की स्थिति में सुधार नहीं होता तो प्रश्न स्वाभाविक है, नेता, प्रशासक और तंत्र से जुड़े लोगों की निष्ठा किधर है ? —Much ado about nothing। कुबेर सिंह भी इसका सटीक उदाहरण है तो मुरली मनोहर मेहता और छोटन बाबू भी कहीं कम हैं ?

5. एक नयी शुरुआत के माध्यम से पुरानी स्थितियों को अप्रासंगिक बना देने की बात हो और 'परती : परिकथा' की मलारी को याद न किया जाय तो चरितचर्चा अधूरी ही रह जाएगी। ताजमनी और मलारी-रेणु रचित ये दो महान् नारी पात्र हैं। दोनों ने ही अपने को काफी उठाया है। दोनों की उपलब्धियाँ भी स्पृहणीय हैं। जितेन्द्र जैसे युवक को प्रेमी और भावी पति के रूप में पा लेना साधारण उपलब्धि नहीं है और यह उपलब्धि उसे हासिल हुई है—अपने शील, आचरण और सबसे बढ़कर तप से। उसके जीने का अर्थ आत्मकल्याण नहीं है, उसके जीने का मकसद जितेन्द्र की कल्याण-कामना है। कामना भी सिर्फ वाचिक नहीं। वरन् हर वह उपाय करती है, हमेशा सतर्क और उद्योगशील रहती है जिससे जितेन्द्र का कल्याण सिद्ध होता हो। पातिव्रत्य का पालन करनेवाली नारियों का सरताज है वह और इस तरह रेणु की चरित्र-सृष्टि का नायाब नमूना है। ताजमनी के उलट 'कलंक मुक्ति' उपन्यास की श्रीमती ज्योत्स्ना आनन्द हैं। हिन्दी साहित्य में शायद पहली, जो अपने हित को पति के हित से अलग करके देखती है। पतिव्रता पति की कल्याण-कामना करती है जबकि श्रीमती आनन्द अपनी कल्याण-कामना से प्रेरित हो जिस पुरुष में अपने हित साधन की सम्भावना देखती है, पति को छोड़ कर उसी से जुड़ जाती है। छोड़ने-जुड़ने की लम्बी फेहरिस्त है और 'कलंक मुक्ति' में अन्तिम पुरुष आदिवासी बागे है। मलारी के चरित्र विकास की असली दिशा आत्मविकास ही है। किन्तु आत्मविकास श्रीमती आनन्द जैसा नहीं, पूर्णतः शालीन और नैतिक। शूद्रकन्या है वह। शूद्रों में शिक्षा और सम्पत्ति का कोई इतिहास नहीं मिलता, अपवाद मिले तो मिले। इसके मूल में हमारी शास्त्रीयता (मनु स्मृति) है जो शूद्रों को सम्पत्ति रखने का अधिकार नहीं देती। और गौतम स्मृति तो यहाँ तक कहती है कि अगर शूद्रों

के कान में वेदमंत्र पहुँच जाय तो कानों में पिघला हुआ सीसा डाल दिया जाना चाहिए। इन्हीं कारणों से भारतीय जनसंख्या का एक बड़ा हिस्सा शिक्षा और सम्पत्ति से वंचित कर दिया गया। परिणामत: उक्त कारकों से आयत्त जो मानवीय गरिमा का बोध जीवित मनुष्य में हो सकता है, वह समूह उससे लम्बे समय से वंचित रहा। भला हो सार्वजनिक लोकतांत्रिक शिक्षा-व्यवस्था का कि अब किसी को भी पढ़ने से रोका नहीं जा सकता, अगरचे वह पढ़ना चाहे। चमार माता-पिता की सन्तान मलारी प्रसव नहीं कराती, न मजदूरी ही करती है, जो कि उसके समय में चमारों की आजीविका के क्षेत्र थे। परानपुर में बालिका विद्यालय भी है। वहीं से उसने मिडिल पास किया है। आगे की पढ़ाई के लिए वह गाँव के ही हाई स्कूल में नाम लिखाती है। कमजोर तबके और छोटी जातियों की इज्जत लूटने का भारत में लम्बा इतिहास रहा है। प्रेमचन्द के गोदान में पंडित दातादीन का बेटा मातादीन सिलिया चमारिन का रस लूटता है तो ओमप्रकाश वाल्मीकि की कहानी 'सलाम' में नीची जातियों की स्त्रियों के रस-भोग की ऊँची जातियों की बेशर्म लम्पटई का एक अलग ही कोण प्रस्तुत हुआ है। चमारिन मलारी को भोग लेने की फिराक में हर कोई है। सहपाठी मित्र हों कि स्कूल के शिक्षक, गाँव के मनचले हों या ठाकुरबाड़ी का पुजारी पंडित सरबजीत चौबे। सहपाठियों और शिक्षकों की कृपा से आजिज आकर उसे स्कूल छोड़ना पड़ा। अन्यथा वह और आगे पढ़ती। सातवीं पास करके ही सन्तोष करना पड़ा। मलारी का उदाहरण यह बताने के लिए काफी है कि निम्नजाति की लड़कियाँ अगर अपनी योग्यता बढ़ाना चाहती हैं तो उनके मार्ग में बाधाएँ कम नहीं हैं। उन्हें योग्यता तो तब होगी जब योग्यता प्राप्ति के अवसर मिलेंगे और उससे भी बड़ी बात यह कि उन्हें वैसा करने दिया जाएगा। भारतीय समाज इतना उदार और सहिष्णु नहीं बना है। समाचार पत्रों में हालिया प्रकाशित घटनाएँ इस बात की तसदीक करती हैं। जिन्हें यह मंजूर नहीं था कि शूद्र का बेटा पढ़-लिखकर इंजीनियर बने, बकौल दैनिक हिन्दुस्तान, ऐसे लोगों ने कानपुर और लखनऊ में नाम लिखाकर आ रहे दो शूद्र छात्रों की हत्या कर दी। एक तरफ गुणवत्ता का रोना, और जब गुण हो तब उसे मान्यता न देना, गुण के समक्ष मान्यता का संकट खड़ा करना (पंचलाइट को लालटेन कहना) गुणवता प्राप्ति के मार्ग में व्यवधान खड़े करना (जैसा मलारी के साथ किया गया) और कोई विपरीतताओं से जूझते हुए अगर आगे निकलने में सफल हो रहा हो तो सीधी कार्रवाई। पंचलाइट को पंचलाइट न मानकर लालटेन के रूप में मान्यता देने से नियुक्ति से भी वंचित होना पड़ता है और ढिबरियाँ बिजलीबत्ती की मान्यता पाकर पदों पर काबिज हो जा रही हैं। कोढ़ में खाज की तरह आरक्षण का विरोध। भला इस देश का निम्नवर्ग कहाँ जाय? क्या करे? मलारी के मार्ग में विपरीतताएँ बहुत हैं। सबसे संघर्ष करती हुई यहाँ तक पहुँची है और गाँव के ही कन्या विद्यालय में मास्टरनी का पद पाने

में सफल हुई है। निम्नवर्ग का कोई सदस्य अगर गुणवत्ता का आधान करना चाहता भी है तो उसे दुहरा संघर्ष करना पड़ता है। पढ़ने से लेकर नौकरी पाने तक। निहित स्वार्थ से मान्यता पाने के लिए संघर्ष और दूसरी ओर अपने वर्ग की जड़ता भी संघर्ष। निम्नजाति के पात्रों में मलारी अग्रगण्य है जिसकी आँखों में सुनहरे भविष्य का सपना झलमलाया है। जिसके पास सम्पत्ति नहीं है या आर्थिक स्रोत नहीं हैं, उसका कोई भविष्य नहीं हो सकता। शूद्र इस अर्थ में क्षणजीवी है कि रोज कमाना है और रोज खाना है। कमाई ही इतनी नहीं है कि खाने से बचत हो सके जिससे सुरक्षित भविष्य का निर्माण हो सके। भारतीय शास्त्रीय प्रयत्न ही इस बात को लेकर है कि शूद्रों को निम्न आयवाले कामों से जोड़े रक्खो ताकि उसे अधिक आय न हो। वह संचय और बचत नहीं कर सके और अपने भविष्य को सुरक्षित नहीं बना सके। मलारी कम आयवाले अपनी जाति से सम्बद्ध कामों (यथा मजदूरी और प्रसव कराने) से अपने को अलग कर लेती है और मास्टरी जैसे अपेक्षाकृत अधिक आयवाले काम से अपने को सम्बद्ध कर लेती है। सरकारी नौकरीवालों को सेवानिवृत्ति के बाद पेंशन भी मिलती है। अत: ऐसे लोगों का भविष्य निश्चय ही सुरक्षित हो जाता है और उन्हें अपने परवर्ती जीवन में अपने बाल-बच्चों के आश्रित नहीं होना पड़ता और न अभाव में जीना पड़ता है। न ही उम्र के विरुद्ध श्रम करना पड़ता है। कुछ लोग ऐसे होते हैं जो एक पद पा लेते हैं तो निश्चिंत हो जाते हैं और वहीं ठहर जाते हैं। मलारी वैसों में नहीं है। अपने क्षेत्र में जहाँ तक वह आगे जा सकती है, जाने की कोशिश करती है। अगर प्रोन्नति पानी है तो उसे ट्रेनिंग भी करनी होगी। क्योंकि ट्रेनिंग प्रोन्नति की अनिवार्य आधारभूत शर्त और निर्धारित योग्यता है। अत: वह ट्रेनिंग के लिए मुजफ्फरपुर जाती है। वह अपने उत्थान के प्रति अत्यन्त सजग है और हर अवसर से अपने को जोड़कर उसका लाभ उठाने की फिराक में रहती है। निम्नजाति में इतना उत्कट युगबोध और समय के सबसे अगले कदम की पहचान आश्चर्यजनक है। फरवरी 1956 ई. में भारतीय जीवन-बीमा की शुरुआत होती है और सन् 57 में प्रकाशित 'परती : परिकथा' की मलारी उसके लाभकारी महत्त्व से इस तरह परिचित हो जाती है कि बीमा के शुरू होते ही वह अपना बीमा करवा लेती है। मलारी के माध्यम से रेणु पूरे निम्नवर्ग को एक सन्देश दे रहे हैं कि अगर जीवन में तरक्की करनी है तो अपने समय में समाज, राष्ट्र और विश्वपटल पर जो भी नवीनतम अवधारणा प्रचलित हो, उसे अपनाओ। मलारी की तरक्की से जुड़े ट्रेनिंग और जीवन बीमा को शब्दश: ग्रहण करने की जरूरत नहीं है। वह अन्तिम नहीं है। वरन् वे शब्द मलारी के समय की नवीनतम अवधारणाएँ हो सकते हैं। आज के नहीं। आज तो मोबाइल, इंटरनेट, कम्प्यूटर, लेपटॉप आदि नवीनतम अवधारणा के स्थानापन्न हैं। फिर भला मास्टरी ट्रेनिंग और जीवन-बीमा शब्दों पर ठहरा हुआ व्यक्ति क्या तरक्की करेगा? तरक्की अपने समय में उपलब्ध नवीनतम

अवधारणा से मिलती है। मलारी ट्रेनिंग और जीवन-बीमा के द्वारा रेणु के सन्देश को उदाहृत और चरितार्थ करती है। बीमा के काम से वह सुवंश के साथ अररिया की यात्रा करती है। उसकी यह यात्रा गाँव में लोकापवाद को जन्म देती है। उसकी माँ के शब्दों में जात से फाजिल पढ़ गयी है। स्पष्ट है कि उसकी अपनी जाति में वैसा कोई युवक प्रेम और विवाह के लिए मिलना मुश्किल था जो उसके स्तर का हो। अपने जातीय समूह से अधिक योग्यता के कराण उसके सम्मुख चुनाव की समस्या दरपेश है। ठीक वैसी ही जैसी डॉ. अम्बेदकर के सम्मुख थी। पुरुष अम्बेदकर के सम्मुख अपने योग्य पत्नी प्राप्त करने की समस्या थी तो नारी मलारी के सम्मुख अपने अनुकूल पति प्राप्त करने की। दोनों ने ही इसके लिए जाति की सीमा से बाहर तलाश की। पुरुष अम्बेदकर ने एक ब्राह्मण स्त्री से दूसरा विवाह किया था तो मलारी ने अपने दूसरे विवाह के लिए भूमिहार युवक का चयन किया।

जीवन में सन्तुष्टि प्राप्त करना उसका उद्देश्य है। वह ताजमनी की तरह इन्तजार नहीं करती। कोई तपस्या नहीं करती, वरन् मौका मिलते ही यौन-सुख प्राप्त कर लेती है। जिस दिन सवर्ण युवकों ने दलितों द्वारा मंचित किये जा रहे नाटक को सेबोटाज कर दिया था, ठीक उसी रात को वह हवेली के बाग में सुवंश के प्यार के संसार को चाँद सितारों से जगमग कर देती है। ऐसा कर वह कुछ भी गलत नहीं करती। क्योंकि उसने सुवंश के चरित्र को ठीक से ठोंक बजाकर देख लिया है। विश्वसनीय पाकर ही उसे शरीर सौंपा है। वह अन्य युवकों की तरह रसलोभी और फुर्र से उड़ जानेवाला भौंरा नहीं है। सुवंश ने भागकर अन्तर्जातीय कोर्टमैरिज कर लिया है उसके साथ। पत्नी के रूप में अपना लिये जाने से उसका सुवंश पर विश्वास सच साबित हो जाता है और उसके साथ विवाहपूर्व यौनाचार अनौचित्य के कलंक से बच जाता है। इसके लिए सुवंश को बहुत इन्तजार करवाना मलारी के लिए आत्मघाती हो सकता था। सुवंश हाथ से निकल जाता तो मलारी क्या करती? उसके सिवा किस युवक पर वह विश्वास करती जो उसे अपना लेता? परानपुर के सभी युवक जितेन्द्र हो जाएँगे—यह दुराशा नहीं तो और क्या है? जिस संयम का परिचय जितेन्द्र ने दिया है, कौन देता है आजकल? इस तरह मलारी जो कुछ भी करती है अपने भले के लिए, अपने उत्थान के लिए और अपनी सन्तुष्टि के लिए। इतना अवश्य है कि ताजमनी की तरह मलारी भी सुवंश से देहदान के ऐवज में कोई अनुचित लाभ प्राप्त नहीं करती और वह भी ताजमनी की ही तरह एकनिष्ठ और विश्वसनीय बनी रहती है। एक की सीमा में रहकर उसने यौन नैतिकता का पूरा-पूरा पालन किया है। इस बात की कतई सम्भावना नहीं थी कि सुवंश जैसा सवर्ण युवक उसे सेंतमेंत में मिल जाता। इसके लिए उसने अपने को पर्याप्त ऊँचा उठाया है। पढ़-लिखकर मास्टरनी बन गयी है, अपनी जगह यह दुरुस्त है। जवान है और सुन्दर है—यह भी ठीक। किन्तु अगर वह अपने रहन-

सहन को परिष्कृत नहीं करती, चमारिन ही बनी रहती तो सुवंश शायद ही उसे अपनाता। अब वह साफ-सुथरा रहती है। उसका भाई रमदेवा अपनी माँ से शिकायत करता है—देख मैया मलारी मुझे अपने बिछावन पर बैठने नहीं देती। कहती है—देह महकती है तुम्हारी। रहन-सहन के स्तर को जैसे-जैसे वह ऊपर उठाती है, वैसे वैसे वह अपने ही परिवार में 'मिसफिट' होती जा रही है। उसका बाप लाठी फेंक कर मारता है। लाठी मलारी की बाँह में ज़ा लगती है। मलारी के समक्ष समस्या है—वह अपनी शैक्षिक योग्यता, संस्कार, सुरुचि और पद की गरिमा की माँग के अनुरूप टिपटॉप रहे अथवा रमदेवा और माँ के अभियोग से बचे रहने के लिए रमदेवा के स्तर पर बनी रहे। प्रगति का अर्थ क्या है—रमदेवा के स्तर से ऊपर उठना अथवा मलारी को रमदेवा के स्तर तक उतर जाने को बाध्य करना? हद तो तब हो गयी जब 'मौखिक कोश्चेन' को 'मुख में कोंच दिया' समझा जाता है। उधर लुत्तो के निर्देश पर गीतकथा सुनने जाने पर प्रतिबन्ध लगाया जा रहा है। सीटी बजते ही मलारी लाठी लेकर निकल जाती है। गीतकथा के अवसर पर सुरक्षा व्यवस्था हेतु ड्यूटी देने। चूँकि वह स्कूल की गर्लगाइड मास्टरनी है। बालगोबिन मोची उसकी नौकरी से जुड़े दायित्व के प्रति न्याय नहीं कर पाता और उसके बाप से कहता है—"जाति की बंदिश पहले तुम्हारे घर से ही टूट रही है।" महीचन बालगोबिन को सुनाता है—"रोज सुनते-सुनते मन घिना गया है मेरा। कोई कहेगा, अपनी बेटी पर नजर रखो, तो कोई कहेगा—तुम्हारी बेटी बड़ी चंचल है, तो यह तो वह।" अपने वर्ग के लोगों द्वारा सही मूल्यांकन और महत्त्व न पाकर मलारी अपने वर्ग से छिटक कर अलग हो जाती है तो इसमें आश्चर्य ही क्या है? सुवंश ने उसकी ठीक कीमत समझी है। अपने वर्ग में अनफिट मलारी के सम्मुख इसके सिवा चारा ही क्या था? ताजमनी भी अपनी जाति में मिसफिट है। उस पर भी ताने बरसते हैं—"कोहड़े को घोड़े का अंडा समझकर से रही है तू। किस गुमान में है तू? जित्तन तुमको हवेली में बहूरानी बनाकर रखेगा? गंगा जल से मुँह धोकर रखो। मैं धरती पर तीन रेख खींच कर कहती हूँ—कभी नहीं, कभी नहीं... ।[42] तो निम्नवर्ग के उन पात्रों, जो अपने वर्ग की प्राकृत स्थिति से ऊपर उठने और आत्मविकास करने की कोशिश करते हैं उन्हें इन और ऐसी वर्गीय प्रतिकूलताओं से जूझना ही पड़ता है। ऐसे लोगों का संघर्ष इकहरा नहीं है। उन्हें सिर्फ ऊँची जातियों की हिकारत और मार्ग में उत्पन्न बाधाओं से ही नहीं लड़ना है। वरन् अपने वर्ग की जड़ता से भी लड़ना है। उन्हें दो-दो मोर्चों पर लड़ना पड़ता है। इतनी लड़ाई लड़कर जब कोई विजयी होता है और कोई उपलब्धि हासिल करता है तो उसके साहस और संघर्ष की दाद देनी चाहिए। उसके जीवट की प्रशंसा की जानी चाहिए। ताजमनी की भी और मलारी की भी। अपनी स्थिति से ऊपर उठने का संघर्ष रेणु के पात्रों का खास वैशिष्ट्य है। अबतक जिनकी चर्चा की गयी, उनके अलावा भी

कई पात्र हैं जो अपने संघर्ष के बल पर उपलब्धि हासिल करने के कारण उल्लेखनीय हैं। 'लालपान की बेगम' कहानी का नायक बिरजू का बाप और उसकी माँ, 'नैना जोगिन' कहानी की नायिका रतनी, 'उच्चाटन' कहानी का नायक रामबिलास, 'जुलूस' उपन्यास का तालेवर गोढ़ी, 'कलंक मुक्ति' की रमला बनर्जी, बेला गुप्त, ट्रेनी लड़कियाँ आदि—प्रभूत उदाहरण हैं।'

कुछ पात्र होते हैं जो इतिहास की गति को अपने इशारे से मोड़ने की क्षमता रखते हैं। अगर महाभारत काल में कृष्ण अपने इशारे पर इतिहास को नचाते हैं तो आधुनिक युग में गाँधी ने कृष्ण की तरह इतिहास को नचाया तो नहीं पर निर्णायक रूप से इच्छित दिशा देने में कुछ सफलता अवश्य पायी। हर व्यक्ति कृष्ण अथवा गाँधी नहीं हो सकता। जो वैसे नहीं होते या हो सकते, उन्हें इतिहास की गति के शरणागत होना पड़ता है। चाहे स्वेच्छा से, चाहे अनिच्छा से। जिन्हें शरणागति मंजूर नहीं है, वे इतिहास से टकराते हैं। जिन्हें क्षमता होगी वे उसे इच्छित दिशा देंगे और जिसमें क्षमता नहीं होगी—वे आत्मविनाश को आमंत्रित करेंगे। जितेन्द्र की गणतांत्रिकता से असहमति, ताजमनी के हवेली में प्रवेश पा जाने से असहमति, इतिहास की गति से असहमति है। किन्तु भिम्मल मामा इतने भी बलशाली नहीं है कि अपनी असहमति पर कायम रहते और उसे बनाये रख पाते। झख मारकर कुछ ही दिनों बाद उन्हें हवेली में लौट आना पड़ा है। यह जितेन्द्र की गणतांत्रिकता के शरणागत होना है राजी-खुशी से, नहीं विवशता में। क्योंकि अलगाव पर कायम रहने की शक्ति उनमें नहीं है। ऐसी ही शरणागति 'मैला आँचल' के तहसीलदार विश्वनाथ प्रसाद में भी है। किन्तु वह चतुर खिलाड़ी और शातिर दिमाग का है। वह दोनों ही बातें जानता है। इतिहास से टकराकर अपने अस्तित्व की रक्षा नहीं की जा सकती। दूसरी तरफ उसकी गति को रोका भी नहीं जा सकता। जब ये दोनों ही काम नहीं किये जा सकते, तब क्यों नहीं इतिहास की गति के साथ हो लिया जाय और अधिक से अधिक, जितना सम्भव हो सके, उससे लाभ उठाने का सतर्क प्रयास किया जाय। कुछ ऐसा भी किया जाय जिससे हानि हो भी तो न्यूनतम हो। अब तहसीलदारी झंझट का काम रह गया है। जगती हुई चेतना, राष्ट्रीय मुक्ति आन्दोलन तथा 'भूमि सुधार कानून'—सबका मिलाजुला असर यह है कि तहसीलदारी में अब लाभ की तुलना में झंझट ज्यादा है या झंझट की तुलना में लाभ कम है। फलत: बिना देरी किये तुरन्त इस्तीफा दे दिया। कानून के हाथों से बचने तथा समाज में पैदा हो रहे आक्रोश से सुरक्षा पाने के लिए कांग्रेस की मेम्बरी सुरक्षा की गारन्टी की तरह है। तुरन्त कांग्रेस के सौ टकिया मेम्बर बन गये। आक्रोशित युवकों की पीठ पोंछनी है तो पंचायत बुला ली और छोटे-बड़े सब को उसी सफरे पर बैठा लिया जिस पर खुद बैठे हैं। एक ही तरीका हमेशा, सदा-सर्वदा फलदायी नहीं होता। फलत: पिता का सख्तीवाला तरीका छोड़कर नरमीवाला तरीका अपना लिया। इस नये तरीके से इतना अर्जित

किया जितना उनके पिता सख्तीवाले तरीके से नहीं कर सके थे। एकमात्र वारिस नाती के जन्म के उपलक्ष्य में गाँव के प्रत्येक परिवार को पाँच-पाँच बीघा जमीन वापस कर शेष जमीन को सुरक्षित बचा लिया। वंचक समूह में इतनी भी सलाहियत आती जाय तो क्या बुरा है? समाज संघर्ष से बच जाएगा। सामाजिक ऊर्जा आपस में लड़ने पर खर्च न होकर तरक्की के किसी और रचनात्मक काम में खर्च होगी। गाँधी जी का ट्रस्टीशिप का सिद्धान्त, बिनोवा भावे का भूदान, सरकार का बटाईदारी कानून आदि उपक्रम सामाजिक संघर्ष को टालने और समाज को संघर्ष से बचाने के लिए ही अपनाये गये थे। हरगौरी में इतनी भी सलाहियत नहीं है। इसीलिए वह इतिहास की गति के साथ नहीं हो लेता। बल्कि उससे टकराने का आत्मघाती कदम उठाता है। इतिहास की गति को मोड़ने और इच्छित इतिहास को स्थापित करने की क्षमता या प्रयत्न-कुछ भी उसमें नहीं है। सिर्फ एक खामखयाली है—''महाराणा प्रताप और शिवाजी का राज होगा।''[43] उसकी खामखयाली को शह मिलता है पुराने तहसील के द्वारा उठाये गये कदमों से। वह यह जज नहीं कर पाता कि विश्वनाथ प्रसाद का तहसीलदारी छोड़ने का कारण क्या है? एक उसे झंझट समझ कर छोड़ रहा है, दूसरा महाराणा प्रताप का राज्य कायम होने के अवसर के रूप में उसे देख रहा है। साथ ही पूर्व तहसीलदार विश्वनाथ प्रसाद ने पंचायत में अपनी चालाकी से कालीचरन को और उसकी कम्पनी को हरगौरी के समर्थन में ला खड़ा कर दिया। कालीचरन को अपने पक्ष में पाकर हरगौरी इस कदर उत्साहित हो गया कि वह विश्वनाथ प्रसाद की चाल को समझ ही नहीं पाया। संथालों के विरुद्ध संघर्ष छेड़ दिया और प्राण गँवा बैठा—''अति संघर्ष करै जो कोई अनल प्रकट चन्दन ते होई।''[44] विश्वनाथ प्रसाद का साम्राज्य निष्कंटक ही नहीं हो रहा है, एकछत्र भी होता जा रहा है। उक्त संघर्ष में हरगौरी समेत बहुत से लोगों की सम्पत्ति उसके पास सिमट आयी है। हरगौरी और कालीचरन-दोनों ही इतिहास में हाथ-पाँव मार रहे अन्य समसामयिकों के व्यवहार को भी जज नहीं कर सके। हरगौरी विश्वनाथ प्रसाद के तिकड़म का शिकार हुआ तो कालीचरन अपनी पार्टी के लोगों और साथियों के विश्वासघात का शिकार हुआ। समसामयिक ऐतिहासिकों के व्यवहार की समझ भी उतनी ही जरूरी है। अन्यथा किसी ऐतिहासिक दुष्चक्र में फँस जाने की सम्भावना बनी रहती है—सरलचित्त कालीचरन और अहंकारी अति आविष्ट हरगौरी-दोनों के ही। किसी भी रचना में और किसी रचनाकार की सभी रचनाओं को मिलाकर बहुत से पात्र होते हैं। उनमें से कुछ ही इतिहास निर्माता और प्रेरक श्रेणी के होते है। शेष बड़ी संख्या उन पात्रों की होती है जो सम्पूर्तक श्रेणी के होते हैं। रचनाकार का वैशिष्ट्य सम्पूर्तक श्रेणी के पात्रों की चरित्र-सृष्टि में निहित नहीं होता। वरन् निर्माता और प्रेरक श्रेणी के पात्रों की सृष्टि का ही महत्त्व होता है। अथवा जिनसे इतिहास की गति और दिशा को समझने में मदद मिलती हो। ऐसा

नहीं है कि रेणु की चरित्र–सृष्टि का सर्वांश इस विवेचन में सिमट आया हो। बल्कि यह विवेचन निर्माता और प्रेरक श्रेणी की चरित्र सृष्टि के वैशिष्ट्य को रेखांकित करने के लिए है। जबकि इतिहास की गति से बेखबर पात्रों में सर्वप्रमुख हिरा‍पन है, जिसका विवेचन पूर्व में किया जा चुका है। चरित्र–सृष्टि की रेणु की दृष्टि का कुछ खुलासा इस विवेचन से अवश्य हुआ होगा—ऐसा मेरा मानना है।

सन्दर्भ सूची

1. मैला आँचल, रेणु, पृ. 67
2. वही
3. वही, पृ. 68
4. वही, पृ. 141
5. वही, पृ. 68
6 फणीश्वरनाथ रेणु : व्यक्तित्व, काल और कृतियाँ, गोपीकृष्ण प्रसाद, पृ. 116
7. वही, पृ. 178
8. वही, पृ. 115
9. वही
10. वही, पृ. 117
11. वही
12. वही
13. मैला आँचल, पृ. 293
14. वही, पृ. 37
15. वही, पृ. 179
16. वही, पृ. 186
17. परती : परिकथा, पृ. 110
18. वही, पृ. 33
19. परती : परिकथा, पृ. 133
20. वही, समर्पण
21. वही, पृ. 301
22. वही, पृ. 52
23. वही, पृ. 81
24. वही, पृ. 18
25. वही, पृ. 23
26. वही, पृ. 302
27. वही, पृ. 303
28. वही, पृ. 190
29. वही, पृ. 59
30. वही

31. वही
32. परती : परिकथा, पृ. 222
33. वही, पृ. 58
34. वही, पृ. 286
35. वही, पृ. 75
36. वही, पृ. 261
37. वही, पृ. 186
38. ठुमरी, पृ. 71
39. मैला आँचल, पृ. 259
40. परती : परिकथा, पृ. 119
41. मैला आँचल, पृ. 67
42. परती : परिकथा, पृ. 105
43. मैला आँचल, पृ. 68
44. वही, पृ. 208

पंडित शिवेन्द्र मिश्र के बहाने एक नैतिक बहस

पंडित शिवेन्द्र मिश्र की जीवन-परिणति हमें कुछ सोचने को बाध्य करती है। किसी समूह का चरित्र एक विशेष काल-खंड में जैसा प्रेमचन्द को उपलब्ध होता है, बहुत न्यून संशोधनों के साथ वैसा ही रेणु को भी उपलब्ध होता है। चरित्र और आचरण का जो दुहरापन प्रेमचन्द ने पाया था वही दुहरापन रेणु में भी उपलब्ध है। इसका कारण यह है कि हिन्दू समाज में आचरण और नैतिकता के जो मानदंड प्रचलित थे वे एक ही उत्स से पैदा हुए थे और 'देश' के जिस-जिस हिस्से में हिन्दू जातियों की व्याप्ति थी, वहाँ-वहाँ वे समान रूप से प्रचलन में थे। हिन्दू समाज की आचार-पद्धति का निर्धारण अधिकांशतः मनुस्मृति के आधार पर हुआ है, जिसमें बहुत साफ शब्दों में विस्तार से बताया गया है कि अगर एक ही तरह का अपराध ब्राह्मण भी करता हो और शूद्र भी करता हो तो ब्राह्मण को अपेक्षाकृत हल्का किन्तु उस शूद्र को कठोर दंड देना चाहिए।[1] इसी विभेदकारी न्याय-विधान का परिणाम है कि गोदान में होरी को जो दंड मिलता है, वही दंड दातादीन को नहीं मिलता। दातादीन के बेटे मातादीन ने सिलिया चमारिन का रसभोग किया और होरी के बेटे गोबर ने झुनिया को फँसाया। दोनों ही मामले प्यार-मुहब्बत और देह-भोग के साथ ही अन्तर्जातीय भी हैं। इस अपराध के लिए जो सजा गोबर के पिता होरी को मिलती है, कम से कम उतनी ही सजा दातादीन को भी मिलनी चाहिए थी। यद्यपि गुण-धर्म के हिसाब से देखे तो मातादीन का अपराध गोबर से ज्यादा बड़ा था। गोबर ने अगर जाति की सीमा से बाहर जाकर प्रेम किया तो उसने उस लड़की को अपने घर भी तो बैठा लिया और उसके माता-पिता-धनिया और होरी ने अपनी बहू के रूप में स्वीकार कर लिया। जबकि मातादीन ने सिलिया को गर्भवती भी बना दिया, किन्तु पत्नी और बहू के रूप में स्वीकृति तो बहुत दूर, कोई संरक्षण तक नहीं, न आर्थिक और न भावनात्मक। इस तरह मातादीन और उसके पिता दातादीन का अपराध गोबर और उसके पिता होरी की तुलना में बहुत बड़ा था। फिर भी उसे सजा शून्य, जबकि होरी की बर्बादी की इबारत उसी दंड से शुरू होती है। कारण एकमात्र वही मनुस्मृति का दंड-विधान। मातादीन और दातादीन ब्राह्मण

हैं, इसलिए उन्हें कोई दंड नहीं और होरी महतो (कोयरी) है इसलिए उसे कठोर दंड। दंडस्वरूप उसके, खलिहान से सारा उत्पादित अनाज उठवा लिया जाता है और होरी का परिवार फाँकाकशी को विवश हो जाता है। न्याय का यही दुहरापन रेणु का भी सच है। विश्वासघात लरेना खवास ने किया तो पंडित शिवेन्द्र मिश्र ने भी तो किया था। शिवेन्द्र मिश्र की सारी उपलब्धियाँ अनैतिक स्रोत से अर्जित हैं। वह जालसाजी, धोखाधड़ी, डकैती, दस्तावेजों की नकल आदि जैसे अनेक कुकर्म करता है। आज वह जितनी जमीन का मालिक है, सब तो उन्हीं कारगुजारियों से हासिल है। क्या पता लरेना को अनैतिक कर्म करने की प्रेरणा शिवेन्द्र मिश्र से ही मिली हो? नैतिक मामलों में छोटा बड़े का अनुसरण करता है। बड़ा छोटे का अनुसरण नहीं करता। नैतिकता की धारा बड़े से छोटे की ओर बहती है, न कि छोटे से बड़े की ओर। राजा का अनुसरण प्रजा करती है। राम राजा थे और चरित्रवान् थे। उनके नैतिक चरित्र का प्रभाव उनकी प्रजा पर पड़ा था। इसी कारण राम-राज्य की स्थापना सम्भव हो सकी थी। राम राज्य नैतिक आदर्श का सर्वोत्तम रूप है। जिसकी स्थापना राम के उच्च नैतिक चरित्र के कारण सम्भव हुई थी। यही लरेना शिवेन्द्र मिश्र का विश्वस्त सेवक है। वह उनके सभी 'रहस्य-राजों' से परिचित है और उनके चरित्र के नैतिकरूप का निकटतम द्रष्टा भी है। फिर भला यह कैसे सम्भव है कि लरेना ने जो किया उसकी प्रेरणा अपने मालिक शिवेन्द्र मिश्र के कारनामों से न मिली हो; शिवेन्द्र मिश्र का एक सपना था—राजा का खिताब पाने का। लम्बे अरसे से वह इसी ध्येय को पाने के लिए प्रयत्नशील थे। लरेना उतना बड़ा ख्वाब नहीं देखता। किन्तु 'खा और वासकर' की अपनी नियति से मुक्त होने का सपना तो वह देख ही सकता था। इस 'सपने' को सच करने के लिए पाँच हजार की राशि उस जमाने में पर्याप्त थी, जिसे उसने अंग्रेजों से स्वीकार किया था। दंडस्वरूप उसकी पीठ पर लोहे की लाल दगनी से 'दगाबाज' शब्द दाग दिया जाता है। उसी कष्ट में उसकी मौत हो जाती है। किन्तु शिवेन्द्र मिश्र ने जो कुकर्म किये जिनकी लम्बी फेहरिस्त है, उनके लिए उसे कोई दंड नहीं— 'समरथ को नहिं दोष गुसाईं।' शिवेन्द्र मिश्र दंड दे सकने में समर्थ है, इसी कारण लरेना को दंड। लेकिन लरेना दंड देने की हैसियत नहीं रखता। लरेना ही क्यों और भी सारे लोग हैं जो शिवेन्द्र मिश्र को दंड देने की हैसियत नहीं रखते। इसी से शिवेन्द्र मिश्र हर प्रकार के दंड से बचे रहते हैं और उन्हें इससे शह भी मिलती जाती है। इस बार वे एक दस्तावेज का जाल कर रहे थे। इसमें अगर वे सफल हो जाते तो उन्हें जीवन की सबसे नायाब, सबसे बड़ी सम्पत्ति हाथ लगती। इतनी बड़ी कि जीवन की अन्तिम साध-राजा का खिताब पाने की पूरी हो जाती। वह नहीं हो सका। इस अफसोस के साथ कि पतनीदार का पतनीदार ही रह गया, इस संसार से कूच करने को बाध्य होते हैं।

वह आदर्श आदर्श कहलाने का अधिकारी होता है जो देर-सबेर पूरा हो जाता है। किन्तु वैसा कोई आदर्श जो पूरा न हो उसे आदर्श नहीं कह कर यूटोपिया कहना ही ज्यादा उपयुक्त होगा। अपने शुरुआती दौर में प्रेमचन्द जिस आदर्श का निर्माण करते हैं 'पंच-परमेश्वर' और 'नमक का दारोगा' जैसी कहानियों में वह कभी पूरा नहीं होता। यथार्थ आधारित परिपक्व जीवनानुभवों से युक्त उनकी परवर्ती रचनाओं में उनका आदर्श खंडित हो जाता है। वह यूटोपिया से ज्यादा कुछ साबित नहीं होता। यूटोपिया खंडित होने के लिए ही होता है। 'नमक का दारोगा' के दारोगा को जो जीवन परिणति उपलब्ध होती है, वही जीवन-परिणति 'सेवासदन' उपन्यास की नायिका सुमन के पिता दारोगा को कहाँ उपलब्ध होती है। वही परिणति शिवपूजन सहाय की कहानी 'कहानी का प्लॉट' के दारोगा को भी कहाँ नसीब होती है? प्रेमचन्द के जीवन-काल में ही 'पंच परमेश्वर' नहीं रह गया था। इस तथ्य को उनका गोदान रेखांकित ही नहीं करता, प्रमाणित भी करता है। यही कारण है कि जिस अपराध के लिए होरी को दंड मिलता है, उससे अधिक संगीन जुर्म के लिए दातादीन को कोई दंड नहीं। दातादीन दंड देने की हैसियत में है, होरी दंड देने की हैसियत में नहीं है। पंच के रूप में दातादीन परमेश्वर नहीं था, न प्रेमचन्द के लिए और न ही रेणु के लिए। दातादीन का ही रेणु संस्करण 'मैला आँचल' का रामकिरपाल सिंह है जिसका सारा जोर निम्नजातीय फुलिया को न्याय दिलाने पर नहीं, वरन् फुलिया का यौन शोषण करनेवाले सहदेव मिसर को बचाने पर केन्द्रित है। जिस काल-खंड में (सन् 35-36 ई. में) दातादीन बेलारी में दंड-विधान करता है, उससे कुछ वर्ष पूर्व परानपुर में पंडित शिवेन्द्र मिश्र लरेना को दंडित करते हैं। एक धर्म, एक संस्कृति और आचरण के एक जैसे प्रतिमान से परिचालित समाज का स्वभाव 'जाति चरित्र' से अधिक निर्दिष्ट होता है, बनिस्पत 'देश' या काल के। यही कारण है कि 'देश' और काल की भिन्नता (कहाँ लखनऊ के पास का बेलारी और कहाँ बिहार के पूर्णियाँ, (अब अररिया जिले का परानपुर) के बावजूद 'जाति चरित्र' की एकता से निर्दिष्ट दोनों ही स्थानों में दंड-विधान का स्वरूप कमोवेश एक जैसा ही है। किन्तु काल-प्रवाह में समाज का स्वभाव एकरस नहीं रहता। यही कारण है कि 35-36 ई. में होरी का जातीय समूह होरी के पक्ष में खड़ा नहीं होता, जबकि फुलिया के जमाने (46-47 ई.) में फुलिया का जातीय समूह उसके पक्ष में खुलकर सामने खड़ा है। फुलिया की जाति के युवकों ने सहदेव मिसर को रंगे हाथों पकड़ लिया और रातभर खूँटे से बाँधकर रखा है। जबकि पंचायत में पंच के पद पर परम्परागत रूप से काबिज लोगों को प्रतिस्थापित कर कालीचरन अपने को पंच मनवाकर दम लेता है। वह इसलिए कि पंच को परमेश्वर होना है तो वैसे पंचों को अस्वीकार करना ही होगा जो अपने को परमेश्वर सिद्ध करने की मंशा नहीं रखते।

पंडित श्री राम शर्मा आचार्य अध्यात्म क्षेत्र के विशेषज्ञ हुए हैं। वे कहते हैं—"अदालत और पुलिस से बचा जा सकता है, किन्तु ईश्वर से नहीं।" ईश्वर का न्याय विधान मानवकृत न्यायविधान से ऊपर है। मानवकृत विधान असफल भी हो जा सकता है, किन्तु ईश्वरीय न्यायविधान कभी भी निष्फल नहीं होता। वह अटल, अवश्यम्भावी है और उससे बचने का कोई उपाय नहीं है। हिन्दी साहित्य कई महत्त्वपूर्ण उदाहरणों से इसे प्रमाणित करता है। बहुत दूर न भी जायँ तो निकट अतीत में छायावादी कवि निराला की कविता 'राम की शक्तिपूजा' ने ईश्वरीय न्याय विधान को बड़ी ऊँची संकेत कला से रूपायित किया है। पंडित शिवेन्द्र मिश्र की जीवन-परिणति भी उसी ईश्वरीय न्यायविधान का एक दूसरा उदाहरण है।

ऐतिहासिक सच यह है कि पूरा मिथिला प्रदेश शक्ति का वैसा ही उपासक रहा है, जैसा बंगाल प्रदेश रहा है। रामकृष्ण परमहंस ने काली की उपासना को इतना लोकप्रिय बना दिया था कि बंगाल के घर-घर में काली स्थापित हो गयी। मिथिला प्रदेश में शक्ति की उपासना का प्रचलन बंगाल के अनुकरण से हुआ हो, चाहे किसी और कारण से, किन्तु यह पूरा का पूरा इलाका शक्ति उपासना का गढ़ रहा है। वह भी अन्य साधना से नहीं वरन् तंत्र साधना से। मिथिला के ब्राह्मणों के आमिषभोजी होने का मुख्य कारण तंत्रसाधना ही है जिसमें शक्ति की देवियों-दुर्गा और काली-को बलि प्रदान की जाती है और बलि के मांस को देवी के 'प्रसाद' के रूप में ग्रहण किया जाता है। 'परती : परिकथा' में जितेन्द्र सुरपति राय से कहता भी है—हमलोग शाक्त हैं मिस्टर राय। शाक्त अतिथियों को कभी निरामिष भोजन हम नहीं देते।[2] पंडित शिवेन्द्र मिश्र की पत्नी बंगाल के मालदह जिले की कन्या थी। पत्नी के कारण से हो अथवा मिथिला में प्रचलित शक्ति-साधना के कारण-पंडित शिवेन्द्र मिश्र भी शक्ति के 'काली' रूप के उपासक थे। ऐतिहासिक व्यक्तियों से उदाहरण लें तो महाराज दरभंगा श्री कामेश्वर सिंह काली के अनन्य भक्त थे और उन्हें अनेक प्रकार की तांत्रिक सिद्धियाँ प्राप्त थीं, जिसकी चर्चा जनसमुदाय में है। अस्तु, इसमें सन्देह करने का कोई बहुत औचित्यपूर्ण कारण नहीं दिखता कि शिवेन्द्र मिश्र को भी वैसी ही तंत्रसिद्धि थी जिसका उल्लेख रेणु ने उसके बारे में किया है। काली के इस सिद्ध भक्त की सिद्धि का कमाल हम उस वक्त देखते हैं जब एक अधेड़ अंग्रेज मिस्टर बार्कर ने उनकी तत्कालीन प्रेमिका मिसेज रोजउड की इज्जत से खेलने की कोशिश की थी और बचाने आये शिवेन्द्र मिश्र पर ही बन्दूक तान दी थी। उन्होंने अपनी तांत्रिक सिद्धि से बन्दूक को निरर्थक बना दिया था और साथ ही उस अंग्रेज को भी इस कदर नाकाम कर दिया था कि वह उन्हें किसी प्रकार से हानि नहीं पहुँचा सका। काली की तंत्रोपासना से प्राप्त सिद्धि और शक्ति के बल पर शिवेन्द्र मिश्र अनेक अनैतिक और दुस्साहसिक कर्म करता रहा और कभी पकड़ा नहीं गया। अबतक उसका कोई प्रयास असफल भी नहीं हुआ। डाके भी डाले और

दस्तावेजों की नकल भी की। किन्तु हर बार साफ बेदाग निकल गया। अब जाकर नैतिक शिक्षा की शुरुआत होती है।

राजा का खिताब पाने के उद्देश्य से ही वह अपनी सम्पत्ति और रुतबा बढ़ा रहा था। किन्तु खिताब के निकट पहुँचकर भी ऐन मौके पर काली उसके प्रयास को ब्रेक कर देती है। उसका हाथ काँपने लगता है और वह दस्तावेज की नकल पूरी नहीं कर पाता। अगर नकल पूरी हो जाती तो उसे वह कुछ मिल जाता जिससे उसे राजा का खिताब मिलता। एक बहुत ही गम्भीर हार्दिक अफसोस और निराशा के साथ वह प्रयाण करता है—"माँ। मेरी मनोकामना तुमने पूरी नहीं की। पतनीदार का पतनीदार ही रह गया सारा जीवन।"[3] शुरू में उसे वैसी ही सफलता मिलती रही है, जैसी शिव के उपासक रावण को मिलती रही है। किन्तु अन्त में निर्णायक असफलता-रावण को भी और शिवेन्द्र मिश्र को भी। राम को सीता के उद्धार में संशय तो नजर आता है, किन्तु अन्तिम जय उसी की होती है, सीता का उद्धार हो जाता है। कोई भी दैवी शक्ति या आध्यात्मिक सत्ता, चाहे काली हो, दुर्गा हो, शिव हो, विष्णु हो—अपने साधक को सिद्धि के माध्यम से शक्ति तो देती है, किन्तु उसके साथ एक नैतिक मर्यादा अनिवार्यत अनुस्यूत रहती है। वह यह कि दैवी आध्यात्मिक सत्ता से प्राप्त शक्ति का उपयोग अनैतिक कार्यों के लिए नहीं करना। शिव 'कल्याण' के देवता माने जाते हैं। उस कल्याणकारी देव की उपासना से प्राप्त शक्ति को एक सती-साध्वी पतिव्रता नारी-सीता-के अकल्याण में नियोजित किया जा रहा है। 'कारण के सम्पूर्ण' होने पर ही कार्य की उत्पत्ति होती है—तर्कशास्त्र के इस शाश्वत नियम के अनुसार जबतक रावण के पाप का घड़ा पूरा भर नहीं गया तबतक वह सफल होता रहता है। उसी तरह शिवेन्द्र मिश्र भी सफल होता रहा है। कारण के सम्पूर्ण होने पर शिव से प्राप्त शक्ति रावण को बचाने से इन्कार कर देती है। 'परती : परिकथा' में भी काली शिवेन्द्र को 'अति' से पूर्व ही उसके अंत तक पहुँचा देती है। वह अन्तिम निर्णायक नकल नहीं कर पाता। कुछ ही दिनों बाद उसकी मृत्यु भी हो जाती है। उस समय उनके पुत्र जितेन्द्र की उस बमुश्किल 10 साल की रही होगी। यह उम्र शिवेन्द्र मिश्र की स्वाभाविक मौत की उम्र नहीं हो सकती। अनैतिक कार्यों से रोकने के लिए अकालमृत्यु द्वारा उसे विरत किया गया है। अध्यात्म जगत् का सच यह है कि साधना से प्राप्त शक्ति का उपयोग लोकहित में होना चाहिए, साधक के निजी हित में नहीं, उस हालत में तो और भी नहीं जब साधक का निजी हित अनैतिकता पर आधारित हो और जो किसी के अकल्याण का सबब बन रहा हो। अपनी तंत्रसिद्धि से शिवेन्द्र मिश्र ने मिसेज रोजउड की रक्षा की[4], साथ ही अपनी भी। यहाँ तक तो ठीक है। किन्तु उसी शक्ति का उपयोग डकैती, लूट और नकल में करना-यह कहीं से उचित नहीं, फलतः आध्यात्मिक सत्ता को स्वीकार्य नहीं था। मनुष्य की स्वाभाविक मौत वह मानी जाती है जब व्यक्ति अपनी पूरी आयु भोग कर

मरता है। ऐसी स्वाभाविक मृत्यु न रावण को प्राप्त हुई थी और न शिवेन्द्र मिश्र को। अकाल मृत्यु उस व्यक्ति की होती है जिसे दैवी सत्ता अनैतिक कर्म के मार्ग से विरत करना चाहती है। अनैतिक कर्मों में रत व्यक्ति का जीवन जिस अनुपात में लम्बा होगा, उनलोगों को उसी अनुपात में अधिक कष्ट उठाना पड़ेगा, जिसका पक्ष नैतिक है, वैध है और मानवीय है। अगर शिवेन्द्र का हाथ नहीं काँपता, वह और अधिक जीता तो आगे और भी जालसाजी करता, दस्तावेजों की नकल करता। जिसका खामियाजा जमीन का वैध स्वामित्व रखनेवालों को भोगना पड़ता। नकल की उसकी प्रवृति बढ़ती ही जा रही थी। किसी रोक और अन्त को नहीं मान रही थी। काली ने हाथ में कम्पन देकर और कुछ ही दिनों बाद मृत्यु देकर उन्हें 'वैध' का कष्ट बढ़ाने से विरत कर दिया। अनैतिक कर्म नैतिक कर्म की प्रेरणा तबतक नहीं देता जबतक अनैतिक कर्म किसी दुष्परिणाम तक नहीं पहुँचता। कुछ तो मनुष्य की फितरत ही ऐसी है कि अनेक दुष्परिणामों को देखकर भी उसे लगता है कि अनैतिक कर्म करके भी वह छिपा रह सकेगा। ऊपर से लोभ मनुष्य की मति को उस ओर प्रेरित करता रहता है। नैतिकता अनैतिकता-दोनों ही मामलों में नीचेवाला ऊपरवाले का अनुकरण करता है। यानी उनका प्रवाह ऊपर से नीचे की ओर होता है। शिवेन्द्र मिश्र की ख्याति एक शातिर जालसाज के रूप में फैल चुकी थी, यहाँ तक कि उस पर गाना भी बन और छप चुका था। सर्वे कचहरी में लुत्तो हाकिम को बताता है "हुजूर। भारी जालिया खानदान है मिसर खानदान। कौन नहीं जानता, एक जमाने में ऐसे-ऐसे दस्तावेज मिसर के घर में रोज बनते थे। हुजूर, इस खानदान का तो गाना भी छापी होकर बिक चुका है, एक जमाने में।"[5] "शुरू करो जी भूलोटन मड़र।" अरे लोटवा जे जाल करि मोहर भजउलऽ हो सिवेन्दर मिसिर।[6] जाहिर बात है कि शिवेन्द्र मिश्र की जालसाजी हर आम-ओ-खास को राजफाश हो चुकी थी। जैसी दगाबाजी की प्रेरणा लरेना को मिली थी, औरों को न मिली होगी? शिवेन्द्र मिश्र की मृत्यु के बाद परिवार में बालिग सदस्य के रूप में सिर्फ उनकी पत्नी बची थी और कमउम्र पुत्र जितेन्द्र था। मिल्कियत के साज-सम्भाल के लिए शिवेन्द्र मिश्र की विधवा ने दूर रिश्ते के एक ननदोई को बतौर कारपरदाज रख लिया था। उसी ननदोई ने एकमात्र कुलदीपक जितेन्द्र की जीवन-बाती को बुझा डालने के लिए बादाम कह कर खाने के लिए कनेर का बीज दिया है। शिवेन्द्र मिश्र की बड़ी सम्पत्ति उसे हाथ लग जाती, अगर जितेन्द्र को मारने की उसकी योजना सफल हो जाती, यदि वह बादाम के धोखे में कनेर का बीज खा लेता। माँ का आशीर्वाद और जितेन्द्र का भाग्य कि वह पहचान लेता है कि यह बादाम नहीं है। कनेर का बीज खाने से इन्कार कर देता है। इसकी खबर उसकी माँ को हो जाती है और उस हत्यारे ननदोई को देशनिकाले का दंड देती है—"कोई भी नहीं। एक बच्चा भी नहीं रहे मेरी हवेली के अन्दर। मेरी चौहद्दी के अन्दर से निकाल दे। कोई नहीं मेरे अपने।"[7] इससे कम

अपराध के लिए मरणांतक दंड और कुलदीपक को बुझानेवाले को सिर्फ देशनिकाला। विधवा स्त्री के नाम पर इस दंडविधान को मान लिया जाना चाहिए। किन्तु यह तो सिद्ध हो ही जा रहा है कि अनैतिक कर्म नैतिक कर्म की प्रेरणा नहीं देता। अगर वैसा होता तो ननदोई विधवा और पितृहीन समझ कर उन दोनों माता-पुत्र की बेहतर से बेहतर संरक्षा करता। शक्ति, सत्ता और अवसर व्यक्ति को अनैतिक कर्म की ओर अग्रसर कर सकता है, अगर वैसा कोई उदाहरण उसे प्रेरित कर रहा हो। लुत्तो के बाप को शिवेन्द्र मिश्र ने दागा था। क्योंकि तब वह दागने की हैसियत में था। आज लुत्तो अपने बाप की तरह कमजोर नहीं है, आज़ उसके पास शक्ति है, फिर वह क्यों शिवेन्द्र मिश्र के बेटे जितेन्द्र को नहीं दागेगा? उसे यह वहम हो गया है कि गाँव छोड़कर जाने से जितेन्द्र कमजोर हो गया है, उसे दागा जा सकता है। जिस प्रकार की अनैतिकता शिवेन्द्र मिश्र ने बरती थी, कुछ उसी प्रकार की अनैतिकता पर लुत्तो आमादा है। अनैतिकता की जीत अनिवार्य और निर्णायक शायद ही होती हो। सो, लुत्तो अपनी अनैतिकता के कारण जितेन्द्र को दागने या गाँव से भगाने में सफल नहीं हो पाता। अपराध जिसने किया हो, दंड उसे ही दिया जाना चाहिए, न कि उसके किसी परिवारी सदस्य को जिसकी उक्त अपराध में कोई सहभागिता अथवा सहमति नहीं थी। रावण ने सीता के साथ यही व्यवहार किया था और लुत्तो भी यही करना चाह रहा है। निरपराध को दंड देने में अन्ततः जिस प्रकार रावण सफल नहीं हो सका था, उसी प्रकार लुत्तो भी नहीं हो पाता। अनैतिक कर्म में पिता की संलिप्तता के विरुद्ध जितेन्द्र हर प्रकार के अनैतिक कर्म से मुक्त है, पूरे उपन्यास में उसकी अनैतिकता का कोई उदाहरण या उल्लेख प्राप्त नहीं है। ईश्वर की योजना भी अजीब है। मुंशी जलधारीलाल दास ने जी जान से स्टेट की खिदमत की। इसी मुंशी ने लरेना की पीठ पर लोहे की दगनी से 'दगाबाज' शब्द दागा था। जुल्म में सहभागी बनना उसके परिणामरूप पाप में सहभागी बना देता है। महाभारत का कर्ण इसका पौराणिक उदाहरण है तो मुंशी जलधारीलाल दास इसका समसामयिक उदाहरण है। इसलिए जिस खानदान की वफादारी में उसने 'दगाबाज' दागा था उसी खानदान के वारिस जितेन्द्र के द्वारा जेल की हवा खिला दी जाती है। शक्ति और विभूति का उपयोग, जिसे भी वह प्राप्त है, रचनात्मक कर्मों के लिए किया जाना चाहिए, न कि विध्वंसक और किसी को किसी प्रकार की हानि पहुँचाने के लिए किया जाना चाहिए। राजनीति और संगठन के बल पर लुत्तो जो शक्ति अर्जित करता है, उससे वह जितेन्द्र का उचित-अनुचित का खयाल किये बिना एक सूत्री एजेंडे के तहत अन्ध विरोध करता रहता है। अनैतिक और विध्वंसात्मक होने की वजह से लुत्तो अपने मिशन में सफल नहीं होता, उल्टे जितेन्द्र उसे दागने में सफल हो जाता है। जितेन्द्र का दागना इस रूप में है कि लोग कोशी डैम के लाभों से वाकिफ होते ही लुत्तो के विरोध की असलियत जान लेते हैं और उस पर थू-थू करने लगते हैं। इस तरह जितेन्द्र उसे

नकटा बनाकर छोड़ देता है। जितेन्द्र की जीत का कारण उसका अनैतिकता और दुहरेपन से मुक्त होना है। वह विरोध के लिए विरोध नहीं करता, 'जहाँ करता है वहाँ' मुद्दों पर आधारित होता है। जितेन्द्र अपने पिता शिवेन्द्र मिश्र का पूरा सम्मान करता है, हर साल उनका वार्षिक श्राद्ध और भोज करता है, किन्तु चलता उनके मार्ग पर नहीं है। बाकी सारे लोगों की हालत भी कुछ अच्छी नहीं है। अनैतिकता को जैसे उन्होंने लाभ का राजमार्ग समझ लिया है। शिवेन्द्र मिश्र और लरेना के बाद बलभद्र के पिता, इधर लुत्तो, उधर सरबन बाबू, इधर सुचितलाल मड़र, तो उधर मकबूल। कहीं अनैतिकता की परम्परा रुकती नजर नहीं आती। सारे अंचल का प्राण है यह परानपुर गाँव। किन्तु स्थिति यह है इस गाँव की कि यहाँ के लोग रेल का भाड़ा पत्थर से चुकाते हैं और बाजार के व्यापारी यहाँ का ग्राहक जानकर बेचने की जगह अपना माल समेटने लगते हैं। रेणु को विश्वास-सा हो चला है, 'अनैतिकता उन्नत गाँव का लक्षण हो मानों।' 'मैला आँचल' में भी उन्होंने रामकिरपाल सिंह और विश्वनाथ प्रसाद की आर्थिक समृद्धि में अनैतिक इतिहास की उपस्थिति दर्ज की है। 'बलचनमा' उपन्यास के मालिक लोगों की समृद्धि में उसी की भूमिका नागार्जुन ने दर्ज की है। ऐसे लोग चोर और बेईमान नहीं, सम्भ्रान्त और इज्जतदार। वहीं एक आम का टिकोरा तोड़ लेने पर इतना बड़ा चोर मान लिया जाता है कि उसकी भी पिटाई से मौत हो जाती है। इस द्विस्सरीयता पर अज्ञेय ठीक टिप्पणी करते हैं कि

"सागर भी रंग बदलता है
गिरगिट भी रंग बदलता है
सागर को पूजा मिलती है,
गिरगिट कुत्सा पर पलता है।"

पूरे प्रसंग में एक प्रश्न बड़ा मौजूँ है कि शिवेन्द्र मिश्र को उसके अनैतिक कर्मों की सजा काली देती है। तब क्या हमें दंड विधान को ईश्वर और अन्य दैवी सत्ता के हवाले छोड़ देना चाहिए? रेणु कहते हैं—नहीं। यह जमाने का सच था कि गरीबों के क्रन्दन को सुननेवाले आज की तरह की कोई पुलिस और कोर्ट-कचहरी, न्याय व्यवस्था उस युग में नहीं थी। जो थी वह उन्हीं जालिम जमींदारों के पक्ष में काम करती थी। क्योंकि अंग्रेजों की सत्ता बड़े लोगों के सहयोग पर ही टिकी हुई थी। लरेना खवास, बलचनमा के बाप और दुखी चमार के पक्ष में कोई पुलिस नहीं आती। लेकिन जहाँ तक मनुष्य का वंश चलता है, वहाँ तक दंडविधान को दैवी सत्ता के भरोसे नहीं छोड़ा जा सकता। मनुष्य निर्मित न्याय व्यवस्था भी दैवी सत्ता का सहयोग ही है, उसका काम हल्का करती है। साथ ही मनुष्य में आत्मनिर्भरता भी आती है। अस्तु, काल-क्रम से रेणु के पात्र न्यायविधान को अपने हाथ में ले लेते हैं। जिसकी शुरुआत 'प्रतिरोध' से हुई हैं। प्रतिरोध बिना जागृति और साहस के नहीं होता। ये ही दो चीजें ऐसी हैं जो अत्याचार पर अंकुश लगाने में बहुत कारगर सिद्ध

हुई हैं और प्रतिरोध ने सागर और गिरगिट को एक समान धरातल पर ला खड़ा किया है। रेणु में आकर समकालीन यथार्थ के रूप में ब्राह्मण होने के पारम्परिक विशेषाधिकार लाभ सहदेव मिसर को आवंटित नहीं है। धरातल के समानीकरण का काम परम्परागत पंच नहीं करते, क्योंकि वे परमेश्वर नहीं सिद्ध हो रहे हैं, नया पंच कर रहा है जो क्रमशः जीरो टॉलरेन्स की ओर अग्रसर है।

सन्दर्भ सूची

1. मनुस्मृति, अध्याय आठ, श्लोक संख्या-123, 124
2. परती : परिकथा, रेणु, पृ. 38
3. वही, पृ. 22
4. वही, पृ. 227
5. वही, पृ. 30
6. वही
7. वही, पृ. 35

रेणु का लेखकीय उद्देश्य
सर्वसमावेशी समाज की स्थापना

रेणु रचनात्मक मिजाज के लेखक हैं। रेणु को अपने समय में जो समाज उपलब्ध हुआ था और जिसे उन्होंने अपनी रचनाओं का आधार बनाया था, वह सर्वसमावेशी नहीं था। मानवीयता का पक्षकार होने के नाते रेणु का दायित्व बनता था कि वे एक ऐसे समाज का प्रतिमान हमारे सामने प्रस्तुत करें जो सर्वसमावेशी हो। एक स्वस्थ, समृद्ध, प्रगतिशील और गणतांत्रिक समाज की स्थापना की जरूरत वे महसूस करते थे जिसमें सबके लिए अवकाश और गुंजाइश हो। प्रेमचन्द से लेकर नागार्जुन तक की रचनाओं में जो समाज हमें उपलब्ध होता है, वह कतई सर्वसमावेशी नहीं है। सामाजिकता के प्रति प्रतिबद्ध रचनाकार होने के नाते रेणु अपना दायित्व बखूबी समझते थे। वे यह भलीभाँति जान और मान चुके थे कि हमारा पुराना समाज काम्य और स्वीकार्य नहीं रह गया है। उसकी जगह एक नये समाज के निर्माण की जरूरत है। ऐतिहासिक सच्चाई के रूप में भारतीय राष्ट्रीय फलक पर बदलाव का दौर शुरू हो चुका था। पुराना परम्परागत समाज ढह रहा था, उसके स्थान पर नये समाज का निर्माण होना काम्य था। रेणु पुराने समाज के स्थान पर नये सर्वसमावेशी समाज की स्थापना का स्वप्न देखा करते थे। अगर तथ्य को इस रूप में कहा जाय तो इस खतरे की सम्भावना बनती है कि लोग रेणु को स्वप्नवादी, आदर्शवादी, कल्पना में जीने वाला आदि आदि मान लें। भारतीय समाज में शुरू हो चुका बदलाव रेणु की कल्पनाशीलता से आयत्त निष्कर्ष नहीं था। बल्कि रेणु उस बदलाव के वैज्ञानिक निरीक्षक थे। बलदाव के कारणों, परिणामों और दिशाओं के वैज्ञानिक परीक्षण से जो सामान्यीकृत निष्कर्ष प्राप्त हुए थे, उन्हें एक रचनाकर होने के कारण रेणु ने घटनाओं और पात्रों के माध्यम से विशेषीकृत, प्रमाणीकृत और उदाहृत किया था।

कल्पनाशीलता रचनाकारों में कमोवेश होती ही है। किन्तु जो कुछ उसके द्वारा आयत्त होता है वह वायवीय, हवा-हवाई, असम्भव और अव्यवहार्य हो तो ऐसी रचना का कोई रचनात्मक मूल्य नहीं होता और न उस कल्पनाजीवी रचनाकार का

कोई वास्तविक महत्त्व होता है। रेणु यथार्थवादी रचनाकार थे। इसलिए उन्होंने परम्परानीत समाज को पूर्व पक्ष के रूप में स्वीकार किया। शुरू हो चुके बदलाव का निरीक्षण किया, उसकी दिशा का अनुमान लगाया, कारणों की पड़ताल की और उसके आधार पर करणीय का निर्धारण किया। एक स्वस्थ, समृद्ध, प्रगतिशील, सर्वसमावेशी समाज की स्थापना का रेणु का सपना छायावादी सपना नहीं था, बल्कि वह ढहते हुए परम्परागत समाज के स्थानापन्न बदलाव की यथार्थ और वैज्ञानिक परिणति था। प्रेमचन्द से नागार्जुन और रेणु के पूर्व पक्ष तक जो समाज हमें उपलब्ध होता है, वह सामन्ती समाज ही है। सामन्ती समाज स्पष्ट दो वर्गों में विभाजित होता है। एक वर्ग वह होता है जिसके पास स्फीत 'आत्म' होता है और दूसरा वर्ग वह जो 'आत्महीन' होता है अथवा जिसका 'आत्म' कुचली हुई स्थिति में होता है। स्फीत आत्म से युक्त व्यक्ति, जाति अथवा समूह अपने आत्म को उन लोगों पर थोपता और आरोपित करता रहता है जो आत्महीन होते हैं। ये कमजोर लोग होते हैं जिनके पास जीवन की आवश्यक और मूलभूत जरूरियात को पूरा करने के साधन नहीं होते। ये अपनी हर छोटी-बड़ी जरूरत के लिए स्फीत आत्मवालों पर निर्भर रहते हैं। स्फीत आत्मवाले कमजोर लोगों को उनके संसाधनों से किसी न किसी हथकंडे से वंचित करते रहते हैं, ताकि संसाधनहीन होकर वे उन पर निर्भर बने रहे। संसाधन रहने पर वे आत्मनिर्भर हो जाएँगे। उस स्थिति में उनके आत्म पर नियंत्रण रखना मुश्किल होगा। इसी कारण उनके संसाधनों को छीना जाता है। संसाधनहीन होकर व्यक्ति स्फीत आत्म के तले दबता चला जाता है और अन्ततः आत्महीन हो जाता है। जब किसी कारणवश किसी को आत्महीन करना सम्भव नहीं हो पाता तब स्फीत आत्मवाला शक्ति का प्रयोग कर आतंक के द्वारा कमजोरों के आत्म को कुचलता है। उसका आत्म सिर नहीं उठा सके, इसके लिए हर तिकड़म भिड़ाता रहता है। 'मैला आँचल' का मँहगूदास 'आत्महीन' का उपयुक्त उदाहरण है। उसकी बेटी फुलिया का पहले तो जोतखीजी के बेटे रामनारायण ने रस लूटा और अब सहदेव मिसर लूट रहा है। सब उसकी नजरों के सामने हो रहा है, पर फिर भी वह चुप है। क्योंकि "सहदेव मिसर के पास मँहगूदास के अँगूठे की टीप है—सादा कागज पर। मँहगू की टीक सहदेव के हाथ में है। सहदेव जो चाहे कर सकता है। दोनों गाएँ और चारों बाछे कल ही खूँटे से खोलकर ले जाएगा। इसके अलावा साल-भर का खरचा भी तो सहदेव ने ही चला दिया है।"[1] शक्ति और आतंक के बल पर व्यक्ति के आत्म को कुचलने का उदाहरण भी 'मैला आँचल' में उपलब्ध है। तहसीलदार विश्वनाथ प्रसाद के पिता देवनाथ मल्लिक अपने सलीमशाही जूतों के तल्ले में काँटियाँ पुरैनियाँ से ठुकवाकर मँगाते थे और तीन महीने में ही काँटियाँ झड़ जाती थीं।...कमला नदी के बगल में जो गड्ढा है, उसी में जोक पालकर रखा था। जिसने तहरीर तलबाना या नजराना देने में देर की, उसे गड्ढे में चार घंटों तक खड़ा करवा दिया। पाँव के

अँगूठे से लेकर जाँघ तक मोटे-मोटे जोंक घुँघरू की तरह लटक जाते थे।''[2] ''लेकिन अब? जमाना बदला ही नहीं है, साफ उलट गया है।''[3]

मनुष्य की मुक्ति और गरिमा के आकांक्षी रेणु इस बात को रेखांकित करते हैं कि सर्वसमावेशी समाज की स्थापना की पहली शर्त यह है कि उसके हर सदस्य के पास उसका अपना एक निजी आत्म हो। अस्तु, आत्म-स्थापन की जरूरत के तहत उन्होंने हमारे सामने आत्मयुक्त पात्रों का प्रतिमान प्रस्तुत किया। कालीचरन, जयमंगल ताँती, लुत्तो आदि ऐसे ही पात्र हैं, जिनके पास एक पूरा-पूरा आत्म है। आत्म तो बालदेव के पास भी है, किन्तु बालदेव और कालीचरन के आत्म में फर्क है। कालीचरन जहाँ स्वाभिमानी आत्म का उदाहरण है तो बालदेव गाँधीवादी आत्म का। गाँधी कहा करते थे—'कोई तुम्हारे एक गाल पर चाँटा मारे तो तुम दूसरा गाल आगे कर दो।' हरगौरी बालदेव का अपमान कर रहा है। उसे दरवाजे से उठ जाने को कहता है। बालदेव को वह धक्का देने को उठता है। फिर भी बालदेव चुपचाप बैठा रहता है—''मारिए, यदि मारने से ही आपका गुस्सा ठंडा हो तो मारिए।''[4] अंग्रेज बुद्धिमान थे। गाँधी के उक्त सिद्धान्त का सम्मान किया। लेकिन सोचना तो उस स्थिति के लिए भी पड़ेगा जब गाल पर थप्पड़ मारनेवाले के मन में दूसरा गाल आगे कर देनेवाले की भलमनसाहत के प्रति सम्मानभाव न रहे और वह दूसरे गाल पर भी थप्पड़ मारने लगे। ऐसे लोगों से निबटने में गाँधीवादी तरीका सफल नहीं होता। हर बात में हिंसाबात और अनशन करने की बात करनेवाले बालदेव की नेतागिरी इसी कारण से बहुत असरकारी नहीं रही। नेतागिरी असर दिखाती है कालीचरन की जिसका आत्म बालदेव जैसा रीढ़विहीन, गाँधीवाद की आधी-अधूरी समझवाला आत्म नहीं है। उसका आत्म स्वाभिमानवाला आत्म है, जिसका सिद्धात सूत्र हैं—अंग्रेजी में टीट फोर टैट—जैसे को तैसा। स्फीत आत्मवाले अपनी अहमन्यता में इतने मगरूर रहते हैं कि उन्हें बालदेव जैसे निस्पृह समाजसेवी का नाम भी असली रूप में लेना गवारा नहीं है। सिपैहियाटोली का बिरजू सिंघ कल कह रहा था, ''सिन्ध जी इसपिताल में कोई मदद नहीं करेंगे। कहते थे, इसपिताल का मालिक-मक्तियार है विश्वनाथ और बालदेवा।''[5] उसी तरह कालीचरन को हिकारत के लिए कलिया कहा जाता है। बात इतनी ही होती तब भी गनीमत थी। हिकारत की इन्तहा तब होती है जब कालिया की पहचान के लिए उसके नाम के साथ उसके बाप का भी नाम लिया जाता है और वह भी असल रूप में नहीं, उसी तरह बिगाड़ कर 'कुकरा का बेटा कलिया'।[6] वही कालीचरन पीड़ित, दलित और उपेक्षित लोगों के बीच भाषण देता है—''आप भी आदमी हैं, आपको आदमी का सभी हक मिलना चाहिए।''[7] स्वाभिमान आत्म के प्रदर्शन का असर यह है कि ''कालीचरन को 'जी' कहते हैं हरगौरीबाबू भी।''[8]

रेणु की रचनाओं के उपजीव्य काल में भारतीय समाज स्पष्टतः दो भागों में विभाजित रूप में उपलब्ध होता है। किन्तु एक रचनाकार के रूप में रेणु की उपलब्धि

यह है कि उनकी अपील सिर्फ आंचलिक ही नहीं है, और न सिर्फ राष्ट्रीय ही। उनकी अपील विश्वव्यापिनी है। हर उस समाज तक है जहाँ की जनसंख्या तर्कशास्त्र की शब्दावली में द्विवर्गाश्रित रूप से विभाजित है। जहाँ स्फीत आत्म और आत्महीनता है, ऊँच और नीच है, जहाँ अमीर और गरीब हैं, जहाँ शोषक और शोषित हैं, जहाँ सामन्ती मानसिकता और गणतांत्रिकता की माँग का संघर्ष है। जहाँ अन्धविश्वास और वैज्ञानिक यथार्थ की टकराहट है और जहाँ शरीरबल और बुद्धिबल में से चुनाव का प्रश्न उपस्थित है, जहाँ प्रतिभा और निष्ठा के बीच चौड़ी खाई है। इतने सारे द्वैत युग्मों को साधकर एक स्वस्थ, रचनात्मक, समृद्ध और सर्वसमावेशी समाज की स्थापना करना और उसका एक इतिहाससिद्ध प्रतिमान प्रस्तुत करना–यह हिन्दी साहित्य में सिर्फ रेणु का ही कमाल हो सकता है। उनकी पहली ही औपन्यासिक रचना 'मैला आँचल' के आरम्भ में ही हम द्विवर्गाश्रित रूप से विभाजित समाज को आतंककारी स्फीति के साथ मौजूद देखते हैं। किन्तु रेणु निराला और नागार्जुन की तरह सिर्फ उस आतंककारी स्फीति के विरोध के रचनाकार बने नहीं रह जाते। बल्कि विरोध और संघर्ष से आगे जाकर समाज, राष्ट्र और विश्वनिर्माण के रचनाकार बन जाते हैं। दोनों ही भाग समाज के अनिवार्य और अपरिहार्य अंग हैं। इसलिए दोनों में से किसी को भी छोड़ा नहीं जा सकता था। यही कारण है कि दोनों ही हिस्सों का हितसाधन उन्होंने अपना अघोषित उद्देश्य बना रखा था। जिससे स्वस्थ और सर्वसमावेशी समाज की स्थापना सम्भव हो सके। इसके लिए उन्होंने दोनों ही वर्गों के रचनात्मक तत्त्वों की पहचान की और समावेशी समाज की स्थापना के लिए उनका उचित उपयोग किया। यह अकारण नहीं है कि जो रेणु अपनी पहली रचना 'मैला आँचल' में ऊँची जाति–राजपूत–के हरगौरी को सामाजिक ऐक्य के लिए खतरे के रूप में पाते हैं, वही रेणु अपनी दूसरी औपन्यासिक कृति 'परती : परिकथा' में ऊँची जाति–ब्राह्मण के जितेन्द्र को सनकी तो मानते हैं किन्तु सामाजिक ऐक्य के स्थापन के लिए उसकी अपरिहार्यता को भी शिद्दत से महसूस करते हैं। तभी कहते हैं—"किन्तु इस पागल अथवा सनकी को छोड़ने से काम नहीं चलेगा।"[9] समावेशी समाज की स्थापना में जितेन्द्र के महत्त्व और उसकी भूमिका का यह अर्थ–संकेत खुलता हुआ उपन्यास के अन्त में अपनी परिणति और चरितार्थता को पा लेता है। जिस तरह वे समाज के दोनों ही हिस्सों के रचनात्मक तत्त्वों के महत्त्व को समझते हुए उनके उपयोग पर बल देते हैं, उसी तरह उन्हें दोनों ही समूहों के उन तत्त्वों की भी गहरी पहचान थी जो उक्त उद्देश्य को पूरा करने के मार्ग में बाधक बन रहे थे। दोनों ही भागों की समस्याएँ अलग–अलग थीं और दोनों की जरूरतें भी अलग थीं। दोनों ही भागों के हितसाधन के स्वरूप भी उनकी नजर में अलग–अलग ही थे। उन्होंने बड़ी बारीकी और वैज्ञानिक सोच का परिचय देते हुए दोनों ही वर्गों के हितसाधन की जरूरतों को अलग–अलग रेखांकित किया।

बदलते समय के साथ निम्नवर्ग के भीतर यह चेतना पैदा हो रही है कि उसका शोषण हो रहा है, उसके पास आर्थिक संसाधन नहीं हैं। फलतः जीवन में मुफलिसी और अभाव ही अभाव है, जीवनस्तर बदतर है। समृद्धि लाने हेतु आजीविका के उच्चतर साधनों को अपनाना पड़ेगा। इस क्रम में हम देखते हैं कि 'मैला आँचल' में तहसीलदार विश्वनाथ प्रसाद द्वारा ट्रैक्टर खरीद लिये जाने से बेरोजगार हो चुके लोगों को कटिहार जूट मिल में नौकरी मिल जाती है। वैसे ही नौकरीशुदा "कुल्ली लोग चार आने सेर खमरआलू हाथोंहाथ उठा लेते हैं।"[10] चमारिन मलारी पढ़ लिख कर मास्टरनी का पद पा लेती है। तब मजदूरी और प्रसव कराने की परम्परागत निम्नस्तरीय जीविका से मुक्ति पा लेती है। आजीविका के उच्चतर साधनों को प्राप्त करने के लिए निम्नवर्ग को अपनी निर्योग्यता दूर करनी पड़ेगी। 'परती : परिकथा' की मलारी ने तो वैसा किया ही, 'कलंक मुक्ति' की अनेक ग्रामीण पृष्ठभूमि से आयी स्त्रियाँ भी प्रशिक्षण ले रही हैं जिसके मूल में उद्देश्य वही है—अपनी निर्योग्यता को दूर करना। स्थितियों को बेहतर बनाने के लिए संघर्ष करना पड़ेगा, अतिरिक्त प्रयत्न करने होंगे, साथ ही विपथन का सहारा भी लेना पड़ेगा। 'लालपान की बेगम' कहानी का नायक बिरजू का बाप जमींदारों के विरुद्ध जरूरी दृढ़ता का प्रदर्शन करता है, वह किसी भी तरह से झुकता नहीं और समर्पण नहीं करता। परिणामतः उसे सर्वे में जमीन नकदी हो जाती है और 'उसके जीवन में आयी समृद्धि का उपाख्यान ही उस कहानी का कथा-विस्तार है। ऊँची जातियों द्वारा निम्न जातियों के साथ सम्मानजनक व्यवहार नहीं किया जाता था, बराबरी का तो सवाल ही पैदा नहीं होता। निम्नवर्ग को इस स्थिति से साहसपूर्वक लोहा लेने की जरूरत थी, जो उसने किया। बालदेव के अपमान के प्रतिकार के लिए हँसेरी लाने में कालीचरन ने जरा भी देर नहीं की। 'उच्चाटन' कहानी का नायक रामबिलास भी महाजन मिसिर से जिस तरह से पेश आता है वह उसके और समय के बदले हुए मिजाज को ही प्रदर्शित करता है। अब निम्नवर्ग सिर्फ सम्मानजनक व्यवहार का आकांक्षी ही नहीं रहा। वह तो उसे तभी मिल गया जब हरगौरी ने कालीचरन को 'जी' कहा : लेकिन अब वह समानता के अधिकार का भी आकांक्षी है, जिसे वह लेकर ही रहेगा। 'ग्वाला होकर लीडरी' [11] पर प्रश्नचिह्न लगानेवाले हरगौरी की नाक के नीचे और आँख के सामने ग्वाले बालदेव और उससे भी बढ़कर कालीचरन की लीडरी चली। निम्न जातियों की लीडरी का विकास आगे लुत्तो में भी होता है और 'पल्टू बाबू रोड' के मुरलीमनोहर मेहता में वह अपनी ऊँचाई पा लेता है। यह जरूर है कि कथा-प्रसंग से मेहता की लीडरी बहुत नैतिक नहीं दिखायी पड़ती। लेकिन अगर मेहता की लीडरी से अधिक नैतिकता की माँग की जाएगी तो वही माँग 'परती : परिकथा' के कुबेर सिंह की लीडरी से या 'जुलूस' के छोटनबाबू की लीडरी से क्यों नहीं? नैतिकता का प्रश्न अपनी जगह दुरुस्त है। किन्तु यहाँ इतना कहना ही अभीष्ट है कि

नेतागिरी का अधिकार अब एकाधिकार नहीं रहा। अब वह सबका अधिकार बन चुका है—'मैला आँचल' के जीवेसरा चमार से लेकर सोमा, सुनरा, बसदेवा, बालगोबिन मोची, जयमंगल ताँती और रोशन बिस्वाँ तक लम्बी फेहरिस्त है। निम्नवर्ग को अपने अधिकारों की माँग करनी पड़ेगी और शोषण के विरुद्ध संघर्ष में अपने समूह का नेतृत्व भी खुद ही करना पड़ेगा। सहदेव मिसर वाली पंचायत में कालीचरन को स्वत: और सहज रूप से पंच नहीं माना गया। अपने को पंच मानने की उसे माँग करनी पड़ी और वह स्वघोषित रूप से पंच बन गया। उसका पंच बन जाना मेरीगंज की कितनी बड़ी जरूरत थी इसका अन्दाजा इस बात से लगता है कि फुलिया के जीवन को एक किनारा मिला, वह यौन शोषण से मुक्त हुई, रामदास मठ का महन्थ बन सका, अन्यथा लरसिंघ दास बन जाता, जो बाहरी था, महन्थ सेवादास का शिष्य भी नहीं था। इस तरह वह पूरी तरह से अनधिकृत व्यक्ति था। लरसिंघ दास के महन्थ बनने पर लछमी दासिन की स्थिति कितनी विकट हो जाती, लरसिंघ दास के कथा-प्रसंगों से सहज अनुमान्य है। कालीचरन के पंच बनने से ही निम्नवर्ग के कमकरों की हड़ताल सफल हुई थी और हरगौरी को झुकना पड़ा था। इस पंचायत का आलम यह है कि ऊँची-नीची-सभी जाति के लोग एक ही सफरे पर बैठे हैं।[12] यह कोई छोटी घटना नहीं है। कालीचरन की लीडरी, उसका पंच बनना और उसके द्वारा निम्नवर्ग का नेतृत्व एक और भी महत्त्वपूर्ण तथ्य को रेखांकित करता है कि निम्न वर्ग को अपने अधिकारों की माँग और उसे प्राप्त करने के संघर्ष का नेतृत्व भी खुद ही यानी निम्नवर्ग के ही किसी सदस्य को करना पड़ेगा। कालीचरन जिस वर्ग का नेतृत्व कर रहा है, वह उसी वर्ग का सदस्य है। अत: उसके नेतृत्व में जो सच्चाई और खाँटीपन है, वह वैसे लोगों के नेतृत्व में हो ही नहीं सकता जो निम्नवर्ग का सदस्य नहीं है। उच्चवर्ग द्वारा निम्नवर्ग के नेतृत्व का जो फल हो सकता है, वह भारतीय समाज का कडुवा सच है। दुलारचन्द कापरा, छोटन बाबू, श्रीमती ज्योत्स्ना आनन्द, कुबेर सिंह, राजा कामरूपनारायण सिंह आदि उसी कडुवे सच को उदाहृत करते हैं। निम्नवर्ग का कल्याण वकालतीय नेतृत्व से नहीं हो सकता—यह प्रेमचन्द से रेणु तक का निष्कर्ष है। निराला भिक्षुक से अपनी आवाज खुद बुलन्द करने को कहते हैं तो नागार्जुन का बलचनमा वैसा करके दिखाता है। कालीचरन की विशेषता यह है कि वह कहीं भी अपनी लड़ाई नहीं लडता। बल्कि जहाँ-जहाँ अभिमन्यु घिरा है वहाँ-वहाँ वह उसकी पीठ पर मौजूद है—मौखिक आश्वासन देनेवाले समर्थक के रूप में नहीं, बल्कि युद्ध के वास्तविक पक्ष के रूप में; अपने को खतरे में डालते हुए सहभागी के रूप में। बालदेव घिरा, उसकी ओर से दौड़ा, फुलिया घिरी, उसकी ओर से लड़ा, लछमी दासिन और रामदास घिरा, उसकी ओर से न सिर्फ लड़ा बल्कि चारों को ही पीछे रखा और लड़ाई के मोर्चा पर खुद को आगे रखा, बल्कि लड़ाई को पूरी तरह अपने ऊपर ले लिया। भिक्षुक

की लड़ाई को किसी ने अपने ऊपर नहीं लिया, न ही बलचनमा की लड़ाई को फूलबाबू या राधाबाबू ने अपने ऊपर लिया। निम्नवर्ग के सदस्यों की लड़ाई को कालीचरन द्वारा अपने ऊपर ले लेना—यह रेणु का विकास है। अब मेरीगंज की हर महत्त्वपूर्ण सामाजिक गतिविधि में कालीचरन की उपस्थिति है, जहाँ वह हर वैध के पक्ष को समर्थन देता है और हर उचित को चरितार्थ तथा कार्यान्वित करता है।

रेणु अपने लेखन में उन कारणों की पड़ताल करते हैं जो समावेशी समाज की स्थापना में बाधक हैं। इस क्रम में वह पाते हैं कि भारतीय समाज के दोनों ही समूह अपने अलग-अलग प्रकार के बन्धनों से बँधे हैं। समावेशी समाज की स्थापना के लिए दोनों ही वर्गों को अपने-अपने बन्धनों से मुक्त होना चाहिए—यह रेणु का आह्वान है। निम्न वर्ग को अपनी नकारात्मकता, अज्ञान, अशिक्षा, कायरता, साहसहीनता और सब कुछ लुट-पिट जाने पर भी मुँह न खोलने की अशक्ति से मुक्त होने की जरूरत है। रेणु की रचनाओं का निम्नवर्ग मुक्त हो चुका है, जिसका उल्लेख पिछले अध्यायों में किया जा चुका है।

दूसरे पक्ष में रेणु ऊँची जातियों और उच्चवर्ग की सामन्ती मानसिकता को समावेशी समाज की स्थापना में बाधक मानते हैं। उनकी रचनाओं में सामन्ती मानसिकता के प्रायः सभी रूप पाये जाते हैं। जातीय श्रेष्ठता का अहंकार उन सब में सबसे पहले नम्बर पर आता है। जिसका सबसे तीखा उदाहरण हरगौरी है। अपने तो उसे कुछ करना नहीं है, किन्तु जो समाज के व्यापक हित में कुछ कर रहा है—उसे भी सिर्फ जातीय आधार पर रोकना। जातीय श्रेष्ठता के अहंकार में ही वह पुराने जमाने के लौटने के मुगालते में जीता है और कल्पना करता है कि 'महाराणा प्रताप और शिवाजी का राज'[13] स्थापित होगा। दूसरी ओर इसी, अहंकार का शिकार 'परती : परिकथा' का गरूड़धुज झा भी है जो कहता है—लेकिन मुखियागिरी बबुआनटोले वाले ही करेंगे।[14] जोतखी काका हो या गरूड़धुज झा-ये लोग बौद्धिक सामन्त भी हैं जो किसी को भी अपने बराबर का नहीं मानते, चाहे उन्हें कुछ आता हो या नहीं। ऐसे ही लोग हर मामले में जरूरत-बेजरूरत, सम्बद्ध-असम्बद्ध, उचित-अनुचित चाहे जैसे भी हों टिप्पणी करते रहते हैं या निर्णय देते रहते हैं। 'मैला आँचल' में जोतखी जी 'गाँव के ग्रह अच्छे नहीं है,'[15] का भय और भ्रम दोनों ही पैदा करते हैं। ग्वालों के विरुद्ध राजपूतों को उकसाते हैं तो दूसरी तरफ यह दुष्प्रचार भी करते हैं 'अभी तो नहीं मालूम होगा। जब कुएँ में दवा डालकर हैजा फैलाएगा तो समझना।' सकलदीप की जन्मपत्री जो काशी से बनकर आयी है उसके बारे में कहते है कि जो उन्होंने सोचा था, बैसा ही लिखा है, एक अच्छर भी अलग नहीं। परानपुर का बौद्धिक सामन्त गरूड़धुज झा कद्दू-खीरा आदि ले-लेकर गाँव के लोगों को सलाह देता रहता है। उसकी सलाह पर लोग नालिश मुकदमा कर आपस में लडते हैं। रेणु ने एक मुहावरा गढ़ा है—''लड्डू लड़े तो बुन्दिया झरे।''[16] वैसे ही

झरे बुन्दिया पर ज़िन्दा रहनेवाला जीव है गरूड़धुज झा। बौद्धिक सामन्त दूसरों को हमेशा 'अंडरएस्टीमेट' करता है जिसका सबसे कँटीला उदाहरण 'पंचलाइट' कहानी का फुटंगी झा है जो पूछता है—"कितने में लालटेन खरीद हुआ महतो ?"[17] महतो इस प्रश्न से अन्दर तक तिलमिला जाता है—देखते नहीं हैं, पंचलैट है। बाभनटोली के लोग ऐसे ही ताब करते हैं। अपने घर की ढिबरी को भी बिजली बत्ती कहेंगे और दूसरों के पंचलैट को लालटेन।"[18] समाज में जहाँ कहीं भी प्रतिभा की पहचान का संकट है रेणु की नजर में वहाँ-वहाँ बौद्धिक सामन्तों की उपस्थिति है। ऐसे सामन्तों की उपस्थिति समरस समाज के निर्माण में बाधक हैं—ऐसा रेणु के अनुभवों का मानना है।

राजनीतिक सामन्त 'मैला आँचल' का दुलारचन्द कापरा है तो 'परती : परिकथा' में कुबेर सिंह है। राजनीति ऐसे लोगों के लिए समाजसेवा का नहीं, अपने शक्ति-संचय का साधनमात्र है। कुबेर सिंह उस मानसिकता का राजनेता है जो परसाई के गणतंत्र के सूरज को निकालने का अधिकार सिर्फ अपना मानता है। वह कार्यकर्ताओं का उपयोग अपनी सत्ता को मजबूत करने में करता है और पूरे संगठन को अपनी मर्जी से चलाता है। एक दूसरे राजनेता 'परती : परिकथा' के राजा कामरूपनारायण सिंह भी हैं जो लुभावने नारों के बल पर सत्ता के शीर्ष तक पहुँचना चाहते हैं। 'जुलूस' का छोटन बाबू एम.एल.ए. भी अपने ढंग का एक अलग ही राजनीतिक सामन्त है जो सेवा कम करता है ढिंढोरा अधिक पीटता है—'एक अनार सौ बीमार।'[19] आर्थिक सामन्तवाद का उदाहरण 'मैला आँचल' में तहसीलदार विश्वनाथ प्रसाद है और 'परती : परिकथा' में पंडित शिवेन्द्र मिश्र। मेरीगंज की अधिकाधिक जमीन तहसीलदार विश्वनाथ प्रसाद के कब्जे में आती चली जा रही है तो शिवेन्द्र मिश्र धनसंग्रह के लिए हर प्रकार के अनैतिक कर्म-डकैती, जालसाजी, नकल आदि सब कुछ करते हैं। आर्थिक सामन्त का नया अवतार 'जुलूस' का तालेवर गोढ़ी भी है जिसकी मिल के खुल जाने से ग्रामीण औरतें आजीविकाविहीन होती जा रही हैं।

रेणु को सामाजिक अन्त:सम्बन्धों की अद्भुत समझ है और अन्त:क्रियाओं पर वैसी ही पकड़ भी। सामाजिक अन्त:सम्बन्धों तथा अन्त:क्रियाओं की गहरी समझ ने उनके समाज सम्बन्धी चिन्तन को यथार्थपरक और वैज्ञानिक बना दिया है। भारतीय समाज की वास्तविकता यह है कि हर प्रकार के सामन्त अपवाद रूप में ही सही छोटी जातियों से भी आते हैं। अन्यथा वे सभी ऊँची जाति के सदस्य ही होते। रेणु के पर्यवेक्षण का निष्कर्ष यह है कि उच्चवर्ग जब तक अपनी सामन्ती मानसिकता से मुक्त नहीं होता और निम्नवर्ग अपनी जड़ता, निर्योग्यता और साहसहीनता से मुक्त नहीं होता, तब तक समरस समावेशी समाज की स्थापना सम्भव नहीं है। निम्नवर्ग अपनी जड़ता के खोल से बाहर आ रहा है—यह तो सिद्ध ही है। तभी तो उनकी रचनाओं में उपलब्ध समाज वह नहीं है जैसा प्रेमचन्द या नागार्जुन का समाज है।

निम्नवर्ग अब क्रमश: आत्यन्तिक और पूर्ण सहनशीलता से शून्य सहनशीलता (जीरो टॉलरेन्स) की ओर बढ़ रहा है। अस्तु, वह नयी शक्ति से लैश होकर प्रतिक्रियावादी और प्रतिहिंसक हो जा सकता है, विशेषकर उस स्थिति में जब उच्चवर्ग और ऊँची जातियाँ अपनी सामन्ती सोच और व्यवहार से बाहर नहीं निकलतीं। इस तरह अगर दोनों ही वर्ग एक दूसरे के विरोध में खड़े रहेंगे तब समरस समाज की स्थापना कैसे सम्भव हो सकेगी? आवश्यकता इस बात की है कि दोनों ही वर्गों की शक्ति और ऊर्जा जो एक दूसरे के विरोध में संघर्ष-सन्नद्ध रहने में जाया हो रही है, उस ऊर्जा को संघर्ष से हटाकर रचनात्मक दिशा दी जाय। एक ऐसे प्लेटफार्म की स्थापना हो जहाँ दोनों ही पक्षों की ऊर्जा का समाज, राष्ट्र और विश्व के व्यापक हित में रचनात्मक उपयोग किया जाना सम्भव हो सके। इसके लिए रेणु दोनों ही समूहों के उन खोलो को तोड़ना चाहते हैं जिनके भीतर वे कैद हैं और वे दोनों ही समूहों के सदस्यों के मानसिक संशोधन और परिष्करण को आवश्यक मानते हैं। रेणु की रचनाओं में सामन्तवाद का चरम अगर हरगौरी में है तो निम्न वर्ग में जगती हुई चेतना का उग्रतम रूप लुत्तो के रूप में है। ये दोनों ही समरस समाज की स्थापना में बाधक हैं। अत: रेणु मैला आँचल में दोनों ही वर्गों के रूपान्तरण की प्रक्रिया आरम्भ करते हैं। निम्नवर्ग में रूपान्तरण की प्रक्रिया बालदेव से शुरू होती जरूर है किन्तु गाँधीवाद की अधूरी समझ और रीढ़विहीनता के कारण रेणु सामन्तवाद की निरंकुशता को नियंत्रित करने के हिसाब से पर्याप्त नहीं मानते। निरंकुशता के नियंत्रण के लिए कालीचरन जैसी दृढ़ता और साहस की जरूरत है। लुत्तो की दृढ़ता और साहस प्रतिक्रियावादी और प्रतिहिंसक हो गया है, जिस कारण समरस समाज की स्थापना में वह एक अलग तरह की समस्या में तब्दील हो गया है। उच्च वर्ग के रूपान्तरण की प्रक्रिया रेणु 'मैला आँचल' के तहसीलदार विश्वनाथ प्रसाद से शुरू करते हैं और वह प्रक्रिया 'परती : परिकथा' के जितेन्द्र में आकर अपनी चरम परिणति को प्राप्त होती है। बहुत जाग्रत होकर भी निम्नवर्ग का लुत्तो रेणु का आदर्श नहीं है, उसी तरह रेणु का विरोध और परहेज सामन्तवाद और सामन्ती मानसिकता से है, 'ऊँची जाति से नहीं'।

विकासवादी सिद्धान्त कहता है कि "जीवित केवल शक्तिशाली जातियाँ नहीं रहतीं, वरन् वे प्रजातियाँ ही जीवित बचती हैं जो बदलते समय के हिसाब से अपने में बदलाव लाने में सफल होती हैं।" जमाना बदल रहा है। रेणु रचनाकार ही उस बदलते जमाने के हैं। 'मैला आँचल' के तहसीलदार विश्वनाथ प्रसाद ऊँची जाति के ऐसे पहले रेणु निर्मित पात्र हैं जो जगाने की नजाकत को पहचानता है। इसलिए वह अपनी सत्ता और अस्तित्व को बचाये रखने के लिए भीतर से काफी सतर्क हो उठा है। उसके पिता, जैसा कि रेणु ने लिखा है, रैयतों के प्रति काफी सख्त थे।[20] जमाने की नजाकत को पहचानते हुए विश्वनाथ प्रसाद ने अपने पिता की पद्धति से

तौबा कर लिया। इसका फल यह हुआ कि रैयतों के प्रति नरमी बरत कर भी वह उतनी सम्पत्ति अर्जित कर सका जितनी सख्ती बरतकर भी उसके पिता नहीं कर सके थे। सरकार के बदलते कानून और जनता की जगती हुई चेतना के कारण तहसीलदारी अब उतने लाभ का काम नहीं रहा, जितना वह झंझट का काम रह गया था। फलत: तहसीलदारी से बिना किसी हिचक के और बिना देर लगाये इस्तीफा दे दिया। जातीय अहंकार से मुक्त होते हुए उसने स्वतंत्रता और समानता के अधिकार को स्वीकृत करना आरम्भ कर दिया। उसने जीवेसरा चमार को लीडर बनाया। जैसा कि हरगौरी ने उनपर आरोप लगाया है।[21] तो नाई, धोबी, मोची—सभी छोटी से छोटी जाति के पंचों को उस सफरे पर बैठने का अवसर दिया जिस पर वह खुद बैठा था। तहसीलदारी त्याग कर उससे सम्बद्ध झंझटों से उसने अपने को मुक्त कर लिया। राजपूतों की ओर से जो अप्रकट-अघोषित चुनौती का संकट उन्हें रहता था, हरगौरी द्वारा तहसीलदारी स्वीकार कर लेने और उसे सहयोग देकर विश्वनाथ प्रसाद ने उस ओर से अपने को निष्कंटक कर लिया तो निम्नवर्ग को एक ही सफरे पर बैठने की इज्जत बख्श कर उस ओर से भी अपने को सुरक्षित कर लिया। नाती नीलोत्पल के जन्म की खुशी में हर परिवार को पाँच बीघा जमीन लौटा कर उसने निम्नवर्ग के आक्रोश को उफनने से रोक दिया। कुछ समीक्षक इसे गाँधीजी के सम्पत्ति के ट्रस्टीशिप सिद्धात का चरितार्थ होना मानते हैं। किन्तु यह तहसीलदार विश्वनाथ प्रसाद के चरित्र की उथली समझ है। यह गाँधीजी के ट्रस्टीशिप का उदाहरण उतना नहीं है, जितना यह अपनी सत्ता और अस्तित्व की किलेबन्दी का चतुराईपूर्ण तरीका था। जब किसी लड़ाई में हार सुनिश्चित हो तो उस लड़ाई से जितना लाभ उठाना सम्भव हो, उठा लेने का प्रयास करना चाहिए। एक ही सफरे पर बैठाना और हर परिवार को पाँच बीघा जमीन लौटाना शेष जमीन को बचा लेने का ही एक प्रयास है। समरस समावेशी समाज की स्थापना की दृष्टि से हरगौरी के क्रियाकलाप और उसकी परिणति से विश्वनाथ प्रसाद की तुलना करके इनके क्रिया-कलापों और आचरणों का महत्त्व समझा जा सकता है। जितनी उदारता और लचीलापन विश्वनाथ प्रसाद ने प्रदर्शित किया है उसके उलट हरगौरी अपनी जड़, अहंकारी, जमाने की गति के विपरीत सोच और आचरण के कारण दुखद अन्त को प्राप्त हो जाता है। अपने को सुरक्षित रखना है तो किले की बाड़ मत लगाओ, मित्रों की बाड़ लगाओ। तहसीलदार विश्वनाथ प्रसाद लोगों को मित्र बना रहा है, जबकि हरगौरी ने अपनी अहमन्यता से केवल दुश्मन ही दुश्मन पैदा कर लिये।

रेणु की नजर में समावेशी समाज के निर्माण के मार्ग में तहसीलदार विश्वनाथ प्रसाद, जो मूलत: ऊँची जाति और सामन्ती वर्ग का पात्र है, पहला कदम है। जबकि वैसे समाज का निर्माण 'परती : परिकथा' के जितेन्द्र में आकर अपनी सम्पूर्णता और पूरी चरितार्थता प्राप्त कर लेता है। रेणु चूँकि दोनों ही वर्गों की मुक्ति चाहते थे,

इसलिए उनकी नैतिक शिक्षा यह है कि उच्चवर्ग और ऊँची जातियों को अपनी सामन्ती मानसिकता से मुक्त होना है और निम्नवर्ग तथा निम्न जातियों के प्रति अपने आचरण को संशोधित करने की जरूरत है। यह मानवीयता की दृष्टि से जितना आवश्यक है, उससे कहीं अधिक वह जमाने की बदलती हवा के कारण से है। जमाने की हवा के रुख के विपरीत आचरणवाली सामन्ती मानसिकता आत्म विनाश को आमंत्रित करनेवाली है जिसके कुफल-सुफल का अवबोध हरगौरी के दुःखद अन्त और तहसीलदार विश्वनाथ प्रसाद के अपनी सम्पत्ति और अस्तित्व को सुरक्षित बनाये रखने की तुलना से साफ-साफ हो जा रहा है। सामन्ती समूह की मानसिक मुक्ति तहसीलदार विश्वनाथ प्रसाद से शुरू होकर जितेन्द्र में पूरी हो जाती है। सामन्तवाद का उल्टा गणतंत्रवाद है। जितेन्द्र का चरित्र और व्यक्तित्व पूरी तरह गणतांत्रिक है जैसा कि भिम्मल मामा कहते भी हैं—तांत्रिक का बेटा गणतांत्रिक।[22]

गणतंत्र में जातिवंश आदि की श्रेष्ठता का दम्भ नहीं होता, बल्कि सामाजिक स्तरीकरण का आधार गुण, कर्म, चरित्र और निष्ठा होती है। वहाँ हर किसी के पास अपने गुण-कर्म से ऊँचा से ऊँचा पद प्राप्त करने की स्वतंत्रता होती है। अवसरों का द्वार हर किसी के लिए खुला रहता है। जो कोई भी चाहे उसके अनुरूप अपनी योग्यता को बढ़ाकर उस पर काबिज हो सकता है। सामन्ती अकड़ की जगह गणतंत्र में लोच होता है और उसमें हर किसी की स्वीकार्यता की उदारता भी होती है। अब का निम्नवर्ग तब का निम्नवर्ग नहीं रहा। अब वह चेतना-सम्पन्न है। राजनीति में हिस्सेदारी ने उसे शक्ति दी है और अब वह सब कुछ सह लेने की जगह शून्य सहिष्णुता (जीरो टॉलरेंस) की ओर अग्रसर है। संघर्ष के लिए सन्नद्ध निम्नवर्ग की सद्यःजात शक्ति और ऊर्जा को एक रचनात्मक दिशा देना आवश्यक था। रेणु की महत्ता तब और समझ में आती है जब हम समाज और राष्ट्र निर्माण के सरोकारों की हिन्दी परम्परा का सिंहावलोकन करते हैं। इसकी चर्चा पूर्व के अध्यायों में हो चुकी है। 'परती : परिकथा' में लुत्तो कहता है—"(मालिक लोग) गाली दे तो पहले चेता दो। दूसरी बार गाली दे तो कहो कि गाली का जवाब गाली से देंगे। जो गाली सहेगा, उसको जुरमाना देना होगा।"[23] लेकिन रेणु की समझ की वैज्ञानिकता यह है कि वे मानते हैं कि किसी भी वर्ग को दूसरे वर्ग के विरोध में खड़ा कर समावेशी समाज की स्थापना नहीं हो सकती। निम्नवर्ग नयी चेतना और शक्ति से लैश होकर प्रतिक्रियावादी और प्रतिहिंसक हो सकता है जो लुत्तो के रूप में रूपायित भी है। लुत्तो प्रतिक्रियावादी हो भी क्यों न? जितेन्द्र के पिता पंडित शिवेन्द्र मिश्र ने लुत्तो के पिता लरेना खवास के साथ जो किया, वह अन्तिम घटना नहीं थी। मेले तमाशे के अवसरों पर परानपुर के सवर्ण युवक जिस तरह से लुत्तो पर ताने मारते और फब्तियाँ कसते थे वह कहीं से भी स्वीकार्य नहीं है। वह पुरानी यादों को भूलने में कतई मददगार नहीं है, बल्कि कुरेद-कुरेद कर उसकी प्रतिहिंसा के भाव को

जगाती रहती हैं। निम्न जातियों के लोगों से "नाटक मंडली के लिए प्रत्येक वर्ष खलिहान पर ही चन्दे का धान काट लेते थे बाबूलोग, लेकिन कभी भी द्वारपाल, सैनिक अथवा दूत का पार्ट छोड़कर अच्छा पार्ट, माने हीरो का पार्ट, नहीं दिया सवर्ण टोली के लोगों ने।"[24] इसकी प्रतिक्रिया में निम्नवर्ग के युवकों ने अलग से नाटक स्टेज करने का फैसला लिया है। किन्तु धूर्ततापूर्वक सवर्ण युवक मिलजुलकर नाटक करने की बात कह कर नाटक में घुस जाते हैं और पर्दा-पोशाक के साथ परेड करते हुए स्टेज से बाहर निकल जाते हैं। इस तरह निम्न जातियों द्वारा खेले जा रहे नाटक को सेबोटाज कर दिया जाता है।[25] अवर्णों के प्रति सवर्ण युवकों के उक्त प्रकार के आचरणों को कतई स्वीकार्य नहीं माना जा सकता और वे भी समावेशी समाज की स्थापना में सहायक नहीं, बल्कि बाधक ही हैं। अवर्ण लुत्तो को झनकाहा और कटहा बनाने में उक्त प्रकार के आचरणों की भी महती भूमिका है। सवर्ण युवकों का आचरण अगर रेणु को स्वीकार्य नहीं है तो लुत्तो का प्रतिक्रियावाद और प्रतिहिंसावाद भी नहीं है। बहुत जाग्रत, चैतन्य, शक्तिसम्पन्न और संघर्षशील होकर भी लुत्तो रेणु की सहानुभूति अर्जित नहीं कर पाता और न वह उनकी नजर में निम्नवर्ग का आदर्श ही बन पाता है। सवर्णों में रेणु का आदर्श अगर जितेन्द्र है तो अवर्णों में कालीचरन है। दोनों ही अपने-अपने ढंग से विषपायी हैं। जितेन्द्र के विरुद्ध लुत्तो जहर उगलता रहता है। यहाँ तक कि 'शहर का हरकाया हुआ कुत्ता'[26] कहता है। उसके विरोध का कोई भी अवसर हाथ से जाने नहीं देता। औचित्य-अनौचित्य के विवेक से पल्ला झाड़कर वह जितेन्द्र के अन्धविरोध पर उतर आया है। जितेन्द्र उसको बिना किसी खेद और उद्वेग के सहन करता रहता है। अगर वह भी अपने पिता की तरह सामन्ती मिजाज का होता तो लुत्तो से निपटने और ठिकाने लगाने लायक शक्ति और संसाधन तो आज भी उसके पास हैं। मुंशी जलधारीलाल दास जैसा शातिर दिमाग, रामपखारन सिंह जैसा सिपाही और दिलबहादुर जैसा किसी भी सीमा तक जानेवाले औद्धत्य से युक्त हर हुक्म की तामील को तैयार अनुचरों की फौज तो उसके पास है ही। पर वह सामन्त नहीं है, सामन्त उसके पिता पंडित शिवेन्द्र मिश्र थे। वह तो अपने पिता से ठीक उलट गणतांत्रिक है, सम्पूर्णतः गणतांत्रिक। तभी तो लुत्तो के प्रति इतनी लोच और सहनशीलता है। बल्कि इससे भी आगे जाकर रेणु जितेन्द्र को मानवीय दिखाते हैं। रेणु के मानस की सर्वोत्तम सृष्टि जितेन्द्र लुत्तो के दुःख को समझता है।[27] जितेन्द्र के मन में लुत्तो के प्रति आक्रोश नहीं, सहानुभूति है। उसने हर प्रकार के सामन्तवाद से तौबा किया है। कुबेर सिंह का साथ छोड़कर और राजा कामरूप नारायण सिंह को अस्वीकार कर उसने राजनीतिक सामन्तवाद को छोड़ा। आर्थिक सामन्तवाद से भी वह इस रूप में मुक्त है कि अपने आर्थिक साम्राज्य के निर्माण और वृद्धि के लिए किसी अनैतिक तरीके का सहारा नहीं लिया और न आतंकी हथकंडे ही अपनाये। आज उसके पास जो कुछ है विरासत में प्राप्त है जिसे वह बढ़ाता नहीं,

घटा ज़रूर रहा है। सर्वे में कबूलियत के द्वारा वैधतापूर्वक जो बचता है, उतना ही रखता है। बौद्धिक सम्पदा में वह परानपुर में किसी से भी बढ़कर है। किन्तु बौद्धिक सामन्तवाद से भी वह मुक्त है। यही कारण है कि गरूड़धुज झा जैसे लोग, जो जातीय अहंकार से भी युक्त है कि 'मुखियागिरी तो बबुआन टोली के लोग ही करेंगे,' उसके सामने नहीं फटक पाते और न उसके दरबार में वैसे लोगों की कोई पूछ ही है।

जिस प्रकार का अनुद्वेग ऊँची जाति के जितेन्द्र में है वही अनुद्वेग निम्न जाति के कालीचरन में भी है। किसी के मुँह पर, चाहे वह किसी जाति वंश का हो, उसके पितृत्व का प्रश्न उठाना यानी सीधे शब्दों में कहे तो उसकी माँ को बदचलन ठहराना किसी भी पुत्र के लिए बड़ा ही असहनीय मुद्दा है। सहदेव मिसर वाली पंचायत में कालीचरन को पंच न मानना उसका अपमान ही था। पक्षपाती जोतखी जी का मन इतने से न भरा तो कालीचरन से कहते हैं—"पहले तुम अपनी माँ से जाकर इमान-धरम से पूछो कि तुम किसके बेटा हो।"[28] क्रोध से उनकी आँखें लाल हो उठी हैं। कोई भी युवक ऐसे बेतुके प्रश्न से विचलित और असहज हो सकता है। वैसा होता तो इस पंचायत की परिणति वैसी रचनात्मक और औचित्यपूर्ण नहीं रह पाती। परन्तु यह कालीचरन का व्यक्तित्व और चरित्र है—विषपायी चरित्र कि वैसे कलेजा चीरनेवाले प्रश्न को सुन कर भी अपनी सहजता नहीं खोता और पूरी शालीनता से जबाव देता है—"जोतखी काका, हमको अपने बाप के बारे में मालूम है।" "गड़े मुर्दे उखड़ते हैं तो जोतखीजी की पत्नी का आचरण भी चर्चा में आ जाता हैं—कौन नहीं जानता, जोतखीजी का नौकर...।"[29]

प्रश्न कालीचरन ने नहीं उठाया है, वरन् वह अपने पक्ष के गुस्साये युवकों को शान्त ही करता है—"चुप रहो सुन्दर।...चुप रहो। शान्ती। शान्ती।"[30] सर्वे कचहरी में इसी तरह का बेतुका, असहज बना डालनेवाला प्रश्न लुत्तो ने जितेन्द्र की सौतेली माँ मिसेज रोजउड के बारे में उठाया था—"नहीं हुजूर। वह मेम रखेलिन थी।"[31] लुत्तो की इस बात पर जितेन्द्र के गाल लाल अवश्य हो गये किन्तु कालीचरन की तरह ही सहजता उसने भी नहीं खोयी। न कालीचरन प्रतिकिया में प्रतिहिंसा करता है और न जितेन्द्र ही। दोनों ही वर्गों से समरस समावेशी समाज की स्थापना में कालीचरन और जितेन्द्र जैसे लोग ही सहायक हो सकते हैं। कालीचरन अगर प्रतिक्रियावाद से मुक्त है तो जितेन्द्र सामन्ती अकड़ से रहि।-मुक्त हृदय। दोनों ही 'स्व' की सीमा से बँधे न होकर 'सर्व' के हित की चिन्ता करते हैं। 'मैला आँचल' में कोई भी ऐसा प्रसंग नहीं मिलता जिसमें कालीचरन ने अपनी शक्ति और संगठन का उपयोग अपने किसी व्यक्तिगत लाभ के लिए किया हो और जितेन्द्र भी कोशी डैम बनवाने का उपक्रम सिर्फ अपने लाभ के लिए नहीं करता। वरन् डैम बन जाने से इलाके भर के लोगों को लाभ होगा। बाढ़ से निजात मिलेगी और नहर प्रणाली

से सबके खेतों की सिंचाई होगी। परती अब परती नहीं रही, आसन्नप्रसवा हो गयी।[32] परती में बहुत से लोगों को जमीन मिली। सिंचाई सुविधा हो जाने से पैदावार में काफी बढ़ोत्तरी हुई और अब परानपुर के घरों में फूस की जगह केरोगेटेड टिन की छप्पर चमकने लगी। दो फाड़ समाज रेणु का अभीष्ट नहीं था। सामाजिक अन्तर्सम्बन्धों में 'इस वर्ग' का 'उस वर्ग' में कुछ न कुछ प्रवेश और सहभागिता होती ही है। रेणु इस बात को समाजहित में उपयोगी मानते हैं। यह उनकी सोच की वैज्ञानिकता है। यही कारण है कि वे दिखाते हैं कि कालीचरन के दल के सदस्य केवल निम्न जातीय युवक ही नहीं हैं। वरन जोतखीजी का बेटा रामनारायण भी है। ऐसे वर्ग-विरुद्ध लोगों को 'विभीषण' जैसा उपमान नहीं दिया जाना चाहिए। बल्कि कालीचरन के पक्ष का समर्थन कर रामनारायण ने अपने को मानवतावादी तथा न्याय और औचित्य का पक्षकार साबित किया है। जितेन्द्र ने भी जब पंचचक्र गीत-नाट्य को प्रायोजित किया तो उसमें अवर्ण-सवर्ण-सभी को शामिल ही नहीं किया, वरन् योग्यता के आधार पर पार्ट का वितरण किया। अपनी कला का प्रदर्शन करने के लिए सबको मौका दिया गया। कोसका मैया की प्रस्तुति में मुख्य भूमिका मलारी और ताजमनी द्वारा ही अभिनीत है—दोनों ही दलित वर्ग की। मेहमानजी, कामा, बालाजी महाराज, शिव आदि अनेक निम्न पृष्ठभूमिवाले पात्रों को सहभागी बनाया है पूरे महत्त्व, सम्मान और बराबरी के भाव से। ऊँच-नीच, कुलीन-अकुलीन का कोई भेद नहीं। परानपुर की नाटकमंडली के पूर्व के व्यवहार से इस नये व्यवहार की तुलना कर इसकी महत्ता समझी जा सकती है। प्रेम कुमार दीवाना में रचनात्मक ऊर्जा तो थी पर दिशा नहीं थी उसके पास। जितेन्द्र के सान्निध्य ने उसे दिशा देकर उपयोगी बना दिया है। उन्नत गाँव परानुपर के दुर्गुण के रूप में रेणु ने कृतघ्नता को रेखांकित किया था जिसका महत्त्वपूर्ण उदाहरण दन्ता राकस का दुखद अन्त था। इलाके की प्यास बुझाने के लिए दन्ता ने पाँच-पाँच कुंड खोद दिये। उस दन्ता के साथ छल-कि प्राण ही गँवा देने पड़े। इरावती कोशी डैम के निर्माण में योग देती है परानपुर के लोगों की भलाई के लिए। किन्तु उसी इरावती की साड़ी खींची जाती है। रेणु जितेन्द्र के सान्निध्य में लोगों के कृतज्ञ होने की शुरुआत करते हैं। प्रेम कुमार दीवाना खुलकर कहता है—"इरावती बहन को भगवान ने खासकर हमलोगों के लिए ही भेजा है।"[33] जितेन्द्र पर ढेले-पत्थरों की वर्षा होती है। चोट से उसके माथे से खून बहता है, प्यारे कुत्ते मीत की मौत हो जाती है। फिर भी जितेन्द्र पुलिस को मुकदमा दर्ज नहीं करने देता। जितेन्द्र लुत्तो के खासमखास रोशन बिस्वाँ तक को फँसाने नहीं देता। दारोगा को टका सा जवाब दे दिया—"मोटी मछली फँसाने के फेर में हैं, आप।"[34] दारोगा अपना सा मुँह लेकर चुपचाप वापस चला गया। कोशी डैम के निर्माण का विरोध करनेवालों में शामिल कम्युनिस्ट मकबूल को भी कहना पड़ा—"मैं कबूल करता हूँ, हमने गलत कदम उठाया था।"[35]

निष्कर्षत: समाज के प्राय सभी विरोधी और विजातीय गुणधर्मवाले सदस्यों का संकेन्द्रण जितेन्द्र पर आकर होता है। रेणु का जितेन्द्र सर्वसमावेशी गणतंत्रात्मक समाज की स्थापना का नेतृत्वकर्ता पात्र है। इस उददेश्य को पूरा करने के लिए उन्होंने जितेन्द्र के व्यक्तित्व और चरित्र का प्रसंस्करण किया है। प्रसंस्करण की चर्चा चरित्र चित्रण के अध्याय में की जा चुकी है। नेता और नेतृत्व का प्रतिमान रेणु ने जितेन्द्र को बनाया है तो उनकी नजर में कार्यकर्ता का प्रतिमान कालीचरन है। एक कार्यकर्ता के रूप में कालीचरन की जीवन–परिणति सुखद नहीं है। किन्तु उसका कारण अन्य है। एक कार्यकर्ता में जो गुण होने चाहिए वे सभी उसमें प्रचुर मात्रा में हैं। और यही कारण है कि सर्वसमावेशी न्यायाधारित स्वस्थ, प्रगतिशील एवं समृद्ध समाज की स्थापना में रेणु कालीचरन और जितेन्द्र के महत्त्व को पूरी संजीदगी के साथ मानते और स्वीकारते हैं। वे किसी भी कीमत पर समाज को दो फाड़ होने देना नहीं चाहते। अपने इस मन्तव्य को वे बड़ी ही बारीकी से सांकेतिक रूप में प्रकट करते हैं। सर्वसमावेशी समाज की स्थापना का सूत्रपात वे अपनी पहली ही कृति 'मैला आँचल' में कर देते हैं। उच्चवर्ग के विरुद्ध निम्नवर्ग को जो विजय 'मैला आँचल' में मिली थी, उससे उसमें अतिउत्साह का संचार होने का खतरा तो था। उस खतरे का पूँजीभूत रूप 'परती : परिकथा' का लुत्तो है। अति उत्साह से प्राप्त शक्ति प्रतिक्रियावाद और प्रतिहिंसा को जन्म देती, जो सर्वसमावेशी समाज की स्थापना में बाधा ही उपस्थिति करती। अत: निम्नवर्ग के अतिउत्साह को भी एक दायरे में रखना जरूरी था। दूसरी ओर अगर उच्चवर्ग अपने भीतर निम्नवर्ग के लिए स्वीकार्यता का अवकाश (स्पेस) सृजित नहीं करता तो टकराहट को टालना और समाज को दो फाड़ होने से रोकना मुश्किल था। रेणु ने बड़े ही रचनात्मक कौशल के साथ दोनों ही वर्गों को स्वीकार्य मध्यवर्ती बिन्दु के रूप में तहसीलदार विश्वनाथ प्रसाद को प्रस्तुत किया है। नाई, धोबी, मोची द्वारा हड़ताल किये जाने पर वे तुरन्त हस्तक्षेप नहीं करते। वरन् परिस्थितियों के विकसित होने का इन्तजार करते हैं। जब हरगौरी का काम बिल्कुल नहीं चलने लगता और उसके पास हड़ताल खत्म कराने का कोई उपाय शेष नहीं रहता तब थक हार कर वह पूर्व तहसीलदार विश्वनाथ प्रसाद के आगे गिड़गिड़ाता है—"काका। इस बार इज्जत बचा लीजिए। क्या आप यही चाहते हैं कि नाई, धोबी और चमार के सामने हम हाथ जोड़कर गिड़गिड़ावें?"[36] ग्वाले की लीडरी को न स्वीकारनेवाले हरगौरी के मिजाज की अकड़ को नीचे लाना आवश्यक था समावेशी समाज की स्थापना के लिए। सो होता है। विश्वनाथ प्रसाद के आगे गिड़गिड़ाना और किसी भी प्रकार से हड़ताल न तुड़वा पाना उसकी अकड़ के नीचे आने का प्रमाण है। सामन्तों की अकड़ जब तक ढीली नहीं पड़ेगी, समावेशी समाज की स्थापना नहीं हो सकेगी और जब ऐसा हो जाता है तब रेणु को यह लाजिमी लगता है कि निम्नवर्ग के अतिउत्साह को भी अनियंत्रित होने से रोका

जाय। बैठक में ग्वाले बालदेव को दरवाजे पर से उठ जाने को कहनेवाला हरगौरी आज दो ग्वालों–बालदेव और कालीचरन के बीच में बैठा है कालीचरन को 'जी' कहता है और उससे हँस–हँस कर बातें कर रहा है। रेणु के शब्दों में 'मानो एक प्याली का दोस्त है।'[37] उसी सफरे पर जिसपर हरगौरी और विश्वनाथ प्रसाद बैठे हैं, नाई, धोबी, मोची–सभी पंच बैठे हैं। यह हरगौरी की सामन्ती अकड़ का नीचे आना नहीं तो और क्या है? और जब यह क्रिया सम्पन्न हो जाती है तब विश्वनाथ प्रसाद निम्नजातीय लड़कों से कहते हैं—"खेलावन। जोतखीजी। आप ही लोग कहिए, जो लौंडे हमको कहते हैं काका, मामा, भैया, फूफा, उन लड़कों की गलती पर, यदि हम कान पकड़कर मल दें या दो कड़ी बात कह दें तो हमको कोई दोख देगा?"[38]

शंका–प्रतिशंका के बीच निम्न जातीय युवक स्वीकार कर लेते हैं कि "हम गाँव से बाहर थोड़ों हैं।"[39] पंचायत की भूमिका में ही तहसीलदार विश्वनाथ प्रसाद कहते हैं—"हम तो इसी में गाँव का कल्याण देखते हैं कि सभी भाई, क्या गरीब क्या अमीर, सब भाई मिलकर एकता से रहें।"[40] कथा–प्रसंग से ऐसा निष्कर्ष अवश्य निकलता है कि बैठक का निर्णय आदर्श स्तर का निर्णय नहीं बन पाया था, किन्तु समावेशी समाज की स्थापना की शुरुआती कोशिश के रूप में यह उपक्रम अत्यन्त उपादेय है जिसकी आयोजना रेणु ने बड़े कलात्मक और रचनात्मक रूप में की है। इसका ही चरम उत्कर्ष रेणु ने 'परती : परिकथा' के जितेन्द्र के रूप में प्रस्तुत किया है।

सन्दर्भ सूची

1. मैला आँचल, फणीश्वरनाथ रेणु, पृ. 114
2. वही, पृ. 141
3. वही, पृ. 143
4. वही, पृ. 18
5. वही, पृ. 17
6. वही, पृ. 155
7. वही, पृ. 156
8. वही, पृ. 188
9. परती : परिकथा, फणीश्वरनाथ रेणु, पृ. 18
10. मैला आँचल, पृ. 16
11. वही, पृ. 19
12. वही, पृ. 186
13. वही, पृ. 68
14. परती : परिकथा, पृ. 133

15. मैला आँचल, पृ. 28
16. परती : परिकथा, पृ. 251
17. ठुमरी, रेणु, पृ. 71
18. वही
19. जुलूस, रेणु, पृ. 118
20. मैला आँचल, पृ. 179
21. वही, पृ. 179
22. परती : परिकथा, पृ. 303
23. वही, पृ. 110
24. वही, पृ. 205
25. वही, पृ. 207
26. वही, पृ. 68
27. वही, पृ. 190
28. मैला आँचल, पृ. 117
29. वही
30. वही
31. परती : परिकथा, पृ. 142
32. वही, पृ. 339
33. परती : परिकथा, पृ. 311
34. वही, पृ. 329
35. परती : परिकथा, पृ. 326
36. मैला आँचल, पृ. 179
37. वही, पृ. 186
38. वही, पृ. 189
39. वही
40. वही, पृ. 188

रेणु का शिल्प-वैशिष्ट्य

साहित्य मूलतः एक कलावस्तु है और साहित्यकार भी मूलतः एक कलाकार ही होता है। 'कथ्य' साहित्य नामक कलावस्तु का 'उपादान' कारण होता है और रचनाकार उसका 'निमित्त' कारण। रचनाकार जो 'निमित्त' कारण है, 'कथ्यरूपी उपादान' कारण को रचनारूपी कलावस्तु में, जिसे कार्य में परिणत होना कहेंगे, रूपान्तरित करता है। कथ्य अपने आप में साहित्य नहीं है, उस वक्त तक जबतक वह कलावस्तु में रूपान्तरित नहीं हो जाता। वह जैसे ही साहित्य के किसी रूप (फॉर्मेट) में आकार ग्रहण कर लेता है, कलावस्तु में रूपान्तरित हो जाता है, साहित्य बन जाता है। सोना अपने आप में आभूषण नहीं है और तबतक उसका कलावस्तु-आभूषण-के रूप में कोई मूल्य नहीं है और तबतक वह सौन्दर्य विधायक भी नहीं है। सुनार जब सोने को विभिन्न रूपाकारों में ढाल देता है, यानी वस्तुगत आकार से भिन्न आभूषण के आकार में रूपान्तरित कर देता है, तब वह आभूषण कहलाता है। तब वह सोना सिर्फ सोना नहीं रहकर कलावस्तु-आभूषण बन जाता है। तब उसमें सौन्दर्य-विधान की शक्ति आती है, तब वह सुन्दरियों के आकर्षण का केन्द्र बनता है। उनका ध्यान अपनी ओर आकृष्ट करता है और उन्हें अपने से बाँधे रखता है। दर्शक की दृष्टि को अपने से बाँधे रखना आभूषण-निर्माता-कलाकार-की कला की सफलता की कसौटी है। साहित्य दृश्यकला नहीं है। वह संगीत की तरह की श्रव्यकला भी नहीं है। वरन् वह भावजगत् की कला है। साहित्य को न तो देखा जाता है, न संगीत की तरह सुना जाता है, वरन् उसका 'भावन' किया जाता है। भावन के उपक्रम में भावक का चित्त साहित्य में लीन हो जाता है। वह रचनाकार उतना ही उच्च कोटि का कलाकार सिद्ध होगा जिस अनुपात में वह पाठक-भावक-के चित्त को अपनी रचना से बाँधे रखने में सफल होगा। कलावस्तु की सार्थकता उसका आकर्षण है। जो कलानिर्मिति भावक को आकर्षित नहीं कर पाती, वह सफल नहीं मानी जा सकती, सार्थक नहीं मानी जा सकती। पंडितराज जगन्नाथ की काव्य की परिभाषा-रमणीयार्थ प्रतिपादकः शब्दः काव्यम् कलावस्तु के रूप में साहित्य की उपयुक्त परिभाषा है। 'रमणीय' का अर्थ यहाँ आनन्ददायक नहीं है, जैसा कि भ्रमवश कुछ लोग मान लेते हैं। रमणीय का वास्तविक

अर्थ भावक के चित्त को अपने में डुबो लेना है। भावक का चित्त जहाँ रम जाता है, यानी जिसमें चित्त को रमाने की शक्ति है, वह रमणीय है। वह आनन्ददायक है या करुण, शोक अथवा उद्वेगकारी है, यह महत्त्वपूर्ण नहीं है। महत्त्वपूर्ण है चित्त का रमण। विषय चाहे आनन्ददायक हो, शोकपूर्ण हो अथवा उद्वेगपूर्ण। रेणु एक सफलतम रचनाकार हैं इस अर्थ में कि उनकी रचनाओं में पाठक के चित्त को अपने से बाँधकर रखने की अद्‌भुत क्षमता है। इस क्षमता को उत्पन्न, विकसित और समृद्ध करने के लिए रचनाकार कुछ ट्रिक्स-कौशल का प्रयोग करता है। सबसे पहले वह अपने कथ्य को कलावस्तु में रूपान्तरित करता है, उसे एक फॉर्मेट, रूपाकार (विधा के रूप में) प्रदान करता है। रेणु एक खुर्दबीनी पर्यवेक्षक हैं, जैसा कि उनकी रचनाएँ प्रतिपादित और प्रमाणित करती हैं। उनका पर्यवेक्षण इतिहास द्वारा प्रमाणित है, इतिहाससिद्ध और इतिहास सापेक्ष है। पात्र और घटनाएँ जहाँतक काल्पनिक हैं, वहाँ तक हम उन्हें ऐतिहासिक नहीं कह सकते। यह भावक बार-बार कह रहा है कि बिना इतिहास प्रसिद्ध हुए भी ऐतिहासिक हुआ जा सकता है, बशर्ते उसका देशकाल वास्तविक हो। साहित्यिक रचनाओं में देश-काल वास्तविक न होकर मुख्यत: प्रवृत्ति की ऐतिहासिकता के रूप में होता है। इसी को दूसरे शब्दों में इतिहास की सापेक्षता भी कह सकते हैं। यथार्थवाद इतिहास की सापेक्षता का वाद है। पात्र का नाम-पता, उसकी क्रियाएँ और घटनाएँ वास्तविक न भी हों और अक्सर होता भी नहीं है, तब भी रचनाकार इतिहास-सापेक्षता के कारण यथार्थवादी होता है। रेणु का पर्यवेक्षण जो उनकी रचनाओं में संकलित है, उनको एक यथार्थवादी सिद्ध करता है। रोमांटिक यथार्थवादी नहीं, जैसा कि कुछ लोग उनपर आरोप लगाते हैं। रचनाकार अपने पर्यवेक्षण पर मनन करता है, विश्लेषण करता है। मनन और विश्लेषण कारण-कार्य के तर्कशास्त्रीय विधान के अनुरूप होता है। तब रचनाकार एक वैज्ञानिक के रूप में अपने को साबित करता है। जो रचनाकार कारण-कार्य नियम पर खरा है, वह वैज्ञानिक है और जो वैज्ञानिक है, वही यथार्थवादी भी है। कार्य से आरम्भ कर कारण की तह तक पहुँचना एक चिन्तक का भी कार्य है। चिन्तक कार्य के प्रेरक कारणों को सिद्धान्त रूप में खोजता है और अगर यथार्थ में कुछ संशोधन की गुंजाइश बनती है तो उसके बारे में भी दिशानिर्देश करता है अथवा सिद्धान्त प्रतिपादित करता है। कारण की सैद्धान्तिक खोज और संशोधनों की सैद्धान्तिक प्रस्तावना यह जितनी तार्किक होगी, कारण-कार्य नियम के अनुरूप होगी, उतनी ही वैज्ञानिक भी होगी और उतनी ही यथार्थवादी भी होगी। वैज्ञानिकता से विचलन रचनाकार को रोमांटिक बनाता है। जिन्हें रेणु के पर्यवेक्षण में, चिन्तन में और संशोधनों के प्रस्ताव में वैज्ञानिकता से विचलन उपलब्ध होता हो उन्हें अवश्य यह हक हासिल है कि वे रेणु को रोमांटिक मानें। आरोप को भी वैज्ञानिक रूप से तर्कसिद्ध होना चाहिए। अगर आरोप खुद वैज्ञानिक नहीं है तब वही रोमांटिक है और रोमांटिक आरोप न्यायोचित नहीं होता। कनुप्रिया की राधा ने कृष्ण पर कुछ वैसा

ही रोमांटिक आरोप लगाया है। अबतक के प्रतिपादन से यह सिद्ध हो चुका है कि रेणु उच्चकोटि के चिन्तक हैं। वहीं वे इस रूप में उच्चकोटि के कलाकार भी हैं क्योंकि उन्होंने अपने चिन्तन को पूरी सफलता के साथ कलावस्तु के रूप में रूपान्तरित कर दिया है। उनका चिन्तन, चिन्तन के रूप में नहीं, कलावस्तु के रूप में हमारे सामने है। अनेक उदाहरणों में कलाकार के पास चिन्ता (चिन्तन) नहीं होती और चिन्तक के पास कला नहीं होती। अनेक बार कलाकार जब अतिरिक्त रूप से चिन्तक बन जाता है, या यूँ कहें कि चिन्ता कलाकार पर हावी हो जाती है तब कला क्षतिग्रस्त होने लगती है। वह अपनी सहजता और स्वाभाविकता खोने लगती है। जैसा चिदम्बरा में पंत जी के साथ हुआ है। और जब कलाकार के पास सिर्फ कला होती है चिन्ता नहीं, तब जैसा साहित्य रचा जाना सम्भव होता है उसका सटीक उदाहरण रीतिकालीन कविता है। रेणु महान् इसलिए भी है कि उनमें न तो चिन्तन के अतिरेक से कला की कहीं क्षति नजर आती है और न ही उनकी कला से चिन्ता का तादात्म्य टूटता नजर आता है। 'चिन्ता' और 'कला'—रेणु में दोनों ही समानुपाती, दोनों ही हमकदम और दोनों एक दूसरे के उपकारक नजर आती हैं। 'चिन्ता' और 'कला' में से रेणु में कौन बड़ा है—यह तय करना चुनौतीपूर्ण है—को बड़-छोट कहत अपराधू। रेणु कलाकार हैं साहित्यिक कलावस्तु के निर्माता के रूप में। साहित्य में कला दो रूपों में होती है—1. प्रारूप (विधा, अंग्रेजी में फॉर्मेट) के रूप में तथा 2. साहित्य के माध्यम के रूप में। हर कला का अपना माध्यम होता है। साहित्य का माध्यम भाषा है। रेणु ने साहित्य की एक विधा–उपन्यास के क्षेत्र में एक नया फॉर्मेट गढ़ा। कहानियों में भी जिस फॉर्मेट का प्रदर्शन रेणु ने किया है वह परम्परा से प्रायः हटकर है। भावक परम्परागत ढर्रे से ऊब जाता है। उसे जब भी ऐसी कोई चीज मिलती है जो ढर्रे से अलग हो और उसमें नयापन तथा ताजगी हो, तो वह उस ओर दौड़ पड़ता है। साहित्य में सौन्दर्य की व्याख्या करते हुए बताया गया है कि जो नित्य नवीन लगे–वह सुन्दर होता है। स्पष्ट है कि नयापन यूँ ही आकर्षक होता है। किन्तु रेणु के फॉर्मेट के नयेपन में एक अजीब सा अनोखापन भी है, जिसने उनकी रचनाओं में एक ऐसा आकर्षण भर दिया है कि पाठक और बहुत हदतक समीक्षक भी व्यामोहित हो गया है। रेणु में 'कला' का तिलिस्म कुछ ऐसा जबर्दस्त है कि लोगबाग उसी में डूबे रह जाते हैं। उस आकर्षण के पार जाकर उनकी वास्तविक 'चिन्ता' और 'सरोकारों' को सतह पर ला सके—यह 'कलाभेदी मर्मज्ञता' रेणु सम्बन्धी समीक्षाओं में बहुत ही विरल है। वे एक शैलीकार मान लिए गये हैं—आंचलिक उपन्यासकार के रूप में। किन्तु रेणु का शैलीकार पक्ष जितना महत्त्वपूर्ण है उनका 'चिन्तक' रूप उससे कम महत्त्व का नहीं है। उनकी शैली से उनकी 'चिन्ता' इस कदर आच्छादित है ठीक उसी तरह जैसे दुर्गा सप्तशती में उसकी शक्ति को 'कीलित' कर दिया गया है। सप्तशती के वास्तविक पाठ के पूर्व उत्कीलन मंत्रों का पाठ करना आवश्यक होता है। उत्कीलन मंत्र उस कुंजी की तरह है जिससे शक्ति के

रहस्यों का ताला खोला जा सके। रेणु की शैली का वास्तविक विश्लेषण अपेक्षित है। जिसमें उनकी चिन्ता 'कीलित' है, ताकि उसका वास्तविक रूप प्रकट हो सके। कला की सतह पर ठहर कर उनके लेखन का वैसा ही अर्थ उपलब्ध किया जा सका है जैसा अब तक देखने में आ रहा है। पर वह अर्थ रेणु का अभीष्ट और वास्तविक अर्थ नहीं है। रेणु का अभीष्ट अर्थ उससे भिन्न है और गहरा भी, जो उनके कथन से प्रकटत: परिलक्षित होता है। अभीष्ट अर्थ का गोपन (कीलन) यह भी रेणु की एक कला ही है और इसमें उन्हें महारत भी हासिल है। उनकी व्यामोहक भाषा का कमाल है कि अनेक समीक्षकों को वे रोमांटिक यथार्थवादी नजर आते हैं। जबकि सच यह है कि रेणु निर्मम रूप से यथार्थवादी हैं। इसका प्रमाण यह भी है कि वे अपने पूरे लेखन में कहीं भी यूटोपिया रचते नजर नहीं आते। 'नमक का दारोगा' और 'पंच परमेश्वर' आदि कहानियों में प्रेमचन्द ने जिस तरह का यूटोपिया रचा है, वैसा यूटोपिया रेणु की किस रचना में है? यूटोपिया रचकर भी प्रेमचन्द रोमांटिक नहीं और बिना यूटोपिया के भी रेणु रोमांटिक? रेणु की सभी रचनाओं की आधारभूत घटनाएँ ऐतिहासिक यथार्थ पर आधारित हैं। इसलिए उन्हें रोमांटिक मानना-कहना कहीं से भी उचित नहीं है।

यह सही है कि अपने पहले उपन्यास 'मैला आँचल' को उन्होंने अपने श्रीमुख से 'आंचलिक उपन्यास' कहा है। लेकिन इस लटके ने रेणु-साहित्य की समीक्षा को एक तरह से बर्बाद करके छोड़ दिया है। कुछ समीक्षकों यथा डॉ. रामदेव प्रसाद, डॉ. सियाराम तिवारी, निर्मल वर्मा आदि ने उक्त लटके से अप्रभावित होकर रेणु की तात्त्विक समीक्षा की। किन्तु उनकी आवाज उक्त लटके के नक्कारखाने में दब सी गयी। उक्त समीक्षकों ने समीक्षा भी संक्षेप में की है। उनकी आवाज के दबने का यह भी एक कारण हो सकता है। गौरतलब यह है कि जिस वक्तव्य में उन्होंने 'मैला आँचल' को आंचलिक उपन्यास कहा है, उसी वक्तव्य में उन्होंने यह भी कहा है कि भारत के पिछड़े गाँवों का प्रतीक मान कर 'मेरीगंज' को कथा का आधार बनाया है। प्रतीक की व्याप्ति 'प्रतीक वस्तु' तक सीमित नहीं होती, बल्कि उसकी व्याप्ति उस सीमा तक विस्तारित होती है जिस विस्तार तक को वह प्रतीकित करता है अथवा जहाँ तक का वह प्रतिनिधित्व करता है। मेरीगंज भारत के जिन-जिन गाँवों का प्रतिनिधित्व करता है, उन-उन गाँवों तक मेरीगंज का विस्तार है। मेरीगंज एक भौगोलिक क्षेत्रविशेष है अवश्य, किन्तु उसका अर्थ-विस्तार उसी भौगोलिक क्षेत्र विशेष तक सीमित नहीं है। 'आंचलिक' का अर्थ क्षेत्र-विशेष से लगाया गया जो बहुत वैज्ञानिक और शास्त्रीय नहीं है।

'आंचलिक उपन्यास' एक पूरा 'पद' है और पारिभाषिक है। पारिभाषिक शब्दों का अर्थ वही नहीं होता जो उस शब्द का सामान्य अर्थ होता है। अंचल शब्द का सामान्य अर्थ 'क्षेत्र' होता है। एक खास भौगोलिक क्षेत्र। 'आंचलिक उपन्यास' इस पारिभाषिक पद में 'आंचलिक' क्षेत्र-विशेष का द्योतक नहीं है। पारिभाषिक शब्दों का

अपना निर्धारित विशेषार्थ होता है। जैसे हम 'Public Sector' पारिभाषिक शब्द को लेते हैं। इस पद में दो शब्द हैं—Public और Sector। Public शब्द के योग से बना हुआ एक दूसरा पारिभाषिक शब्द हम लेते हैं—Public School। दोनों में ही Public शब्द है, किन्तु दोनों ही पारिभाषिक पदों का अर्थ Public शब्द के मूलार्थ से भिन्न है और भिन्न ही क्यों उक्त दोनों पदों में उसका अर्थ आपस में विरोधी भी है। पहले पद का अर्थ जहाँ सार्वजनिक क्षेत्र है। वहीं दूसरे पद का अर्थ निजी विद्यालय है। पहले पद में सेक्टर शब्द स्पष्टत: क्षेत्र का अर्थवाची है वहीं दूसरे पद में स्कूल विद्यालय है। दोनों ही पदों में पब्लिक शब्द समान रूप से उपस्थित है। किन्तु पहले में जहाँ उसका अर्थ सार्वजनिक, दूसरे शब्दों में सरकारी है, वहीं दूसरे पद में पब्लिक सरकारी या सार्वजनिक से ठीक उल्टा अर्थ-निजी-दे रहा है। पब्लिक की समान उपस्थिति के कारण न तो पब्लिक स्कूल को सरकारी विद्यालय कहा जा सकता है और न ही निजी विद्यालय की तर्ज पर पब्लिक सेक्टरको निजी क्षेत्र माना जा सकता है। पारिभाषिक शब्दों के अर्थ-निर्धारण की अपनी पद्धति होती है। 'आंचलिक उपन्यास' एक पूरा पद है और यह साहित्य के समीक्षाशास्त्र का एक पारिभाषिक पद है। इस पारिभाषिक पद में 'आंचलिक' शब्द क्षेत्रविशेष का वाचक वैसे ही नहीं है जैसे—पब्लिक शब्द कहीं निजी का वाचक नहीं है और कहीं सार्वजनिक का वाचक नहीं है। पारिभाषिक पदों के मामले में अर्थ उनके खंडों से नहीं, बल्कि सभी खंडों के योग से बनता है। बल्कि बनता है—यह कहना भी उचित नहीं होगा, कहना चाहिए—निर्धारित होता है। 'आंचलिक उपन्यास' इस पारिभाषिक पद का अर्थ क्षेत्रीय उपन्यास नहीं है। अंचल शब्द के विशेषण रूप आंचलिक को देखकर 'आंचलिक उपन्यास' को क्षेत्रीय उपन्यास मान लेना कहीं से भी सही नहीं है। 'आंचलिक उपन्यास' का अर्थ वास्तव में वही है जो डॉ. रामदेव प्रसाद और डॉ. सियाराम तिवारी ने किया है। आंचलिकता अपने आप में कोई विषय वस्तु नहीं है वरन् वह एक शिल्प है और वह उपन्यास के स्थापत्य में होती है। डॉ. तिवारी ने माना है कि 'आंचलिक उपन्यास' व्यक्तिवादी उपन्यासों का विलोम है। व्यक्तिवादी उपन्यासों में एक व्यक्ति नायक होता है, उपन्यास की पूरी कथा-श्रृंखला उसी के गिर्द घूमती रहती है। एक ही प्रधान व्यक्ति उसके केन्द्र में होता है, वही कथा को अन्तिम परिणति (फलागम) तक ले जाता है। 'आंचलिक उपन्यास' में कोई भी एक व्यक्ति नायक नहीं होता। उस उपन्यास की पूरी कथा उससे अनुस्यूत और जुड़ी नहीं होती। जिस पात्र से कथा आरम्भ होती है वही फलागम तक कथा को ले जाय, आवश्यक नहीं है। फलागम भी एक और यूनिक नहीं होता, वरन् वह टुकड़ों में बँटा होता है। फलागम के सभी खंडों का नायक (पुरस्कर्ता) एक ही नहीं होता, वरन् अनेक होते हैं। स्पष्ट है कि 'आंचलिक उपन्यास' का नायकत्व किसी भी एक पात्र से बँधा नहीं होता। किसी भी गाँव की कथा को अगर 'आंचलिक' मान लिया जाय तो गोदान का होरी भी बेलारी गाँव का है। गोदान में तीन स्थानों की कथा

है, बेलारी, जहाँ के निवासी होरी, दातादीन आदि थे तो सेमरी में जमींदार का घर था। उसकी कथा का एक बड़ा हिस्सा लखनऊ में घटित होता है।

बेलारी से भागकर गोबर वहीं की शक्कर मिल में मजदूरी करता था। किसी अंचल की कहानी को आंचलिक उपन्यास मानेंगे तो स्पष्ट है कि गोदान की कथा भी किसी अंचल विशेष से सम्बद्ध है। तब गोदान 'आंचलिक उपन्यास' क्यों नहीं? उसी तरह 'बलचनमा' उपन्यास का नायक बलचनमा दरभंगा शहर के पास के किसी गाँव का निवासी है और उसका मालिक परिवार भी उसी गाँव का है। कई सारे पात्र उसी गाँव के हैं। उपन्यास की मुख्य घटनाएँ भी उसी गाँव में घटित होती हैं। फिर 'बलचनमा', 'आंचलिक उपन्यास' क्यों नहीं? दोनों ही उपन्यास 'ग्रामकथा' पर आधारित होकर भी 'आंचलिक उपन्यास' सिर्फ इसलिए नहीं माने जाते क्योंकि दोनों ही उपन्यासों में कोई एक व्यक्ति नायक है। उसी के गिर्द कथा घूमती है और वही कथा के आरम्भ से अन्त तक मौजूद है। प्राय: सभी उपन्यासों में कुछ अन्य पात्र और घटनाएँ भी प्रासंगिक रूप में स्थान पा लेती हैं। इस तरह वहाँ कथा का स्पष्ट विभाजन मौजूद रहता है—आधिकारिक कथा जो नायक और फलागम से सम्बद्ध होती है तथा प्रासंगिक कथा जो अन्य पात्रों से सम्बद्ध होती है। आंचलिक उपन्यासों में कोई एक व्यक्ति नायक नहीं होता और न ही एक यूनिक फलागम होता है। आंचलिक उपन्यासों में आधिकारिक कथा तथा प्रासंगिक कथा जैसा कुछ नहीं होता। वहाँ सिर्फ घटनाएँ-कथा-होती, हैं। हम सभी को या तो आधिकारिक कथा मानें या सभी को प्रासंगिक। यह नहीं होता कि आंचलिक उपन्यास के किसी कथा-खंड को आधिकारिक मानें और शेष किसी अन्य कथाखंड को प्रासंगिक। वहाँ या तो सभी कथाखंड आधिकारिक अथवा सभी प्रासंगिक। इस तथ्य को 'गोदान' और 'बलचनमा' की तुलना में 'मैला आँचल' को रखकर सहज ही समझा जा सकता है। जब भी कोई पात्र होगा उसका कोई न कोई स्थान होगा, घटनाएँ घटेंगी, उनका भी स्थान होगा। भले ही स्थान का नाम लिया गया हो अथवा नहीं। अगर स्थानीयता ही आंचलिकता होती तो कौन सा उपन्यास होगा जो आंचलिक नहीं ठहर जाएगा? स्पष्ट है कि आंचलिकता का आधार अंचल (क्षेत्र विशेष) नहीं है। एकल नायकत्व व्यक्तिवादी उपन्यास का लक्षण है तो एक से अधिक पात्रों द्वारा नायकत्व, कथा (घटनाओं) का अनेक पात्रों द्वारा नेतृत्व यह आंचलिक उपन्यास का विवक्षित लक्षण है। 'मैला आँचल' का नायक किस एक पात्र को मानें? बालदेव को कि कालीचरन को, डॉ. प्रशान्त को कि तहसीलदार बिश्वनाथ प्रसाद को, हरगौरी को या रामदास को। 'मैला आँचल' की किस कथा को आधिकारिक कहेंगे और किसे प्रासंगिक। जिस तरह होरी 'गोदान' का और 'बलचनमा' अपने नाम के उपन्यास का नायक है, 'मैला आँचल' का कोई भी पात्र उस तरह का नायक नहीं है। उक्त दोनों उपन्यासों की तरह 'मैला आँचल' में कोई एक और यूनिक फलागम भी नहीं है। एक दूसरा भ्रम यह भी है कि

आंचलिक उपन्यास की कथा ग्रामांचल की कथा होती है। अगर स्थान को आंचलिकता कहें तो ग्राम और शहर का विभाजन क्यों ? शहर भी स्थान ही है, तो फिर शहर की कथा पर आधारित उपन्यास को आंचलिक क्यों नहीं कहा जाय ? अंचल ग्रामांचल का पर्याय नहीं होता, न हो ही सकता है। अंचल जैसा ग्राम है, वैसा ही शहर भी है। अत ग्रामांचल भी आंचलिक उपन्यास का विवक्षित लक्षण नहीं है।

आंचलिक उपन्यास को इस तरह भी समझा जा सकता है। व्यक्ति का समूह समाज होता है। अतः मनुष्य का मनुष्य के साथ तीन तरह के समीकरण बनते हैं— 1. व्यक्ति का व्यक्ति के साथ, 2. व्यक्ति का समूह अथवा समाज के साथ तथा 3. समूह का समूह के साथ। मनोवैज्ञानिक उपन्यासों (अज्ञेय, जैनेन्द्र, इलाचन्द्र जोशी) में मनुष्यों के बीच जो आपसी सम्बन्ध होता है, वह पहले प्रकार का होता है। उसे व्यक्ति बनाम व्यक्ति कहना विशेष समीचीन होगा। सामाजिक उपन्यासों यथा गोदान, बलचनमा आदि में व्यक्ति (नायक होरी, बलचनमा आदि) का सम्बन्ध समाज के साथ होता है। यह व्यक्ति बनाम समाजवाला समीकरण पहले प्रकार के समीकरण से भिन्न तो होता है, किन्तु यहाँ भी एक व्यकित ही नायक होता है। व्यक्ति बनाम समाजवाला समीकरण प्रेमचन्द और नागार्जुन का समीकरण है। तीसरा समीकरण रेणु की अपनी देन है उपन्यास के क्षेत्र में कि वहाँ समाज बनाम समाज है। मनोवैज्ञानिक हो अथवा सामाजिक दोनों ही प्रकार के उपन्यासों में समीकरण की दिशा सिर्फ एक से दूसरे की ओर होती है। रेखाचित्र से अगर देखें तो उसका स्वरूप कुछ इस प्रकार होगा।

व्यक्ति ⇌ व्यक्ति / समाज

जबकि आंचलिक उपन्यासों में मानवीय सम्बन्धों की दिशा सरल ऋजुरेखीय और एक दूसरे की ओर ही निर्धारित नहीं होती। वहाँ मानवीय सम्बन्धों का व्यापक अन्तर्जाल होता है। उसमें उपस्थित सम्बन्ध एक दूसरे के प्रति अन्योन्याश्रित यानी व्यक्ति का व्यक्ति समाज से तथा व्यक्ति या समाज का व्यक्ति से ही नहीं होता। बल्कि आंचलिक उपन्यासों में उपलब्ध सम्बन्ध बहुकोणिक, दूसरे शब्दों में अन्तर्जालिक होता है। रेखाचित्र बनाकर देखें वह कुछ इस प्रकार का होगा—

आंचलिक उपन्यासों में मानवीय सम्बन्ध द्विवर्गाश्रित और द्विपक्षीय नहीं होकर बहुपक्षीय होता है। मानवीय सम्बन्धों की द्विपक्षीयता जहाँ व्यक्तिवादी उपन्यासों (मनोवैज्ञानिक तथा सामाजिक) की विशेषता है वहाँ उसकी बहुपक्षीयता उपन्यास को आंचलिक बना देती है। एक मनुष्य का एक और मनुष्य से सम्बन्ध हो, दोनों के बीच परस्पर सम्बन्ध हो तो इससे समाज नहीं बनता। समाज सरल सम्बन्धों की अवधारणा नहीं है। समाज मनुष्यों के बीच मौजूद अन्तर्सम्बन्धों से निर्मित होता है, सिर्फ दो व्यक्तियों के परस्पर सम्बन्ध से नहीं। समाज के होने का मतलब है बहुत से व्यक्ति और उनके बीच द्विवर्गाश्रित–परस्पर–नहीं, बल्कि बहुकोणिक–अन्तर्जालिक सम्बन्ध। रेणु ने कुल छह उपन्यास लिखे हैं—1. मैला आँचल, 2. परती : परिकथा, 3. पल्टू बाबू रोड, 4. कलंकमुक्ति 4. जुलूस और 5. कितने चौराहे। उक्त सभी में अंतिम छठे उपन्यास 'कितने चौराहे' को छोड़कर शेष सभी पाँचों उपन्यास आंचलिक हैं। 'कितने चौराहे' व्यक्तिवादी उपन्यास है, क्योंकि उसका नायक एक व्यक्ति–मनमोहन है। अररिया स्कूल में भर्ती होने से लेकर देहरादून के आश्रम तक की घटनाओं में सर्वत्र उसी की उपस्थिति है और उसी की कथा है। शेष किसी भी उपन्यास का नायक कोई एक व्यक्ति नहीं है। क्षेत्र–विशेष (अंचल) की कथा को आंचलिक कहें तो 'पल्टू बाबू रोड' में एक ही लट्टूबाबू के परिवार की कथा है तो 'कलंक मुक्ति' में खगड़ा मंजिल नामक एक मकान में रहनेवाली महिलाओं से सम्बद्ध कथा है। पूरा गाँव, इलाका और शहर–कुछ भी नहीं। अंचल का मतलब ग्रामांचल होता तब तो 'कलंक मुक्ति' को आंचलिक उपन्यास मान ही नहीं सकते। क्योंकि उसकी कथा का सम्बन्ध गाँव से नहीं, शहर से है। रेणु ही क्यों, हिन्दी के अन्य आंचलिक उपन्यासकारों यथा शैलेश मटियानी का उपन्यास 'बोरीवली से बोरबन्दर' मुम्बई महानगर की कथा है। सुरेन्द्र स्निग्ध का हाल में प्रकाशित उपन्यास 'छाड़न' यूँ तो ग्रामांचल की कथा पर ही आधारित है किन्तु उसका उपजीव्य एक गाँव विशेष नहीं है, वरन् उसका विस्तार इलाके के कई गाँवों तक फैला हुआ है। अस्तु, कथा चाहे गाँव की हो या शहर की कुछ फर्क नहीं पड़ता। उसी तरह वह पूरे गाँव की कथा है या सिर्फ एक परिवार की या एक मकान की, इससे भी फर्क नहीं पड़ता। फर्क पड़ता है इस बात से कि वह एकपात्रीय नायकत्व पर आधारित है अथवा बहुपात्रीय (जिसे दूसरे शब्दों में सामूहिक नायकत्व भी कहा गया है) नायकत्व पर। एक परिवार की कथा होकर भी एक नायक नहीं, न बिजली, न लट्टू बाबू न घंटा, न फेला, न लट्टू बाबू की पत्नी। बाहरी पात्र पल्टू बाबू, गोधन, मुरली मनोहर मेहता, अनूप संन्यासी, भोला बाबू वकील या कुन्तला भी नहीं। उसी तरह 'कलंकमुक्ति' उपन्यास की नायिका रमला बनर्जी, श्रीमती ज्योत्स्ना आनन्द, बेला गुप्त, कुंती रामरति, रेवा वर्मा या रमा निगम में से कोई नहीं, अन्यथा सभी। व्यक्तिवादी उपन्यासों में पात्रों के अन्त:सम्बन्ध सरल, परस्पर तथा नायकमुखी होते

हैं। प्राय: सम्बन्धों की दिशा नायक की ओर होती है। किन्तु आंचलिक उपन्यासों में उपलब्ध पात्रों के अन्त:सम्बन्ध जटिल, बहुकोणिक और विभिन्न दिशाओं की ओर यानी अनेक दिशीय होते हैं।

रेणु का वैशिष्ट्य यह है कि उन्होंने उपन्यास की इस नयी विधा का प्रवर्तन किया और समाज बनाम समाज-पात्रों के बहुकोणिक अन्त:सम्बन्धों का एक नया समीकरण दिया। साथ ही अपनी रचनाओं के माध्यम से आंचलिक उपन्यास विधा को महत्तम ऊँचाई पर भी पहुँचा दिया। पात्रों के अन्त:सम्बन्धों की जटिलता, सूक्ष्मता और गहनता को पहचानने में जिस स्तर की सफलता उन्हें मिली है, वह अपूर्व ही नहीं, आश्चर्यजनक भी है। सभी सम्बन्धों का सुर-ताल अलग और मौलिक। बिना तलभेदी पर्यवेक्षण शक्ति और पहचानने की मर्मज्ञता के यह सम्भव नहीं हो सकता था। हर पात्र अलग और विशिष्ट। अपने चित्रण-कौशल से उन्होंने सम्बन्धों के वैशिष्ट्य को ही नहीं उभारा, उनकी अपनी-अपनी वैयक्तिक चारित्रिक विशिष्टता को भी हमारे सामने प्रस्तुत किया। इस कार्यसिद्धि में भाषा की भूमिका सर्वप्रधान होती है। अत: जितने भी पात्र उनकी रचनाओं में पाये जाते हैं, उन सभी का भाषिक टोन अलग और विशिष्ट है। भाषा के इतने स्तरों की पहचान और प्रस्तुति रेणु से ही सम्भव है। अभिधा के अलावा लक्षणा और व्यंजना का जो प्रभूत प्रयोग उनमें मिलता है, उसका रहस्य यह भी है। प्रेमचन्द, नागार्जुन, अज्ञेय और जैनेन्द्र--इन चारों कथा लेखकों ने भाषा के चार प्रभुख रूप प्रस्तुत किये थे। रेणु की भाषा उक्त सभी के अतिरिक्त अपना एक अलग रूप प्रस्तुत करती है, जो हिन्दी में अबतक अनुपलब्ध थी। 'वस्तु' को 'कलावस्तु' बनाने में उनकी भाषा की भूमिका सर्वप्रमुख है। बात में असर पैदा करने के लिए रचनाकार विभिन्न प्रकार के कौशल का प्रयोग करता है। एक उदाहरण सूर से। गोपियाँ उद्धव और कृष्ण की निष्ठुरता तथा कपट भाव को उजागर करना चाहती हैं। लेकिन वे अपने कथन में कहीं भी उनका नाम नहीं लेतीं। कुछ अन्य प्राणियों का नाम लेकर कहती हैं कि सभी काली चीजों का स्वभाव एक ही है और वे सभी कपटियों की पाठशालाएँ हैं—

"सखी री, स्याम सबै इकसार
भँवर, कुरंग, काक अरु कोकिल, कपटिन को चटसार।"

सीधे-सीधे वे कृष्ण और उद्धव का नाम लेकर उन्हें कपटी कहतीं तो पाठक के मर्म पर इस बात का प्रभाव उतना नहीं पड़ता, जितना उनकी निष्ठुरता का आख्यान इस शैली में करने से पड़ा है। मानों वे प्रमाणित कर रही हैं—एक-एक का इतिहास ऐसा है और कोई अपवाद भी उपलब्ध नहीं है, तब भला कृष्ण और उद्धव का स्वभाव उनसे अलग कैसे हो सकता है? अपनी कथन-भंगी से गोपियाँ दोनों के कपट स्वभाव को प्रमाणित कर देती हैं उदाहरणों की लम्बी श्रृंखला पेशकर। उद्धव कट कर रह जाते हैं। उनके पास गोपियों के इस आरोप का कोई उत्तर नहीं

है। भाषा के दो रूप होते हैं—1. आधार भाषा और 2. रचनात्मक भाषा। आधार भाषा का प्रयोग कर भी अच्छी रचना की जा सकती है; जैसा निराला ने भिक्षुक कविता में किया है। किन्तु रचना जब बहुत विस्तृत होती है तब सब जगह आधार भाषा का प्रयोग रचना को रचना नहीं, प्रेस वक्तव्य बना देता है। भिक्षुक कविता में भी निराला को मुहावरों का प्रयोग करना पड़ा है। साहित्यकार कलाकार होता है, उसे अपने उपकरणों के प्रयोग का रहस्य मालूम रहता है। अत: वह अपनी जरूरत के हिसाब से उनका प्रयोग करता है। जैसा कि सूर ने ऊपर के उदाहरण में किया है; निराला ने भिक्षुक कविता में मुहावरों का प्रयोग कर किया है। रेणु इस मामले में अतिरिक्त रूप से विशिष्ट हैं। वस्तु को कलावस्तु बनाने में आधार भाषा सब जगह उपयोगी नहीं होती। साहित्य एक कलावस्तु है। अत: आवश्यकतानुसार उसकी भाषा को रचनात्मक होना ही चाहिए। यह अलग बात है कि हर रचनाकार की भाषा की रचनात्मकता का स्तर और वैशिष्ट्य अलग होता है। सूर की अपनी भाषा है, निराला की अपनी और रेणु की अपनी। भाषा के अलग स्तर से रचना में नयापन आता है और नयापन आकर्षण भी पैदा करता है। रचना करते हुए रचनाकार के तीन उद्‌देश्य होते हैं—

1. रचना के प्रति आकर्षण पैदा करना, 2. पाठक पर प्रभाव डालना तथा 3. अपने अभीष्ट अर्थ को पाठक के मनोमस्तिष्क में प्रविष्ट करा देना। रेणु की भाषा ने ये तीनों ही काम बखूबी किये हैं। अबतक कहीं से भी यह सूचना नहीं मिली है कि पाठक को रेणु की रचनाओं ने अपने से बाँधा नहीं है। कलावस्तु के रूप में रचना की यह पहली महत्त्वपूर्ण सिद्धि मानी जाएगी। हर बात की व्याख्या खोलकर कर देने से उसका उतना असर नहीं होता जितना अन्य प्रकार से करने से होता है। एक उदाहरण 'मैला आँचल' से। रामखेलावन सिंह यादव नया 'मातबर' हुआ है, मातबरीजन्य अहंबोध भी समानान्तर रूप से पैदा हो रहा है। किन्तु चूँकि 'मातबरी' नयी है अत: खानदानी मातबरों की तरह के अहं का दावा भी नहीं कर सकते। बालदेव को अपमानित करने के विरुद्ध कालीचरन हँसेरी लेकर जाता है। स्पष्ट है कि टकराहट राजपूत और यादव के बीच है। अगरचे सुलह और मेलमिलाप होना है तो यादवों से होना चाहिए, न कि कायस्थों से। महन्थ, सेवादास द्वारा दिये जानेवाले भोज के प्रसंग में जो पंचायत होती है, उसमें राजपूत रामकिरपाल सिंह को रामखेलावन सिंह यादव से गले मिलना चाहिए था। लेकिन वह मिलता है कायस्थ तहसीलदार विश्वनाथ प्रसाद से। बड़ी चालाकी से रामखेलावन को दरकिनार कर दिया गया। खेलावन खानदानी मातबर होता तो रामकिरपाल सिंह ऐसा करने का साहस नहीं करता या करता तो खेलावन उसे पंचायत में उसी तरह स्वीकार नहीं कर लेता जिस तरह से उसने इस पंचायत में किया है। पंचायत में वह विरोध नहीं करता, चुप रह जाता है। किन्तु विरोध स्वरूप भोज से अघोषित रूप से अपने को अलग

भी कर लेता है। उसमें रुचि और सक्रियता नहीं दिखाता। उसकी अनुपस्थिति से रामकिरपाल मामले को समझ लेता है और चुहलबाजी करके तनाव को हल्का भी करता है और घर से खींच कर भोजस्थल तक भी ले जाता है। पाठक रेणु द्वारा चित्रित पूरे प्रसंग को स्मरण में लावें और यह देखें कि अगर रेणु खोलकर उक्त प्रसंग का चित्रण करते तो उसका वैसा ही असर होता अथवा मातबरी के अहंकार और नयी मातबरी के अहं की सीमा—इन बातों की वैसी ही व्यंजना हो पाती; जैसी कि चित्रण के उपलब्ध प्रकार से हुई है? रेणु को मालूम है कि कब, कहाँ, क्या और किस रूप में लिखना है? इस मालूमियत का सर्वोत्तम उपयोग उन्होंने अपनी रचनाओं में किया है। जिससे उनकी रचनाएँ इतनी आकर्षक बन पड़ी हैं कि पाठक को अपने से बाँधे रखती हैं और जो असर वे पाठक के मर्म पर डालना चाहते हैं; वे सर्वोतम रूप में इसमें भी सफल हो पाते हैं। 'मैला आँचल' की शुरुआत वे नाटकीय रूप से करते हैं—बहरा चेथरु दौड़ा आया—मलेटरी लोबिन लाल के कुएँ से बाल्टी खोलकर ले गये। इसके बाद वे मेरीगंज का इतिहास भूगोल विस्तार से बताते है। नाटकीय कविता लिखने में निराला को महारत हासिल है—ऐसा मान्य है। वे पाठक को मंच के सेट तक अपने शब्द-प्रयोग द्वारा बिना किसी भूमिका के सीधे ले आते है। वह आता, वह तोड़ती पत्थर, रवि हुआ अस्त, बाँधो न नाव इस ठाँव बन्धु आदि अनेक उदाहरण हैं। 'परती : परिकथा' में रेणु ने भी वैसा ही किया है—"धूसर, वीरान, अन्तहीन प्रान्तर। पतिता भूमि, परती जमीन, वंध्या धरती...।"[1] पाठक अपनी चेतना को समेट कर इस परती की ओर नाटकीय रूप से मुखातिब हो जाता है और तब फिर विस्तार से परती और परानपुर का परिचय। जहाँ विस्तार अपेक्षित है सिर्फ वहीं चित्रण में विस्तार और ब्योरे हैं, जहाँ असर पैदा करने की बात है वहाँ विस्तार नहीं, वहाँ सघनता-इन्टेन्सिटी-न्यूनतम शब्द-प्रयोग, पर सघन अर्थारोप। जितेन्द्र सामबती से पूछता है—तुम्हारे यहाँ भफ्फा नहीं बनता अब?[2] सामबती समझ जाती है भफ्फा खाने का मन हुआ है। वह एक रोज बनाकर ले आती है और जितेन्द्र खाने लगता है। सामबती गाँव की औरतों से इस घटना की चर्चा करती हुई कहती है—"हाथ से लेकर लुबलुब बच्चों की तरह खाने लगे।"[3] यह 'लुबलुब' शब्द सिर्फ सामबती की ग्राम्य अभिव्यक्ति भर नहीं है। उससे बहुत विशेष है। जितेन्द्र सामन्त (उच्चस्तरीय) परिवार में जन्मा है। वहाँ खाने के लिए थाली, कटोरा, प्लेट-चम्मच डायनिंग हॉल, डाइनिंग टेबुल, पानी का ग्लास खाने से पूर्व हाथों की सफाई-धुलाई; तमाम तरह की औपचारिकताएँ हैं। जितेन्द्र तमाम तरह की औपचारिकताओं को दरकिनार कर थाली-प्लेट की जगह हाथ में भफ्फा लेता है और काँटा चम्मच की जगह हाथ से ही खाने लगता है। डायनिंग हॉल में बैठ कर नहीं खड़े-खड़े, जहाँ मिला, वही शुरू हो गये। उच्चस्तरीय परिवार के सदस्यों में ऐसी उतावली होती भी है क्या? ऐसे उतावलेपन को वैसे परिवारों में शिष्ट जनोचित

माना ही नहीं जाता। रेणु अघुलनशील जितेन्द्र को घुलनशील बना रहे हैं, उसक चरित्र का संशोधन और रूपान्तरण कर रहे हैं। एक घुलनशील गणतांत्रिक नायक का निर्माण कर रहे हैं। फलत: सारी औपचारिकताओं से बगावत और जितेन्द्र के अपने सौजन्य की खाँटी अभिव्यक्ति। इसलिए फटाफट शुरू हो गये और यह सब इतना सारा अर्थ एक शब्द से व्यंजित। यह रेणु का कमाल है; उनके भाषिक कौशल की मिसाल है। ऐसे संघनित शब्दों, मुहावरों और जुमलों का प्रयोग वे अर्थ के उत्कीलन हेतु कुंजी (चाभी) की तरह करते हैं। भिम्मल मामा यूँ ही जितेन्द्र को 'तांत्रिक का बेटा गणतांत्रिक'[4] नहीं कहते। शिवेन्द्र मिश्र की उपलब्धि तंत्र-सिद्धि पर आधारित है तो जितेन्द्र का गणतांत्रिक होना पिता से उसकी भिन्नता को ही व्यंजित नहीं करता, बल्कि आधुनिक समाज और राष्ट्र के नायक में अपेक्षित आधारभूत गुणों का आख्यान भी करता है। प्रेमचन्द के शब्दों में अर्थ की व्याख्या रहती है, रेणु के शब्दों में अर्थ का संकेन्द्रन रहता है। प्रेमचन्द पाठक के विवेक पर कुछ नहीं छोड़ते, अपनी ओर से पूरी व्याख्या कर देते हैं। रेणु पाठक को अर्थ के द्वार तक पहुँचाकर हट जाते हैं और वह अपने को अर्थ-कल्पना के विस्तृत क्षितिज के सम्मुख खड़ा पाता है। 'जाकी रही भावना जैसी, प्रभु-मूरत देखी तिन तैसी'। पाठक अपनी योग्यता और अर्थोत्कीलन की क्षमता के हिसाब से अर्थ को उपलब्ध करता है। कोई 'लुबलुब' को सिर्फ एक ग्राम्य अभिव्यक्ति मानता है, यह भावक उसे उससे बहुत दूर की चीज मानता है। सामान्यत: गद्य की भाषा को पारदर्शक माना जाता है और कविता की भाषा को परावर्ती। प्रेमचन्द का गद्य पारदर्शी है, लेकिन रेणु का गद्य उसी तरह पारदर्शी नहीं है। वह काव्यभाषा की तरह परावर्ती है। रेणु भाषा को गद्य की पारदर्शिता से खींच कर काव्य की परावर्तिता तक स्फीति प्रदान करते हैं। वे आधार भाषा का न्यूनतम उपयोग करते हैं। आधार भाषा का प्रयोग गद्य को पारदर्शी बनाता है। रचनात्मक भाषा उसे परावर्ती बनाती है। रेणु भाषा की रचनात्मक परावर्तिता के अन्यतम उदाहरण हैं। भाषा की परावर्तिता का अभ्यास जिसे नहीं है, रेणु को समझना उसके लिए सम्भव ही नहीं है। कौन सी घटना कहाँ वर्णित हो और कौन सा पात्र किस भाषा और टोन में बोले कि जिससे अधिक से अधिक प्रभाव उत्पन्न किया जा सके-इसकी अद्‌भुत समझ रेणु को है। इसी लक्ष्य को ध्यान में रखकर वे प्रबन्धवक्रता से लेकर वचनचातुरी तक का प्रयोग करते हैं। रेणु का अभीष्ट अर्थ उससे प्राय: भिन्न है जो उनके कथन से प्रकटत: परिलक्षित होता है। अभीष्ट अर्थ का गोपन-यह भी रेणु का एक कौशल ही है और इसमें उन्हें महारत हासिल है। 'परती : परिकथा' में परानगुर की एक फैशनेबुल लड़की-जयवन्ती-फिलिमकट ब्लाउज पहन कर गाँव की गलियों में घूम रही है। जितेन्द्र की नजर उस पर पड़ती है। जितेन्द्र को अपनी ओर घूरते देखकर उसकी प्रतिक्रिया बेहद तल्ख है—छि:-छि: कितना असभ्य हो जाता है आदमी शहर में रहते-रहते। एकटक

देखता ही रहा, देखता ही रहा। मैं डर गयी, आँखें हैं उसकी या... ?''[5] जितेन्द्र उसे घूर जरूर रहा है, इसमें जरा भी शक नहीं है। किन्तु उसके घूरने का कारण वह नहीं है, जिसका बयान जयवन्ती कर रही है। असली कारण है—जितेन्द्र का आश्चर्य, कि इन वर्षों में (जितने दिन वह गाँव से बाहर रहा) गाँव कितना बदल गया है, कि अब गाँव की सीधी-सादी लड़कियाँ भी फिलिमकट ब्लाउज पहनकर खुलेआम गाँव की गलियों में घूम रही हैं। फिल्म और उसके माध्यम से फैशन गाँव तक पहुँच गया है और सीधी, सरल मानी जानेवाली गाँव की लड़कियाँ उसे अपना चुकी हैं। संकोच उनके मन से अब मिट गया है। इसका प्रमाण है उसका खुला प्रदर्शन-गाँव में घूमना। इस अभीष्टार्थ की प्रस्तुति अगर रेणु सीधे यह कहकर करते कि गाँव बदल गया है और फैशन यहाँ पहुँच चुका है तो उसका उतना प्रभाव नहीं पड़ता। गाँव के बदलाव को जितेन्द्र के आश्चर्य-जयवन्ती को घूरने की घटना-के माध्यम से अधिक कलात्मक ढंग से रेणु ने व्यक्त किया है और पाठक पर प्रसंग को इस रूप में प्रस्तुत करने से अधिक प्रभाव पड़ा है। जयवन्ती का निष्कर्ष कि शहर में जाकर आदमी जानवर हो जाता है—कहीं से भी मौजूँ नहीं है, यथार्थ भी नहीं है। जितेन्द्र के पूरे चरित्र से समर्थित नहीं है। लेकिन वह प्रतिक्रिया देती है तो रेणु का कुछ तो अभीष्ट रहा ही होगा। वे इस प्रतिक्रिया के माध्यम से उस लोकतंत्र को व्यंजित कर रहे हैं जो गाँव तक में पहुँच गया है—मैं कुछ भी पहनूँ—'इससे किसी को क्या'? 'सामन्तवाद' की विदाई और उसकी जगह पर 'लोकतांत्रिक आजादी' के गद्दीनशीं हो चुकने का प्रमाण रेणु ने प्रस्तुत किया है। इसे आधारभाषा और अभिधेय कथन द्वारा कलात्मक रूप से प्रस्तुत नहीं किया जा सकता था और उसका वैसा प्रभाव भी पाठक के चित्त पर नहीं पड़ता। जब समाज में लोकतंत्र नहीं रहता है और सामन्तवाद समाज पर काबिज रहता है तब कोई अपनी इच्छा से पहन-ओढ़ नहीं सकता-यह कृश्न चन्दर हमें 'जब खेत जागे' नामक अपने उपन्यास में पहले ही बता चुके हैं। पाठक के विवेक पर जब वे चोट करना चाहते हैं, ताकि प्रस्तुत विषय की गम्भीरता उसे समझ में आवे तो वे व्याख्या की जगह सूत्र-कथन का सहारा लेते हैं। 'उच्चाटन' कहानी में रामबिलास की माँ उसे बताती है ''अभी उस दिन मिसिर का बड़ा बेटा दूध लेने आया। दूध बिक गया था, सब। कहाँ से देती'' तो बर्तन उठाकर जाते समय जीभ ऐंठकर बोला—''जमाना ही उलट गया है। नहीं तो इसी टोले से भैंस के बदले औरत का दूध दूहकर ले गये हैं हमारे सिपाही बरकंदाज।''[6] इस एक वाक्य से तीनों कालों का बोध रेणु ने करा दिया है। भूतकाल में वैसा होता था जिसका उल्लेख मिसिर के बेटे ने किया है। किन्तु वर्तमान स्थिति यह है कि आज उसे भैंस का दूध भी नहीं मिल रहा है। भूत और वर्तमान के तुलनात्मक अन्तर से भविष्य कैसा विकट होगा—इस की भी व्यंजना हो गयी है। मिसिर के बेटे की लाचारी कि दूध ने मिलने पर भी वह कुछ नहीं कर पा रहा है, इसकी भी व्यंजना हो रही है। एक दिन वह था जब

औरत को दूहने पर भी लोग प्रतिरोध नहीं कर पाते थे। एक आज का दिन है कि भैंस का दूध भी देने से इन्कार करने में वही प्रतिरोधहीन निशक्तजन समर्थ हो गये हैं। भूत से वर्तमान होकर गुजरता हुआ सामर्थ्य-विकास भविष्य में कितना उत्कट रूप ले लेगा-इसका अन्दाजा तो सहज ही हो जाता है। ऐसी व्यंजनागर्भ पंक्तियों की रेणु में भरमार है। रेणु की भाषा जहाँ 'कुटी-प्रावेशिक' है—'आमफहम' है, वहीं 'धीमताम्' तक भी उसका विस्तार है। 'मैला आँचल' में विकटा के नाच में आम बोलचाल की भाषा है तो गाँधी जी की हत्या प्रसंग में तत्सम प्रधान भाषा का प्रयोग है। 'परती : परिकथा' में पंडित शिवेन्द्र मिश्र और अंग्रेज मेम-मिसेज रोजउड के प्रसंग में रेणु की भाषा में क्लासिकल छटा देखने को मिलती है। शासन और प्रशासन के प्रसंग में भाषा का राजकीय प्रयोग भी देखने को मिलता है। दुलारी दाय की धारा पर डैम बनवाने के क्रम में जिला कलेक्टर उसका कायल हो गया, बहस एक तरह से रुक गयी और वह सीधे इस निष्कर्ष पर आने को विवश हुआ कि डैम बनना चाहिए और वह बन भी गया। काव्यगुण मानी जानेवाली बिम्बात्मकता भी उनकी भाषा को सामान्य गद्य से अलग करती है, काव्य के निकट ले जाती है और उसे परावर्ती बनाती है। 'मैला आँचल' में कालीचरन को पंच मानने के समर्थन में सैकड़ों हाथ उठ जाते हैं। रेणु लिखते हैं—''गुमसुम बैठे हुए सैकड़ों मूक जानवरों के सिर में मानो अरना भैंसा के सींग जम गये। सैकड़ों हाथ उठ गये।''[7] यह अरना भैंसावाला बिम्ब और प्रतीक इस अर्थ की व्यंजना कर रहा है कि जो स्वभाव अरना भैंसा का होता है—चाहे मिट जायँ पर पीछे नहीं हटना है, यह कमरकस औद्धत्य अब गाँव के इन युवाओं में भी आ गया है, जो कालीचरन के समर्थन में हाथ उठाये हुए हैं। 'नैना जोगिन' कहानी की नायिका रतनी के कथन में रेणु को कविता और बिम्ब-विधान नजर आता है। क्या वही रेणु की लेखकीय भाषा का सच नहीं है? 'परती : परिकथा' उपन्यास में फेकनी की माय का संवाद याद करने लायक है—'एके बहुरिया' के बाद धम्म, पाँच तोहरबर, धम्म।[8] छन्द के हर पद के अंत्याक्षर पर ताल के साथ पैर को धरती पर पटकना-धम्म। रेणु जब कथारस का आस्वादन कराना चाहते हैं तब वे विस्तार से किसी बात का वर्णन करते है, पूरे ब्यौरे के साथ ताकि पाठक की जिज्ञासा का पूरा-पूरा समाधान हो। किन्तु जब वे कथारस में तड़का (छौंक) लगाना चाहते हैं ताकि कथा की एकरसता दूर हो, जायका बदले और पाठक के बोधात्मक चित्त में फुरहरी हो, तब वे विभिन्न असम्बद्ध-सी दिखनेवाली अवान्तर घटनाओं का उल्लेख करते हैं। विशेषकर कहानियों में। इससे कथा की पृष्ठभूमि जीवन्त हो उठती है और उनका शिल्प भी। 'पुरानी कहानी : नया पाठ' शीर्षक कहानी में बाढ़ आने से पूर्व पाट का साग तोड़ती मुसहरनियों का प्रसंग याद आता है। मकई के खेत का बूढ़ा रखवाला विरहा गाता है—''छतिया पे जोड़ा अनार।''[9] बिरहा की इस कड़ी को सुनकर सगतोड़नी मुसहरनियों की प्रतिक्रिया है

"मार मुँहझौंसे बुढ़वा-वानर को। बुढ़ौती में अनार का सौख देखो।"[10] यह प्रसंग बाढ़ की मूल कथा से सर्वथा असम्बद्ध है। किन्तु इसके उल्लेख से पृष्ठभूमि जीवन्त हो उठी है और कथा की रोचकता में एकदम से बढ़ोत्तरी हो गयी है। 'विघटन के क्षण' कहानी में चुरमुनियाँ द्वारा बाँस की छड़ी में ब्रेसरी को घुमाना-ले ले लाला, जर्मनवाला, रबड़वाला, गेंदवाला, चोंचवाला;[11] भी वैसा ही रोचक प्रसंग है।

रेणु के पास भाषिक तकनीकों की कमी नहीं है। पार्टी के हाई लेवेल नेता गुलछर्रे उठाते हैं और सरजमीन का कार्यकर्ता निष्ठापूर्वक पार्टी की सेवा करता है। उसकी निष्ठा की व्यंजना करने के लिए रेणु गनपत के बारे में लिखते है—"...आलू का भुर्ता और गरम-गरम भात! गनपत के लिए इससे बढ़कर लोभनीय पदार्थ इस संसार में और कुछ नहीं।"[12] स्पष्ट है—गनपत जैसा कार्यकर्ता न्यूनतम पर गुजारा करते हुए पार्टी की सेवा कर रहा है। अगर चोखा और गरम भात मिल जाय तो उसे और कुछ नहीं चाहिए। यह पार्टी के प्रति गनपत (सरजमीनी कार्यकर्ता) की निष्ठा ही है कि इतने कम पर गुजारा करते हुए भी वह पार्टी की सेवा कर रहा है। कामायनी में जिस तरह प्रसाद जी श्रद्धा का सौन्दर्य वर्णन करते हैं—'खुला-अधखुला अंग।' अगर अंगों को बिल्कुल ही खुला छोड़ दिया जाय तो भी सौन्दर्य का विघात हो जाता है और अगर उसे पूरी तरह अवगुंठित कर दिया जाय कि उसकी झलक ही न मिले तब तो सौन्दर्य का सन्धान ही नहीं। ये दोनों ही स्थितियाँ सौन्दर्य-दृष्टि से औचित्यपूर्ण नहीं मानी जातीं। रेणु अर्थ की झलक दिखला देते हैं—पूरा खोलते नहीं। जमाना बदल गया है, पुराना बीत गया है, नया आ रहा है—उसको पूरा खोलते नहीं, पर हिरामन यह कहकर उसकी झलक अवश्य दिखला देता है—"जा रे जमाना।"[13] 'लालपान की बेगम' कहानी में बिरजू की माँ का यह कथन-बिरजू की माँ के आगे नाथ और पीछे पगहिया न हो तब न, फुआ।[14] अगर किसी को उसकी परतंत्रता और विवशता का बोधक लगता हो तो इस भावक को वह बिरजू की माँ के गौरव का गान कर रहा प्रतीत होता है—उसके आगे नाथ है और पीछे पगहा भी है यानी उसे पति भी है, बच्चे भी हैं। उसकी भरी-पूरी दुनिया है, अकेली नहीं है कि जब जो मन में आवे 'सो' किया। यह विवशता नहीं, उसका मान बोल रहा है। नाथ-पगहा होने के उसके भीतर का गौरव उसके कथन में छलका पड़ रहा है। जमाना बदल रहा है—लोग बदल रहे हैं। लोगों का चलन बदल रहा है। पर कोई धीरे-धीरे बदल रहा है, कोई तेजी से बदल रहा है। जो तेजी से बदल रहा है वह जमाने की गति के साथ है, जो धीरे से बदल रहा है वह जमाने से कदमताल नहीं कर पा रहा है। भिम्मल मामा यही तो कह रहे हैं—"बन्दा बैलगाड़ी पर, जमाना ज्येष्ठ जहाज में।"[15] जमाने के बदलाव ने कालीचरन को अभिवादन का नया शब्द दिया है—'नमस्कार'।[16] सुनकर जोतखी जी की देह में आग लग जाती है। जाहिर है जोतखी जी जमाने को उपलब्ध करने में पिछड़ रहे हैं। रेणु के लेखन के उपजीव्य काल में

समाज न तो पूरी तरह बदला था और न ही पूरी तरह पुरानावाला था। कुछ लोग बदल गये थे, बालदेव, कालीचरन से लेकर लुत्तो और जितेन्द्र तक। वहीं कुछ लोग नहीं बदले थे। निम्नवर्ग के न बदले हुए बड़े भाग का प्रतिनिधि 'तीसरी कसम' का हेरामन है। उसकी 'तीसरी कसम' उसके न बदलने को ही प्रामाणित करती है। उसी तरह जोतखी काका, भिम्मल मामा, फुटंगी झा आदि भी वैसे ही लोग हैं जो बदलाव के साथ चलने में असमर्थ हैं। अभिधा में बदलाव का पक्ष-विपक्ष कहीं नहीं, व्यंजना में सब कुछ। जो शुरुआत है, वही अन्त है तो यह न बदलने का प्रमाण है। यदि अन्त शुरुआत से भिन्न है तो बदलाव स्वत: प्रमाणित है।

भाषा की परावर्तक शक्ति तथा बिम्बविधान रेणु के लेखन को काव्य के निकट ले जाता है तो उनकी रचनाएँ नाटक के भी अति निकट चली गयी हैं। अचानक दृश्यावतरण नाटकीय कौशल है जिसका उपयोग रेणु ने खूब किया है। जैसे तंत्रिमा टोली में घमाघम पंचायत हो रही है। क्रियामानता (Action) भी नाटक का ही गुण है। इससे पात्रों के साथ-साथ स्थितियों में भी घात-प्रतिघात देखने को मिलता है। एकपक्षीयता-केवल घात या केवल प्रतिघात-रचना को जीवन्त नहीं रहने देती। किन्तु जहाँ दोनों हैं; एक के बाद दूसरे की स्थिति है, वहाँ जीवन्तता है; क्रियाशीलता है और फलत: नाटकीयता भी है। घात-प्रतिघात में संवाद की भूमिका भी महत्त्वपूर्ण हो जाती है। रेणु की रचनाओं के संवाद में जो चुटीलापन है, वह भी नाटकीयता का आधान करता है और रचना को रसीला बनाता है। मुहावरे, जैसे—'गरम जिलेबी मत खाना'[17] उनके महत्त्वपूर्ण भाषिक उपकरण हैं। व्यभिचारी अनुभावों की तरह उन्होंने व्यभिचारी घटना-प्रसंगों का उपयोग भी किया है। व्यभिचारी घटनाएँ उनकी रचनाओं को संस्मरण और रिपोर्ताज के निकट ले जाती हैं। वे प्रेमचन्द और नागार्जुन की तरह घटना का वर्णन नहीं करते हैं, वरन् नाटक और रिपोर्ताज की तरह दृश्यावतरण करते हैं—'मार जवानो हइयो! परबत फोड़-हइयो! कसके जोर-हइयो। पत्थर तोड़-हइयो'।[18] आसमान में चील ने टिंहकारी भरी-टिं...टि...हिक।[19]

रेणु को व्याख्या और 'लेखकीय टिप्पणी' से करीब-करीब परहेज है। कथा-लेखक जब किस्सागोई की पद्धति अपनाता है तब उसमें उसकी अपनी भूमिका किस्सागो (Narator) की होती है, तब वह अपनी ओर से घटना, पात्र के आचरण या उसके मनोभावों की व्याख्या करता है। 'कफन' कहानी में प्रेमचन्द घीसू को अन्य मजदूरों से ज्यादा बुद्धिमान बताते हैं और क्यों, किस कारण से घीसू प्रेमचन्द को बुद्धिमान लगता है, इन सारी बातों का खुलासा वे कर देते हैं। नागार्जुन भी मुख्यत: ऐसा ही करते हैं। किन्तु रेणु जो कुछ कहना चाहते हैं, उसे अपनी लेखकीय टिप्पणी के द्वारा नहीं कहते, वे कहते हैं—सिर्फ स्थितियों और घटनाओं को प्रस्तुत कर। पाठक अपनी ओर से व्याख्या करे, मतलब समझे और अर्थ निकाले। पात्रों की अपनी प्रतिक्रिया को प्रस्तुत करके भी रेणु बहुत काम चला लेते हैं। अपनी ओर से

टिप्पणी या व्याख्या न कर पात्रों की प्रतिक्रिया और उनके परस्पर घात-प्रतिघात से काम चला लेना-यह उनकी रचनाओं को नाटक के अधिक निकट ले जाता है। जोतखी काका जमाने के बदलाव को स्वीकार करने को तैयार नहीं हैं और हरगौरी जमाने की गति उलट कर अतीत की ओर ले जाना चाहता है। प्रेमचन्द होते तो अपनी ओर से खूब विस्तार से इन बातों का लेखकीय खुलासा करते। रेणु वैसा नहीं कर सिर्फ यह कहकर बात को चासनी में डाल देते हैं कि जब कालीचरन जोतखी जी को नमस्कार कहकर अभिवादन करता है तो जोतखी जी की उस पर प्रतिक्रिया है—'देह में आग लग जाती है।' उसी तरह हरगौरी की पूरी इच्छा का खुलासा सिर्फ उसके इस कथन से हो जाता है कि "महाराणा प्रताप और शिवाजी का राज कायम होगा।"[20] नीची जातियों को कर्म करते रहना चाहिए, उसे राजनीति नहीं करनी चाहिए, राजनीति एकमात्र ऊँची जातियों का एकाधिकार है—आदि बातों का खुलासा सिर्फ एक छोटे से प्रश्नवाची वाक्य से हो जाता है; 'ग्वाला होकर लीडरी?'[21] सामन्त पंडित शिवेन्द्र मिश्र का बेटा जितेन्द्र मिश्र पूरा गणतांत्रिक है। अपने पिता से सर्वथा भिन्न और उलट है—यह वे (लेखक रेणु) खुद से नहीं कहते। इस बात को वे संकेत में एक मुहावरे के द्वारा कहलवाते हैं—'तांत्रिक का बेटा गणतांत्रिक।' लेकिन इस जुमले को वे अपने लेखकीय जुमले के रूप में प्रस्तुत नहीं करते, बल्कि किसी कथापात्र-भिम्मल मामा-का जुमला बनाकर पेश करते हैं। इससे कथोपकथन में किस्सागो-लेखक-की उपस्थिति न्यून हो जाती है, केवल पात्र रहते हैं, लेखक उनके बीच से हट जाता है। लेखक की अनुपस्थिति कथा-रचना को 'नाटक' बना देती है। लेखक की उपस्थिति रचना को Naration बना देती है। Narativeness नाटकीयता का विधातक है और नाटकीयता के आने से लेखक को नेपथ्य में चला जाना पड़ता है। नाटक भी लेखक की रचना है और उपन्यास भी लेखक की ही रचना है। किन्तु नाटक का रचनाकार कथा-मंच पर कहीं नहीं होता। रचनाकार के रूप में पूरे नाटक में उसकी उपस्थिति अनुस्यूत रहती है। बावजूद इसके नाटक का रचना-विधान उसकी उपस्थिति को अपोहित कर देता है। उसके रचनाकार की उपस्थिति जिस सीमा तक छिपी रहती है, वह नाटक नाटकीय दृष्टि से उतना ही सफल माना जाता है। उपन्यास में लेखक छिपा नहीं रहता, वह सर्वत्र अपनी उपस्थिति का बोध कराता रहता है। अगर उसकी उपस्थिति महसूस नहीं होती, वह अपने को छिपाये रखने में सफल होता है, तो उपन्यास नाटक के निकट चला जाता है। लेखक जब समाज या उसके किसी हिस्से को अभीष्ट दिशा की ओर अग्रसर करना चाहता है या समाज के किसी अभीष्ट स्वरूप को प्राप्त करना चाहता है, तब वह अपने उद्देश्य के अनुरूप अपने पात्रों की चरित्र-सृष्टि करता है। नागार्जुन का बलचनमा वैसी ही 'अभीष्ट का साधक' चरित्र-सृष्टि का उदाहरण है। अभीष्ट चरित्र-सृष्टि का अमूल्य उदाहरण विश्वसाहित्य में रूसी लेखक मैक्सिम गोर्की के उपन्यास 'माँ' का नायक पावेल

तथा उसकी माँ हैं। अन्तर यह है कि जब वैसा ही कोई अभीष्ट चरित्र-सृष्टि ऐतिहासिक सच के मेल में होता है तब पाठक को स्वाभाविकता और अभीष्ट में कोई फर्क नजर नहीं आता और पाठक का ध्यान पार्थक्य की ओर जाता ही नहीं। किन्तु जब वैसा ही कोई पात्र समय के सच से आगे का होता है, तब पाठक का ध्यान बरबस उस पार्थक्य की ओर खिंच जाता है। 'बलचनमा' अपने समय का सच नहीं है, समय का सच होरी और गोबर है। बलचनमा अभीष्ट (अन्याय, शोषण और उत्पीड़न के विरुद्ध प्रतिरोध के) विचार का प्रचार-प्रसार करने के उद्देश्य से लेखक द्वारा गढ़ा गया व्यक्तित्व है। पॉवेल समय के सच का हू-ब-हू प्रतिनिधि तो नहीं, पर सन्निकट अवश्य है। इसलिए वह स्वाभाविक लगता है। रेणु के द्वारा गढ़े गये पात्र इस अर्थ में और भी विलक्षण हैं कि वे समय के सच के सन्निकट नहीं, समय के हू-ब-हू सच हैं। संक्रमणशील समाज का सच कविकल्पित या जल्पित नहीं होता। वह हमेशा यथार्थ होता है। रेणु के पात्र गढ़े हुए नहीं है; समाज के समसामयिक सच की स्वाभाविक निर्मिति हैं। संक्रमण काल में समाज न तो पूरी तरह नया होता है और न पूरी तरह पुराना। पुराना समाज नये समाज में रूपान्तरित हो रहा होता है। रूपान्तरण पूरा हो चुका नहीं होता है, वरन् रूपान्तरण की प्रक्रिया जारी रहती है। यही कारण है कि रेणु के पात्र दोनों ही प्रकार के हैं। नये समाज के नवाचारों और प्रतिकारक विचारों से लैश। नये और पुराने की टकराहट संक्रमण काल की स्वाभाविक ही नहीं अवश्यम्भावी घटना होती है। टकराहट-घात-प्रतिघात-से रचना में विशेष हलचल, आपाधापी, होड़ा-होड़ी, प्रतिद्वन्द्विता आदि का आधान होता है। हलचल जितनी ज्यादा होगी, रचना उतनी ही जीवन्त होगी। टकराहट और घात-प्रतिघात से नाटकीयता की भी वृद्धि होती है। 'तीसरी कसम' का नायक होरी निम्नवर्ग का वह हिस्सा है जो नहीं बदल रहा है। अन्य शेष हिस्सा तो बदल ही रहा है। नवाचारों को अपनाये बिना निम्नवर्ग की जीवन-स्थितियाँ नहीं बदल सकतीं। अस्तु, उक्त कहानी में रेणु हिरामन के साथ-साथ एक अन्य पात्र को भी प्रस्तुत करते हैं। सामान्यतः पाठक का ध्यान उसकी ओर जाता ही नहीं। जैसे तमाम पाठकों का ध्यान सूरदास की भक्ति पर तो जाता है, उनके ज्ञानपक्ष और कर्म पक्ष की ओर जाता ही नहीं। मुरली से सम्बद्ध पद सूर के इस पक्ष के प्रस्तोता हैं, पर उन पर ध्यान कौन देता है? एकमात्र भक्ति की रट है। संक्रमण शुरू हो चुका है, जमाना बदल रहा है। वैसे में नवाचारों को अपनाना ही होगा। अन्यथा पूर्व से आ रही जीवन-स्थितियों में परिवर्तन सम्भव नहीं होगा। अतः रेणु ने 'तीसरी कसम' कहानी में हिरामन के समानान्तर एक पात्र की सृष्टि की है जो चाल और चरित्र में हिरामन के उलट है। हिरामन हीराबाई को, जो उच्चतर जीवन-स्थितियों का प्रतीक है, को अपनाने के लिए हाथ नहीं हिलाता। जबकि उसके पास इसका अवसर था। किन्तु लहसनवाँ उस नये जीवन-बोध से इस कदर प्रभावित है कि उसकी जड़ता टूट जाती है, नवाचार के

रिस्क (जोखिम) को उठाने-झेलने के लिए तैयार हो गया है। उसकी जड़ता अब उसको रोक नहीं पा रही है। वह गाड़ीवानी छोड़कर नौटंकी कम्पनी की नौकरी कर लेता है। हमेशा हीरबाई के सान्निध्य में रहता है। वह उसकी साड़ी के धोवन में अपनी गमछी डुबोकर छोड़ देता है। गमछी महमह करती रहती है। अब वह पूरे मौज में है। उसका मौज और उसका आह्लाद उसके कथन से छलका पड़ता है।[22] आखिर रेणु कहना क्या चाहते हैं? यही न कि गाड़ीवानी अपनी सम्भावना का आरम्भ और अन्त दोनों है। कम्पनी की नौकरी सिर्फ एक आरम्भ है, अन्त नहीं। आज वह हीराबाई की साड़ी धोता है, कल नाटक में पर्दा उठाएगा, परसों 'जो आज्ञा हुजूर' कहेगा यानी छोटी-मोटी भूमिकाएँ निभाना शुरू करेगा। उसके भीतर का कलाकार और व्यवस्थापक विकसित होता गया, तो एक दिन वह नौटंकी का नायक बन सकता है या अपनी कम्पनी खड़ी कर ले सकता है। इस तरह कम्पनी की नौकरी सम्भावना की सिर्फ शुरुआत है, अन्त नहीं है। गाड़ीवानी अपनी सम्भावना का अन्त भी है। गाड़ीवानी से कोई बस-ट्रक का ड्राइवर तक नहीं बन सकता। इस पूरे अर्थ को रेणु लहसनवाँ के नौटंकी कम्पनी में भर्ती हो जाने की घटना के माध्यम से और उसकी 'मौज' से सम्बद्ध अभिव्यक्ति से प्रकट करते हैं। रेणु की कला बेहद सूक्ष्म और परिष्कृत है। निम्नवर्ग को इत्र-फुलेल आदि का स्वाद कहाँ मालूम? उसे क्या पता कि जीवन में इतना और ऐसा स्वाद भी होता है? स्वाद का नया होना, जिससे कि वह (निम्नवर्ग) अबतक वंचित था, उसे अपूर्व आह्लाद से भर देता है। उसके भीतर एक बोध भी पैदा करता है कि मैं अबतक इससे अपरिचित था, और साथ ही वंचित भी। अब अवसर है, तब लहसनवाँ क्यों चूके? हिरामन इसलिए चूकता है कि उसमें रिस्क-जोखिम-मोल लेने का साहस नहीं है और संक्रमण के दौर में जब नये अवसरों के उपलब्ध होने का अवसर रहता है, उस समय के चूकनेवालों के लिए 'चूकना' संक्रमण को निरर्थक बना देता है—संक्रमण-काल में उपलब्ध अवसर को निरर्थक बना देता है। तो यह है रेणु की कला। पात्र लेखक के विचारों का प्रतिनिधित्व तो करता ही है नाटक में वह लेखक की टिप्पणियों या मन्तव्यों का प्रवाचक भी होता है। उपन्यास में प्रवाचन का काम लेखक खुद से कर लेता है। किन्तु रेणु एक ऐसे कथालेखक हैं जो प्रवाचन का काम अक्सर खुद नहीं कर अपने पात्रों से ही करा लेते हैं। इस नाटकीय शिल्प का प्रयोग उन्होंने खूब किया है। वर्णनकर्ता (Narator) के रूप में वे उपन्यासों के आरम्भ में दिखायी पड़ते हैं जब वे मेरीगंज, परानपुर, नबीनगर, फूलबागान, या खगड़ा मंजिल का परिचय प्रस्तुत करते हैं और पाठक को अपने वर्णन के माध्यम से कथाद्वार तक ले जाते हैं। यहाँ यह बात भी ध्यान में रखने की है कि जिस रचनाकार को कला जिस मात्रा में सिद्ध होती है उसकी कृति में उसी मात्रा में सहजता और स्वतःस्फूर्ति दृष्टिगोचर होती है। बहुत से पाठकों को लगता है कि रेणु ने जो कुछ लिखा है वह सहज है और स्वतःस्फूर्त है। पर यह सच नहीं है।

सच यह है कि रेणु जो कुछ लिखते हैं उसके भीतर एक गहरी योज़ना होती है। यह तो उनके कौशल और कलासिद्धि का कमाल है कि उनकी योजना योजना नहीं लगती स्वत:स्फूर्ति लगती है। कौन कह सकता है कि लहसनवाँ एक योजित पात्र है, उसकी अभिव्यक्ति एक योजित अभिव्यक्ति है और उसका नौटंकी कम्पनी में भर्ती होना भी एक योजित घटना है? योजनाकार में बहाव, विशृंखलता, सीमोल्लंधन आदि नहीं होता। वह वही लिखता है और उतना ही लिखता है जितना उसे अपने अभीष्ट सम्पादन के लिए चाहिए होता है। अभीष्ट सम्पादन के लिए भी हर जगह विस्तार या व्याख्या नहीं, अनेकत:-बहुतायत से-सिर्फ संकेत से काम लेते हैं गाँवों में जमीन प्राप्त करने के लिए लोग किसी भी हद तक जा सकते हैं, नैतिकता की कोई भी सीमा लाँघ सकते हैं। अंग्रजों से लेकर शिवेन्द्र मिश्र, वीरभद्र के पिता से लेकर सरबन बाबू और सुचित लाल मर्डर तक इसी बात को तो प्रमाणित करते हैं। नैतिकता की किसी भी सीमा को लाँघने से गुरेज नहीं है—इस मानसिकता को रेणु इस तरह से प्रस्तुत करते हैं—धन्य हैं सरवन बाबू! भरी कचहरी में हल्फ लेकर कह दिया—"लालचन्द मेरा कोई नहीं, इसके बाप का ठिकाना नहीं। मेरे बाबूजी के मरने के तीन बरस बाद... ।"[23] हाकिम अचम्भे में पड़कर सिर्फ एक ही शब्द बोलता है—'टेर्रिबल'। यह महत्त्वपूर्ण नहीं है कि सचमुच सरवन बाबू ने ऐसा बयान दिया या नहीं, असल बात है जमीन को प्राप्त करने के लिए चाहे जिस सीमा तक जाना पड़े, भाई का ही हक क्यों नहीं हड़पना हो और चाहे इसके लिए अपनी जन्मदात्री माँ को ही क्यों न बदचलन कहना पड़े? राही मासूम रजा, सुरेन्द्र स्निग्ध आदि आंचलिक उपन्यास लेखकों ने अपनी रचनाओं को पोर्नोग्राफी का नमूना बना दिया है--यथार्थ और विश्वसनीयता के नाम पर। पर रेणु गाली भी देते हैं तो संकेत में-तेरी जात को मच्छर काटे। 'नैनाजोगिन' की नायिका रतनी को श्लीलता-अश्लीलता से कोई परहेज नहीं। बावजूद इसके रेणु वहाँ भी संकेत से ही काम चला लेते हैं। उन्होंने मर्यादा, शिष्टता और सुरुचि का ख्याल रखते हुए रतनी के पोर्नोग्राफिक कथन को 'अथि' शब्द का प्रयोग कर सफलता-सहजतापूर्वक अपना काम चला लिया है। उनका यही कौशल 'अगिनखोर' कहानी में भी देखने को मिलता है जब रेणु उसके नायक के समलैंगिक होने का खुलासा संकेत में ही करते हैं—'जो मुझे यूज करते हैं।' रेणु का पर्यवेक्षण और निष्कर्ष यथार्थ है, उसकी यथार्थता पर किसी प्रकार का सन्देह नहीं किया जा सकता। किन्तु उनका चित्रण कौशल उसी अर्थ में यथार्थवादी नहीं है, जैसा वह प्रेमचन्द या नागार्जुन में है। उनकी रचनाओं में अर्थ का जो घनत्व है (काम्पेक्टनेस) है उसे यथार्थवादी शिल्प में लिखने से उनकी रचनाओं का विस्तार वही नहीं हो सकता था जो हमें उपलब्ध है। पृष्ठ विस्तार से बचने के लिए संकेत-व्यंजना, सूत्र-कथन आदि जैसे यथार्थेतर कथनभंगी को अपनाना पड़ा है। इससे अर्थ-वस्तु के कलावस्तु में रूपान्तरण में भी मदद मिली है, अर्थ-संघनन से

प्रभाविता-शक्ति में भी अशेष वृद्धि हुई है। बहुत बार वे पात्र के मनोभावों या अनुभवों को शब्दों में व्यक्त नहीं कर अनुभावों और व्यभिचारी भावों के द्वारा व्यक्त करते हैं। अगर वे उन चीजों को शब्दों में व्यक्त करते तो उनकी भाषा पारदर्शी बन जाती। किन्तु बात जब अनुभावों या संचारियों के माध्यम से की जाती है तो भाषा परावर्ती बन जाती है। तीसरी कसम में हिरामन की पीठ में गुदगुदी लगती है। ऐसा पहले कभी नहीं हुआ।''[24] क्योंकि आज जो लदनी उसकी गाड़ी में लदी है, वह पहले कभी नहीं लादी गयी थी। अबतक तो वह बाँस और बोरे की लदनी ही लादता आया है। कम्पनी की औरत आज पहली बार उसकी गाड़ी में बैठी है। अपरिचय और कौतूहल इसी कारण से है। एक अकेली औरत, जवान और खूबसूरत, जैसी उसने कभी देखी न थी। विपरीत लिंग का होना किसी के भी मन में भावतरंग को जन्म दे सकता है। इन सारे विस्तारों को पीठ में गुदगुदी लगती है—एक वाक्य में समेट दिया, गुदगुदी लगने के अनुभाव का उल्लेख कर के। एक अकेली अजनबी खूबसूरत जवान औरत एक अकेले मर्द के साथ हो और इत्र भी गमक रहा हो तो यह हिरामन के भीतर आह्लाद को भी जन्म दे रहा है। उसके आह्लाद की व्यंजना भी गुदगुदी लग रही है—इससे हो जाती है। पीठ में लगने से अपरिचित होने की व्यंजना है। हीराबाई के गाड़ी में बैठे होने से जो कुछ भी अनुभव उसे हो रहा है। हिरामन उसको बुद्धि के धरातल पर समझ नहीं पा रहा है। चूँकि ऐसे अनुभवों का पूर्वाभ्यास उसे नहीं है, फलत: उस अजनबी अनुभव से मुक्त होने के लिए, (क्योंकि उसे समझने में वह असमर्थ है, इसलिए), वह बार-बार अपनी पीठ को गमछी से झाड़ रहा है कि बोध मिट जाय, बोधजनित गुदगुदी मिट जाय। नये अनुभवों से गुजरना, झेलना, 'पता नहीं क्या हो'—का जोखिम—इन सबसे मुक्त होने के लिए वह पीठ को बार-बार गमछी से झाड़ता रहता है। रेणु का यह चित्रणशिल्प प्रसंग को विशेष रचनात्मक बना रहा है। वे सामान्य शब्दों की जगह विशेष शब्द का प्रयोग कर रहे हैं—'अजगुत-अजगुत।'[25] अजीब शब्द का प्रयोग कर रेणु हिरामन के बोध की सही व्यंजना नहीं कर पाते। सामान्य शब्द, जिनका हमेशा प्रयोग होता रहता है, का चयन न कर कम प्रचलित शब्द 'अजगुत' का चयन किया। शैली विज्ञान की अवधारणा ही है—विशेष शब्दों का चयन। ऐसे शब्द रचना की भाषा को रचनात्मक भाषा बनाने में सहायक होते हैं। इसी शिल्प का प्रयोग उन्होंने 'परती : परिकथा' के आरम्भ में परानपुर गाँव का परिचय कराने के प्रसंग में किया है—'उन्नत गाँव है यह, सारे अंचल का प्राण।' और ऐसे गाँव की खासियत क्या है कि यहाँ के निवासी रेल का भाड़ा पत्थर से चुकाते हैं और बाजार का दुकानदार इस गाँव के ग्राहक को बेचने की जगह उससे पीछा छुडाने के लिए माल समेटने लगता है। उन्नत गाँव की यही उन्नति है क्या ? परानपुर के निवासियों के चरित्र पर यह एक व्यंग्य भी है। रेंज (शृंखला) परस्पर सापेक्षता, परस्पर विरुद्ध का उपस्थापन आदि भी उनके शिल्प हैं।

रेणु के शिल्प की बात करते हुए ध्यान उनके प्रतीकों पर भी जाता है। गाँवों में गीत-कथाओं की कोई कमी नहीं होती। सुरपति राय मानते ही हैं कि यह इलाका ग्राम-गीतों की जननी है। पर 'परती : परिकथा' में रग्घू रामायनी सब कथाओं को छोड़कर दन्ता राकस की कथा को ही क्यों चुनते हैं और उसी तरह 'तीसरी कसम' में हिरामन महुआ घटवारिन की कथा का ही चुनाव क्यों करता है? ये चुनाव हैं रेणु के। ये चयन स्वत:स्फूर्त और अकारण भी नहीं हैं। यह शैली वैज्ञानिक चयन का मामला है। साथ ही यह इस भावक के मन्तव्य को भी प्रमाणित करनेवाला है कि रेणु में जो सहजता और स्वत:स्फूर्तता दिखायी पड़ती है; वास्तव में वह वैसी है नहीं। उसके भीतर एक गहरी योजना है—पूरी तरह सुविचारित और सतर्क। लोग समझते हैं कि रेणु बेखुदी में लिखते हैं। उनकी कोई भी रचना 'बेखुदी' में लिखी रचना नहीं है, सब की सब पूरी तरह 'खुदी' की रचनाएँ हैं। रेणु जो कहना चाहते हैं, उसे बेहतर और प्रभावी ढंग से कहने के लिए दोनों ही रचनाओं में अन्तर्कथाओं का सहारा लिया है। महात्मा जी ने तोते को रटाया था—शिकारी आयेगा, जाल बिछाएगा, दाना डालेगा, लोभ से उसमें फँसना नहीं। तोता रट तो लेता है, पर गुरु जी प्रदत्त उक्त ज्ञान को आचरण में उतारता नहीं। उस ज्ञान का क्या लाभ जो व्यक्ति के आचरण को संशोधित न करे? तोते ने ज्ञान को शब्द का विषय ही रहने दिया, उसे आचरणीय नहीं बनाया। तभी वह दाने के लोभ में फँस कर शिकारी के जाल में बँध गया। 'तीसरी कसम' का हिरामन वही तो कर रहा है। उपर्युक्त कहानी में शिष्य ने ज्ञान को आचरण में नहीं उतारा। यहाँ तो खुद गुरु ही वैसा कर रहा है। हीराबाई उसे गुरु जी कहती है। गुरु कहने का कारण भी स्पष्ट कर दे रही है, जो एक आखर का भी ज्ञान दे, एक राग का भी ज्ञान दे वह गुरु। महुआ घटवारिन की कथा में 'आचरण' का महान् संकेत छिपा हुआ है। सौदागर का नौकर महुआ को चाहने लगा था। अपने प्रियपात्र को बचाने, संकट से रक्षा करने का प्रयत्न प्रेमी-प्रेमिका को करना ही चाहिए। साहित्य ऐसे प्रयत्नों से भरा पड़ा है। सौदागर का नौकर वही तो करता है। महुआ सौदागर के चंगुल से मुक्त होने के लिए उमड़ी नदी में छलाँग लगा देती है। नौकर उसे पाने के लिए, और उसकी संकट से रक्षा करने के लिए भी, उसके पीछे नदी में कूद जाता है। प्रतीक में हू-ब-हू अर्थ तो होता नहीं, मिलता-जुलता अर्थ होता है। हीराबाई पर महुआ जैसा कोई संकट नहीं है, कोई सौदागर उसे उसकी इच्छा के विपरीत जबर्दस्ती नहीं ले जा रहा है। लेकिन इस कथा से उसका इतना साम्य जरूर है कि जो रागात्मकता महुआ और सौदागर के नौकर के बीच पनप गयी थी, वही तो हिरामन और हीराबाई के बीच भी विकसित हो चुकी है। दोनों ही इस बात को महसूस करते हैं। नौकर ने भी अपने राग को शब्द में प्रकट नहीं किया था, ये दोनों भी नहीं करते। किन्तु 'प्रेमपात्र को पाने का प्रयत्न' नौकर की चारित्रिक विशेषता है जो हिरामन में नहीं है। वह नौकर का किस्सा हीराबाई को सुनाता है, पर उसके

जैसा आचरण कहाँ करता है ? वह कहाँ हीराबाई को रोकता है या कहाँ वह उसके साथ हो लेता है ? हीराबाई को प्राप्त करने के लिए वह क्या प्रयत्न करता है ? सौदागर के नौकर की तरह वह अपने को कहाँ जोखिम में डालता है ? भादो मास की उमड़ती नदी में कूद जाना जान को इससे बड़ा क्या जोखिम हो सकता है ? हिरामन हीराबाई को रोक लेता तब भी जोखिम था और या उसके साथ हो लेता—तब भी जोखिम था। पर वह कुछ भी जोखिम मोल नहीं लेता। नौकर उधर जान को जोखिम में डाल रहा है इधर हिरामन जोखिम से भाग (Escape) कर रहा है। हिरामन के नकारात्मक व्यक्तित्व, जोखिम से भागने की उसकी प्रवृत्ति और अपनी स्थिति में सुधार के लिए किसी प्रयत्न के अभाव और तत्सम्बन्धी जड़ता आदि की व्यंजना कराने के लिए रेणु ने इस कथा को अन्तर्कथा के रूप में संयोजित किया है। हीराबाई उसके सुप्त पुरुषार्थ को जगाने के लिए, प्रेमी के दायित्व की याद दिलाने के लिए और हिरामन को अपनी ही शिक्षा को अपने आचरण में न उतारने के लिए एक तरह से उलाहना ही देती है—महुआ घटवारिन को सौदागर ने खरीद जो लिया है गुरु जी।[26] नौकर के आचरण की शिक्षा हिरामन ने ही दी थी हीराबाई को और वही हिरामन खुद उस शिक्षा पर आचरण नहीं कर रहा है। इसीलिए उसे गुरु कहती है। तुम्हारा जी बहुत छोटा गया है—यह वाक्य ही दोनों के बीच के रागात्मक सम्बन्ध का प्रमाण है। अन्यथा हीराबाई के जाने से हिरामन का जी क्यों छोटा होता ? जब हिरामन रोक ही नहीं रहा है, तब तो हीराबाई को जाना ही पड़ेगा। किस आधार पर वह रुकेगी ? महुआ से हीराबाई का पूरा-पूरा साम्य नहीं है। क्योंकि महुआ की तरह किसी सौदागर ने हीराबाई को खरीदा नहीं है। वह बिकने के कारण से जाने को बाध्य नहीं हुई है। बल्कि उसका वैशिष्ट्य यह है कि वह इस कारण जाने को बाध्य हुई है कि उसके यहाँ हिरामन के पास-रुक जाने के आधार का सर्वतोभावेन अभाव है। आरजू का अभाव, हिरामन का अनुत्साह और उसकी प्रयत्नहीनता उसके जाने को सम्भव बनाती है। मैंने पूर्व में ही निवेदन किया है कि प्रतीक सम्पूर्ण समानार्थी हो-यह आवश्यक नहीं है। 'परती : परिकथा' की दन्ता राकस वाली अन्तर्कथा भी कुछ वैसी ही है। इलाके के लोग पानी के अभाव की समस्या से जूझ रहे थे। जल-संकट को दूर करने के लिए तालाबों (कुंडों) की खुदाई करनी थी। यह इतना बड़ा काम था कि परानपुर के लोग अपने बूते यह काम नहीं कर पा रहे थे। जिस उत्कट पुरुषार्थ की जरूरत इस काम के लिए थी, वह परानपुर के लोगों में नहीं था। वे कुंड नहीं खोद सकते थे। वैसा पुरुषार्थ दन्ता राकस के पास था। फलतः दन्ता को सुन्नरिनयका (सुन्दरी नायिका) के माध्यम से इस काम में नियोजित किया गया और पाँच-पाँच कुंड खोद डाले गये। इलाके का जलसंकट दूर हो गया। इस बार भी (वर्तमान समय में) जल ही संकट है, किन्तु उसकी कमी नहीं, अधिकता का संकट है; बाढ़ की समस्या से निजात पाने की जरूरत है। स्पष्ट है कि इसके लिए भी बड़े पुरुषार्थ की जरूरत है; कुंड खोदने

से भी बड़े पुरुषार्थ की। कुंड खोदने में और डायन कोशी को बाँधने में बहुत फर्क है। परानपुर के लोग कुंड ही नहीं खोद सके, तब कोशी को कैसे बाँध सकेंगे ? कोशी सिर्फ एक नदी नहीं है, वह एक देवी है, प्रचंड शक्ति से युक्त, उसके कोप को लोग देखते और भुगतते आये हैं। ऐसी दैवीय शक्ति सम्पन्न कोशी को साधने का खयाल परानपुर के लोगों को सपने में भी नहीं आ सकता था। कुंड खोदने में ऐसी किसी दैवीय शक्ति से जूझने की समस्या नहीं थी। सिर्फ कुछ अधिक पुरुषार्थ की जरूरत थी। वह भी परानपुर के लोगों के पास नहीं। भला इस कोशी को वे कैसे साध सकते थे ? कोशी को साधने के लिए दन्ता से भी बड़े पुरुषार्थ की जरूरत थी। रेणु का दन्ता शरीर-बल का प्रतीक है और शरीर-बल की एक सीमा है। शरीर-बल से कोशी को नहीं साधा जा सकता। दन्ता इस काम के लिए सही व्यक्ति (Proper-person) नहीं है। इस काम के लिए सही व्यक्ति है जितेन्द्र। क्योंकि वह शरीर-बल का नहीं, बुद्धि-बल का प्रतीक है। शरीर-बल की सीमा है, बुद्धि-बल असीम है। जो काम शरीर-बल से नहीं किया जा सकता, वह काम बुद्धि-बल से आसानी से किया जा सकता है। शरीर-बल का प्रतीक दन्ता कोशी को साधने में सफल होता, इसमें पर्याप्त सन्देह है। किन्तु बुद्धि-बल के प्रतीक जितेन्द्र ने कोशी को साध दिया—यह प्रमाणित हो चुका है। जितेन्द्र दन्ता से आगे की चीज है, बुद्धि-बल शरीर-बल से आगे की चीज है। शरीर-बल के अमान्य हो जाने पर बुद्धि-बल की जरूरत होती है। विज्ञान बुद्धि-बल का ही व्यक्त रूप है और विज्ञान के माध्यम से शरीर-बल को अनेक गुणा बढ़ाया जा सकता है। बड़ी-बड़ी मशीनें वही तो करती हैं। इंजीनियर दासगुप्ता जितेन्द्र से बार-बार यही तो कहते हैं—तुमी पारबे, तुमी पारबे ! तुम सफल होओगे ! तुम सफल होओगे ! यह प्रसंग सिर्फ ज्ञानवर्द्धक ही नहीं है, मार्मिक भी है। पुरुष को फँसाने का औरत एक अकाट्य तरीका है। सुन्नरिनयका के जाल में दन्ता फँस ही गया। बुद्धि से (षड्यंत्रपूर्वक) सुन्नरि द्वारा प्रेम का झूठा नाटक कर उसे फँसाया गया। लेकिन औरत आखिर औरत ही है। उसमें संवेदना और मानवीयता ज्यादा होती है। सो परानपुर के भले के लिए जब दन्ता पाँच-पाँच कुंड खोदने जैसा बड़ा काम कर देता है तो सुन्नरि उसके प्रति तटस्थ नहीं रह सकी। शक्ति, शील और सौन्दर्य—ये तीन ऐसे लगभग शाश्वत कारण हैं जो नारी को आकर्षित करते हैं। दन्ता में शक्ति तो थी ही, परानपुर के भले के लिए उसने इतना बड़ा उपक्रम किया—इसे उसका शील भी माना जा सकता है। दन्ता के उपकार को भला कैसे नजरअन्दाज किया जा सकता था ? सो सुन्नरि दन्ता के प्रति प्रेम को नाटक बनाये नहीं रख सकी, वास्तव में प्रेम करने लगी। वह कृतघ्नता और बेवफाई नहीं कर सकी। किन्तु परानपुर के लोग पक्के धूर्त और कृतघ्न। उनकी धूर्तता का शिकार बने दन्ता की जान चली जाती है। दन्ता का बेटा अनाथ हो जाता है। कथा के अन्त में रग्घू रामायनी औरतों से आरजू करते हैं—आप सभी दन्ता के बेटे के लिए खीर की कटोरी कुंडों के किनारे अवश्य

रखें। आपके बालबच्चों का भला होगा। दन्ता का बेटा अबतक प्रतीक्षारत है—अपने पिता के लौट आने का, जो अब कभी नहीं आयेगा। कृतघ्नता और बेवफाई परानपुर के लोगों का चारित्रिक गुण है,—जिसका उल्लेख रेणु ने उपन्यास के आरम्भ में ही कर दिया है और जो शिवेन्द्र मिश्र, लरेना खवास और वीरभद्र के पिता आदि के आचरण से भी समर्थित है। कहीं वही आचरण जितेन्द्र के साथ भी तो नहीं किया जानेवाला है? आशंका निर्मूल नहीं है। इलाके के भले के लिए डायन कोशी को साधने का उपक्रम करनेवाले जितेन्द्र पर पत्थर बरसाये जाते हैं। दन्ता के साथ घटी घटना जितेन्द्र के साथ घटनेवाली घटना का पूर्वसंकेत ही तो है। कलाकारों में मानवीयता का स्तर सामान्य व्यक्ति से भिन्न होता है। 'ठेस' कहानी का नायक सिरचन भी इसे उदाहृत करता है और यह गीत-कथाकार रग्घू रामायनी भी दन्ता के अनाथ हो चुके बेटे के लिए आरजू करता है। कलाकार रेणु जितेन्द्र पर पत्थर-वर्षा से आहत हैं। अगर लोग अपने लिये किये गये उपकारों के प्रति भी कृतज्ञ नहीं बने रहेंगे तब देश और दुनिया का क्या होगा? भले के लिए कौन आगे आयेगा? अगरचे अस्पताल बनवाने का प्रयास करने पर भी बालदेव को अपमानित ही होना पड़ेगा? समाजसेवा और राष्ट्रसेवा के सामने यह संकट है। रेणु इस संकट से व्यथित हैं। अपनी व्यथा को उन्होंने रग्घू रामायनी के द्वारा व्यक्त किया है और साथ ही यह सन्देश भी दिया है कि दन्ता का जमाना बीत चुका है, जितेन्द्र का जमाना आ गया है। शरीर-बल बीते कल की चीज है, बुद्धि-बल आज की जरूरत है। जितेन्द्र दन्ता से बड़ा है, दन्ता की तुलना में उसमें ज्यादा सामर्थ्य है। युगीन सार्थकता और अर्थवत्ता जितेन्द्र में है, न कि दन्ता में। जितेन्द्र अपने समय की जरूरत है। स्पष्ट है कि रेणु का प्रतीक-विधान बहुत ही सुविचारित, उद्देश्यपूर्ण, अर्थगर्भ और अशेष व्यंजक है।

रेणु अपने पर्यवेक्षण और निष्कर्षों का अवबोध कराने के लिए दो विरोधी पात्रों, स्थितियों या घटनाओं को साथ-साथ, यत्किंचित् आगे-पीछे प्रस्तुत करते हैं। यह उनका एक खास कौशल है; खास लेखकीय ट्रिक है। हरगौरी और कालीचरन-दोनों को समानान्तर ढंग से देखने पर कालीचरन का महत्त्व और उसकी उपयोगिता विशेष रूप से समझ में आती है। हरगौरी समाजहित में बाधा डाल रहा है। कालीचरन बालदेव को मजबूती प्रदान नहीं करता तो समाज अस्पताल जैसे लोकोपयोगी उपक्रम से वंचित हो सकता था। तहसीलदार विश्वनाथ प्रसाद अपने पिता की पद्धति को छोड़ चुका है। क्योंकि उसने समझ लिया है जमाना वह नहीं है जो पिता के समय में था। आज उस पद्धति को जारी रखने का मतलब आत्मविनाश है। पिता की पद्धति और उपलब्धि से तहसीलदार की पद्धति और उपलब्धि की तुलना करने पर तहसीलदार की लचीली पद्धति का मान-मूल्य समझ में आता है। तांत्रिक शिवेन्द्र मिश्र और गणतांत्रिक जितेन्द्र का साम्य-वैषम्य भी एक दूसरे के औचित्य-अनौचित्य को समझने में विशेष निर्णायक है। दन्ता के साथ भी जितेन्द्र का साम्य-वैषम्य है, सौदागर

के नौकर के परिपेक्ष्य में हिरामन के आचरण की मीमांसा हिरामन को समझने में सहायक है। इस तरह साम्य और वैषम्ययुक्त युग्मों का प्रस्तुतीकरण रेणु की खास तकनीक है। वैसे ही वे किसी एक बात की रेंज भी प्रस्तुत करते हैं। गणतांत्रिकता का आदर्श जितेन्द्र है तो भिम्मल मामा गणतांत्रिकता की रेंज का विस्तार हैं। वे गणतांत्रिक तो हैं, सबका भाषण सुनते हैं, सबकी सभा में जाते हैं, अभिव्यक्ति की स्वतंत्रता को मान्यता देते हैं, किसी के भी भाषण देने के अधिकार को मान्यता देते हैं। बावजूद इसके वे जितेन्द्र जैसा आदर्श गणतांत्रिक नहीं हैं। तहसीलदार विश्वनाथ प्रसाद भी उसी रेंज के भीतर का एक रूप है, जिसमें वे सभी जातियों के लोगों के साथ एक ही सफरे पर बैठते हैं, सुलह-सफाई और मेल-मिलाप के रास्ते पर चलते हैं। यद्यपि उनकी दृष्टि हमेशा अपने लाभ पर होती है। अन्धाधुन्ध यांत्रिकीकरण और विचारित यांत्रिकीकरण की लाभ-हानि का अबोध इस तरह से होता है कि कटिहार में जूटमिल के खुलने से बेरोजगारों को रोजगार मिलता है और उनमें सम्पन्नता आती है। वे मजदूर खमरआलू जैसे जंगली उत्पाद को चार आने सेर हाथोंहाथ उठा लेते हैं। जबकि अविचारित यांत्रिकीकरण गाँव की औरतों को बेरोजगार बना रहा है। यही कारण है कि तालेवर की मिल चलती है तो ग्रामलक्ष्मी उदास हो जाती है। युग्म और रेंज-विरोधी स्थितियों और तर-तम के स्तर को समझने के महत्त्वपूर्ण सूत्र हैं। एक कौशल के रूप में रेणु ने इनका कलापूर्ण और सफल उपयोग किया है। व्यंजना रेणु की रचनाओं का प्राण है। वे सिर्फ भाषा की व्यंजना का ही प्रयोग नहीं करते। वह स्थितियों, घटनाओं और चरित्रों से भी व्यंजना का काम लेते हैं। 'रसप्रिया' कहानी का पँचकौड़ी मिरदंगिया एक ब्राह्मण बालक की टुड्डी छूकर उसे बाप कहता है—"अच्छा इस बार माफ कर दो सरकार! अब से आप लोगों को बाप ही कहूँगा।...क्यों ठीक है न, बापजी?"[27] जातिवादी विभेदवाद की व्यंजना और इससे बढ़कर क्या हो सकती है कि एक बुर्जुग एक छोटे से बच्चे को बेटा नहीं कह पा रहा है, यदि वह ऊँची जाति का नहीं है। वह ऊँची जाति के बच्चे को बाप कहने के लिए अभिशप्त है। परानपुर के लोग अब मिथक को छोड़कर यथार्थवादी हो रहे हैं। यथार्थवाद के स्वीकरण का बड़ा ही व्यंजक उद्घाटन रेणु ने इस रूप में किया है "सिर्फ देवगण ही नहीं देवियाँ भी"[28] और यह कि विधवा सहुआइन अपनी तीन-तीन जवान विधवा बेटियों को ललकार कर कहती है—"चल री नीतिया-सीतिया, गीतिया। ले एक-एक कुदाल हाथ में। ई नीलगाय-जैसी देह किस दिन काम आयेगी?"[29] औरतें कलतक परती को परमादेव का गह्वर मानती थीं और कोशी नदी को कोसका मैया, यानी मिथकीय चेतना में जीती थीं, आज वे उससे बाहर निकलकर यथार्थवादी चेतना से परिचालित हो रही हैं। रेणु खुद एक परिकथा हैं। कथा का एक खंड-परिकथा। समय और समाज एक पूरी कथा है। उसके अनेक खंड हैं। पहला खंड 'मैला आँचल' है। मेरीगंज को मैला मानने का कारण भौतिक उतना नहीं है जितना

भावनात्मक और वैचारिक है। वैचारिक गँदलापन दोनों ओर है। निम्नवर्ग में जहाँ वह अर्थ-लाभ के लिए कामाचार, मुफ्तखोरी, जड़ता, आलस्य, अन्धविश्वास, अशिक्षा के रूप में मौजूद है, वहाँ वह उच्चवर्ग में सामन्ती मानसिकता, शोषण-अत्याचार, ऊँच-नीच का भेदभाव, श्रेय न देने की मानसिकता आदि के रूप में है। मैलापन धार्मिक संस्थाओं में भी कम नहीं है। कबीरपंथी मठ में अनाचार का बोलबाला है। स्त्री (लछमी के रूप में) वहाँ सुरक्षित नहीं है। मठ की भैंस चरानेवाले चरवाहे का दरमाहा (वेतन) बकाया है और नौ सौ बीघे की पतनी के रहते हुए भी अस्पताल के बनने में आर्थिक सहयोग नहीं। महन्थ सेवादास चाहते तो उनके पास इतने इफरात में संसाधन थे कि वही अकेले आमजन की भलाई के लिए अस्पतालघर बनाने का पूरा खर्च उठा सकते थे। अगर वैसा होता तो मजदूरों को, जो पेट भरने के लिए दिनभर हाड़तोड़ काम करते हैं, उन्हें आधी मजदूरी में काम नहीं करना पड़ता। जो करना चाहिए था सो मठ ने किया नहीं, किया क्या तो अस्पताल के बनने की खुशी में पूड़ी-जिलेबी का भंडारा (भोज) दे दिया। मठ निठल्लों के पेट पालने का अड्डा बना हुआ है। मैलापन 'परती : परिकथा' में भी कम नहीं है किन्तु वह एक परिकथा है; मैलेपन से शुरू होकर रूपान्तरण की रचनात्मक परिणति तक की। मंगनी सिंह दीवाना, सरबजीत चौबे, गरूड़धुज झा, सवर्ण युवक जो पिछड़ी जाति के युवकों द्वारा अभिनीत किये जा रहे नाटक को सेबोटाज कर देते हैं, आदि मैलेपन को ही उदाहृत करते हैं। किन्तु 'परती : परिकथा' का महत्त्व उसके मैलेपन में नहीं है, समाज में घटित संशोधनों और रचनात्मक परिवर्तनों में निहित है। वह परिवर्तन काम्य था। किन्तु वह लेखक के मन की उपज नहीं था। अपने समय और समाज का ही पूरा सच था। संक्रमणशील समाज एक स्थिति से दूसरी स्थिति में रूपान्तरित होता ही है। 'संशोधनों' से भूमि के खर-पतवार (मनोजगत् के वैचारिक गँदलेपन) को दूर कर उसने नये विचारों के रूप में गणतंत्रवाद, समतावादी मूल्यों पर आधारित सर्वसमावेशी समाज की स्थापना और सबसे बढ़कर सामन्तवाद की जगह गणतंत्रवाद की स्थापना। इसलिए उनके दूसरे उपन्यास का नामकरण 'परिकथा' के रूप में है, मैलेपन से मुक्ति को ध्यान में रखकर। ताजमनी और जितेन्द्र के प्रयत्न और वैचारिक नेतृत्व से अवर्ण-सवर्ण-सभी एक मंच पर समाविष्ट हो जाते हैं और 'पंचचक्र' नाटक को अभिनीत करते हैं; जहाँ योग्यता के अनुसार सबकी भूमिका है। मलारी और ताजमनी अगर दुलारी दाय और कोसका महारानी का अभिनय बेहतर ढंग से कर सकती है तो न तो जाति और वंश के आधार पर उन्हें उक्त भूमिकाओं से वंचित किया जा सकता है और न जातिगत श्रेष्ठता के आधार पर लिलिया जैसी सवर्ण युवती का चुनाव किया जा सकता है। चित्त के पुराने संस्कारों को मिटाकर उसके स्थान पर (मिथक से यथार्थवादी होना और विज्ञान की शक्ति पर भरोसा करना) नये विचारों के पौधे रोपे गये। इस नये आधानित विचारों के कारण और उसे आचरण में उतार लेने के कारण परती

आसन्नप्रसवा हुई है। पुराने विचारों पर ठहरे रहने पर परती आसन्नप्रसवा नहीं हो सकती थी। इस उपन्यास में कुल छह परिकथाएँ हैं जिनमें से तीन—पंडुकी की कथा, कोसका मैया की कथा तथा दन्ता राकस की कथा—'मिथकीय' हैं और शेष तीन-परती का स्वामित्व मिसेज रोजउड से हासिल करने से लेकर सर्वे सेटलमेन्ट और कोशी डैम की स्थापना तक 'यथार्थ' की कथाएँ हैं। सातवीं परिकथा वैचारिक संशोधन है जिसे पंचचक्र नाटक उदाहृत करता है और परती का आसन्नप्रसवा होना उसका 'फल' है। उनकी रचनाओं का नामकरण 'मैला आँचल' और उसके बाद 'परती : परिकथा' अकारण या निष्प्रयोजन नहीं है। रचनाओं के नाम लेखक के प्रयोजन को इंगित ही नहीं कर रहे, उसका नेतृत्व भी कर रहे हैं।

दिनकर जी ने माना है कि समाज और साहित्य में जब कोई प्रवृत्ति एक बार जन्म ले लेती है तो वह कभी भी पूरी तरह मरती नहीं। सामन्तवाद जब अपने को प्रचलित अर्थ में जिन्दा नहीं रख सका, तब उसने अपने को भी रूपान्तरित कर लिया। वह लोकतांत्रिक चोला धारण कर शक्ति केन्द्रों पर काबिज होने लगा। इसका संकेत 'मैला आँचल' में ममता द्वारा डॉ. प्रशान्त को लिखे पत्र में मिलता है—काले बाजार के अँधेरे में एक नयी दुनिया की सृष्टि हो गयी है, जहाँ सूरज नहीं उगता, चाँद नहीं चमकता और न सितारे ही जगमगाते हैं।...इस दुनिया में माँ-बेटा, पिता-पुत्र, भाई-बहन और स्वामी-स्त्री जैसा कोई सम्बन्ध नहीं।[30] 'पल्टू बाबू रोड' अररिया जिले के शहर बैरगाछी का कोई रोड नहीं है। वह उस रोड (जीवन दृष्टि और पद्धति) का नाम है जिसमें रिश्तों की कोई अहमियत नहीं है। पैसों की खातिर अपने घर की रक्षिता बहू-बेटियों का उपयोग किया जाता है। रेणु चिन्तित हैं। अपनी चिन्ता को समाज की चिन्ता के रूप में प्रस्तुत करते हुए पूछते हैं—'कहाँ जाती है यह पल्टू बाबू रोड आखिर? यही जानने के लिए आज का सारा समाज परेशान है।'[31] जिस दुनिया में चाँद और सूरज नहीं निकलते, उसी दुनिया की कथा है 'कलंक मुक्ति' नामक उपन्यास। कालाबाजारी और उसके मार्ग में अवरोध के रूप में जो भी है, उसी पर अपराध के दायित्व को आरोपित कर देना-उस दुनिया की खास फितरत है। हृदय की सम्पूर्ण निष्ठा के साथ समाजसेवा करनेवाली पवित्रा अपने समाज की अपेक्षाओं के आगे शहीद हो जाती है, दूसरी ओर, वहीं 'जुलूस' नामक उपन्यास में ही, छोटनबाबू एक ऐसा अनार है जो किसी बीमार के काम नहीं आता। पर वह क्षेत्र का एम.एल.ए. है। रेणु की हर रचना समाज की कथा की कोई-न-कोई परिकथा अवश्य है। रेणु ने समाज की परिकथा की एक पूरी रेंज हमारे सामने प्रस्तुत की है। परन्तु वे अपने समाज-बोध की सैद्धान्तिक व्याख्या कहीं नहीं करते। उनका बोध ठीक उसी प्रकार से उनकी रचनाओं से छलका पड़ता है, जैसा 'लालपान की बेगम' कहानी में छलका है। 'लालपान की बेगम' कहानी में बिरजू का बाप पत्नी को नाच दिखाने ले जाने के लिए गाड़ी का इन्तजाम करने में सफल

हुआ है। जिस तरह से वह अपने बच्चों को पुकारता है और स्वगतरूप से बोलता है, उसमें उसका 'विजेता' भाव सहज और स्वाभाविक रूप में प्रकट हुआ है। इधर बिरजू की माँ है जो अपने को पति के दिल में पाती है, तभी तो उसका पति इतनी जहमत उठाकर गाड़ी ले आया है यह बोध उसे अपार उत्साह से भर देता है। शब्द में कहीं नहीं, सिर्फ बोध-एक दूसरे के दिल में होने का प्रमाण भी बोध में ही, शब्द में कहीं नहीं। बिरजू के बाप का विजेताभाव और माँ का उत्साह—दोनों ही बोध की प्रेरणा का परिणाम है।

रेणु का अल्टीमेट गोल समाज का वैचारिक और आचरणिक संशोधन और रूपान्तरण है। अपनी रचनाओं में रेणु का स्वर आलोचनात्मक होकर भी सामाजिक विध्वंस का आकांक्षी नहीं है। नागर्जुन का स्वर सिर्फ आलोचनात्मक है और परिणामतः सामाजिक विध्वंस का आवाहक है। वह प्रतिपक्ष (जमींदार) में कटुता और प्रतिहिंसा को जन्म देता है। उनका स्वर जमींदारों के रचनात्मक रूपान्तरण की सम्भावना को कुन्द कर देता है। जबकि 'मैला आँचल' में जमींदारों की जो आलोचना मिलती है, वह उनमें कटुता पैदा नहीं करती। परिणामतः प्रतिहिंसा भी पैदा नहीं करती। वरन् ऐसा कर वे उनके रचनात्मक रूपान्तरण की सम्भावना को बनाये रखने में सफल होते हैं। वे प्रतिहिंसा को समाज को दोफाड़ नहीं बनाने देते। उसका रूपान्तरण कर समावेशी समाज की स्थापना में रचनात्मक उपयोग करते हैं। सामाजिक सम्बन्धों का सरलीकरण करने से समाज दो स्पष्ट वर्गों—वंचित और वंचक, शोषित और शोषक, पीड़ित और पीड़क—में विभाजित रूप में उपलब्ध होता है, जैसा कि हम नागार्जुन के 'बलचनमा' में पाते हैं। रेणु के उपन्यासों में उपलब्ध अन्तःसम्बन्धों की जटिलता पूरे सबाब पर है जो रेणु की आलोचना को कटु और प्रतिहिंसक बनने से रोकती है। रेणु का धैर्य किन्तु 'कलंक-मुक्ति' तक आते-आते मानो चुक जाता है। सूत्र, संकेत और स्थितियों के चित्रण से काम चलानेवाला लेखक सीधे शब्दों पर उतर आया है—'यही है तुम्हारी आजादी? यही है तुम्हारे समाजवादी समाज की रूप-रेखा?' सच्चाई नामक गुण मनुष्य के हृदय से धीरे-धीरे लोप हो रहा है। स्वार्थसिद्धि के लिए आदमी किसी भी शर्त पर अपनी आत्मा को बेच सकता है।...जहाँ जीवन में कोई अवलम्ब नहीं, आधार नहीं, विश्वास नहीं। चारों ओर व्यर्थता का राज... ।[32] इस देश को लूटा जा रहा है, छोआ घोटाले से लेकर बोफोर्स 2 जी घोटाले और कोयला घोटाले तक। किन्तु घोटालेबाजों को भय नहीं है। जब तक इस देश में अहिंसा की भावना को स्थान प्राप्त है तबतक वे निश्चिन्त हैं। अपनी मंगरू मिनिस्टर नाम की कविता में रेणु यही तो कहते हैं :

छोआ के कनस्तर में...
अहिंसा लौंड्री में कपड़े रोज धुलाता हूँ।
यह पहली बार है जब रेणु अभिधेय शब्दों में बोले हैं।

यह विवेचन रेणु की भाषा, लेखकीय कौशल और शिल्प का सम्पूर्ण विश्लेषण नहीं है, वरन् उसकी सांकेतिक झलक ही है। पर जो बात है वह यह कि 'परती : परिकथा' में रेणु ने एक शब्द का प्रयोग किया है 'अनास्वादित।' यह अनास्वादित विशेषण उनके अपने शिल्प और कला पर भी अपने अधिकतम अर्थ-विस्तार के साथ लागू है। रेणु इस रूप में भी अनास्वादित हैं कि जहाँ आंचलिक (क्षेत्रीय) रचनाओं की अपील भी आंचलिक (क्षेत्रीय सीमा तक सीमित) होती है वहाँ रेणु ऐसे रचनाकार हैं जिनका शरीर क्षेत्रीय लगता है, स्थान, पात्र नाम, भाषा आदि के रूप में पर जिनकी आत्मा, जिनकी अर्थ-व्यंजना और जिनकी अपील कतई आंचलिक (क्षेत्रीय) नहीं है—

सबाय बोले आमाय पागल, आमी सबाय के पागल बोली।[33] सभी रेणु को आंचलिक (क्षेत्रीय के अर्थ में) कहते हैं किन्तु रेणु की रचनाएँ चिल्ला-चिल्ला कर कहती हैं—मेरा कथ्य और मेरा सन्देश आंचलिक (क्षेत्रीय) नहीं है, मेरी व्याप्ति आंचलिक नहीं है। मेरे निहितार्थ आंचलिक नहीं हैं। सर्वसमावेशी समाज की स्थापना सिर्फ मेरीगंज या परानपुर की समस्या नहीं है, अमेरिका और दक्षिण अफ्रीका की भी समस्या है। आंचलिकता में सर्वदेशीयता का समावेश रेणु का निजी कमाल है, अपूर्व है। विश्व-साहित्य में दूसरा कोई उदाहरण नहीं मिलता-इसलिए अनास्वादित भी है। विचार और कला के युगपद्-समानान्तर-समानुपात तथा विचार के कलावस्तु में रूपान्तरण में मिली सफलता भी उन्हें विशिष्ट और अनास्वादित सिद्ध करती है। पेय में अनास्वादित स्वाद लाने के लिए जितेन्द्र चाय में ब्रांडी की कुछ बूँदें मिला देते हैं। कहने का आशय यह है कि नया स्वाद पैदा करने के लिए जितेन्द्र किसी अनोखी वस्तु का प्रयोग नहीं करता, वरन् प्रचलित वस्तु का ही उपयोग करता है। वरन् उनका विनियोग नया है। रेणु के उपादान भी बहुत नये या अनोखे नहीं हैं। उन्होंने अपनी मैथिली में लिखी एक कहानी; 'जहाँ पमन को गमन नहीं' में लिखा भी है। जब भी गाँव जाता हूँ कुछ नये शब्द ले आता हूँ जैसे कि नया चूड़ा या गुड़ लाता हूँ। जीवन में नयी-नयी गतिविधियों, जैसे स्वतंत्रता आन्दोलन, राजनीतिक गतिविधि, सर्वे सेटलमेन्ट, कोशी डैम का निर्माण, नहर-प्रणाली का विकास आदि के आने से उन क्षेत्रों से सम्बद्ध नये-नये शब्द प्रचलन में आये। ग्रामीणों के अपूर्ण अनुकरण, तद्भवीकरण, देशीकरण, हिन्दीकरण आदि के कारण विशिष्ट क्षेत्रों के शब्दों का वैसा रूप हमें रेणु की रचनाओं में मिलता है। आन्दोलन का अंडोलन, अपूर्ण अनुकरण का प्रमाण है तो हॉस्पिटल का हस्पताल या अस्पताल हिन्दीकरण है। सर्वे से सम्बद्ध शब्द-बाउंड्री, तनाजा या फिर डैम और नहर प्रणाली के शब्द जिनके उदाहरण जितेन्द्र के जिलाधिकारी के सामने दिये गये वक्तव्य में मिलते हैं, सिल्ट, डिमोंशट्रेशन आदि। रेणु ने कथा और साहित्य के उपकरण पूर्व से प्रचलित ही रखे हैं! सिर्फ कुछ नये शब्दों का प्रयोग किया है। किन्तु उन उपकरणों

और इन नये शब्दों का विनियोग (कलात्मक प्रयोग) बिल्कुल नया है, रेणु का अपना और निजी है। रेणु को विनियोग की कला पर और साथ ही उनके वैशिष्ट्य पर मानों विशेषाधिकार और महारत हासिल है। यूँ भी उपन्यास को शुद्धकला या साहित्य की शुद्ध विधा नहीं माना जाता। उसमें कई विधाओं, यथा नाटक, संस्मरण, रिपोर्ताज, कविता आदि, का सम्मेल पाया जाता है। रेणु के उपन्यासों में यह सम्मेल कुछ अधिक ही मुखर, आकर्षक और व्यंजक है। सम्मेल की कला भी रेणु की अपनी है और अतिविशिष्ट है। प्रचलित उपादानों की नयी और निजी विनियोग-पद्धति के कारण रेणु की रचनाओं में अनास्वादित स्वाद आ गया है। आंचलिकता, आंचलिक भाषा आदि विनियोग की नयी पद्धति को ही उदाहृत करती है। साथ ही नायकत्व से सम्बद्ध एक नयी अवधारणा उन्होंने प्रस्तुत की–सामूहिक नायकत्व की। वहीं 'तीसरी कसम' के नायक–हिरामन–में नायक का कोई परम्परागत लक्षण नहीं पाया जाता। नायक कथा को फलागम की ओर ले जाता है। वह प्रयत्न करता है, नेतृत्व करता है और खतरा मोल लेता है, संघर्ष करता है। वह ऐसा, नायक है जो उक्त में से कोई कार्य नहीं करता। उल्टे फलागम से भागता है, फिर भी नायक है। मानना पड़ेगा कि रेणु ने नायकत्व का एक नया प्रतिमान भी गढ़ा था। फल की अनुपलब्धि दुःखान्त नाटकों के नायक के प्रतिनायक से हार जाने या उसकी मृत्यु के कारण से होती है। पर वहाँ भी नायक प्रयत्न करता अवश्य है। सिर्फ होता यह है कि प्रतिनायक द्वारा उसके मार्ग में उत्पन्न बाधा का बल ज्यादा होता है जिससे वह फलागम को उपलब्ध करने में विफल रहता है या उसी क्रम में उसकी मृत्यु हो जाती है। हिरामन के मामले में वैसा कोई बली प्रतिनायक नहीं है। वरन् उसमें चरम कोटि की प्रयत्नहीनता है, संघर्षविमुखता है और जोखिम उठाने के साहस का सर्वथा अभाव है। हिरामन जैसा नायक साहित्य में नायक का एक नया प्रभेद है जो रेणु की देन है। कथाशिल्प के प्रारूप के सन्दर्भ में 'आंचलिकता' भी रेणु की देन है और विचारों का कला में विनियोग (दाल में नमक की तरह) उनकी उपलब्धि है।

सन्दर्भ सूची

1. परती : परिकथा, रेणु, पृ. 9
2. वही, पृ. 302
3. वही
4. वही, पृ. 303
5. वही, पृ. 18
6. आदिम रात्रि की महक, रेणु, पृ. 91-92
7. मैला आँचल, रेणु, पृ. 115-16
8. परती : परिकथा, रेणु, पृ. 45

9. आदिम रात्रि की महक, रेणु, पृ. 69
10. वही
11. वही, पृ. 11
12. वही, पृ. 150
13. ठुमरी, रेणु, पृ. 101
14. वही, पृ. 127
15. परती : परिकथा, पृ. 276
16. मैला आँचल, पृ. 67
17. वही, पृ. 231
18. परती : परिकथा, पृ. 202
19. ठुमरी, पृ. 17
20. मैला आँचल, पृ. 68
21. वही, पृ. 19
22. ठुमरी, पृ. 123
23. परती : परिकथा, पृ. 25
24. ठुमरी, पृ. 94
25. वही, पृ. 98
26. वही, पृ. 125
27. ठुमरी, पृ. 9
28. परती : परिकथा, पृ. 107
29. वही
30. वही, पृ. 160
31. पल्टू बाबू रोड, फ्लैप पर
32. कलंक मुक्ति, पृ. 109
33. कितने चौराहे, रेणु, पृ. 101

उपसंहार

रेणु होने का मतलब

समाजशास्त्रियों ने कुछ ऐसे कारणों की पड़ताल की है जो सामाजिक विघटन को सम्भव बनाते हैं। वे कारण अगर लम्बे समय तक समाज में मौजूद रहें तो विरोधी सामाजिक समूहों के बीच संघर्ष की स्थिति पैदा होने लगती है। हिन्दी के तीनों महान् मानवतावादी रचनाकारों (यथा प्रेमचन्द, निराला और नागार्जुन, जिनकी वंचित वर्ग के प्रति निष्ठा वास्तविक और विश्वसनीय थी, और उनकी निष्ठा पर सन्देह करने का कोई कारण नहीं था) की पैरोकारी और 'संशोधन' का प्रस्ताव न तो निम्न वर्ग को कुछ दिला सकी और न ही उच्चवर्ग की चाल और चरित्र को संशोधित ही कर पायी। यही कारण है कि 'सूच्यग्रं नैव दास्यामि' की जो स्थिति सन् 36 ई. में थी ('गोदान', 'भिक्षुक' कविता तथा 'बलचनमा' उपन्यास तीनों का उपजीव्य काल सन् 36 ई. के आसपास ही था।) वही स्थिति सन् 46 ई. में भी बनी रही। हरगौरी सन् 46 ई. में भी ग्वाले को लीडरी का अधिकार देने को तैयार नहीं और कांग्रेस ऑफिस का चौका-बर्तन करने से उच्चतर कोई भूमिका देने को तैयार नहीं। वंचित समूह के प्रति वास्तविक निष्ठा ही निराला को यह मानने को मजबूर करती है कि बिना युद्ध के तुम्हें 'सूच्यग्र' भी नहीं मिलनेवाला। तुम्हें अभिमन्यु बनना ही पड़ेगा। नागार्जुन ने बलचनमा को अभिमन्यु बना भी दिया। बाद के लेखकों-समीक्षकों ने तो महाश्वेता देवी के उपन्यास '1084 वें की माँ' के क्रान्तिकारी कवि धीमान राय की वृत्ति अपना ली। परिणाम यह हुआ कि साहित्यिक रचनाओं में वंचित समूह के प्रति व्यक्त सारी सदिच्छाओं के बावजूद वंचकों को किसी 'संशोधन' के लिए बाध्य नहीं किया जा सका और न ही वैसा कोई संशोधन घटित या चरितार्थ ही हो सका। दलित लेखकों को यह सोचने को बाध्य होना पड़ा था कि आखिर क्यों उक्त मानवतावादी लेखकों की निष्ठा अपने मिशन में सफल नहीं हो पा रही थी? उच्चवर्ग ने उनकी निष्ठा को 'फैशन' से अधिक कुछ भी महत्त्व नहीं दिया और धीमान रायी वृत्ति ने तो उसे खुलेआम फैशन बना भी दिया। उच्चवर्ग अगर मानवतावादी

रचनाकारों की सदिच्छा और संशोधन के प्रस्तावों को फैशन के रूप में ही लेता है तब वह 'असर' कहाँ से पैदा कर सकेगा? उन्हें यह मानना पड़ा कि अब हमें साहित्यिक रूप से भी आत्मनिर्भर होना पड़ेगा। क्योंकि ऊँची जातियों द्वारा लिखा साहित्य वंचकों को प्रभावित और संशोधित करने में विफल रहा है। धीमान रायी लेखन निम्नवर्ग और निम्न जातियों की आत्मनिर्भरता का भी विरोधी है। जैसे निम्नवर्ग आर्थिक मामलों में उच्चवर्ग की कृपा पर निर्भर बना रहता है, उसी तरह अपने दुःख-दर्द को बयाँ करने के लिए भी वह ऊँची जातियों पर निर्भर रहता है। धीमान राय साहित्यिक सामन्तवाद का प्रतीक है जिसमें निम्नवर्ग अपनी पैरोकारी के लिए अपने से भिन्न वर्ग और जाति पर निर्भर बना रहता है। हीरा डोम अपनी और अपने समूह की पैरोकारी का पहला उदाहरण था भिखारी ठाकुर दूसरे पैरोकार थे तो रेणु पूरे आधुनिक भारतीय साहित्य के इतिहास में तीसरे किन्तु सबसे महत्त्वपूर्ण पैरोकार थे। निम्नवर्ग के 'अभिमन्यु' बनने से लेकर उसके विजयी होने तक का सफर ही प्रेमचन्द से लेकर 'रेणु' तक का फासला है और स्थितियों का विकास है। अभिमन्यु बनने से लेकर कालीचरन तक, युद्ध में शामिल होने से लेकर विजय की परिणति तक कई अन्तर्वर्ती स्थितियाँ होती हैं। विभिन्न रचनाकार उनके विकसित होते स्वरूप का द्योतन कराते हैं। लेकिन युद्ध, विजय और विजय के उपरान्त के विहित कर्मों की जो विशद् कार्य-योजना रेणु के पास है, वह उनके किसी भी पूर्ववर्ती के पास नहीं है। खुदमुख्तारी के पहले पैरोकार हीरा डोम के पास भी सिर्फ रोना-धोना और गिला-शिकवा ही है। सारी सदिच्छा, सारे समर्थन, अमृत-घट के सारे खुले विश्वस्त आश्वासन के बावजूद निराला भिक्षुक को 'अभिमन्यु' नहीं बना सके। आज के दलित लेखकों का सारा जोर खुदमुख्तारी पर है। दलित लेखकों के सामने आने पर वंचित समूह अपनी मुख्तारी के लिए ऊँची जातियों पर निर्भर नहीं रहा। दलित लेखन ने उन्हें (धीमानराय को) साहित्यिक बेरोजगार बना दिया। रेणु खुदमुख्तारी और साहित्यिक आत्मनिर्भरता के प्रतिनिधि रचनाकार हैं, पथ निर्देशक भी हैं और चेतनापुंज (लाइट हाउस) भी हैं। जिस रोशनी के लिए महतो को फुटंगी झा का मोहताज बना रहना पड़ता था, महतो के पास अपना पंचलैट हो जाने से फुटंगी का रोशनी का कारोबार थम गया। अब से महतो रोशनी के लिए फुटंगी झा के पास नहीं जाएगा। उसकी पर-निर्भरता खत्म हो गयी है और वह आत्मनिर्भर हो गया है। यही कारण है कि बालदेव का अपमान होने पर कालीचरन किसी रामकिरपाल सिंह या जोतखी काका के पास यह पूछने या मार्ग-निर्देश लेने नहीं जाता कि इस स्थिति में क्या किया जाय? या आपलोग इसका इन्साफ करें। अब कालीचरन को बेहतर पता है कि करणीय क्या है और क्या करके इसका प्रतिकार किया जा सकता है। वंचकों—रामकिरपाल सिंह और जोतखी जी के भरोसे फुलिया का न्याय नहीं हो सकता। न्याय-प्रक्रिया को अपने हाथ में लेना पड़ेगा, परम्परागत

न्यायकर्ता का मुखापक्षी बने रहने की जगह न्यायिक प्रक्रिया में शामिल होना पड़ेगा, न्यायिक निर्णयों का भागीदार बनना पड़ेगा। फुलिया की पंचायत में कालीचरन सिर्फ न्याय ही नहीं करता वरन् न्याय के नाटक (छद्म) का पर्दाफाश भी करता है।[1] छद्म के बने रहने के लिए आवश्यक है कि महतो के पास पंचलाइट (रोशनी) न हो। रोशनी के होने से छद्म के पर्दाफाश होने का खतरा तो उत्पन्न हो ही गया था। इसलिए महतो के पास 'पंचलैट' का होना फुटंगी झा के लिए असुविधाजनक हो रहा है। वंचित समूह की चेतना का पंचलाइट जल गया है जिसकी रोशनी में वह देख पा रहा है कि फुटंगी झा के पास बिजलीबत्ती नहीं है, जो है वह ढिबरी है और वह ढिबरी को ही बिजलीबत्ती कह कर प्रचारित कर रहा है। अब महतो के सामने अपने 'पंचलैट' के अलावा फुटंगी झा की ढिबरी और ढिबरी को बिजलीबत्ती बताने की कोशिश–सब कुछ साफ और सुस्पष्ट है और उसकी हर भ्रान्ति मिट चुकी है। उसके अपने 'पंचलैट' की रोशनी उसे भीतर तक रौशन कर गयी है। इसलिए कालीचरन समझ गया है कि फुलिया का न्याय नहीं हो रहा है, न्याय का नाटक हो रहा है। उस नाटक का पर्दाफाश किये बगैर वास्तविक न्याय की स्थापना नहीं की जा सकती। कालीचरन का होना इस बात की तसदीक करता है कि व्यक्ति, समाज और देश को लूटने का पुराना सामन्ती तरीका अब सम्भव नहीं रहा, कुछ तो वंचितों की जागृति के कारण और कुछ देश में लोकतांत्रिक व्यवस्था के लागू हो जाने के कारण। लोकतांत्रिक युग में सामन्तवादी तरीका सम्भव नहीं रहा तो लोकतांत्रिक युग के हिसाब से अपने तरीकों को बदल डाला। सामन्त और साहूकार बनकर लूटना अब उतना आसान नहीं रहा तो लोकतांत्रिक मशीनरी का पुर्जा बन कर लूटने लगे। इस नये तरीके को अख्तियार कर, लोकतंत्र में समावेशी मानवीय हित की साधना का जो उद्देश्य था, उसे विफल और निरर्थक बनाने की पूरी कोशिश की जाने लगी। 'मैला आँचल' में संकेतित उस कोशिश की विस्तृत–रचनाएँ 'कलंक मुक्ति', 'जुलूस' और 'पल्टू बाबू रोड' उपन्यास हैं। रेणु न सिर्फ सामन्ती युग के छद्म को पहचानते हैं, वरन् लोकतांत्रिक युग के छद्म की भी गहरी पहचान उन्हें है। डी. साहब, पी. साहब से लेकर छोटन बाबू और 'पल्टू बाबू रोड' के पात्रों तक से यही तो प्रमाणित होता है। दैनिक हिन्दुस्तान के सम्पादक शशिशेखर ने उन्हें (वैसे लोगों को) 'लोकतांत्रिक जार' कहा है जो एक बेहद सटीक विशेषण है, वैसे लोगों के लिए जो लोकतांत्रिक पदों पर काबिज हैं। रेणु सामन्त[2] को भी पहचानते हैं, और लोकतांत्रिक जारों को भी। उन्होंने जितेन्द्र मिश्र के रूप में एक आदर्श गणतांत्रिक राष्ट्र–नायक का प्रतिमान गढ़ा है। यह आक्षेप किया जा सकता है कि वैसे आदर्श सम्पूर्ण (Perfect) गणतांत्रिक नायक का कोई वास्तविक उदाहरण अबतक सामने नहीं आ सका है। मात्रात्मक रूप से गणतांत्रिकता आज थोड़ी कम या बेशी हो सकती है। किन्तु आज के दिन भारतीय जन गणतांत्रिकता के छद्म को पहचानने

लगा है जिसका उदाहरण है—हाल में सम्पन्न उत्तर प्रदेश का चुनाव—जहाँ की जनता ने सोनिया और राहुल को खारिज कर अपनी पहचान को प्रमाणित कर दिया है। वंचित समूह का अपने तई खुदमुख्तार होना उसकी अपनी तरक्की के लिए नितान्त आवश्यक है। जबतक वह वास्तव में वैसा होता नहीं है, तबतक उसकी वास्तविक तरक्की नहीं हो सकती। खुदमुख्तारी के कम से कम दो महत्त्वपूर्ण पहलू हैं। पहला—वंचित समूह के साथ जो अन्याय, उत्पीड़न और भेदभाव हो रहा है, उसका विरोध करना और दूसरे अपने अधिकारों की माँग करना। यह माँग तभी की जा सकती है, जब उसमें अपने अधिकारों के प्रति चेतना और सजगता हो।[3] एक लोकतांत्रिक समाज में सबको पंच बनने का अधिकार हो सकता है। उसे फुलिया की पंचायत में पंच न मानने पर यही माँग तो उसने की थी और तत्सम्बन्धी दावा उसने पेश किया था। देश और समाज जब वृहत्तर परिप्रेक्ष्य में प्रगति और नवनिर्माण के उद्‌देश्य से सन्नद्ध होता है तो उसे दो प्रकार के कर्म करने होते हैं। समाज की कुछ विरोधी विघातक शक्तियाँ उसे रोकने, क्षति पहुँचाने या सम्पूर्ण उपक्रम को विफल करने की कोशिशों में जुट जाती हैं। विधायक पक्ष तबतक अपने उद्‌देश्य में सफल नहीं हो सकता, जबतक वह विघटनकारी शक्तियों का परिहार नहीं करता। अस्तु, विधायक पक्ष को एक साथ दुहरी भूमिका निभानी पड़ती है। उसे नवनिर्माण का विधान भी करना पड़ता है और विघटनकारी विघातक शक्तियों से जूझने और उनके परिहार का उपाय भी साथ-साथ करना पड़ता है। बालदेव, कालीचरन आदि 'मैला आँचल' में विधायक पक्ष हैं, तो हरगौरी, 'कलंक मुक्ति' के डी. साहब, पी. साहब, श्रीमती ज्योत्स्ना आनन्द, 'पल्टू बाबू रोड', 'जुलूस' के अधिकारीवर्ग आदि विफलकारी शक्तियाँ हैं। अन्य लेखकों में जहाँ उक्त दोनों समूहों में अन्तःसम्बन्धों का सरलीकरण उपलब्ध होता है, वहाँ समाज स्पष्टतः दो विरोधी ध्रुवों में बँटा उपलब्ध होता है। किन्तु रेणु की रचनाओं में उपलब्ध समाज विरोधी ध्रुवों में पूर्णतः ध्रुवीकृत नहीं है। वहाँ अन्तःसम्बन्ध बहुकोणिक है और फलतः जटिल भी। रेणु में वह जटिलता पूरे सबाब के साथ चित्रित है। निम्नवर्ग की मलारी अगर पढ़ लिखकर कोई पद पा गयी है तो उसके अपने समूह को चाहिए था कि वह उसका समर्थन करता और उसकी प्रगति में सहायक बनता। उल्टे लुत्तो और बालगोबिन मोची उसके मार्ग में बाधाएँ ही खड़ी करता है। कोशी डैम का विरोध भी वैसा ही विघातक कर्म है। कोशी डैम का निर्माण होने से केवल जितेन्द्र का ही लाभ नहीं होता, बल्कि इलाके के सभी छोटे-बड़े समान रूप से लाभान्वित होते। यह भी उतना ही सच है कि ऊँची जाति के सभी लोग इस मामले में जितेन्द्र के साथ हों ही-आवश्यक नहीं है। लुत्तो की अन्धेरगर्दी के पीछे बलभद्‌दर बाबू और गरूड़धुज झा जैसे लोग हैं जो उसे उकसाते रहते हैं और शह देते हैं। रेणु समाज को उसकी सम्पूर्णता में ग्रहण करते हैं, न कि खंडित और सरलीकृत रूप में, जैसा कि

अन्य लेखकों ने किया है। ऊँची जातियों के युवकों ने निचली जातियों द्वारा खेले जा रहे नाटक को सेबोटाज कर दिया था। उन निचली जातियों के सदस्यों को ऊँची जाति के जितेन्द्र ने पंचचक्र नाटक में महत्त्वपूर्ण भूमिकाएँ और भागीदारी दीं। इस तरह रेणु होने का मतलब समाज की सम्पूर्णता है, खंडता नहीं। और जितेन्द्र मिश्र जो एक पूर्ण आदर्श गणतांत्रिक चरित्र का मालिक है, उसे और रामला बनर्जी को देखकर यह नहीं माना जा सकता कि सम्पूर्ण उच्चवर्गीय समूह वैसा ही रचनात्मक और सर्वसमावेशी है। 'मैला आँचल' का दुलारचन्द्र कापरा, हरगौरी, जोतखी जी, रामकिरपाल सिंह, सहदेव मिसर, श्रीमती आनन्द, पल्टू बाबू, छोटन बाबू एम.एल.ए., आदि, ऊँची-जातियों में पैदा होकर भी समाज की भलाई के रास्ते में पूरे बाधक बने हुए हैं। भारतीय इतिहास ऐसी बाधाओं के किस्सों से भरा पड़ा है। रचनात्मक रेणु का जोर नवनिर्माण पर है और इसलिए बाधाओं से वे सिर्फ उतनी ही दूर तक लड़ते हैं कि विधायी कर्म सफलीभूत हो जाय। बालदेव को अपमानित करनेवाले हरगौरी के विरुद्ध कालीचरन हँसेरी लेकर जाता अवश्य है, किन्तु उसके बाद वह लड़ाई जारी नहीं रहती। कालीचरन, हरगौरी से बदला लेने या सबक सिखाने जैसा कोई भी कदम हँसेरी के बाद उठाता ही नहीं। हँसेरी के साथ ही वह बात वहीं समाप्त हो जाती है। अगर विधानकर्मी की ऊर्जा का बड़ा हिस्सा विघातकों से लम्बे समय तक उलझने या जूझने में ही खर्च हो जाय तो नवनिर्माण के लिए ऊर्जा का टोटा पड़ जाएगा। इसलिए रेणु ऊर्जा का उपयोग निर्माण में अधिक करते हैं और विजातीयों से सिर्फ उतना ही जूझते हैं जितने से काम चल जाय। यह फलसफा कालीचरन, बालदेव, जितेन्द्र मिश्र से लेकर रमला बनर्जी और बेला गुप्त तक में देखा जा सकता है। राष्ट्रीय स्तर पर स्वतंत्रता आन्दोलन और स्थानीय स्तर पर मैलेरिया सेंटर का निर्माण समाज के सम्मुख वैसे करणीय 'ऑब्जेक्ट' हैं जो परस्पर विरोधी खेमों के एक साझा गोल की तरह हैं। ऐसे साझा गोल समाज के एकीकरण की दृष्टि से विशेष उपादेय होते हैं, जो ऊर्जा के क्षय की जगह उसे रचना-शक्ति में तब्दील करते हैं। इस क्रम में रेणु धार्मिक संस्थाओं के चिन्तन के अनौचित्य को भी अपने फोकस में लाते हैं। मेरीगंज के कबीरपन्थी मठ के पास इतनी सम्पत्ति जरूर है कि वह अपने अकेले दम पर मैलेरिया सेन्टर का निर्माण आसानी से करा देता। पर वह करता नहीं। करता क्या है तो सेन्टर के निर्माण की खुशी में पूड़ी-जिलेबी का भोज करता है। गाँव के गरीबों को सेन्टर निर्माण में अपनी आधी मजदूरी छोड़नी पड़ रही है। जो निःस्व हैं वे आधी मजदूरी छोड़ रहे हैं और जो सम्पन्न हैं वे भोज कर रहे हैं। यह मठों के चिन्तन की 'असंगति' है। यह सेन्टर जहाँ रचनात्मकता में निम्नवर्ग के योगदान को उदाहृत करता है, वहीं समर्थ विभूतिवानों के असंगत चिन्तन को भी प्रस्तुत करता है। जिनकी नजर में अपने निजी व्यक्तिहित को तरजीही दर्जा प्राप्त है, वह जोतखी काका दुष्प्रचार भी करते हैं कि डॉक्टर लोग ही कुएँ में दवा डालकर

जा फैलाते हैं। इस दुष्प्रचार से काम नहीं चला तो जोतखीवादी विचारधारा का ही अगला विकास 'कलंक मुक्ति' के डी. साहब, पी. साहब हैं जो सामाजिक राष्ट्रीय संसाधनों को लूटते रहते हैं और जरूरतमन्दों को उन संसाधनों से होनेवाले लाभ से वंचित कर देते हैं। एक मुक्त होते समाज में किसी को भी रोकना एक सामन्ती तरीका है। जबकि आलोचना और खंडन गणतांत्रिक तरीका है। लछमी दासिन हो कि जितेन्द्र—कोई भी किसी को रोकता नहीं है। पर लछमी गाँव के मुखिया लोगों की आलोचना और अनौचित्यपूर्ण व्यवहार और चिन्तन का खंडन करती है। मुखिया लोग उसका विरोध नहीं कर पाते, क्योंकि उसकी बातों में सच्चाई का बल है। जनता को जितेन्द्र का विचार उपयोगी लगा; जिसमें उसने सभी पार्टियों के वैसे नेताओं की आलोचना की थी जो जनता को बरगलाते और गुमराह करते हैं। योजनाओं की उपादेयता की सही समझ का प्रदर्शन और प्रचार नहीं कर लाभकारी योजनाओं के विरुद्ध भड़काते भी रहते हैं। कोशी डैम की उपादेयता और लाभों की जितेन्द्र से जानकारी पाकर जनता उसके समर्थन में आ गयी और लुत्तो का सामूहिक बहिष्कार हो गया। जितेन्द्र ने लुत्तो के विरुद्ध रोक के सामन्ती तरीके का इस्तेमाल नहीं किया। बल्कि उसका खंडन किया जो एक गणतांत्रिक तरीका है : परम्परा से चली आती हुई किसी सोच पर चलते हुए अगर समाज की तरक्की रुक जाय या विकास करना सम्भव नहीं हो पा रहा हो तो मानना चाहिए कि उस सोच में अब तरक्की पैदा करने की शक्ति नहीं रह गयी है। भारतीय समाज का सामन्तवादी चिन्तन राष्ट्र को प्रगति की ओर ले जाने की उर्वरता खो चुका है—यह रेणु का निष्कर्ष है, जो इतिहाससिद्ध भी है। उसकी जगह एक नयी विचारधारा को अपनाने की जरूरत है जिसमें पर्याप्त उर्वरता हो और जो समावेशी भी हो। 'गणतंत्र' वैसी ही एक उर्वर विचारधारा है रेणु की नजर में, जो समाज को आगे ले जा सकता है। गुण गणतंत्र का आधार है और आधुनिक युग में समाज की वास्तविक तरक्की 'गुणों' को महत्त्व देने से होती है। जाति और वंश में अगर 'गुण' न हो तो वह तरक्की का कारण नहीं हो सकता। यद्यपि 'प्रतिभा' अकेले अपने-आप में करिश्मा की कोई गारंटी नहीं हो सकती, अगरचे उसके पीछे चरित्र और निष्ठा का बल न हो। कालीचरन हो या जितेन्द्र—दोनों में से दोनों के पास बहुत ऊँची डिग्री नहीं है। परन्तु दोनों के पास चरित्र और निष्ठा का भरपूर संबल है। अपने उक्त आधारभूत गुणों के कारण कालीचरन और जितेन्द्र समाज और राष्ट्र के लिए विशेष काम्य हैं। जबकि इनके अभाव में व्यक्ति पर स्वहित विशेष हावी हो जाता है और वह अपनी प्रतिभा का उपयोग तथ्यों को तोड़मरोड़ कर पेश करने, व्यक्तिहित को साधने के उपाय करने में तथा राष्ट्रीय संसाधनों को लूटते हुए अपनी चाल और चरित्र को छिपाये रखने में करता है। पल्टू बाबू, लट्टू बाबू, श्रीमती ज्योत्स्ना आनन्द ऐसे ही तो लोग हैं जिनकी प्रतिभा का लोहा मानना ही पड़ता है। अगर इनमें समाजहित के प्रति निष्ठा होती और ये उसके

प्रति संकल्पित होते तो, उनकी प्रतिभा कुछ अच्छा रचनात्मक परिणाम दे सकती थी। 'चरित्र और निष्ठा' से रहित प्रतिभा और उसके तत्सम्बन्धी दावे को रेणु औचित्यपूर्ण नहीं मानते। बल्कि ऐसी प्रतिभा जब चरित्र और निष्ठा से संचालित और निर्देशित-नियंत्रित नहीं रहती तब समाज और राष्ट्र के लिए खतरे का सबब बन जाने का अंदेशा पैदा करती है। बिना कथित प्रतिभा के न तो श्रीमती ज्योत्स्ना आनन्द उस पद तक पहुँची हैं और न डी. साहब, पी. साहब हाकिम बने हैं। किन्तु प्रतिभा से प्राप्त पद पर काबिज होकर वे जो खेल खेलते हैं वे उनकी प्रतिभा को समाज और राष्ट्र के हित में लाभप्रद सिद्ध नहीं करते। प्रतिभा की दुहाई देनेवालों को इस पर भी सोचना चाहिए। क्या कोई यह मान सकता है कि किसी प्रतिभाहीन का धन स्विस बैंकों में जमा है? महाराणा प्रताप सिंह का जमाना आयेगा—हरगौरी ऐसी खुशफहमी पालता है तो पाले। उसे महाराणा के शासन में अपने मन का स्वर्ग दिखता है, पर वह इतिहास की गलत समझ है। इतिहास की सही समझ तहसीलदार विश्वनाथ प्रसाद को है जो मानता है कि बड़ा विकट जमाना है, इज्जत बचाना मुश्किल है। नीति कहती है—'अपने को सुरक्षित रखना है तो अपने गिर्द सुरक्षा का किला मत बनाओ, मित्रों की बाड़ लगाओ।' अपनी इज्जत बचाने और अपने को सुरक्षित करने के लिए वह छोटी जाति के लोगों को ऊँचे सफरे पर बैठने की इज्जत बख्शता है और गाँव के हर परिवार को पाँच-पाँच बीघा जमीन वापस कर देता है। जितेन्द्र भी अपने गणतांत्रिक व्यवहार से दुश्मन दिखनेवाले समूह को अपने अनुकूल बना लेता है। विभूतिवानों और उन प्रतिभावादियों को जो अपनी प्रतिभा का उपयोगकर राष्ट्र को लूटने में अबतक सफल होते आये हैं और अपनी सफलता पर इतरा भी रहे हैं, उन्हें तब के हरगौरी और आज के घोटालेबाजों के अंजाम से सीख लेने की जरूरत है। महाराणा प्रताप का जमाना तो आने से रहा, नरेन्द्र मोदी का जमाना जरूर आ गया है। जमाने की नजाकत कहती है, विभूतिवान् और प्रतिभावादियों को अपने हित को समाजहित से जोड़कर देखने की आदत डालनी होगी। जबकि निम्नवर्ग का प्रतिरोध अगर भावना और प्रतिक्रियावाद पर आधारित न होकर तार्किक हो तो उसकी बेहतर जीत हो सकती है। अपने अन्ध-अतार्किक विरोध के कारण लुत्तो अपनी जीत की लय को बनाकर नहीं रख सका, जबकि कालीचरन हर बार जीतता चला गया। लुत्तो की तुलना में कालीचरन की जीत समाज के नैतिक स्वास्थ्य तथा रचनात्मकता की दृष्टि से बेहतर सिद्ध हुई।

संरचनावादी समीक्षा साहित्यिक संरचना को कथ्य का वहन करनेवाला पात्र भर नहीं मानती। क्योंकि वैसा मानने पर कृति का आभ्यंतर स्तर प्रमुख हो उठेगा। यथार्थवादी दृष्टिकोण से 'संकेतक' की कीमत पर 'संकेतित' को प्रमुखता दी गयी थी। दूसरे शब्दों में कथ्य या अर्थ को विशेष महत्त्व प्राप्त था। शब्द की महत्ता उसके बाद थी। इससे कला की क्षति होती थी। इसके विरुद्ध संरचनावाद दोनों को समान

महत्त्व देता है। सन् '20 ई. के आसपास रूस में समीक्षा का एक स्कूल विकसित हुआ था जिसे रूपवाद नाम दिया गया था। रूपवाद का विशेष जोर रचना-कौशल पर था। विचारों की श्रेष्ठता या सामान्यता से उसका कुछ खास मतलब नहीं था। रचना कौशल अगर श्रेष्ठ है और 'कथ्य' या 'संकेतित' सामान्य भी हो तो भी रचना श्रेष्ठ मानी जाएगी। इसके उलट 'संकेतित' उच्च कोटि का हो पर फिर भी रचनाशिल्प उच्च कोटि का न हो तो, अर्थ की श्रेष्ठता के आधार पर रचना को रूपवाद श्रेष्ठ नहीं मानता। यथार्थवादी समीक्षा में कथ्य प्रधान है, शब्द चाहे जैसे हों। शब्द की भूमिका अर्थ-संकेत करा देने भर तक ही अलम है। समीक्षा की ये दो अतियाँ हैं। केवल कौशल काव्य को महान् नहीं बना सकते और शब्द या कौशल उपयुक्त किस्म का न हो तो आर्थिक श्रेष्ठता के बावजूद रचना का कबाड़ा हो जाता है। संरचनावाद रूपवाद का ही किंचित् संशोधित संस्करण है और वह संकेतित और संकेतन की श्रेष्ठता-अश्रेष्ठता के खतरों से परिचित है। इसलिए वह मानता है कि साहित्यिक पाठ में दोनों समान रूप से अन्वित होते हैं। इस समीक्षा-पद्धति में महत्त्व रचना की अन्तर्वस्तु का नहीं बल्कि इस तथ्य का है कि इसमें संरचना के विभिन्न घटक किस प्रकार सुसम्बद्ध भाव से जुड़कर अपेक्षित अर्थ देते हैं। इस सिद्धान्त का खतरा यह है कि कहीं इसे भाषिक और शिल्प सम्बन्धी सम्भ्रान्तता का पर्याय न मान लिया जाय। फ्रांस में जन्मे जॉक देरिदाँ ने 1961 ई. में एक नयी समीक्षा-पद्धति प्रवर्तित की, जिसे उन्होंने विखंडनवाद या विसंरचनावाद नाम दिया। यह समीक्षा-पद्धति महान् आख्यान तथा सार्वभौमिक समालोचना सिद्धान्त के पतन पर विश्वास करती है। बहुलतावाद तथा बहुसंस्कृतिवाद इसकी आधारभूत मान्यताएँ हैं। विचार-दर्शन के क्षेत्र में जो उत्तर-आधुनिकतावाद है, कमोवेश समीक्षाक्षेत्र में वही विसंरचनावाद है। यह केन्द्रीयता की अपेक्षा क्षेत्रीयता या स्थानीयता पर बल देता है। विकेन्द्रीयता शक्ति, सत्ता या निर्णय के केन्द्र पर काबिज की ही बात नहीं करती, बल्कि इसकी चिन्ता में वे लोग ज्यादा शामिल हैं जो केन्द्र से दूर और परिधि के आसपास छितरे हुए यानी विकेन्द्रित हैं। केन्द्र एकीकृत होता है परिधि के गिर्द विभिन्नता और बहुलता होती है। केन्द्र पर काबिज अपने कब्जे को बरकरार रखना चाहता है, जबकि परिधि के गिर्द अवस्थित अपनी गति में केन्द्र की ओर अभिमुख होता है। परिणाम स्वरूप प्रभुत्व के लिए केन्द्र और परिधि के बीच संघर्ष की स्थिति बनती है। जिसे सूत्र रूप में 'हम और वे' कहा गया है। परिधि पर अवस्थित समूह अपनी अस्मिता और पहचान की खोज में सन्नद्ध होता है। केन्द्र और परिधि पर अवस्थित समूह ही 'युगल विपरीतता' की स्थिति है। स्थानीयता एवं बहुलता किसी अन्त को सम्भव नहीं होने देती और इसलिए उत्तर आधुनिकता या विसंरचनावाद पूर्णतावाद का भी विरोध करता है। यह परा-भौतिकवाद पर बढ़ते अविश्वास का पोषक है तथा बुद्धिवाद की हिमायत करता है। साथ ही दमित-दलित विषयों को अपने अध्ययन का क्षेत्र मानता है। परिधि पर अवस्थित

समूह की बात तो हिन्दी में प्रेमचन्द के 'गोदान' के साथ ही शुरू हो गयी थी। किन्तु अपनी अस्मिता की खोज और प्रभुत्व का संघर्ष फिर भी शेष था। रेणु में आकर यह पूरे तौर पर अपनी अभिव्यक्ति पा गया है। केन्द्रीयता की ओर अभिमुख समूह रेणु की चिन्ता का खास क्षेत्र है और उन्होंने उनकी अस्मिता को स्थापित करने के लिए उनकी व्याकुलता को अपनी रचनाओं में रेखांकित और उद्घाटित किया है। सामान्यत: परिधि पर अवस्थित समूह की अस्मिता बहुत आभापूर्ण और गरिमामय नहीं हुआ करती। बालदेव हो, कालीचरन हो या लुत्तो हो—सभी का अतीत त्रासद और गरिमाहीन है। कालीचरन के पितृत्व का प्रश्न उछालकर जोतखी जी ने उसे और कालिमामय और गरिमाहीन करने की कोशिश की है। लुत्तो को खवास शब्द का अर्थ बताकर तथा मुंशी जलधारीलाल द्वारा यह कहना कि मैं सिर्फ कागज–कलम से लिखनेवाला नहीं दगनी से देह की चमड़ी पर भी लिखने वाला मुंशी हूँ।[4] प्रकारान्तर से लुत्तो की अस्मिता को तुच्छ ठहराने की ही एक खास वचनभंगी है। परन्तु रेणु नयी अस्मिता की स्थापना चाहते हैं। जो अपने अतीत को बिसूरता रहेगा उसकी दृष्टि भविष्य पर जा ही नहीं सकेगी। लुत्तो अपने अतीत के त्रासद अनुभव से मुक्त नहीं हो पाता है, फलत: उसी से उद्वेलित और परिचालित रहता है जबकि कालीचरन पितृत्व पर प्रश्न खड़ा करने पर भी न तो उद्वेलित होता है और न विचलित–परिचालित। उसकी दृष्टि अतीत पर कम, प्राय: नहीं ही, भविष्य–निर्माण की ओर अधिक है। अपनी संघर्षशीलता, दृढ़ता और रचनात्मकता के कारण अपनी अस्मिता के निर्माण में सफल है। अब वह 'कुकरू का बेटा' और 'गुअरटोली का कलिया' नहीं है, कालीचरन जी है।[5] उच्चाटन का बिलसिया अब रामबिलास हो गया है,[6] मलारी चमाइन ही सही, पर मास्टरनी की कुर्सी तो पा ही गयी।[7] किन्तु अतीत से चिपका लुत्तो कोशी डैम के विरोधवाले जुलूस तक आते आते 'लुच्चा' 'बन गया है—'लुच्चा मारलक बेंग, पाँच पसेरीक एकहि टेंग।'[8] यहाँ तक कि तहसीलदार विश्वनाथ प्रसाद और सामन्तपुत्र जितेन्द्र भी अपने अतीत के चाल–चरित्र से क्रमश: मुक्त होता चला गया है। 'तीसरी कसम' का हिरामन अपने अतीत से मुक्त नहीं होता। फलत: वह अपनी किसी नयी अस्मिता का निर्माण भी नहीं कर सका। नयी अस्मिता के निर्माण के लिए अपने को नयी गतिविधि और नयी भूमिका से सम्बद्ध करना आवश्यक होता है। रेणु में जो नवाचारों की भरमार है उसका रहस्य यही है। ढिबरी के साथवाली पहचान से मुक्त होना चाहता है और वह 'पंचलैट' वाली पहचान स्थापित करना चाहता है और वह यह चाहता है—उसकी इस नयी पहचान को मान्यता मिले। पूर्व के लेखकों, यथा प्रेमचन्द और निराला, में वंचितों के प्रति रचनाकार की हमदर्दी पायी जाती है पर वंचितों में चेतना का उन्मेष नहीं मिलता। चेतना का उन्मेष वास्तव में वंचित पात्रों से शुरू न होकर रचनाकार से शुरू होता है। कालक्रम से उसका बहाव वंचित पात्र की ओर होता है। चेतना की मात्रा और स्तर

जब बदलाव की सामर्थ्य अर्जित कर लेता है, तब वंचित पात्रों की नवोन्मेषित चेतना संघर्ष में मुब्तिला हो जाती है और वैसा पात्र युद्ध के मैदान में अपने को खड़ा कर लेता है। पूरे हिन्दी साहित्य में यह पहली बार हुआ है कि वंचित समूह उक्त युद्ध में विजयी हुआ है। यह पहली बार हुआ है कि वंचित समूह वंचक समूह के Disposal पर नहीं है। उसकी हैसियत में यह गुणात्मक अन्तर आ गया है कि वह निर्णय में उपेक्षणीय नहीं रहा। जिन क्षेत्रों में कलतक उसकी उपस्थिति और अहमियत नहीं थी, आज उसकी अहमियत इतनी हो गयी है कि उसे उनसे अलग रखकर कुछ करना असम्भव हो गया है। हमारा भारत राष्ट्र जिस स्थिति में आ पहुँचा था, उससे उसे निकालने के लिए एक नयी पहल की जरूरत थी। इतिहास में चली आती हुई हमारी परम्परा, हमारा आचरण और हमारा वैचारिक बोध असफल साबित हो चुका था। वे चीजें अपनी अर्थवत्ता खो चुकी थीं। किसी मुहिम में जब सफलता नहीं मिलती तब, या तो नेता बदलने की जरूरत होती हैं या नीति अथवा कार्य-पद्धति। समाज और राष्ट्र को ऐसे नये नेतृत्व की जरूरत थी जो नया हो। तभी उसमें नयी अर्थवत्ता का आधान सम्भव था। बालदेव और कालीचरन एक नया नेतृत्व है, नेतागिरी उसका नवाचार है, जो उसके पुश्तैनी पेशे से भिन्न प्रकार का है। मेरीगंज का मैलेरिया सेन्टर इसलिए सम्भव हो पाया कि उसमें बालदेव और कालीचरन की सर्दारत जुड़ी है। जितेन्द्र मिश्र 'परम्परागत शास्त्रीय' जाति का है तो अवश्य किन्तु वह जोतखी जी, गरूड़धुज झा और अपने खुद के पिता से भी भिन्न है—विचार और आचरण-दोनों ही धरातलों पर। अगर वह अपने पिता की तरह होता तो कोशी डैम के निर्माण की सफलता संदिग्ध थी। जितेन्द्र के रूपान्तरण (Modification, जो उसे अपने पिता के विचार और आचरण से भिन्न करता है) ने उसे सम्भव बनाया है। अतिवृष्टि से पीड़ित जन-समुदाय को राहत पहुँचाने के खयाल से छोटन बाबू एम.एल.ए. तालेवर गोढ़ी से चन्दा माँगता है। तालेवर हैसियत के बावजूद एक फूटी कौड़ी नहीं देता। वही तालेवर पवित्रा के आँचल में पाँच हजार का बंडल डाल देता है।[9] एक तरफ इन्कार और दूसरी ओर नेमतों की वर्षा। आखिर रेणु कहना क्या चाहते हैं? यही कि छोटन बाबू और उसकी निष्ठा विश्वसनीय नहीं है, पवित्रा की है। हरगौरी, जोतखी जी, गरूड़धुज झा आदि की निष्ठा छोटनवर्गीय निष्ठा है, उससे किसी क्रान्तिकारी सत्परिणाम की आशा नहीं की जा सकती। पवित्रा की निष्ठा संदेह से परे है। उसे चन्दा देने में डर कैसा? यह कृत्य तालेवर का हो सकता है किन्तु राजनीति और समाजसेवा में निष्ठा, चरित्र और विश्वास की माँग रेणु की माँग है। केन्द्र और परिधि—हर किसी को अपने अतीत से मुक्त होने की जरूरत है, विचार और आचरण दोनों ही धरातलों पर। तभी एक नये भारत का निर्माण सम्भव है। बालदेव कालीचरन, जीवेसरा चमार, लुत्तो, जयमंगल ताँती, बालगोबिन मोची आदि परम्पराप्राप्त पेशे से भिन्न राजनीति के नवाचार से सम्बद्ध हो गये हैं तो चमारकन्या मलारी मास्टरनी हो गयी है।

रामबिलास गाँव की मजदूरी छोड़ शहर में रिक्शा डलेवरी करता है और सम्पन्न हो जाने के साथ-साथ गाँव की केन्द्रीय सत्ता की धौंसपट्टी से भी बाहर हो गया है। कुछ लोग कटिहार जूटमिल में कुल्ली हो गये हैं। सिर्फ मर्दों की बात नहीं है। मंगला भी घर की चहारदिवारी से निकल चुकी है, बेलागुप्त, कुन्ती, तारावती से लेकर रेवा वर्मा, रमा निगम और एयर पायलट सुश्री वीणा प्रसाद तक। नवाचारों की ऐसी विस्तृत दुनिया रेणु के सिवा और कहीं नहीं है। खेती के लिए भी हल-बैल की जगह ट्रैक्टर और सिंचाई के लिए 'पम्पसेट'। तालेवर की सम्पन्नता परम्परागत पेशे को छोड़ने से आयी है और मशीनीकरण जैसे नवाचार से सम्बद्ध होने से सम्भव हुई है। नयी भूमिकाओं से सम्बद्ध होने के लिए तत्सम्बन्धी आधारभूत योग्यता का आधान भी उतना ही जरूरी है। मलारी पढ़ती-लिखती नहीं तो मास्टरनी कैसे बनती ? मलारी के मार्ग में अगर बाधा उपस्थित की जाती है तो यह सिर्फ मलारी की व्यक्तिगत क्षति ही नहीं है। यह समाज और राष्ट्र को बेहतर परिणाम से वंचित करना भी है। कालीचरन हो कि जितेन्द्र-जो भी समाज और राष्ट्र के लिए उपादेय है, फलप्रद है, उनके मार्ग को निष्कंटक बनाना समाज और राष्ट्र के अपने हित में है। समृद्ध और समुन्नत राष्ट्र के निर्माण के मार्ग में जो कुश-कंटक हैं, चाहे वे हरगौरी, जोतखी जी जैसे प्रकट हों या दुलारचन्द कापरा जैसे आस्तीन के साँप, कवि धूमिल को उस तीसरे आदमी का इल्म हो न हो, रेणु को है। उस तीसरे आदमी का पता धूमिल को संसद से पूछने की जरूरत है। संसद की ज़गह वे रेणु से पूछने का कष्ट गवारा करते, तो उन्हें कब का अपने प्रश्न का उत्तर मिल गया होता। रेणु को उस तीसरे आदमी की खरी पहचान है जिसे 'मैला आँचल' से लेकर 'कलंक मुक्ति' और 'जुलूस' तक बेनकाब किया है। दुर्भाग्य यह है कि संसद आज की तारीख में भी मौन है। क्योंकि वहाँ छोटन बाबू, दुलारचन्द कापरा, कुबेर सिंह, राजा कामरूप नारायण सिंह, मुरली मनोहर मेहता आदि का अलग-अलग संस्करण मौजूद है। उस तीसरे आदमी का एकसूत्री एजेंडा 'आत्म संवर्द्धन' है जिस पर वह गुप्त रूप से काम कर रहा है। राजेन्द्र यादव को लगता है कि रेणु निराशा की ओर बढ़ते लेखक हैं तो लगे। रेणु की निराशा कबीर की दार्शनिक निराशा थोड़े ही है। वह भारतीय राष्ट्रीय परिदृश्य का खाँटी सच है। रेणु राष्ट्रीय ही नहीं, विश्वस्तरीय 'हरकारा' है जो उस तीसरे आदमी का पता बताकर हमें खबरदार कर रहे हैं। रोटी से खेलनेवाले उस तीसरे आदमी का पैसा स्विस बैंक में जमा है—यह आज राष्ट्र के सामने सिद्ध हो चुका है। तब रेणु के 'पर्यवेक्षण' और 'निष्कर्ष' की विश्वसनीयता पर सवाल कहाँ शेष रहता है ? राष्ट्र की समुन्नति के मार्ग में बाधक उस तीसरे आदमी की पहचान के मामले में रेणु पूरे तौर पर वैज्ञानिक हैं, भाववादी या यूटोपियन कतई नहीं। रेणु की महत्ता कालीचरन, डॉ. प्रशान्त, बावन दास, मंगला देवी, डॉ. ममता, जितेन्द्र, रमला बनर्जी, बेला गुप्त आदि की अपरिहार्यता को रेखांकित करने तथा प्रमाणीकृत करने में है। 'आंचलिकता'

रेणु की महत्ता की कोई आखिरी बाउंड्री-लाइन नहीं है। रेणु की व्याप्ति वैश्विक विस्तार में उन-उन स्थानों तक है जहाँ-जहाँ बालदेव और कालीचरन जैसा कोई वंचित अपरिहार्य बनकर उभरा है। जहाँ-जहाँ गाँधी, मार्टिन लूथर किंग और नेल्सन मंडेला हैं। मामूली से संकट से घबराकर लरसिंघ बाबा की दुहाई माँगनेवाले समाज में बालदेव और कालीचरन अपनी उपस्थिति से हर पुरानी और परम्परागत बात को प्रस्थापित कर देते हैं। विज्ञान के प्रवेश ने परमादेव और कोसका मैया के तिलिस्म को भी भेद डाला है। परती परमादेव का गह्वर नहीं रही और कोसका मैया सिर्फ एक नदी भर रह गयी और मलारी भी अब सिर्फ चमारिन नहीं रह गयी; मास्टरनी भी बन गयी है। समाज में सभी को अपनी अपेक्षा और योग्यता के अनुरूप सन्तुष्टि मिल सके, ऐसी परिस्थिति और परिवेश का निर्माण जरूरी बता रहे हैं रेणु। जैसे 'शास्त्र' अपने वर्ण्य विषय का 'समग्र' होता है साथ ही वर्ण्य विषय के सम्बन्ध में उसका प्रतिपादन वैज्ञानिक होता है, वैसे ही रेणु अपने वर्ण्य विषय 'समाज' को उसकी समग्रता-आकांक्षा, आचरण और चिन्तन के त्रिक् में देखते हैं। समाज को विभिन्न समूहों की समग्रता में भी देखते हैं, उनके अन्तःसम्बन्धों की समग्रता में देखते हैं तथा समाज के पूरे विश्लेष और संश्लेष में देखते हैं। इस तरह रेणु 'समाज की समग्रता' का नाम है। रेणु समाजिक समूहों के सरलीकृत वर्गीकरण का नाम नहीं है। वे 'भाववाद' या यूटोपिया का नाम भी नहीं है। समझने की सुविधा के लिए अक्सर सरलीकृत वर्गीकरण का सहारा लेना लाजिमी हो जाता है। समृद्ध-समुन्नत, प्रगतिशील, स्वस्थ और सर्वसमावेशी समाज के निर्माण के लिए रेणु ने वंचक और वंचित, उच्चवर्ग और निम्नवर्ग, ऊँची जाति और नीची जाति, 'केन्द्र और परिधि' को करणीय से सम्बद्ध कुछ सूत्र सौंपे हैं जो निम्न रूप में रेखांकित किये जा सकते हैं—

निम्नवर्ग— (क) जड़ता-त्याग और चेतना का आधान

(ख) अतीत से मुक्ति तथा प्रतिक्रियावाद से यथाशक्य बचकर रहना

(ग) नवाचारों को अपनाना, नवीनतम अवधारणाओं का स्वीकरण तथा सम्भावनाशील उपक्रमों से जुड़ाव और

(घ) निर्योग्यता को दूर कर गुणों और योग्यता का आधान एवं संवर्द्धन।

उच्चवर्ग— (क) गणतांत्रिकता का आधान

(ख) गुणों और योग्यताओं के स्वीकरण की सलाहियत, तत्परता तथा उदारता

(ग) उपलब्ध संसाधनों में वंचितों के अधिकार और हिस्सेदारी को मान्यता तथा

(घ) विभेदक आचरणों से मुक्ति द्वारा अपने स्वीकरण और

घुलनशीलता को बढ़ाने की तत्परता और उदारता।

देरिदाँ प्रवर्तित उत्तर संरचनावाद यह मानता है कि भाषा अर्थ की सृष्टि करती है, अर्थ पहले से विद्यमान नहीं होता। संरचना से कहीं वह भिन्न हो जाता है, या आगे बढ़ जाता है। वह भाषा से बाहर कुछ नहीं मानता। प्रस्तुत भाषा में बहुत कुछ अप्रस्तुत होता है जिसे खोजना आलोचक का काम है, लेखक का नहीं। रचयिता जहाँ रचना खत्म करता है, वहाँ से आलोचक का काम आरम्भ होता है। इन पंक्तियों के लेखक ने बहुत पूर्व में ही माना है कि महान् कृतिकारों की रचनाओं में अर्थ और व्यंजना की कई-कई सूरतें छिपी होती हैं।[10] रेणु की रचनाओं के भी तरह-तरह से अर्थ किये गये। रेणु सम्बन्धी समीक्षा को पढ़ते हुए इस पाठक ने पाया है कि रेणु को दोनों ही दृष्टियों से देखा गया है—'विहित' और 'निहित'। जब भी किसी रचनाकार को निहित दृष्टि से देखा जाता है तब वह साहित्यिक असहिष्णुता का शिकार हो जाता है। निराला इसका तीखा उदाहरण हैं, जब आचार्य रामचन्द्र शुक्ल जैसे समीक्षक ने कहा था—

'हाँक दो इन्हें न खेती काव्य की चरे।'

अपने प्रति बरती जा रही साहित्यिक असहिष्णुता का संकेत उन्होंने 'श्रुत-अश्रुत पूर्व' नामक निबन्ध संग्रह के प्रथम आलेख 'एकलव्य के नोट्स' में दिया है। 'आंचलिक कथाकार' का लेबल बार-बार और 'कुछ' के द्वारा हर बार उन पर चस्पा किया जा रहा है। यह सही है कि अपने पहले उपन्यास 'मैला आँचल' को उन्होंने खुद से 'आंचलिक उपन्यास' कहा है। समीक्षकों से मेरा प्रश्न है—क्या आंचलिकता के दायरे से बाहर उसका कोई अर्थ नहीं है? रेणु के चर्चित रिपोर्ताज 'ऋणजल धनजल' पुस्तक के आरम्भ में निर्मल वर्मा का एक लेख संकलित है, जिसमें बड़े साफ शब्दों में उन्होंने माना है—'रेणु का महत्त्व उनकी आंचलिकता में नहीं, आंचलिकता के अतिक्रमण में निहित है।'[11] डॉ. सियाराम तिवारी बहुत अच्छी बात कहते हैं कि उन्होंने (रेणु ने) अपने उपन्यास में अभिव्यक्त रचना सामग्री को पाठकों के बीच प्रामाणिक सिद्ध करने के लिए उपन्यास को 'आंचलिक' कहा।[12] स्पष्ट है कि यह 'आंचलिक' अवधारणा वस्तुतः सामग्री की प्रामाणिकता सिद्ध करने की एक कलात्मक प्रयुक्ति का द्योतक है। जल और पानी का अर्थ एक ही है। दोनों शब्द एक ही वस्तु के वाचक हैं। किन्तु क्या 'जल चढ़ाना और पानी चढ़ाना'—दोनों का अर्थ एक ही है? क्षेत्रीय (फोक नॉवेल Folk Novel) उपन्यास को 'आंचलिक उपन्यास' नहीं कहा जा सकता और न ही 'आंचलिक उपन्यास' को 'क्षेत्रीय उपन्यास'। यद्यपि आंचलिक और क्षेत्रीय-दोनों ही शब्दों का सामान्य भाषिक प्रयोगों में अर्थ एक ही है। जिस अर्थ में पर्लबक, टॉमस हार्डी, समर सेट मॉम आदि के उपन्यास क्षेत्रीय हैं, उसी अर्थ में रेणु के 'आंचलिक उपन्यास' क्षेत्रीय नहीं हैं। अगर समीक्षा इस फर्क को महसूस नहीं करती तो यह उसकी समस्या है, रेणु की नहीं। पर वे उनकी

महत्ता को 'क्षेत्रीय' के अर्थ में सीमित करने को आमादा हैं। सम्भव है वे अन्दर ही अन्दर रेणु की महत्ता को महसूस कर रहे हों किन्तु सतह पर वे इसे स्वीकार करना नहीं चाहते, क्योंकि वैसा मानना उनकी निहित दृष्टि के विरुद्ध जाता दिखता हो। क्षेत्रीय अर्थ में रेणु को आंचलिक मानना पूरे तौर पर उनके अवमूल्यन का मामला है। समीक्षा की आचार संहिता कहती है—'वास्तविकता के प्रति वस्तुगत दृष्टिकोण होना चाहिए।' रेणु के मामले में अगर उनका शब्द (आंचलिक उपन्यास क्षेत्रीय उपन्यास के अर्थ में) प्रमाण है तो तुलसी के शब्द 'कवित्त विवेक एक नहिं मोरे' प्रमाण क्यों नहीं है? इस पुस्तक में बारहाँ चर्चा की गयी है—रेणु का वास्तविक अर्थ वह नहीं है जो रेणु के शब्दों का है। उत्तर संरचनावाद यही तो कहता है—अर्थ खोजना समीक्षक का काम है, लेखक का नहीं। डॉ. जगदीश पांडेय को 'मैला आँचल' में सेक्स की अधिकता दिखायी पड़ती है। हो सकता है। पर क्या एकमात्र इसी कारण से उसका मूल्य इतना कम हो गया है जितना डॉ. पांडेय को लगता है? वह भी तब जब डॉ. नलिनविलोचन शर्मा घोषित कर चुके हैं कि वे 'गोदान' को छोड़कर हिन्दी के दस श्रेष्ठ उपन्यासों में से किसी को भी 'मैला आँचल' को रखकर प्रस्थापित कर सकते हैं। डॉ. शर्मा की पैरोकारी भी डॉ. पांडेय को प्रभावित नहीं कर सकी। इस कड़ी में एक नाम डॉ. श्रीपत राय का भी आता है जो प्रतिपादित करते हैं कि 'परती : परिकथा' की घटनाओं में मांसलता नहीं है। उनको उसमें कोई 'विचार' भी नजर नहीं आता।[13] समीक्षा-जगत् की स्थापित मान्यता है कि 'सामन्तवाद' से महाकाव्य का जन्म होता है और जनवाद से उपन्यास का। साहित्य के क्षेत्र में भारत में 'जन' की बात करनेवाली दो संस्थाएँ हैं—1. प्रगतिशील लेखक संघ और 2. जनवादी लेखक संघ। प्रथम पंक्ति के अधिकांश हिन्दी समीक्षक प्रगतिशील लेखक संघ से जुड़े हैं और शेष जनवादी संघ से। 'जन' और उसके समूह-समाज-की बात करनेवाले रेणु की उपेक्षा भी सबसे ज्यादा इन्हीं समीक्षकों ने की। एक ही उदाहरण—'घर का जोगी जोगड़ा' पुस्तक में पूरी ईमानदारी से डॉ. नामवर सिंह ने स्वीकार किया है—रेणु को समझने में मुझसे देरी हुई। शेष प्रगतिशील और जनवादी समीक्षक? खंड चर्चाएँ बहुत हैं, किन्तु किसी प्रगतिशील अथवा जनवादी ने गम्भीरतापूर्वक एक पूरी पुस्तक लिखी और रेणु का समग्र अनुशीलन प्रस्तुत किया? निर्मल वर्मा ने रेणु लिखित पुस्तक 'ऋणजल धनजल' में संकलित अपने आलेख में इस पर मार्मिक टिप्पणी की है।[14] प्रगतिशील और जनवादी तकाजों का ऐसा संज्ञेय उल्लंघन विश्व-साहित्य में शायद ही कहीं और मिले। एक तो समग्र विवेचन भी नहीं किया, न प्रमुखता से रेणु के महत्त्व को ही रेखांकित किया। डॉ. नलिन विलोचन शर्मा के असामयिक अवसान के बाद रेणु को अपने महत्त्व-प्रतिपादन के लिए लम्बा इन्तजार करना पड़ा। भला हो निर्मल वर्मा, डॉ. सियाराम तिवारी, डॉ. रामबुझावन सिंह और डॉ. रामदेव प्रसाद का जो प्रथम पंक्ति के समीक्षक नहीं माने जाते और न ही ये घोषित

रूप से 'प्रगतिशील' अथवा 'जनवादी' हैं। भला हो उन मराठी लेखकों का भी जिन्होंने पहली बार पूरी-पूरी पुस्तक लिखी। उनमें डॉ. चन्द्रभाणु सीताराम सोनवणे और डॉ. पुष्पा जतकर प्रमुख नाम हैं। हिन्दी पट्टी में डॉ. सुरेन्द्र चौधरी ने पहली बार एक पूरी पुस्तक लिखी। लेकिन उस पुस्तक को देखकर ऐसा महसूस हुआ कि रेणु को समझने से पूर्व डॉ. सुरेन्द्र चौधरी को समझने की जरूरत है। रेणु के इस अध्येता को डॉ. गोपीकृष्ण प्रसाद की समीक्षा पुस्तक ऐसी लगी कि जिसमें रेणु पर पहली बार गम्भीर तात्त्विक और वस्तुगत विमर्श को महत्त्वपूर्ण ढंग से प्रस्तुत किया गया है। मुझे इसकी सूचना नहीं है कि डॉ. प्रसाद प्रगतिशील लेखक संघ या जनवाद से जुड़े थे या नहीं। किन्तु इतना मैं अवश्य जानता हूँ कि वे हिन्दी के शिक्षक नहीं थे। वे पटना विश्वविद्यालय में समाजशास्त्र के प्राध्यापक थे और विदेशों में भी पढ़ा चुके थे। साहित्य क्षेत्र की पुरस्कार समितियों का हाल भी कुछ खास अच्छा नहीं है। तत्सम्बन्धी समितियों ने एक अदना सा भी साहित्यिक पुरस्कार रेणु को देना मुनासिब नहीं समझा। या तो चयन समितियाँ निहित हित के कारण रेणु के साहित्यिक महत्त्व को पहचानने में विफल रहीं या फिर यह भी उनके अवमूल्यन का ही एक और मामला है। सच यह है कि रेणु साहित्य के विश्वपरिदृश्य पर महत्त्वपूर्ण रूप से स्थापित हो चुके हैं। ऐसे में अगर भारत की पुरस्कार समितियाँ उन्हें पुरस्कार के काबिल नहीं मान सकीं तो यह उनके अपने ही साहित्य-विवेक का प्रमाण प्रस्तुत करता है, रेणु की महत्ता-अ-महत्ता का नहीं। प्रगतिशीलों और जनवादियों से लेकर पुरस्कार-समितियों तक ने रेणु के महत्त्व की उपेक्षा की। उन सबसे अधिक साहित्य-विवेक का परिचय भारत सरकार ने दिया, जिसने उनके साहित्यिक अवदान को 'पद्मश्री पुरस्कार' के लायक समझा। फुटंगी झा जिस-जिस सोच और चरित्र को प्रतीकित कर रहा है, वह भारतीय समाज और राष्ट्र के मंगल-विधान की दृष्टि से मंगलकारी नहीं है। जो जिस श्रेय और महत्त्व का अधिकारी है वह उसे मिलना ही चाहिए। यह नैतिकता की आधारभूत शर्त है और इस लिहाज से रेणु के इस अध्येता को लगता है कि रेणु की रचनाएँ 'राष्ट्रीय चरित्र' (केन्द्र से लेकर परिधि तक) में 'संशोधन का तार्किक और वैज्ञानिक प्रस्ताव' है। ऐतिहासिक सामाजिक यथार्थ की यथार्थवादी समझ पर आधारित होने से रेणु के प्रस्ताव की सिद्धि और फलप्रदता पर इस अध्येता को कतई सन्देह नहीं है। बशर्ते 'केन्द्र' और 'परिधि' अपने को संशोधित करने को राजी हों। दूसरी ओर 'रेणु' विचार को कलावस्तु में सफलतापूर्वक रूपान्तरित किये जाने का अन्यतम उदाहरण भी हैं।

आचार्य रामचन्द्र शुक्ल ने 'हिन्दी साहित्य का इतिहास' में छायावाद की उत्कृष्टतम कृति 'कामायनी' पर विचार करते हुए उसके रचनाकार जयशंकर 'प्रसाद' पर एक अभियोग आयत्त किया है। पृ. 658 पर वे लिखते हैं—"अन्त में पहुँचकर कवि ने इच्छा, कर्म और ज्ञान के सामंजस्य पर, तीनों के मेल पर जोर दिया है। एक दूसरे

से अलग रहने पर ही जीवन में विषमता आती है। जिस समन्वय का पक्ष कवि ने अन्त में सामने रखा है उसका निर्वाह रहस्यवाद की प्रवृत्ति के कारण काव्य के भीतर नहीं होने पाया है।'' आदि-आदि। कामायनी के अन्तिम 'आनन्द' सर्ग में श्रद्धा की प्रेरणा से इच्छा, कर्म और ज्ञान के तीनों गोलों के परस्पर सम्बद्ध हो जाने पर मनु का मन चमत्कृत हो उठता है और आनन्द से भर जाता है, मानो जीवन विडम्बना मुक्त होकर समरस हो गया है। कामायनी यहीं खत्म हो जाती है। मनुष्य जीवन की विडम्बना, जिसे प्रसाद जी ने मनु के जीवन की विडम्बनाओं के माध्यम से प्रतीकित किया है, यह है कि—

''ज्ञान दूर, कुछ क्रिया भिन्न है, इच्छा क्यों पूरी हो मन की?
एक दूसरे से न मिल सके, यह विडम्बना है जीवन की।''

विडम्बनाग्रस्त मन अशान्त, उद्विग्न और विरस रहता है, जैसा कि मनु का वास्तव में था भी। किन्तु तीनों में समन्वय स्थापित हो जाने से मनु का अशान्त मन शान्त, उद्वेग रहित और समरस हो जाता है। समरसता के आने का सिर्फ और सिर्फ शब्द-कथन है। पाठकों की जिज्ञासा शेष रह जाती है कि मनु का समरसता प्राप्ति के बाद का जीवन-व्यापार किस प्रकार का होता जिससे उसकी विडम्बना मुक्ति और समरसता आचरण के स्तर पर उदाहृत और प्रमाणित होती। विडम्बना मुक्त जीवनवाले मनुष्य के आचरण का खुलासा कामायनी में नहीं हो पाया है। क्योंकि तीनों गोलों के मिलने और मनु के मन के चमत्कृत होने के साथ ही काव्य समाप्त हो जाता है। रचनाकार पर आयत्त इस प्रकार के आरोप का जवाब भी रेणु हैं। रेणु का प्रतिपाद्य इच्छा, ज्ञान और कर्म का समन्वय तो नहीं है पर 'तांत्रिक का बेटा गणतांत्रिक' जरूर है। गणतांत्रिक का व्यक्तित्व और चरित्र कैसा होता है इसका पूरा-पूरा खुलासा हमें उनमें उपलब्ध मिलता है। उपर्युक्त फिकरा जितेन्द्र के बारे में है जो भिम्मल मामा की जुबानी रेणु ने कहलवाया है। रेणु इस सूचना पर खत्म नहीं हो जाते कि 'तांत्रिक' शिवेन्द्र मिश्र का बेटा जितेन्द्र 'गणतांत्रिक' है। बल्कि इस 'गणतांत्रिक' घोषित व्यक्ति का आचरण कैसा होता है जिससे उसकी गणतांत्रिकता सिद्ध, प्रमाणित और उदाहृत होती हो, इसका बहुत ही विशद् और प्रामाणित चित्र रेणु ने प्रस्तुत किया है। 'तांत्रिक' शिवेन्द्र मिश्र के बेटे जितेन्द्र का गणतांत्रिक के रूप में रूपान्तरण ही रेणु का खास प्रतिपाद्य है। उस वक्त तक वह सिर्फ मुंशी जलधारीलाल दास के दिमाग से सोचता है और सिपाही रामपखारन सिंह की आँखों से देखता है, जब तक वह सिर्फ तांत्रिक के बेटे के रूप में है। उक्त दोनों मुंशी और सिपाही तांत्रिक सामन्त शिवेन्द्र मिश्र के प्रमुख औजार (Tools) रहे हैं। इन औजारों की दृष्टि में सिर्फ मिश्र का हित सन्निहित है। जो भी उनके हित के मार्ग में बाधक बनेगा, उसे पूरी निर्ममता से कुचल दिया जाएगा। दोनों का एकमात्र ध्येयवाक्य यही है और दोनों उसी लाइन पर काम करते हैं। जितेन्द्र जब तक तांत्रिक का बेटा बना रहता है, तब

तक वह उसी ध्येयवाक्य को चरितार्थ करनेवालों के पेशेनजर से देखता, सुनता और गुनता है। किन्तु जैसे ही वह परानपुर की सरजमीं पर पैर रोप पाने में सफल होने लगता है, वैसे ही वैसे वह सामन्त से गणतांत्रिक भी होने लगता है और सामन्ती उपकरणों की विचार-बुद्धि से भी अलग होने लगता है। परती तोड़ने पर बकौल रामपखारन सिंह बौआजी यानी जितेन्द्र गुलाब की खेती करेंगे। अब वह अपनी तरह की खेती करना चाहता है जो रामपखारन सिंह द्वारा निर्देशित खेती से भिन्न प्रकार की है। अगर वह उसके दिलो-दिमाग से खेती करता तो धान और पाट की ही बात करता। 'गुलाब की खेती' सिर्फ एक प्रतीकात्मक और सांकेतिक उल्लेख है राम पखारन सिंह की व्यावसायिक बुद्धि से अलगाव का। सामन्त तांत्रिक पंडित शिवेन्द्र मिश्र के व्यक्तित्व और चरित्र की पहचान के दो ही प्रमुख तत्त्व हैं—स्वहित और आमजन से अलग वैशिष्ट्य। जितेन्द्र क्रमशः अलगावकारी वैशिष्ट्य से अलग हो रहा है। बुर्ज पर जाकर बैठता है और गाँव की गलियों में घूमता है। एक अबोध बच्ची उस पर अभियोग लाती है—हवेलीवाला गाँव के बच्चों को मारता क्यों है, माता-पिता ने उसके बालमन पर एक मिथ्या भय प्रत्यारोपित कर डाला है। पर जितेन्द्र तो वैसा कुछ नहीं करता, बल्कि टुड्डी छूकर उसके प्रति अपना स्नेह प्रदर्शित करता है जो शिवेन्द्र मिश्र शायद कभी नहीं करते। अब वह जमींदारी के पुराने उपकरणों की जगह ताजमनी की आँखों से देखता है और उसी की बुद्धि से समझता है। उस ताजमनी के जिसके भीतर पूरा परानपुर गाँव समाया हुआ है। वह जितेन्द्र को यह बोध कराती है कि मुंशी पीठ पर नहीं, कलेजे पर दाग रहे हैं। वही ताजमनी मुंशी के जालिमाना हरकतों से जितेन्द्र को सावधान करती है। प्रेम और सहकार को परानपुर में स्थापित करती है। समाजहित से जितेन्द्र के स्वहित को सम्बद्ध कर देती है। परानपुर गाँव के नेह-छोह की भूख को नोटिस में लेना, गाँव के लोगों को इतना पराया बना देना और यह बताना कि स्नेह-सौजन्य की भूख पूरी-मिठाई से नहीं मिटती, ताजमनी के चरित्र का उज्जवलतम पक्ष है तो नेह-छोह के पुनर्स्थापन की चिन्ता करना तथा उसे स्थापित करने का तहेदिल से उपक्रम करना-यह जितेन्द्र की गणतांत्रिकता है। कुल, गोत्र और जातीय श्रेष्ठता का अहंकार सामन्तवाद है तो गुण की श्रेष्ठता का स्वीकरण और वरण गणतांत्रिकता है। ताजमनी का कोई ऊँचा कुल, गोत्र और जाति नहीं है। वह तो देह-व्यापार करनेवाली नट्टिन (वेश्या) की बेटी है। पर ताजमनी भावना, विचार और कर्म-कहीं से भी नट्टिन नहीं है। एक उच्च कोटि की पतिप्राणा, सती सतवन्ती कुलवधू के भीतर जो भी उत्कृष्ट चारित्रिक गुण सम्भव और अपेक्षित हैं, वे सभी ताजमनी में हैं, सिर्फ जातिगत श्रेष्ठता को छोड़कर। गुणों के आधार पर नट्टिन की बेटी ताजमनी को पत्नी के रूप में स्वीकार करना-यह जितेन्द्र की गणतांत्रिकता नहीं है तो और क्या है? पत्नी जाति से क्या है—यह उतना विचारणीय नहीं है जितना यह कि वह पतिप्राणा है या नहीं। जातीय श्रेष्ठता से युक्त 'कलंक

मुक्ति' उपन्यास की श्रीमती ज्योत्स्ना आनन्द तथा 'जुलूस' की मास्टरनी श्रीमती सरस्वती देवी से तुलना कर ताजमनी के चारित्रिक वैशिष्टय और उच्च पातिव्रत्य को देखा जा सकता है। इस तरह वह जितेन्द्र की गणतांत्रिकता की एक अत्यन्त महत्त्वपूर्ण कसौटी साबित हुई है।

जितेन्द्र की गणतांत्रिकता की दूसरी महत्त्वपूर्ण कसौटी लुत्तो भी है। लुत्तो औचित्य और मर्यादा की सारी सीमाएँ लाँघकर जितेन्द्र के विरुद्ध जहर उगलता रहता है और हर वह उपाय करता है जो जितेन्द्र के हित के विरुद्ध हो और जिससे उसे हानि पहुँचे। कांग्रेस में वह आया भी इसीलिए है कि मिसिर के बेटे को दाग सके। उसे शहर से हड़काया हुआ कुत्ता तक कहता है। जितेन्द्र अगर तांत्रिक सामन्त शिवेन्द्र मिश्र का बेटा ही बना रहता तो कब की लुत्तो की 'सद्गति' हो चुकी होती। यहाँ तो ठीक उल्टी बात है—"लुत्तो के दुःख को समझता है जितेन्द्र।" जितेन्द्र अब पूर्ण 'गणतांत्रिक' हो चुका है। लुत्तो के लोकतांत्रिक अधिकार में किसी तरह का हस्तक्षेप नहीं। यहाँ तक कि मुखिया चुनाव में भी नहीं। जबकि ऐसा करने का पूर्ण लोकतांत्रिक अधिकार जितेन्द्र का भी था। पर नहीं। लुत्तो अपनी पहल पर अपनी पसन्द का अवर्ण जातीय रोशन बिस्वाँ को मुखिया बनवा देता है। तांत्रिक सामन्त का पुराना औजार मुंशी जलधारी लुत्तो के वंश नाश के गुप्त मुहिम पर काम कर रहा था, खन्तर गुलाबछड़ी वाले के माध्यम से। उसी पद्धति से वह जितेन्द्र के हर एक विरोधी से निपट रहा था। पर जैसे ही ताजमनी के माध्यम से मुंशी के जालिमाना कृत्य की सूचना मिलती है जितेन्द्र को, वह आतंक के सभी पुर्जों की आवाज टेप कर मुंशी को जेल भिजवा देता है।

रेणु समाज और राष्ट्र के उन्नयन के साथ-साथ वैयक्तिक उन्नयन के भी उतने ही हिमायती थे। मानवीय गरिमा के उन्नयन के दो प्रमुख आधार तत्त्व हैं— 1. स्वाभिमान और 2. आर्थिक आत्मनिर्भरता। यह सच है कि अतिरेकी स्वाभिमान जैसा कि हम लुत्तो में पाते हैं, वह सामाजिक विघटन का कारण है, किन्तु जहाँ वह अतिरेकी नहीं है, वहाँ वह मानवीय गरिमा का संस्थापक जरूर है। जैसा कि हम कालीचरन में पाते हैं। कोई उसे कुकरा का बेटा कलिया नहीं कह सकता, अब वह कालीचरन जी है। चमारिन मलारी पढ़ी-लिखी न होती तो क्या मास्टरनी बन सकती थी? क्या वह सवर्ण महिलाओं के साथ कुर्सी पर बैठ सकती थी? रेणु को इस बात का मलाल जरूर है कि मलारी सिर्फ मास्टरनी ही बन पायी। अगर उसके सहपाठी और शिक्षकगण उसके पढ़ने के मार्ग में बाधाएँ खड़ी न करते तो वह कुछ और बड़ी कुर्सी पा सकती थी। उसके गुणों से अभिभूत भूमिहार युवक सुवंश ने भागकर अन्तर्जातीय विवाह कर लिया। सुवंश का यह कृत्य भी गणतांत्रिकता को ही उदाहृत करता है। जातीय जकड़बन्दीग्रस्त समाज के दोनों ही पक्ष आन्दोलित और उद्वेलित हो सकते थे। किन्तु जितेन्द्र के दृढ़ नैतिक समर्थन और संरक्षण ने वैसा कुछ होने

नहीं दिया। 'गरीब की लुगाई हर की भौजाई'। परानपुर के सवर्ण चाहे सहपाठी हों, चाहे शिक्षक हों, ग्रामीण हों, यहाँ तक कि ठाकुरबाड़ी का पुजारी सरबजीत चौबे ही क्यों न हो, सभी अवर्ण और निम्नजातीय पृष्ठभूमि के कारण मलारी को 'माल' की निगाह से देखते हैं और भोग लेने की फिराक में रहते हैं। जब से जितेन्द्र का संरक्षण सार्वजनिक हुआ है, तब से उस पर फब्तियाँ बन्द हो जाती हैं।

जितेन्द्र की गणतांत्रिकता का चरम प्रदर्शन 'पंचचक्र' नाटक के प्रसंग में देखने को मिलता है। दलितों से नाटक के नाम पर खलिहान पर ही चन्दा काट लिया जाता था और बदले में 'जो हुक्म' वाला पाट थमा दिया जाता था। कभी भी राजा अथवा मंत्री जैसा महत्त्वपूर्ण रोल नहीं दिया गया। दलितों की अलग से गठित नाटक मंडली जब प्रेम कुमार दीवाना के निर्देशन में 'प्यार का बाजार' नामक नाटक अभिनीत कर रही थी तो सवर्ण युवकों ने छलपूर्वक नाटक को सेबोटाज कर दिया। जितेन्द्र के निर्देशन और नियंत्रणाधीन यह जो 'पंचचक्र' नामक नाटक का मंचन किया जा रहा है उसमें सभी को 'यथायोग्य' भूमिका दी गयी है। लिलिया पटना में पढ़ती है, कुल और जाति से भी श्रेष्ठ है। कम्युनिस्ट नेता भूमिहार मनमोहन बाबू की बहन है, पर इस आधार पर उसे कोई बड़ी और महत्त्वपूर्ण भूमिका नहीं दी जाती। नट्टिन ताजमनी कोसका मैया बनी है और सौतेली बहन दुलारी दाय की भूमिका निभा रही है चमारिन मलारी। जाट-जट्टिन, शामा-चकेवा आदि के प्रसंग में इन दोनों ने अपने गायन और अभिनय कौशल का बारम्बार परिचय दिया है। बल्कि श्यामा-संकीर्तन के माध्यम से ताजमनी का गायन सारे परानपुर को भावविभोर करता आया है। लिलिया जाट-जट्टिन और शामा-चकेवा के आयोजनों में पूरे लगन और उत्साह के साथ शामिल जरूर रही है पर कला का कोई खास करतब उसके पास नहीं। फिर भला कैसे उसे कोसका मैया या दुलारी दाय बना दिया जाय? गाँव के और भी जितने छोटे-बड़े कलाकार हैं सबको यथायोग्य भूमिका मिली है। भेदभाव से अलग एक अपूर्व सहकार और सम्मेल देखने को मिल रहा है जो पूर्व में अभिनीत किसी भी अन्य नाटक में देखने को नहीं मिला था। सवर्ण-अवर्ण सबको यथायोग्य महत्त्व देना जितेन्द्र की उत्कृष्ट गणतांत्रिकता ही तो है। जो तांत्रिक पिता के सामन्ती चरित्र से विपर्यस्त ही नहीं, विपरीत भी है। सिद्धतंत्र पिता के तंत्र-वामाचार-पर उसे तनिक भी आसक्ति नहीं है! कछुआ पीठा जमीन से जितेन्द्र सिर्फ एक किसान की तरह वर्तता है। गोचर और परमादेव के गह्वर जैसी अतार्किक लोकधारणा से और गोध्वनि से किंचित् आक्रान्त नहीं होता। परमादेव की असवारी और आग पर चलने को एक तमाशा से अधिक कुछ नहीं मानता। परती को ट्रैक्टर से उधेड़ डालता है। इस तरह वह वामाचार रूपी तंत्र के साथ-साथ सामन्ती तंत्र के पुर्जों-मुंशी जलधारी लाल और उसके सभी गुर्गों को ठिकाने लगा देता है। यह घटना जितेन्द्र को सामन्तवाद से अलग ले जाती है और उसकी

गणतांत्रिकता को पुष्ट और प्रमाणित करती है।

इस तरह वैचारिक प्रतिपादन को आचरण के धरातल पर चरितार्थ और उदाहृत न कर पाने का जो आरोप शुक्ल जी ने प्रसाद जी पर लगाया था तथा और भी जो रचनाकार इस तरह के आरोपों की जद में आते हैं, उन सबका पूँजीभूत और पूर्णतः उपयुक्त (Perfact) उत्तर हैं—रेणु। उसी तरह व्यक्ति, समाज और राष्ट्र के सर्वविध उन्नयन की विस्तृत कार्य-योजना का नाम भी रेणु ही है, जिसका विस्तृत विवेचन पूर्व के अध्यायों में किया जा चुका है। व्यक्ति का 'स्वहित' 'समाजहित' के विपर्यस्त हो तो भी समाज के उन्नयन में बाधा आती है। अवैध स्वहित के साधकों द्वारा समाजहित के साधनों को हड़प लिया जाता है। फलतः समाज उतनी तरक्की नहीं कर पाता जितनी वह कर सकता था। 'श्रेय' का अनधिकृत दावा भी समाज के उन्नयन के मार्ग में एक प्रमुख बाधा ही है। राष्ट्र की तरक्की मिथकीय चेतना, तंत्र-मंत्र, टोना-टोटका आदि से अलग, मनुष्य की क्षमता पर विश्वास और विज्ञान द्वारा वर्द्धित शक्ति के माध्यम से ही किया जाना सम्भव है। रेणु इसको भी उदाहृत करते हैं। इस तरह करणीय और अकरणीय, विधायक और विघातक, पक्ष और विपक्ष-सभी प्रकार के कर्मों का समुच्चय (और इस तरह से यहाँ भी Perfaction सम्पूर्णता) का नाम भी अन्यतम रूप से रेणु ही है।

रेणु एक अप्रतिम कलाकार भी सिद्ध होते हैं। क्योंकि कला का जो सम्मोहन इनमें है, वह शायद ही हिन्दी के किसी अन्य कलाकार में हो। जितनी उच्च कोटि के कलात्मक अर्थ-गह्वरों का निर्माण रेणु ने किया है वैसा हिन्दी का दूसरा कोई कथाकार नहीं कर सका है। सार्थक और हित साधक विचारों का संवेदनात्मक अनुक्रियाओं के माध्यम से प्रस्तुतीकरण ही कलाकरण कहलाता है। 'विचार' को कलावस्तु बनाने की कला कोई रेणु से सीखे। इस तरह 'अभिलेखीकरण' (Documination) और 'कलाकरण' (Artification) के अप्रतिम उदाहरण हैं रेणु।

सन्दर्भ सूची

1. मैला आँचल, रेणु, पृ. 117
2. परती : परिकथा, रेणु, पृ. 36
3. मैला आँचल, रेणु, पृ. 108
4. परती : परिकथा, पृ. 36
5. वही, पृ. 188
6. आदिम रात्रि की महक, रेणु, पृ. 89
7. परती : परिकथा, पृ. 92
8. वही, पृ. 329

9. जुलूस, रेणु, पृ. 155
10. संक्रमण और रेणु की औपन्यासिक नारियाँ समीक्षा पुस्तक, डॉ. सुरेन्द्र नारायण यादव, प्राक्कथन, पृ. 13
11. ऋणजल, धनजल, रेणु में निर्मल वर्मा का आलेख, पृ. 16
12. रेणु, कर्तव्य और कृतियाँ, सम्पादक डॉ. सियाराम तिवारी में सम्पादकीय
13. फणीश्वरनाथ रेणु : व्यक्तित्व, काल और कृतियाँ, डॉ. गोपीकृष्ण प्रसाद, पृ. 113
14. ऋणजल, धनजल, रेणु, पृ. 15–16

परिशिष्ट

आलोचक, आलोचकीय कर्म और करणीय

बकौल भवानीप्रसाद मिश्र

"रहस्य नहीं है अगर
शत-प्रतिशत खुले हैं
तो वे चाहे जितने दूध के धुले हैं
रहस्य नहीं हैं और कला नहीं हैं
और जो कला नहीं है, रहस्य नहीं है
वह प्राणों को नहीं छूता।"

कवि मिश्र 'रहस्य' के रहस्य को समझते हैं। कला-रचना में प्राणों को छूने की शक्ति उसके कलात्मक होने से आती है और पूर्ण खुलेपन से कला का वैर है। खुला-अधखुला होना ही कला की कलात्मकता है, वही कवि मिश्र के शब्दों में 'रहस्य' है। अर्थ अगर पूरी तरह से स्पष्ट हो तो रचना में सपाटता आ जाती है और सपाट अर्थवाली रचना शास्त्र के निकट चली जाती है। शास्त्र में खुलापन होता है तो कला में 'संकेत' प्रमुख हो जाता है। 'रहस्य', 'खुला-अधखुलापन' और 'संकेत'—ये ऐसी चीजें हैं जिनमें 'कल्पना' के लिए भरपूर अवकाश (space) होता है। कल्पना रचना को 'रमणीय' और हृदयावर्जक बनाती है। महान् कृतियाँ सिर्फ 'अभिलेखीकरण' नहीं हुआ करती हैं। डॉ. पांडेय शशिभूषण 'शीतांशु' अभिलेखीकरण को कृति की महानता की सम्पूर्ण व्याख्या नहीं मानते। वे कहते हैं—महान् कृति सर्जनात्मक अभिलेखीकरण और कलाकरण का संश्लेष हुआ करती है। अभिलेखीकरण उसे काल, स्थल तथा पात्र-चेतना से जोड़ता है तथा कलाकरण उसमें लेखकीय सर्जनात्मक दृष्टि का अनुप्रवेश कर कथा-फलक पर अर्थ-गह्वरों (Semantic Enclaves) का निर्माण करता हुआ उसे साभिप्रायता प्रदान करता है। रचनाकार का काम अर्थ—गह्वरों का निर्माण है, उसके रहस्य का उद्घाटन नहीं। अगर वह वैसा करे तो रचना जिस तरह से रहस्य, जिज्ञासा,

औत्सुक्य, कल्पना आदि के रूप में भावक की चेतना को अपने से बाँधे रखती है वह वैसा नहीं कर पाएगी। 'खुला-अधखुला' अंग जैसी होना ही कला-रचना की महनीयता है और भावक की चित्त-चमत्कृति का प्रमुख कारक है। अर्थ-गह्वरों का अभाव रचना को सपाट बना देता है। इकहरापन उसकी नियति होता है। उसमें पाठ-भेद की कोई सम्भावना और गुंजाइश शेष नहीं रहती। वैसी स्थिति में आलोचक को प्रायः कुछ खास करना नहीं रहता। दूसरी तरफ पूर्ण गोपन अर्थ को उद्घाटित ही होने नहीं देगा और अगर वह पूरी तरह खुल जाय तो अपना सारा आकर्षण खो देगा। आलोचक को तब भी कुछ खास करना नहीं रहता जब रचना में विचार-तत्त्व नारों अथवा सिद्धान्त-कथनों के रूप में संयोजित रहता है। नारे अथवा सिद्धान्त-कथन अपने-आप में अर्थ के सार्वजनिक रूप से प्रदर्शित सूचनापट हैं। जबकि तिल-तंडुलवत् सम्मिश्रण में भी विचार अलग से ही पहचाना जाता है। इसलिए वहाँ भी आलोचक को कुछ खास श्रम नहीं करना होता। आलोचक की जरूरत उन रचनाओं के सन्दर्भ में खास होती है जिनमें अर्थ-गह्वरों की महत्त्वपूर्ण उपस्थिति होती है। साथ ही उन रचनाकारों के सन्दर्भ में भी, जिनकी रचनाओं में विचार-तत्त्व कलावस्तु का रूप धरकर आता हो। रेणु ऐसे साहित्यिक 'अभागे' हैं जिनके बारे में आलोचकगण 'आंचलिकता' से आगे बढ़ नहीं पाते। जबकि सच यह है कि आंचलिकता उनके 'अर्थ-रत्नाकर' की सतह मात्र है। बहुमूल्य अर्थ—रत्न सतह पर नहीं होता। वैसे रचनाकारों में तो विशेष रूप से नहीं जो अपनी रचनाओं में अर्थ-गह्वरों का निर्माण कर गये होते हैं। अर्थ की अनेक स्तरीयता जहाँ नहीं होती वहाँ अर्थ का गोपन भी नहीं होता। पाठ-भेद और अर्थ की अनेक स्तरीयता आलोचक को अपेक्षित और उपयोगी बना देती है। रहस्य को खोलना आलोचक का काम है रचनाकार का नहीं और पाठक सामान्यतः अर्थ-संधान में विदग्ध और कुशल नहीं हुआ करते। उन्हें न तो इसका अभ्यास रहता है और न उनके पास इस तरह के औजार (Tools) ही हुआ करते हैं। इस मामले में आलोचक पाठक से आगे की (विकसित) चीज है। क्योंकि उसके पास अर्थ-सन्धान का अभ्यास होता है और इसके आवश्यक औजार होते हैं। इस काम के लिए उसके पास प्रविधियाँ भी होती हैं। किसी मामला-विशेष में अगर पूर्व से उपलब्ध विधि-प्रविधि समर्थ नहीं होती तो वह अपनी जरूरत के हिसाब से रचना और रचनाकार के वैशिष्ट्य के अनुरूप विधि-प्रविधि का ईजाद कर लेता है। 'विसंरचनावाद' के प्रवर्तक और समीक्षक देरिदाँ ने माना है कि रचनाकार का काम जहाँ समाप्त होता है आलोचक का काम वहाँ से आरम्भ होता है। रचनाकार आलोचक से होकर पाठक तक पहुँचता है। इस अर्थ में आलोचक लेखक और पाठक के बीच पुल का काम करता है। रचनाकार किस रूप और स्वरूप में कितने सर्वोतम और भास्वर रूप में पाठक तक पहुँचेगा—यह आलोचक

पर निर्भर करता है। आलोचक ही अब तक रेणु को आंचलिक सिद्ध करते रहे हैं। जबकि यह आलोचक रेणु को वैश्विक रचनाकार मानता है। वे अर्थ में नहीं, निहितार्थ में विराजते हैं। इसलिए आलोचक को सतह पर के अर्थ पर रुकना नहीं चाहिए। उसकी खोज निहितार्थ को ढूँढ़ निकालने तक जारी रहनी चाहिए। निहितार्थ ही रचनाकार की आत्मा है और उसके अस्तित्व की असली पहचान है। अर्थ-गह्वर ही मुख्यत: वे स्थल हैं जहाँ निहितार्थ छिपा बैठा होता है। साथ ही लेखकीय कौशल उसे बिल्कुल खुला नहीं छोड़ देता, वरन् वह उनमें अपने निहितार्थ को रखकर उसे एक प्रकार से कीलित कर देता है। निहितार्थ की तलाश आलोचक को खोजी जासूस बना देती है। उक्त तलाश में आलोचक उन-उन स्थलों तक भटकता है, जहाँ निहितार्थ के छिपे होने की सम्भावना होती है। किन्तु उसके पास 'पायनियर' की तरह दिशासूचक यंत्र, मानचित्र, सूचना पट, रोडमैप अथवा रूट-चार्ट नहीं होता। आलोचक के पास वैसा कुछ हो भी तो भी उसे उन चीजों से कुछ खास फायदा नहीं होता। क्योंकि रचनात्मक साहित्य की विशेषता ही यह होती है कि हर रचनाकार का कौशल अलग होता है। अर्थ—गह्वरों के निर्माण की प्रविधि हर रचनाकार की अलग होती है। अनुभव बताता है कि अर्थ और कौशल-दोनों ही स्तरों पर दो रचनाकार शायद ही कभी एक जैसे होते हों। अतएव जिन कुंजियों से आलोचक किसी एक रचनाकार के निहित अर्थ को उत्कीलित करता है, वे कुंजियाँ अक्सर दूसरे रचानकार के अर्थोत्कीलन में काम नहीं आतीं। और रेणु तो बस रेणु ही हैं। न तो पूर्व में ऐसा कोई रचनाकार हुआ जिससे रेणु की समानता हो और न अब तक भी कोई ऐसा रचनाकार सामने आया है जिसकी उनसे समानता हो। रेणु सबसे अलग और सबसे निराले, सर्वांशत: मौलिक। वैसे निराले रचनाकार के मामले में किन्हीं रहस्यपूर्ण स्थलों की खोज और रहस्य की गुत्थी खोलने (उत्कीलन) में किसी नियमबद्ध अथवा पूर्व प्रयुक्त प्रविधि का इस्तेमाल उपयोगी नहीं रहता। उसे प्राय: हर बार (हर मौलिक रचनाकार के मामले में) नयी प्रविधि और नये-नये कौशल का प्रयोग करना होता है। सिर्फ अध्ययन और अभ्यास उसके काम आता है। इनसे खोजी आलोचक की अर्थ-सम्भावना को सूँघ लेने की क्षमता आती है और वह उत्तरोतर बढ़ती जाती है। अर्थ-गह्वरों में रचनाकार अपने निहितार्थ को कीलित कर देता है। आलोचक 'सौंधे के लगे डोरे' के सहारे उन स्थलों तक पहुँचता है और रचनाकार के निहितार्थ को उत्कीलित कर देता है। और जब एक बार अर्थोत्कीलन की प्रक्रिया आरम्भ हो जाती है तो बाद के आलोचकों को भी पाठ-भेद की प्रेरणा मिलनी शुरू हो जाती है। वह आलोचक पाठक के लिए गाइड बन जाता है। वह पाठक को रूट-चार्ट दे देता है जिसके दिशासूचक निर्देश से निर्देशित होकर वह भी उन कीलित स्थलों तक पहुँचने लगता है। आलोचक का सहयोग स्वीकार करने से

पाठक का काम आसान हो जाता है। हर एक पाठक को कुआँ खोदना नहीं पड़ता। रेणु के मामले में आलोचक की जरूरत कुछ ज्यादा ही है। क्योंकि यहाँ 'प्रवीनन की मति जात चकी' वाली स्थिति है। उनके सन्दर्भ में आंचलिकता सिर्फ सतह का सन्धान है। उसके पार जाने की कोशिश कुछ बड़े ख्यातिनाम और स्थापित आलोचकों में बहुत कम देखने को मिलती है। रेणु के मामले में स्थापित और ख्यातिनामों की बजाय अपेक्षाकृत कम ख्यातिनाम समीक्षकों ने ज्यादा बेहतर काम किया है। आलोचना कर्म एक स्वनियोजित कर्म है। आलोचक को कोई नियुक्त नहीं करता, न रचनाकार और न पाठक। वरन् कोई अध्येता खुद का प्रस्तावक बनकर खुद ही नियोजित हो लेता है। नियोजित होकर वह ठीक उसी प्रकार की नारदीय-वृत्ति को स्वीकार करता है, जैसी हरिशंकर परसाई की कहानी 'भोलाराम का जीव' में नारद ने अपनायी थी। वह नारद ही क्या जो भोलाराम के जीव का पता न लगा सके? कायदे से होना तो यह चाहिए था कि जीव भोलाराम के शरीर से निकले और यमलोक पहुँच जाय। अर्थ लेखक से चले और पाठक तक पहुँच जाय; पर अर्थ तो पाठक तक पहुँचा ही नहीं, जैसे भोलाराम का जीव यमलोक तक नहीं पहुँचा। वह तो पेंशन कार्यालय के किसी गुमनाम से आले पर अपनी पेंशन की फाइल में घुसा बैठा था। कोई और होता तो भोलाराम के जीव का पता नहीं भी लगा सकता था। यह एक अनोखी बात थी। आज तक ऐसा नहीं हुआ और इसलिए किसी ने अब तक सोचा भी नहीं होगा कि भोलाराम का जीव पेंशन की फाइल में छिपा बैठा हो सकता है। यही लेखक की मौलिकता है जहाँ आलोचना की सारी पूर्व परीक्षित सम्भावनाएँ निरर्थक हो जाती हैं। पर नारद तो बस नारद ही हैं। वे खोजीवृत्ति के निर्विकल्प पर्याय हैं। क्योंकि चराचर जगत्-त्रिलोकी-का ऐसा कोई स्थान नहीं है जहाँ उसकी गति नहीं है। आलोचक को भी नारद की तरह हर उस स्थान में पहुँचने में समर्थ होना चाहिए जहाँ निहितार्थ के छिपे होने की सम्भावना हो। उसे खोज में दक्ष भी होना चाहिए। नारद भोलाराम के जीव का पता लगाये बिना लौट जाय—ऐसा कैसे हो सकता है? अगर ऐसा हो तो उसके नियोजन के उद्देश्य पर ही पानी फिर जाएगा। पाठकीय कर्म नियोजित कर्म नहीं है। इसलिए हर पाठक नारद नहीं है। पर आलोचक का कर्म नियोजित कर्म है भले ही ऐसा उसने खुद से किया हो। किसी अन्य एजेन्सी ने उसे इसका दायित्व न सौंपा हो। पर नियोजन स्वीकार करके, आलोचक बनकर आप अपने नारदीय दायित्व से इन्कार नहीं कर सकते। आलोचक को हर हाल में नारद होना ही चाहिए। एक दक्ष और समर्थ आलोचक रचना के हर भाग-अनुभाग में भ्रमे, विचरण करे, हर उस स्थान को छाने, जहाँ भोलाराम के जीव (निहितार्थ) के छिपे होने की सम्भावना हो। पाठक के पास अर्थ-सन्धान के उपकरण प्राय. नहीं होते और उनसे बहुत अभ्यास की अपेक्षा भी नहीं की जा सकती। पर आलोचक

के पास पूरा का पूरा काव्यशास्त्र, छन्द, अलंकार, रीतिगुण, शब्दशक्ति, व्याकरण, सौन्दर्यशास्त्र, शैलीविज्ञान आदि के साथ-साथ भाषाविज्ञान, तर्कशास्त्र, दर्शन, मतवाद और इतिहास, परम्परा, व्यक्तिचेतना के साथ-साथ सामूहिक अचेतन (जातीय चेतना) जैसे अर्थखोज और अर्थ-निर्धारण के प्रायः सभी उपकरण होते हैं, होने चाहिएँ। सामान्यतः पाठक के पास इतने सारे उपकरण नहीं होते। आलोचक उपयोगी है अपनी सामर्थ्य और दक्षता के कारण और ऐसा करने में उपर्युक्त उपकरण उसकी सहायता करते हैं। भोलाराम का जीव अन्य जगहों को छोड़कर यहाँ पेंशन की फाइल में ही क्यों बैठा है? इसका तार्किक परीक्षण भी नारद को ही करना है ताकि कोई भ्रम न रहे। भ्रम अथवा जिज्ञासा का शेष रह जाना अपूर्ण आलोचक का ही काम है। दूसरे शब्दों में इसे हम संगतिकरण, अंग्रेजी में Justification नाम दे सकते हैं।

एक समर्थ आलोचक में अनेकदेशीयता होती है। निहितार्थ की तलाश में वह रचना के भाग-अनुभाग में तो विचरता ही है, उस रचनाकार की अन्य रचनाओं में भी विचरता है। जहाँ कहीं से भी अर्थ और संगतिकरण के संकेत-सूत्र मिलने की सम्भावना आलोचक को महसूस होती है, वह हर उस स्थान में जाता है। साम्य-वैषम्य, संगतिकरण, युक्तिकरण, औचित्य निर्धारण आदि ऐसे कुछ काम हैं जो आलोचक को करने होते हैं। इस क्रम में वह परम्परा का भी परीक्षण करता है, वैचारिक और शिल्पिक विकास का भी परीक्षण करता है। साम्य और वैषम्य अर्थ निर्धारण को जहाँ निर्भ्रान्त बनाते हैं वहीं वह रचनाकार की मौलिकता और वैशिष्ट्य का उद्घाटन भी कर पाते हैं। इसके लिए ही वह अन्य अनेक समकालीन और पूर्वकालीन रचनाकारों की रचनाओं में भी विचरता है। जिससे परम्परा और विकास (वैचारिक एवं शिल्पिक) को समझा और उद्घाटित किया जा सके। इस क्रम में ही वह विचार-साम्य और विचार-भेद, अर्थसाम्य और अर्थभेद के उदाहरण खोज लाता है। इसके लिए उसे राष्ट्रीय स्तर पर इतरभाषिक साहित्य के साथ-साथ विश्वसाहित्य तक भी दौड़ लगानी पड़े, तो हर्ज क्या है? यही तो उसका अधीतित्व है। विचार-विशेष की बात करें तो प्रतिरोध मानव मुक्ति की आधारभूत शर्त सिर्फ मेरीगंज या परानपुर के लिए ही नहीं है। वह बेलारी (होरी के गाँव) के लिए भी मौजूँ है, दक्षिण अफ्रीका के कालों और अमेरिका-निवासी नीग्रो लोगों के लिए भी है। जिस रचना की अपील क्षेत्रीय हो उसके परीक्षण के लिए क्षेत्रीय कारकों से भी काम चलाया जा सकता है। पर जिसकी अपील वैश्विक हो, वैसे रचनाकार को आंचलिकता (क्षेत्रीयता के अर्थ में) के दायरे में सीमित मान लेना समीक्षक की संज्ञेय भूल है। अनेकदेशीयता सिर्फ आलोचक का धर्म ही नहीं है, वह रचनाकार के कौशल का भी द्योतक है। वह क्षेत्रीय और वैश्विक सरोकारों के बीच लेखक की अपील के कवर-एरिया के विस्तार का भी द्योतक

है। पात्रों के नाम, भाषा तथा घटनाएँ हमेशा क्षेत्रीय ही होती हैं। किन्तु ये चीजें सरोकारों को क्षेत्रीय नहीं बनातीं। और न ही इनसे किसी रचनाकार के क्षेत्रीय अथवा वैश्विक होने को सिद्ध और प्रमाणित किया जा सकता है। मनुष्य की मुक्ति सिर्फ मेरीगंज या परानपुर की जरूरत नहीं है। वरन् यह उन–उन जगहों की भी जरूरत है जहाँ–जहाँ मनुष्य मुक्त नहीं है। मुक्ति साधक प्रतिरोध अगर रेणु की रचनाओं का प्रमुख आधारतत्त्व है, तब वे क्षेत्रीय कैसे हैं? खासकर तब जबकि उक्त समस्या वैश्विक स्तर पर विचार का विषय रही है। रेणु को आंचलिक कथाकार (क्षेत्रीय के अर्थ में) माननेवाले समीक्षक उनके वास्तविक समीक्षक (Real Critic) नहीं हैं। किसी समीक्षक में अनेकदेशीयता का जिस कदर अभाव है, वह उसी कदर रेणु की समीक्षा का अनधिकारी है।

जिस तरह अधिकारी समीक्षक 'अनेकदेशीय' होता है, उसी तरह उसे बहुकालिक भी होना चाहिए। इसके कई निहितार्थ हैं। बहुकालिक होने से ही कोई रचनाकार संक्रमण और गुणात्मक परिवर्तन को पकड़ पाता है। पात्र–चेतना, पात्रों के चरित्र और इतिहास में जो भी परिवर्तन होते हैं (एक शब्द में जिन्हें विकास कहा जाता है) उनकी पड़ताल बहुकालिक हुए बिना नहीं की जा सकती। विकास कभी भी क्षणसिद्ध नहीं होता। उसके लिए क्षणविशेष की जगह एक कालखंड की जरूरत होती है जिसके दो छोर तो होने ही हैं—पूर्व और उत्तर। क्षण हमेशा एक पक्ष होता है—चाहे पूर्व पक्ष, चाहे उत्तर पक्ष। जबकि विकास पूर्व पक्ष से उत्तर पक्ष तक की पूरी की गयी यात्रा है। विकास देशीय यात्रा नहीं होता, वह कालिक यात्रा है। कुकरा का बेटा कलिया से कालीचरन जी तक की यात्रा देशिक यात्रा नहीं है, कालिक यात्रा है। कुकरू हाल तक रामखेलावन सिंह यादव का बैल चराता था। उसी का बेटा अब 'सुश्लिंग लीडर' हो गया है। दूसरे की भैंस चरानेवाला टुरवा बालदेव अब मासिक वेतन पर काम करनेवाला घरेलू नौकर नहीं रहा, समाजसेवी और देशप्रेमी राजनीतिक कार्यकर्ता हो गया है। जूता पॉलिश करनेवाला युवक जॉन एफ केनेडी अमेरिका का राष्ट्रपति चुना जाता है। तांत्रिक का बेटा गणतांत्रिक हो गया है। गणवाला तंत्र पिता शिवेन्द्र मिश्र के तंत्र से भिन्न ही नहीं विपरीत भी है। यह नया तंत्र सामन्तवाद का भी विलोम है। सामन्तवाद और गणतांत्रिकता–दो विपरीत ध्रुव ही नहीं हैं, यह समय के विस्तार से ही सिद्ध भी है। यह व्यक्ति–चरित्र का फर्क है और यह इतिहास का भी फर्क है। शक्ति संचय और वर्द्धन के लिए पंडित शिवेन्द्र मिश्र तंत्र साधना, वामाचार का सहारा लेता है। किन्तु यह नया तांत्रिक (गणतांत्रिक जितेन्द्र) पुराने वामाचार को छोड़कर विज्ञान की साधना करता है। परानपुर के वासी कुंड खोदने तक में असमर्थ थे (तभी उसने दन्ता का आह्वान किया था) किन्तु उसी परानपुर का यह नया वासी–जितेन्द्र–विज्ञानतंत्र की साधना द्वारा असम्भव माना जा सकनेवाला काम सम्भव कर दिखाता है। बिहार

का अभिशाप कही जानेवाली डायन कोशका को साध लेता है। प्रलय का कहर ढानेवाली विध्वंसकारी कोशी अब सिंचाई का सबब बनकर रचनात्मक हो गयी है, प्रगति साधक बन गयी है। विकास सिर्फ व्यक्ति-चेतना अथवा व्यक्ति-चरित्र का फर्क ही नहीं है, वह ऐतिहासिक शक्तियों के दबाव अथवा प्रेरणा से भी जुड़ा होता है। इतिहास का दबाव नहीं होता तो तहसीलदार विश्वनाथ प्रसाद तहसीलदारी से इस्तीफा नहीं देते, न तो नाई, धोबी, मोची को एक सफरे पर बैठने के लिए आमंत्रित करते और न मेरीगंज के सभी परिवारों को पाँच-पाँच बीघा जमीन वापस करने को तैयार होते। इतिहास से टकराना-दूसरे शब्दों में उसकी गति को अवरुद्ध करना अथवा पुरानी स्थितियों की ओर मोड़ना हरगौरी के आत्मविनाश का मूल कारण है। कल की बाँझ परती अब आसन्नप्रसवा हो गयी है। यह बदलाव क्षैतिज नहीं, उर्ध्वरेखीय है। उसी तरह जिसके सिपाही और बरकन्दाज औरत को दूह कर ले जाते थे आज उसे खुद से आने पर भी भैंस तक का दूध नहीं मिल रहा है। तुर्रा यह कि आज वह कुछ कर भी नहीं पा रहा है। भविष्य में आनेवाले जमाने की विकटता का अन्दाजा तो हो ही जाता है। जो इस संकेत को समझने में असमर्थ है वह अनाड़ी नहीं तो क्या है? आलोचक अनाड़ी नहीं, विदग्ध होता है, चतुर सुजान होता है। समझने की सुविधा के लिए अनेकदेशीयता को हम एक क्षैतिज रेखा से दर्शा सकते हैं, तो बहुकालिकता को उर्ध्वरिखा से इस क्षैतिज रेखा के दोनों छोर देशीय विस्तार के द्योतक हैं।

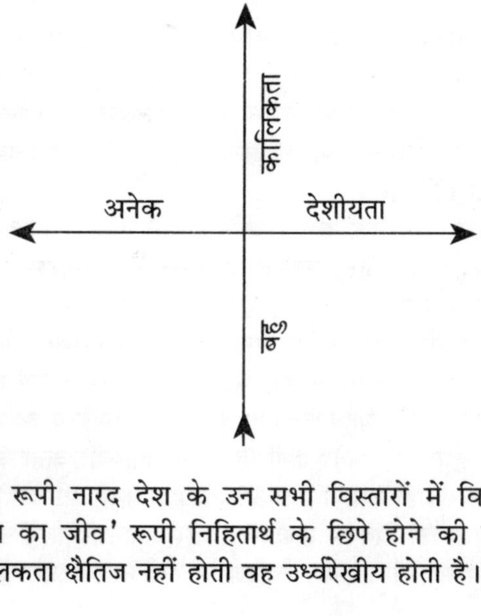

आलोचक रूपी नारद देश के उन सभी विस्तारों में विचरण करता है जहाँ 'भोलाराम का जीव' रूपी निहितार्थ के छिपे होने की सम्भावना होती है। पर बहुकालिकता क्षैतिज नहीं होती वह उर्ध्वरेखीय होती है। एक आलोचक

का परीक्षण-क्षेत्र देश-विस्तार ही नहीं होता, काल-विस्तार भी होता है। अनेकदेशीयता, दूसरे शब्दों में देश-विस्तार के अन्तर्गत निम्न चार बातें आती हैं जो परीक्षणीय होती हैं—

1. समकाल की समान घटना का पात्रभेद से अर्थभेद, हिरामन-लालमोहर-लहसनवाँ-पलटदास, गौरतलब है कि हीराबाई का अर्थ इन चारों के लिए अलग-अलग है।
2. इतिहास की समान घटना के प्रति अलग-अलग पात्रों का अनुक्रियाभेद-स्वतंत्रता आन्दोलन के प्रति कालीचरन और हरगौरी की अनुक्रिया समान नहीं है। बल्कि परस्पर विरुद्ध भी है।
3. ऐतिहासिक प्रवृत्ति के प्रति समानधर्मा अनुक्रियाओं की शृंखला। गरचे गणतांत्रिकता इतिहास की एक महत्त्वपूर्ण प्रवृत्ति है, तहसीलदार विश्वनाथ प्रसाद, भिम्मल मामा, जितेन्द्र मिश्र—तीनों ही गणतांत्रिक हैं। पर सबकी गणतांत्रिकता समान नहीं है। अतएव अलग-अलग गुणधर्म और मात्राभेद के कारण ये सभी गणतांत्रिकता की रेंज (Range, शृंखला) हैं। और
4. स्थानिक वैशिष्ट्य-मेरीगंज भारत के पिछड़े गाँवों का प्रतीक है पर परानपुर एक उन्नत गाँव है और सारे अंचल का प्राण है।

बहुकालिकता के अन्तर्गत काल की समानान्तरता में उपलब्ध स्थिति भिन्नता परीक्षणीय होती है। इसके अन्तर्गत मुख्यतः तीन बातें आती हैं—

1. चरित्र विकास-कलिया से कालीचरन जी, मुलारी का मास्टरनी बन जाना
2. इतिहास का प्रवृत्यात्मक परिवर्तन-सामन्तवाद से गणतंत्रवाद। सम्पूर्ण सामाजिक संक्रमण इसी के अन्तर्गत आता है। रेणु जिसके महत्त्वपूर्ण प्रवाचक रहे हैं।
3. रूपान्तरण। स्थितियों का परिवर्तन अथवा विकास भी इसी के अन्तर्गत आता है। परतंत्र भारत का स्वतंत्र भारत में रूपान्तरण तथा वंध्या परती का आसन्नप्रसवा धरती में रूपान्तरण।

यहीं यह तथ्य गौरतलब है कि समकाल का स्थितिभेद अनेकदेशीयता है जबकि रूपान्तरण जो कालसापेक्ष हो, भले ही वह समान व्यक्ति, स्थान और प्रवृत्ति का ही क्यों न हो, बहुकालिकता है। विश्व साहित्य के फलक पर जो वैविध्य उपलब्ध होता है, अनेकदेशीयता और बहुकालिकता का भिन्न और बहुकोणिक समीकरण ही उसका कारक होता है। किसी भी देश और समाज में व्यक्ति और इतिहास का विकास समान दर और समान दिशा में नहीं होता। ऐसा होता तो या तो भिम्मल मामा ज्येष्ठ जहाज पर होते अथवा जमाना भिम्मल मामा

के साथ उनकी बैलगाड़ी पर होता। व्यक्ति–चेतना और जातीय चेतना, धार्मिक, सांस्कृतिक, राजनीतिक, आर्थिक कारणों के असर और दिशा–भिन्नता से भी देश और काल के विस्तार में समकोणिकता का निर्वहन नहीं होता। वरन् विकास अनेक कोणों, अनेक दिशाओं, साथ ही कम और अधिक मात्रा में होता है। मात्रा–भिन्नता और कोण–भिन्नता रचना के पात्रों को टाइप नहीं होने देती। पात्रों के व्यक्तित्व और चरित्र तथा वैचारिक विकास का मात्रात्मक के साथ–साथ गुणात्मक अन्तर रचना में रेंज का निर्माण करता है। इस क्रम में वह पात्रों की मनोरचना का भेद खोलता है। ऐसा कर वह उसमें निहित भाव–सौन्दर्य, विचार–सौन्दर्य तथा कर्म–सौन्दर्य को पाठक के सामने लाता है। मनोरचना के भीतर अगर कहीं कोई अँधेरा कोना भी हो; कुंठा, संत्रास, गर्हित, अनैतिक, समाज के सामने न आने देनेवाली चेष्टाओं को भी वह पाठक के सामने लाता खोलता है। रचनात्मकता और प्रतिक्रियावाद भी उसके परीक्षणीय विषय हैं, श्रेय की दावेदारी और वास्तविक अधिकारी का निर्धारण भी समीक्षक की नैतिक जिम्मेदारी है। मनोरचना का कोई अंश इतिहास की अनुकूलता में है, इतिहास की दिशा के मेल में यानी उसके समानान्तर अथवा हमकदम है या इतिहास के विरोध में है—श्रेय के अधिकार–निर्धारण में इसे भी ध्यान में रखना होता है। सापेक्षता अथवा विरोध के भीतर कोई वैयक्तिक, सामाजिक, जातीय, राष्ट्रीय चेतन–अवचेतन की भूमिका तो नहीं? इसकी भी तार्किक पड़ताल आलोचक का ही करणीय कर्म है। मनोरचना के साथ–साथ घटनाओं की स्वरूप निर्मिति में बहुत बार इतिहासेतर कारणों यथा धार्मिक, सांस्कृतिक आदि की भी भूमिका होती है। किसी उदाहरण में अगर ऐसा हो तो वह भी आलोचक के लिए परख और परीक्षण के बिन्दु हुआ करते हैं। इन सन्दर्भों में आलोचक 'उत्कीलक' तो होता ही है, वह अर्थ–गह्वरों के बन्द ताले भी खोलता है। पर बन्द तालों के खुलने के बाद जो अर्थ–रत्न प्राप्त होता है, उसके खरेपन की जाँच भी वही करता है। मूल्य–निर्धारण भी उसी का काम है। मूल्य–निर्धारण से श्रेय पर अधिकार का निर्धारण भी होता है। इस प्रकार आलोचक सर्राफ और जौहरी—दोनों है। वस्तुगत मूल्य (वैचारिक मूल्य) तथा कलात्मक मूल्य—दोनों को मिलाकर रचना और रचनाकार का मूल्य होता है। आलोचक को रचना–मूल्य को उसकी सम्पूर्णता में उद्घाटित करनेवाला होना चाहिए।

और अन्त में बहुकालिकता का सम्बन्ध रचना और रचनाकार के घटनोत्तर प्रभाव से भी जुड़ा होता है। महान् रचनाकारों के पर्यवेक्षण, प्रभाव और अपील की गूँज भविष्य में बहुत दूर तक सुनाई देती है। एक शब्द में इसी को यह आलोचक घटनोत्तर प्रभाव कहता है। जिस रचना और रचनाकार का घटनोत्तर प्रभाव न हो वह बहुत दिनों तक जन के मानस में जिन्दा नहीं रहता। रचना और

रचनाकार की दीर्घजीविता की पड़ताल भी उसके मुख्य करणीयों में से है। प्रभाव शुभ भी हो सकता है और अशुभ भी। इतिहास, पात्र–चेतना और घटना पर पड़े शुभ अथवा अशुभ प्रभाव का परीक्षण कर उनमें संशोधन और परिवर्तन के लिए रचनाकार अपनी रचना में कुछ उपयोगी प्रस्ताव करता है। जो रचनाकार विचार और संशोधनों को भाव–संवेदन और अनुक्रियाओं के माध्यम से प्रस्तावित करता है तो सामान्य पाठक सूक्ष्मता की वजह और अपनी 'विदग्धता' के अभाव में उसे वैचारिक रूप में पकड़ नहीं पाता, बोध भले ही उसे हो रहा होता है। विचारों का अनुक्रियाओं के माध्यम से प्रस्तुतीकरण विचार और अर्थतत्व को खुला–अधखुला कर देता है। आलोचक को अधखुला का खुलासा करना चाहिए। इस रूप में आलोचक रचनाकार का एजेंट है (पर कम्पनी उत्पादों के विज्ञापनकर्ता की तरह का नहीं) और अपने आदर्श रूप में पाठक की प्रत्याशा।

✪✪✪